KB261029

세계 속의 한국유교

세계 속의 한국유교

세계 속의 한국유교

서정기 지음

문왕8괘상도(文王八卦象圖) / 서정기 작

『세계 속의 한국유교』를 탈고한 기념으로 인류의 대화합 원리인 문왕8괘상도를 그려 새 시대 인류화합의 상서로운 징표를 인증했다.

문왕8괘는 부모와 3남3녀가 시간변화와 공간배치를 알맞게 조절하여 각각 능력을 쉽게 발휘하도록 배려해서 전체가 화합하는 가운데 모든 일을 원만하게 완성하는 인간화합의 원리로서 그 뜻이 아주 깊으니 마치 여러 개의 꽃잎이 아름답게 배열돼서 활짝 핀 원리와 같다.

최근세 300여 년의 우리나라 유교는 일찍이 역사에 유례가 없는 인본주의(人本主義)와 인도주의(人道主義) 그리고 인문주의(人文主義)에 빛나는 찬란한 도통(道統)을 계승하여 동도(東道)를 자부하는 소중화사상(小中華思想 : 작은 나라지만 세계의 문화중심국이라는 사상)이 충만하였으니 동방예의의 나라를 건설하여 곧 천하학(天下學)의 중심으로 우뚝 섰던 것이다.

사실이 이러함에도 서기 1905년 을사5늑약으로 대한제국을 침탈한 일본은 항일독립전쟁(1907~1910)을 일으킨 산림학자양반(山林學者兩班)세력을 무력으로 학살한 다음 식민지정책의 일환으로 우리의 천하유학(天下儒學 : 세계 제일의 유학)을 사대주의, 공리공담, 4색당쟁, 반상차별, 무위도식 등등 가당치 않은 죄목을 뒤집어씌워서 강제 퇴장시키고 소위 일본의 정치목적에 맹종하는 황도유학(皇道儒學)을 강요하면서 유학(儒學)을 한학(漢學)으로 변질시켜 끝내 한국의 천하학(天下學)을 청구학(靑丘學)이라는 이름으로 격하시켜 버렸다.

이러한 일본 총독부의 관학자들에 대항하여 당시 신교육을 받은 학계에서 민족고유의 독특한 문화를 찾아 조선학(朝鮮學), 진단학(震檀學)을 주장하며 을유광복(乙酉光復)을 맞이하여 대한민국 초기의 사상계를 주도하였으나 식민지 문화제국주의에 정면으로 맞서는 실천의식이 부족할 뿐만 아니라 민족문화를 발굴할 역량도 없었다. 그러다가 1970년대에 일부 학자에 의하여 한국학(韓國學)이 등장하였는데, 서구이론을 도입하여 한국적 학문으로 토착화하려고 노력했지만 우리만의 전통문화를 발굴하여 정리 보존하는 수준에 머물고 한국학의 정통성과 주체성을 확립하는 데는 미치지 못하였다.

이에 나는 우리의 전통문화가 세계에서 가장 보편적인 진리에 기초한 철학적 체계가 있는 것을 발견하여 새 시대 세계지도이념으로 재창조하면서 세계 속의 한국학을 제창하여 왔으니 이것은 문화제국주의를 자체적으로 극복하는 일이요 우리나라의 문화정체성을 확립하는 작업이며 민족문화의 창조자로서 스스로 천하학(天下學)의 중심에서는 길이다.

앞으로 동북아 중심국가로 부상하여 나아가 세계의 문화중심국을 건설함에는 역사적으로 상고의 신선국과 중고의 군자국 그리고 근세의 동방예의지국을 건설했던 아름다운 정신문화를 발양해야 될 것이고, 세계가 대동화합(大同和合)하여 태평성대를 노래할 수 있는 보편적 가치를 제시해야 될 것이다.

이러한 염원을 담아 내가 오랫동안 전통사상을 새롭게 해석했던 단편적인 글을 모아 세계 속의 한국유교의 합리주의(合理主義), 중용사상(中庸思想), 대동정신(大同精神) 그리고 양주쌍전주의(兩主雙全主義)와 공동분수주의(共同分數主義) 및 대통(大統)을 계승한 왕도정치(王道政治)와 도통(道統)을 계승한 도덕학(道德學)에 철저한 천하학(天下學)으로서의 논리체계를 뚜렷이 세우고, 오늘날 서로 모순대립하고 있는 개인주의와 집단사회주의를 통합하고, 민족주의와 세계주의를 포괄하며, 진보적 가치와 보수적 가치를 배합해서 새 시대 건설을 위한 보편적인 이념과 사업을 다양하게 제시하는 바이다.

최근세 300여 년 동안 우리의 전통문화가 세계에서 가장 우수한 사상체계를 가지고 있는 것을 분명하게 확인하고 내가 동양문화연구소를 운영하면서 '세계 속의 한국문화' 대강연회(1983, 세종문화회관 대회의실)를 개최한 다음 『세계 속의 한국문화』(1984)를 발간하여 대량 배포해서 사회에 커다란 반응을 일으켜 세계 속의 한국이라는 유행어가 나왔으며 이어 『세계 속의 한국정신』(1988년)을 출판하여 한국정신의 강건하고 중정(中正)하고 순수함을 역설하였는데 이제 『세계 속의 한국유교』를 발간하니 세계 속에 한국학을 일으키기 위하여 헌신노력한 세월이 벌써 20년이 되었다.

나는 그 동안 우리의 아름다운 전통사상을 새롭게 해석하여 새 시대를 주도할 수 있는 완벽한 체계를 세우려고 『도학통론(道學統論)』(1981), 『정통가정의례』(1989), 『민중유교사상』(1990)을 출간하고 이어 사서오경(四書五經)의 역주(譯註)작업에 몰두하였다. 그 결과 『새 시대를 위한 주역(周易)』상·하(1992), 『새 시대를 위한 대학(大學)·중용(中庸)』(1995), 『새 시대를 위한 춘추(春秋)』상·중·하(1997), 『새 시대를 위한 시경(詩經)』상·하(2001), 『새 시대를 위한 서경(書經)』상·하(2003)를 출간하고 이를 전자책으로 발행함과 동시에 유교와 전통가정의례 인터넷을 구축하여 네티즌으로부터 으뜸추천을 받음으로써 유교의 현대화, 과학화, 대중화의 기반이 거의 조성되었다고 할 것이다.

따라서 이 책의 출간으로 구시대에 굴절 왜곡되었던 유교에 대한 부정적 시각을 깨끗이 청산하고 유교 본연의 참모습을 되찾아 약동하는 면모를 갖추어 시대변화를 선도하는 세력으로 부활하길 바란다.

단기 4336년 3월 6일
동양문화연구소 명예소장 서정기 씀

■ 차례

유교와 현대사회 Ⅰ
― 도덕성회복의 과제 ―

1. 화해와 협력의 도덕세계 건설

21세기를 준비하고 있는 현대사회의 가장 큰 관심사는 도덕성 회복으로 집중하고 있다. 1993년 12월 UR의 타결로 인하여 개방화, 국제화로 가는 사회는 국법질서보다도 국제협약이 우선 존중되는 시대를 맞이하게 됨으로써 화해와 협력의 도덕정신이 가장 중요한 사상으로 떠올랐다. 개방화, 국제화가 무한경쟁사회로 치닫는 재앙을 미연에 방지하기 위해서는 반드시 공명정대한 시대사상과 성실 정직한 인간성의 개발이 전제되어야 하기 때문에 세계는 바야흐로 유교를 다시 조명하기 시작했다.

세계는 지금 개방화로 인하여 얻을 것과 잃을 것을 셈하면서 가장 두려워하는 것이 UR가 도덕적 테두리를 존중해 줄 것인가? 아니면 힘의 지배를 계속할 것인가? 만일 힘이 지배한다면 밀려오는 외세 앞에 어떻게 인격을 지키고, 국가를 지킬 것인가에 대하여 심각하게 고민하고 있다. 결국 강자에게는 무상출입권을 가져다주면서 약자에게는 정통성을 해체하고 주체성을 상실할 위기에 처한 현대사회는 미래에 대한 불안으로 가득하다.

인간의 지혜가 고도로 발달하고, 과학문명이 극도로 발전한 현대사회에서 아직도 이와 같은 불안을 떨치지 못한 이유는 근본적으로 국제사회에서 도덕성을 확립하지 못했기 때문이다. 20세기의 비인간적인 식민지책략과 반윤리적인 폭력을 깨끗이 청산하지 않고는 그 누구도 대문을 활짝 열어놓고서 안심할 수 없는 것이다. 진실로 모든 나라가 국경의 관문을 활짝 열어놓고도 안심 할 수 있으려면 반드시 먼저 아름다운 윤리와 도의를 뚜렷이 밝혀서 화해와 협력의 도덕세계를 건설해야만 가능한 일이라고 할 것이다.

2. 유교의 세계도덕사상

유교의 도덕사상은 인간성 개발로부터 출발하여 세계도덕 건설로 귀결한다. 인간을 중심으로 세계를 경영하고 세계를 중심으로 역사를 창조하는 유교의 학문과 도덕은 인간이 소유한 사랑과 정의 그리고 예절과 지식을 바탕으로 해서 상리공생(相利共生), 호혜평등(互惠平等)의 공도(公道)를 열어 지선(至善)에 이르는 길을 개척하였다.

요(堯)임금은 일찍이 인간의 도덕성을 밝혀서 천하를 대통일하는 아름다운 이상세계를 건설하였는데 『서경(書經)』에 말하기를 "요임금을 살피건대 공훈(功勳)을 본받을 만하니, 공경하고 밝고 문채나고 생각하심이 편안하고 자연스러우시며, 어여쁘게 공손하고 잘 사양하여 빛을 사방의 지역에 미치게 하고 위아래에 이르게 하시니라. 큰 덕을 잘 밝혀서 아홉 겨레가 친하게 하고, 아홉 겨레가 이미 친하거늘 백성을 평등하고 아름답게 하신대, 백성이 밝고 명랑하니 만방(萬邦)을 협력하고 화합하게 하신대 모든 인류가 이에 변화하여 화락하니라."고 하여 먼저 인간성의 발단인 효심(孝心)을 밝혀 윤리사회를 건설하는 대도(大道)를 뚜렷이 확립하였다.

순(舜)임금은 요임금을 계승하여 화평세계를 건설하는 도덕정치이념을 체계화해서 우(禹)임금에게 전해주었는데 『서경』에 말하기를 "인심(人心)은 오직 위태하고 도심(道心)은 오직 은미하니 오직 정밀하게 살피고 오직 한결같이 지켜야만 어여쁘게 그 중(中)을 잡으리라."고 하였다. 인심은 쉽게 사심(私心)으로 흐르고 사심은 쉽게 욕심으로 타락하는 것이요, 인간의 욕심은 한이 없기 때문에 결국 혼란이 일어나기 마련이다. 그러므로 화평안락한 세계를 건설하기 위해서는 도덕적 양심만이 가장 아름다운 중화(中和)의 경지를 이룩할 수 있음을 강조했다.

요임금의 효도로 천하를 다스리는 사상과 순임금의 도덕적 양심으로 천하를 경영하는 진리는 곧 천하도덕의 핵심강령이다. 공자(孔子)는 요·순의 도덕을 기초로 해서 인간의 착한 덕성으로 사랑의 원리인 인(仁)을 밝혀 유교의 근본사상을 정립하였는데 『논어(論語)』에서 말하기를 "안연(顔淵)이 인(仁)을 물으니 공자가 말하기를 극기(克己)하여 예(禮)로 돌아가는 것이 인함이니 하루라도 극기하여 예의로 돌아가면 천하가 인으로 돌아가나니 인함이 자기를 말미암나니 남을 말미암을 것이냐?"라고 하여 사욕을 극복하고 예의도덕을 회복해야만 천하가 인으로 돌아가서 인류가 모두 인간답게 사는 세상을 만들 수 있음을 역설했다.

인(仁)의 세계는 의혹이 없고, 근심이 없고, 두려움이 없는 세계이다. 지혜, 사랑, 용기로 창조한 유교의 세계도덕사상은 처음부터 끝까지 인본주의, 인도주의, 인문주의로 일관한다.

3. 21세기 문명의 중심지

21세기 문명의 중심지는 반드시 도덕국가가 될 것이다. 20세기는 무력과 과학기술에 기초한 초강대국의 물량적 힘에 의하여 세계도덕을 주장하는 학문, 사상, 종교, 풍속 등이 외면당했을 뿐만 아니라 상당 부분 왜곡 굴절시켜서 강제 평가절하되었다. 그러나 진리는 영원히 멸절하지 않고 정의는 반드시 승리하는 것이다. 우리 유교의 세계도덕사상은 그 동안 국내적으로는 사대주의로 매도되고 국제적으로는 낡은 사상으로 치부되었던 것이다. 조선 왕조가 멸망한 가장 큰 원인은 힘이 약한 데 있었던 것이지 도덕정신만 주장해서가 아니었고, 동양 사회가 낙후한 것은 산업혁명이 늦었기 때문이지 유교의 세계변화정신이 없어서가 아니었다.

이제 힘의 지배를 청산하고 산업구조를 개혁하여 진정 화해와 협력의 개방시대를 개척함에 있어서 유교의 세계도덕사상의 부흥은 필연이다. 왜냐하면 유교사상처럼 풍부한 인간성과 아름다운 문화관념과 뚜렷한 진리관을 가지고 서로 이롭게 도우면서 함께 사는 정다운 세상이 없기 때문이다. 유교의 세계도덕은 사랑과 정의 그리고 예절과 지식으로 인격체를 완성하여 가정을 가지런하게 경영하고 나라를 문명하게 다스려서 세계평화에 이바지하는 것을 그 이상으로 한다. 이리하여 개인과 전체, 나와 사물, 사람과 하늘이 모두 함께 완성하여 가치를 발휘하고 보람을 찾는다.

앞으로 성실, 정직, 근면한 유교의 큰 도덕이 일어나는 나라는 인류의 희망이 되고 광명이 되어 21세기 문명의 중심지가 될 것이고, 세계의 인류가 모두 그리워하여 모여드는 장엄한 문명을 창조할 것이며, 동시에 2,000년대 유교문화의 종주국이 될 것이다.

유교와 현대사회 Ⅱ
― 대동세계(大同世界) 건설의 과제 ―

1. 국제화시대의 세계지도이념

개방화, 국제화시대에 세계를 지도하는 이념은 당연히 세계주의를 추구하는 공명정대한 인간정신을 담아야만 진정 인류의 영원한 발전을 담보할 수 있을 것이다. 지난 20세기를 불행으로 몰아갔던 국수주의나 인종차별주의 및 배타적 학술사상과 폐쇄적 종교문화 등의 잔재를 깨끗이 불식하고 희망의 21세기를 행복으로 인도하기 위해서는 반드시 상리공생(相利共生), 호혜평등(互惠平等)정신으로 일관하는 공명정대한 세계주의사상을 창출하지 않으면 안 될 것이다.

국제화의 다양한 삶의 조건을 인정하지 않았던 20세기의 힘에 의한 획일주의는 전쟁으로 일방적 승리의 수단을 삼으면서 인류의 불행을 증폭시켰다. 이제 힘으로 획일주의를 강요하는 것은 더 이상 용납할 수 없으며 기후와 풍토 그리고 풍속과 문화에 따라 다양한 삶의 가치를 인정하고 그러한 가운데서 자연적으로 화해하고 협력하는 세계공통의 도덕률을 발굴해야 한다.

만일 UR에 의한 개방화, 국제화가 인류의 다양한 삶의 조건을 존중하지 않고 획일주의를 강요하는 괴물로 둔갑한다면 그것은 20세기보다도 더 많은 인류문화를 파괴하는 무서운 폭력이 될 것이다. 그러므로 인간의 지혜가 발달하고 문명이 발전함에 따라서 인류의 역사가 진보하는 것이 순리일진대 세계전쟁에서 동서의 교류로 그리고 무력의 경쟁에서 상호협력의 세계로 나가는 것이 바른 법칙이다.

개인주의와 전체주의, 자본주의와 공산주의, 보수주의와 진보주의, 현실주의와 이상주의, 유물론과 유심론 등등의 대립과 분열을 종식시키고 서로 교류하면서 특색을 발휘하는 논리적 체계가 있다면 더 이상 일방적 승리만을 탐하는 욕망으로부터 벗어날 수 있을 것이다. 그렇게 희망적인 논리체계는 무엇일까? 그것은 바로 소이(小異)를 인정하는 대동사상(大同思想)이다. 천하만물의 대동한 테두리를 망각하여 소이를 확대해서 서로 용납할 수 없는 적대적 대결을 일삼는 어리석음을 대오각성하고, 이제는 이질적 요소를 축소하고 동질적 요소를 확대하는 큰 안목을 열어야 할 시대가 도래하였다. 따라서 유교의 대동사상은 국제화시대의 세계를 지도하는 이념으로 가장 적합한 사상이라고 할 것이다.

2. 유교의 대동사상(大同思想)

유교사상의 기본논리체계는 다양한 종류를 하나로 완전히 배합 통일하는 것을 기본구조로 한다. 태극(太極)이 양의(兩儀)를 생성하고, 양의(兩儀)가 4상(四象)을 생성하고, 4상(四象)이 만물을 생성하는 역학(易學)의 논리는 곧 만물이 하나의 태극에서 출발하여 하나의 태극으로 귀결하는 통일체계에 있음을 변증한 것이다. 따라서 다양한 사물은 각각 서로 다른 특색을 가지지만 그것은 모두 부분적인 차별상에 지나지 않고 전체적인 하나의 테두리 안에서 유전 변화하는 공통성을 가지고 있는 것이다.

사물의 공통성을 중대하게 생각하고, 그 차별성을 특색 있게 받아들이는 것이 공동분수주의(共同分數主義)이다. 유교의 공동분수주의는 하나이면서도 둘이고, 둘이면서도 하나인 사물의 원상

(原象)을 확인하여 같으면서도 다른 면을 인정하고, 다르면서도 같은 점을 인식한다. 왜냐하면 만물은 본래 서로 다르기 때문에 동일한 가치로 논할 수 없고, 만물은 원래 하나에서 나와서 하나로 돌아가기 때문에 전혀 상관이 없는 존재로 대할 수 없기 때문이다.

사물의 공통성에 기초하여 다양한 특색의 가치를 전부 인정하는 공동분수주의는 대동세계를 건설하는 기본체제이다. 따라서 대동의 개념은 다양한 이질적 요소를 하나도 빠짐없이 전부 수용하여 화합통일을 이룩한다는 뜻이다. 그것은 결코 힘으로 강요한 획일화가 아니며, 술수나 지략으로 유혹한 부화뇌동이 아니다. 오로지 지혜, 사랑, 용기를 통한 인문주의적 지성에 의하여 자연적, 자율적으로 떨치고 일어나서 화합통일하는 것이다.

공자가 이상으로 했던 유교의 대동사상은 『예기(禮記)』에서 구체적으로 볼 수 있는데 요체는 모든 진리를 전부 수용하는 대도(大道)를 행하여 천하를 공명정대하게 경영하는 것이다.

"대도(大道)가 행함에 천하를 한 가지로 공평하게 하나니 어진 이를 선거하여 지도자로 삼고, 능력자에게 책임을 맡겨서 신뢰할 수 있는 방안을 강구하고, 화목할 수 있는 길을 닦는다. 그러므로 사람은 홀로 그 어버이만을 친하지 않고, 홀로 그 자식만을 사랑하지 아니하여 늙은이로 하여금 임종할 곳이 있게 하고, 젊은이로 하여금 쓰일 곳이 있게 하고, 어린이로 하여금 자랄 곳이 있게 하며, 홀아비, 과부, 고아, 자식이 없는 노인으로 하여금 모두 부양할 곳이 있게 한다. 사나이는 직분이 있고, 아가씨는 시집 갈 데 있게 한다. 재물이 땅에 버려지는 것을 싫어하지만 반드시 자기에게만 저장하지 않으며, 능력이 자기에게서 나오지 않는 것을 싫어하지만 반드시 자기만을 위하지는 아니하나니 이런 까닭으로 권모술수가 통하지 않아서 일어나지 않고, 절도와 난적이 발생하지 아니한다. 그러므로 밖에 대문이 있어도 닫지 아니하나니 이것을 일컬어 대동사회라고 한다."

이와 같은 유교의 대동세계사상은 21세기 개방화 국제화시대를 경영하는 가장 완벽한 이념이다. 대우주의 진리에 철저한 도덕적 테두리를 확립하여 공리공생(公利共生)의 길을 가장 슬기롭고 능률적으로 개척하면서 모든 나라가 서로 신뢰할 수 있는 방안을 강구하고 화목할 수 있는 여건을 만들어야만 진정 온 세계가 화평하고 전 인류가 신명나는 국제사회를 건설할 수 있는 것이다.

  만일 그렇지 않고 하늘땅의 도덕과 인간의 양심을 외면하면서 국가이기주의나 지역이기주의를 도모하여 세계를 독점 지배하려고 불평등협약을 강요하고 지략적인 술수를 쓰면서 군비를 증강하는 가운데 일시적인 소강상태를 유지하기 위한 개방화, 국제화로 가는 것이라면 이것은 획일주의의 연장으로서 유교의 대동정신과는 현격한 차이가 있는 것이며 결코 의심과 불안을 떨칠 수 없을 것이다.

유교와 현대사회 Ⅲ
─ 조국통일과 민족문화부흥 ─

1. 민족문화의 위기

우리 민족이 수천 년에 걸쳐 이룩한 빛나는 전통문화가 20세기 민족불행을 겪으면서 거의 파괴되는 위기에 처했다. 일본의 식민지 책략은 전통문화 말살정책으로 일관했고, 미·소에 의한 조국 분단과 6·25전란 및 남북 대치상태는 외래문화의 홍수 속에 민족문화가 설 땅을 잃어버리고 역사의 후면으로 밀려났다.

조선왕조 500년은 유교문화의 전성기라고 할진대 어찌하여 100년도 못 되는 사이에 이와 같이 철저히 파괴되었단 말인가? 그것은 우리나라를 지배하기 위한 외세들이 모두 유교문화 타도를 제1의 과제로 삼았는데도 유교인이 그러한 도전을 슬기롭게 극복하지 못했기 때문이었다.

의병으로 항일전쟁을 일으키는 유림세력을 진압하기 위하여 일본은 유교사상을 왜곡하고, 유교문화를 조직적으로 파괴하였으며, 사회주의세력들은 진보적 가치를 추구하기 위하여 유림의 보수성을 배척하였고, 자본주의세력들은 세속적 가치를 탐하여 유교의 도덕정신을 비판하였다. 그리하여 유교문화는 제국주의가 왜곡하고, 사회주의가 부정하고, 자본주의가 비판하는 3각 파도에 휘말려 그토록 허무하게 몰락하였던 것이다.

이 땅에서 유교가 몰락하자 유교에 의지해서 발전했던 민족문화의 모든 영역이 따라서 분해 해체되는 비운을 맞이함으로써 민족문화의 주체성과 전통성을 잃어버리고, 문화제국주의의 영역 속으로 함몰하게 된 것이다.

나라를 빼앗기고 조국이 분단된 재앙이 여기에 이르렀다면 조국의 통일은 마땅히 민족의 자주독립을 실현하여 민족문화부흥의 광장으로 만들어야 할 것이다. 바야흐로 남북기본합의서의 실천을 목전에 두고, 통일국가 건설을 준비하고 있는 이 시점에 있어서 우리가 가장 관심 있게 주목해야 될 문제가 바로 민족문화부흥의 계기를 마련하지 못하면 UR의 파고에 밀려 민족문화부흥의 기회를 완전히 상실할 위험이 있기 때문이다.

앞으로 개방화, 국제화의 바람은 더욱 거세질 것이다. 이러한 상황에서 민족문화의 튼튼한 기반을 다지지 않았을 때 통일국가의 주체성과 민족사의 전통성을 어떻게 확보할 것인가? 여기에서 민족문화의 위기는 곧바로 통일국가의 정통성과 주체성의 위기로 직결된다는 사실을 대오각성하지 않으면 안 된다.

2. 민족통일의 가치관 정립

21세기의 개방화, 국제화가 진정 자유롭고 평등하며, 정의롭고 공명정대하며, 이용후생(利用厚生)하여 평화로운 복지사회를 추구한다면 이것은 진보적 가치의 실현이다. 따라서 유교는 만방(萬邦)이 협력하고 화해하는 평천하(平天下)가 그 궁극적 이념이므로 아주 바람직한 희망의 시대가 도래한 것으로 내다본다.

그러나 국가사회는 변화무쌍한 진보적 가치에만 매달려서는 안 되는 것이다. 왜냐하면 진보적 가치는 삶의 위상을 향상하지만 삶의 성격까지 높여주는 것은 아니기 때문이다. 삶의 성격은 오히려 보수적 가치에 의하여 높아가는 것이다. 수신(修身)하여 양심과 진리에 철저하고, 집에서 효도하고 나라에 충성하며, 예의범절을 숭상하여 의리와 정절을 지키며, 성실, 정직, 근면하게 직분을 다하는 것은 보수적 가치이다. 이와 같은 보수적 가치가 사람에게 안정감을 주고, 인간을 존엄하게 만들기 때문에 유교에서는 사람을 사랑하고 국가민족을 사랑하는 인격을 높이 평가하여 진보적 가치의 실현에 앞서 보수적 가치를 완성하라고 역설했다.

수신(修身), 제가(齊家), 치국(治國)을 한 다음에 평천하(平天下)에 이르는 길을 순리로 인식한 유교문화는 인문주의적 지성으로 관혼상제의 가정문화를 가풍으로 존중하면서 국가의 주체성과 정통성을 사수하는 도덕문화를 삶의 뿌리로 인식한다. 이것은 곧 애향심, 애국심, 애족심이 없이는 참다운 인류애가 발로될 수 없음을 의미하고 또한 삶의 질적 향상이 없이는 삶의 외연적 조건을 발전시킬 수 없음을 뜻한다.

그러므로 국가는 언제나 진보적 가치에만 매달려서는 안 되고 반드시 먼저 보수적 가치의 중요성을 인식하여 전통문화의 보존 육성에 힘을 기울여야 하며 그래야만 문화제국주의를 극복하는 자체역량을 확보할 수 있는 것이다.

유교의 도덕은 실용주의에 기초한다. 천시(天時)와 지리(地理)와 인력(人力)의 3대 조건에 의하여 행동법칙을 결정하는 유교의 시중사상(時中思想)은 시대의 중심에 서는 인간 활동법칙이다. 따라서 유교인은 세속적 가치를 결코 부정하거나 백안시하지 않는다. 오히려 수(壽), 부(富), 강녕(康寧), 유호덕(攸好德), 고종명(考終命)과 같은 세속적 가치를 5복(五福)이라고 하여 5복사회 건설을 정치의 궁극적 목표라고 홍범(洪範)에서 설파하였다.

다만 세속적 가치가 도덕적 가치와 결합했을 때 그것은 깨끗한 사회문화를 건설하고, 만일 세속적 가치가 도덕적 가치를 멀리한다면 그것은 추악한 행동이 되는 것을 경고했을 뿐이다. 그러므로 통일국가 건설을 준비하는 과정에서 세속적 가치를 추구하는 현실주의자들은 더 이상 유교문화를 비판하지 말고 이제는 모름지기 유교의 도덕적 가치의 존엄성을 재인식해야 할 것이다. 유교문화의 이와 같이 절도 있는 체계와 치밀한 구조를 이해한다

면 앞으로 사회주의 세력은 유교의 보수적 가치를 실현함으로써
더욱 큰 활력을 얻을 수 있을 것이고, 자본주의 세력은 유교의 도
덕적 가치에 접근함으로써 더욱 많은 축복을 받을 수 있을 것이
며, 이러한 민족문화의 응집력은 문화제국주의를 스스로 극복할
수 있는 저력이 될 것이다.

　세상이 급변할수록 안정은 더욱 필요하고, 물질이 풍족할수록
절제는 더욱 중요한 것이다. 급변한 사회에서 안정을 잃으면 표
류하고 말 것이며, 풍족한 재물 앞에 절제력을 잃으면 재앙을 자
초할 것이다. 20세기의 민족비극을 마감하고 민족웅비의 2,000년
대를 건설하는 길은 유교가 중심이 되어 제사상을 바르게 인도하
는 정열적 노력이 절실히 필요하다. 그래야만 민족통일의 광장을
민족문화부흥의 열기로 가득 채움과 동시에 가치관의 혼란을 방
지할 수 있을 것이다.

현대사회의 윤리와 도덕

1. 낡은 사상의 허황한 몽상

현대사회의 최대 과제는 윤리도덕의 재인식이다. 윤리도덕을 망각한 현대 복합산업사회의 물량·상업주의는 인간이 물질의 노예로 전락하여 인간의 정신을 황폐화시켰고, 민주시민사회의 개인·다원주의는 공동체의식을 말살하여 인간관계를 해체하였다.

그리하여 저질인간의 고독한 군상으로 전락한 현대인은 결국 허망한 세상, 보람 없는 삶에 망연자실하면서 사치와 방종의 환락에 빠지거나 부정과 부패의 유혹에 넘어가서 인간불행과 사회혼란을 증폭한다.

과학이 극도로 발달한 오늘날에 있어서 아직도 이러한 인생고를 해탈하지 못한 까닭은 이 시대 사상의 원죄가 있기 때문이다. 그 동안 총칼을 앞세운 제국주의·패권주의, 돈을 앞세운 자본주의·상업주의, 망치와 낫을 앞세운 사회주의·공산주의 등이 다투어 기염을 토하며 사상계를 순식간에 석권하고 일어나서 인간의 윤리와 천지에 도덕을 짓밟고, 국가와 인민과 토지를 강탈하고, 식량과 재물과 문화재를 약탈하여 천하의 부귀권세를 독점하려고 획책하였다.

저들이 약육강식, 적자생존의 무자비한 논리로 포장한 현실주

의와 실리주의 사조는 단숨에 윤리사상, 도덕정신을 전 지구상에
서 쓸어버리고 배금주의, 물신주의의 태풍을 일으켜서 살벌한 범
죄자들이 날뛰는 공포의 암흑시대를 연출하였다.

윤리는 사회정의를 구현하는 기본강령이고, 도덕은 천하문명을
건설하는 근본원리이다. 그러므로 사회에 윤리도덕이 있으면 착
한 사람과 어진 이가 존경을 받고, 윤리도덕이 없으면 돈 많고 힘
있는 사람이 행세하는 것이다. 저들이 부귀권세를 독점하여 돈
많고 힘있는 것을 과시하며 5대양 6대주를 주름잡고 날뛴 결과
착한 사람과 어진 이는 발붙일 곳이 없게 되어 추악한 세상을 피
해 숨어버리니 마침내 온 세상이 적막강산이 되어버렸다.

돈이면 만능이고 힘이면 그만이다. 세상에 돈으로 안 되는 것
은 없고 힘으로 못하는 일이 없으니 누가 착한 사람을 다시 보고
누가 어진 이를 다시 찾겠는가? 오히려 착하면 바보로 손가락질
하고 어질면 같잖다고 비웃는다.

그리하여 나라에 도덕적 기준이 없고 가정에 지키는 가풍이 없
으므로 공무원은 도덕을 믿지 않고 기술자는 척도를 믿지 않는
까닭에 학자는 윤리를 무시하고 소시민은 형벌을 무시하여 위에
는 예의가 없고 아래는 버릇이 없어 인민을 기만하고 사람을 해
치는 무리들이 날로 들끓으니 시비와 선악이 뒤바뀌어서 마침내
가치관이 전도되었다.

이제 지난 세월의 불행과 혼란을 추방하고 인간답게 사는 새
시대를 창조하기 위해서는 진정 인간성을 회복하고 윤리도덕을
부흥하는 길밖에 없다. 희망의 21세기에 산업화와 민주화를 통하
여 인생의 진정한 행복을 약속하기 위해서는 반드시 윤리도덕을
밝혀서 건전한 사회기풍을 확립하는 것이 급선무로 등장했다.

본래 산업화와 민주화는 삶의 양적 조건을 충족하는 수단이고
도덕화는 삶의 질적 의미를 찾는 방법이다. 삶의 조건이 아무리
좋아도 인간의 본의를 망각한다면 결코 보람을 찾을 수 없는 것
이다. 그러므로 비록 삶의 조건이 열악하더라도 그 속에서 인간
의 본의를 뚜렷이 밝힌다면 오히려 보람찬 것인즉, 사람은 부귀

빈천을 가릴 것 없이 원칙적으로 인간의 본의를 깨닫고 윤리도덕에 철저해야 하는 것인데 하물며 산업화와 민주화를 이룩한 시대에 도덕사업을 등한히 해서야 되겠는가?

윤리는 인간관계를 원만하게 유지하는 사회규범이고 도덕은 천하사업을 완벽하게 경영하는 하늘땅의 대원칙이다. 그러므로 사람은 인간관계를 마음대로 선택할 수 있지만 사회윤리를 따라야 두루 원만하고, 사업은 소신대로 경영할 수 있지만 도덕을 지켜야 아름답게 성공할 수 있는 것이다. 윤리적으로 원만한 인간관계를 유지하면서 도덕적으로 명예롭게 사업을 경영하면 숭고한 인격과 보람 있는 인생은 그 가운데 있는 것이다.

그러므로 인류는 21세기의 신문명을 건설하기 위하여 낡은 사상을 과감히 극복하고 도덕민주주의를 실현하여 새 시대의 윤리 사회를 건설해서 숭고한 인격, 다복한 인생을 스스로 추구해야 한다.

2. 새 시대의 윤리와 도덕

새 시대의 윤리와 도덕은 합리주의와 중용(中庸)사상 그리고 대동(大同)정신으로 요약할 수 있다. 현대사회는 과학이 극도로 발달하여 비과학적이고 불합리한 사상은 용인할 수 없고, 민주시대에 편협하고 배타적인 분열주의는 통할 수 없으며, 세계화의 과정에서 화해와 협력은 필수이기 때문이다.

오늘날 시대적 반성을 통하여 각계각층에서 윤리도덕을 부흥해야 한다는 목소리가 높지만 구체적으로 윤리도덕의 사상체계와 실천규범을 제시한 사람은 드물다. 인간의 활동범위는 넓고 마음은 깊기 때문에 단순한 선행이나 사소한 신의만으로 윤리도덕이 일어나리라고 기대하면 안 된다. 전체적으로 경위(經緯)가 반듯한 사상체계와 개체적으로 지각(知覺)이 있는 실천규범이 갖추어져야만 윤리도덕을 부흥할 수 있는 것이다. 따라서 무분별한 윤리는 인정할 수 없고 우매한 율법은 공감할 수 없다.

천리(天理), 물리(物理), 사리(事理)에 밝은 자연과학적 합리주의와 성리(性理), 심리(心理), 정리(情理)에 정직한 인문과학적 합리주의 및 윤리(倫理), 도리(道理), 의리(義理)에 정통한 사회과학적 합리주의가 앞으로 윤리도덕의 기본이념이 되어야 한다. 그래야만 천지의 경위가 반듯하고 인간의 지각이 있는 공명정대한 사회기풍과 성실 정직한 인격으로 밝은 사회를 건설할 수 있다. 공업제품이 완전하려면 척도를 정확히 지켜야 한다. 그러므로 직각이나 원이나 직선이나 수평을 보려면 기역자와 그림쇠와 먹줄과 수평이 필요하듯이 사회제도를 안락하게 경영하려면 질서와 화합을 이룩해야 한다. 따라서 본말, 상하, 내외, 전후, 좌우를 안정하려면 부자, 민관, 부부, 장유, 붕우의 관계를 정립해야 한다.

이와 같이 전체적인 인간관계를 되찾아 밝혀서 그 위상과 직분, 역할과 사명을 뚜렷이 해야만 공동분수주의(共同分數主義)에 철저할 수 있는 것이다. 여기에서 인간의 사랑과 정의, 예절과 지식이 각각 쓸 데가 있게 되어 힘을 쓰면 쓸수록 더욱 힘이 솟아서 얼굴에 생기가 넘치고 신바람이 나는 것이다.

우리 민족이 생명보다 소중히 여겼던 3강5상은 만고불변의 진리이다. 세상이 아무리 변해도 만고강상(萬古綱常)은 천지경위(天地經緯)이기 때문에 옛 사람의 헌장을 따르지 않을 수 없는 것이다. 옛날 사람의 평화롭고 안락했던 생활관습을 버리고 어디에서 인생 행복을 보장받을 것인가?

지도자는 책임자의 모범이 되고, 아버지는 아들의 모범이 되고, 남편은 아내의 모범이 되어 항상 솔선수범하고, 아버지와 아들은 친밀하며, 국민과 관료는 정의롭고, 남편과 아내는 각별하고, 어른과 어린이는 질서를 지키며, 벗과 동지는 믿음이 있는 사회보다 더 평화롭고 떳떳한 인생이 어디 있겠는가? 그러므로 가장 큰 인생행복을 보장하는 새 시대의 윤리도덕은 조상이 살던 합리적인 지혜를 계승 발전하는 데서 찾아야 한다.

다음으로 주권이 국민에게 있는 민주정치시대에 인민이 자체적으로 화합질서를 창출하여 화평세계를 건설하기 위해서는 중용도덕이 절대 필요하다. 중용은 대통일, 대화합을 이룩하는 인간중심 사상이다. 감정을 스스로 절제하고 이성을 회복하여 전체와 개체를 속속들이 살펴서 모든 분열과 대립, 모순과 갈등을 슬기롭게 해소하여 흔연히 일체로 동화하는 길이다.

사물의 다양성과 차별성을 인정하면서도 역사적 사명과 시대적 과업에 대한 대전제를 분명히 확인함으로써 진보와 보수, 강경과 온건 등의 세력을 서로 배척하지 않고 모두 수용해서 최선의 합일점을 찾는 지혜이다. 따라서 중용사상은 스스로 극단주의를 피할 뿐만 아니라 나아가 양극단을 모두 수용하여 절충 배합해서 새로운 차원의 화합단결을 도모한다. 시간적 간격을 메워서 정통성을 확립하고 공간적 장벽을 허물어서 주체성을 확립하므로 중용의 세계는 모든 사물의 정체를 뚜렷이 밝힌다. 이러한 중용도덕은 민주사회를 꽃피우는 최선의 조건이다.

끝으로 개방화, 세계화의 시대에 마음의 문을 활짝 열어서 천하문명의 중심을 세우기 위해서는 대동정신을 발휘해야 한다. 대동정신은 인간의 대도(大道)를 밝혀서 공명정대한 사회를 만들고 어진 이와 능력자를 발탁하여 융평세계를 건설하는 이념이다. 인문주의적인 지성을 연마하고 사물을 개발하여 인류역사상 최고문명을 창조해서 인류가 공생공영함으로써 한 사람도 낙오자나 그늘진 사람이 없게 하는 희망의 낙원을 이상으로 하는 천하도덕이다.

늙은이는 임종할 곳이 있고, 젊은이는 일할 곳이 있으며, 어린이는 자랄 곳이 있어서 남자는 장가가고 여자는 시집갈 데가 있게 하며 홀아비, 과부, 고아, 자식 없는 늙은이도 모두 부양할 곳이 있게 한다. 그리고 국가와 민족, 인종과 사상을 초월하여 널리 사랑하고 용서해서 어질고 착한 사람으로 가득한 세상에 태평가를 노래하는 것이다.

과학문명이 발달하고 정신문화가 발전한 이 시대에 참 세상을 보고 진정 행복한 삶을 누리는 길은 바로 대동세계를 건설하는 길밖에 없으므로 대동정신은 새 시대 윤리의 극치라고 할 것이다.

인간의 기본윤리

희망적인 새 시대를 건설하려면 가정과 국가 그리고 세계에서 새로운 인간관계가 형성되어야 할 것이고 새로운 인간관계가 형성되기 위해서는 인간의 기본윤리를 밝혀서 널리 보급해야 될 것이다.

그 동안 20세기를 풍미하던 자연과학적 합리주의에 의한 획일주의적인 인간관계는 인간성을 상실하고 가정을 파괴하여 사회를 어지럽혔기 때문에 이것을 극복하고 성공적인 미래사회를 열기 위해서는 유교의 윤리사상을 재발견해야 한다.

나는 유교의 윤리사상을 연구하여 새 시대 유교의 이념으로 합리주의와 중용사상 및 대동세계를 제시한 바 있다. (1993. 8. 1. 儒敎新報)

유교의 합리주의는 자연과학적 합리주의만을 탐구하는 것이 아니라 인문과학적 합리주의와 사회과학적 합리주의까지 종합적으로 탐구한다. 그러므로 천리(天理), 물리(物理), 사리(事理)를 직접 연구하고도 성리(性理), 심리(心理), 정리(情理)를 스스로 밝히며 또 더 나아가 윤리(倫理), 도리(道理), 의리(義理)를 널리 밝혀 자연적으로나 인간적으로 그리고 사회적으로 완벽한 삶을 추구한다.

유교의 중용사상은 전체를 남김없이 포괄하여 하나로 완전히 통일하여 사회의 중심적 위치에 서서 어느 쪽으로도 기울거나 치우치지 않고 양쪽의 극단을 모두 통합하여 지나침도 모자람도 없는 화합사회를 건설하는 길이다. 이것은 때와 장소 그리고 인간의 조건에 철저한 실용주의적 사회발전론이다.

유교의 대동세계는 개인의 자유와 평등을 보장하고 가정의 행복과 번영을 보호하며 국가의 독립과 발전을 인정하면서도 화합과 협력을 통하여 평화공영을 누리는 인류세계를 지향한다. 그리하여 수신(修身), 제가(齊家), 치국(治國), 평천하(平天下)의 사명을 누구나 다하도록 기회를 주는 것이다.

유교의 특징은 그 이념과 목적은 같으면서도 그 사업과 방법은 각각 다르게 해야 된다는 공동분수주의(共同分數主義)에 있다. 사람은 능력과 취향이 다르고 사업은 크고 작고, 어렵고 쉬운 것이 있으며 또 사회는 선진과 후진, 풍속과 습관이 같지 않기 때문에 똑같은 사업을 획일적 방법으로 강요할 수 없는 것이다. 따라서 유교는 개인자유주의나 집단사회주의를 천시하고 공동체의 이념과 목적에는 적극 동조하면서도 자기의 분수에 알맞게 사업을 선택하여 독창적인 방법으로 추진하는 것이다. 이것을 인간의 상호협력관계를 묶어 기본윤리라고 규정했으니 곧 상생(相生) 또는 인의(仁義)의 철학이다.

인간의 기본윤리는 개인간의 직접적인 단순관계와 집단의 간접적인 복합관계가 있는데 모두 상호 협력적인 주관적 과제(Intersu-bujectivity)가 있다. 상호 협력적인 주관적 과제는 사회적 존재로서 기본과제이므로 이것은 사회질서와 조화를 확립하는 기강이며 화평세계를 건설하는 도덕률이다.

개인간의 직접적인 단순관계는 인간존재의 기본관계로 곧 5륜(五倫)과 3강(三綱)이다. 5륜의 인간관계가 상호 협력관계로 정착하기 위해서는 아버지는 자애하고, 아들은 효도하며, 인민은 어질하고, 관료는 충성하며, 남편은 사랑하고, 아내는 공경하며, 노인은 품어주고, 어린이는 온순하며, 학우는 현명하고, 벗은 정직해야 한다. 그렇다면 누가 먼저 모범을 보여야 하는가? 당연히 나이가 많은 윗사람이 먼저 본을 보여야 하기 때문에 임금은 신하의 벼리(모범)가 되고, 아버지는 자식의 벼리가 되고, 남편은 아내의 벼리가 되어야 가닥이 잡히게 되는 것이다.

단순사회에서는 5륜3강만 가지고도 원만한 사회생활을 영위하였으나 점차 사회가 복잡해져서 복합사회로 발전하였으니 이에 유교는 『주역(周易)』에서 집단의 간접적인 복합관계윤리를 자세히 설파하였다. 『주역』의 논리는 여섯 금을 위아래로 포개놓고 아래를 처음 시작하는 위치로 정하여 1·2·3·4·5·6으로 차례로 올라가서 맨 위에는 종결하는 위치로 정하여 1·2·3은 하층 단위조직이고 4·5·6은 상부 단위조직으로 규정하여 직분의 크고 작음과 지식의 많고 적음을 규정하였으며 또 음양(陰陽)의 실체를 파악하여 조직력의 있고 없음을 살펴 각자가 담당해야 할 준칙을 설정하였다.

그리하여 시대적 사명과 조직구성원의 책무 그리고 상호 보완적 책임 및 주변의 협력관계 등등을 모두 살펴서 원만하게 사업을 성공하는 방법을 제시했다. 이것을 『주역』의 용어로 득중(得中), 정위(正位), 정응(正應), 친비(親比)라고 하는데 이 가운데 합리주의와 중용사상 그리고 대동사상이 함축되어 있을 뿐만 아니라 실용주의와 이상주의가 온축되어 있어서 자고로 『주역』의 진리는 만고불변의 위대한 의리(義理)로 받들어 왔던 것이다.

오늘날 지식과 사랑과 용기를 갖춘 인간관계를 확립하여 위대한 문화사회를 재창조하려면 반드시 『주역』의 중정응비(中正應比)의 논리에 철저한 행동윤리를 연구하지 않으면 소기의 성과를 얻기가 쉽지 않을 것이다.

도통동래(道統東來)의
위대한 전통을 계승하자

　오늘날 유도문명(儒道文明)의 원형은 오직 우리나라에만 남아 있으니 그것은 일찍이 우리 선현들이 사문동래(斯文東來)의 위대한 역사를 창조했던 노력의 산물이다.

　유도문명의 원형은 수신(修身), 제가(齊家), 치국(治國), 평천하(平天下)에 있어서 천하의 정의를 스스로 주체하여 문명의 중심국가를 건설하는 것이다. 그러므로 유학을 전공한 학자나 정치인은 도덕적으로 인류의 사표가 되고, 정치적으로 세계의 모범이 되어야 한다.

　그리하여 동양은 상고로부터 요(堯),, 순(舜)의 윤집궐중(允執厥中)으로 비롯하는 도통(道統)과 협화만방(協和萬邦)으로 시작하는 대통(大統)의 이념이 홍범9주(洪範九疇)의 황극사상(皇極思想)으로 정립되어 우(禹), 탕(湯), 문무(文武)로 계승 발전되면서 위대한 도덕정치의 문화전통이 수립되었다.

　그러나 춘추시대(BC 722 ~481)에 이르러 윤리도덕을 숭상하는 왕도(王道 : 王은 大의 뜻임)정치가 무너지고, 무력과 술수를 앞세운 패권(覇權)정치가 발흥하여 천하가 크게 어지러워진 까닭에 대통(大統)이 단절되었으나 도통(道統)만은 『춘추(春秋)』를 편수하여 당시의 정의를 밝힌 공자(孔子)가 계승하였다. 공자가 계승한 도통은 춘추대의(春秋大義)를 통해 계승했으니 그것은 천하의 대의(大義)를 자임한 것이다. 본래 천하의 대의는 천자(天子)가 자임해야 한다. 왜냐하면 대통을 계승한 천자가 천하대의를 자임해서 도통까지 아울러 계승해야만 황극을 건립할 수 있기 때문이다. 그러나 춘추시대의 천자들이 천하의 정의를 외면하므로 부득이 공자가 천하대의를 자임하고 역사를 심판하면서 말하기를 "나를 아는 것도 오직 『춘추』요, 나를 죄줄 것도 오직 『춘추』이다."라고 하였다.

맹자(孟子)는 공자의 춘추정신을 계승하여 인의예지를 역설하고 인류를 해치는 이단사설(異端邪說)을 깨끗이 물리쳤으며 정자(程子)는 『춘추전(春秋傳)』을 지어서 무력과 술수로 다스렸던 진(秦), 한(漢), 당(唐)의 타락한 정치사를 고발하고 의리학(義理學)을 고취했으며 주자(朱子)는 『자치통감강목(資治通鑑綱目)』을 엮어서 천하의 대통을 뚜렷하게 밝히고 외적의 침략에 비타협적인 복수론을 주장하였다.

우리나라 송자(宋子 : 尤庵)는 청(淸)나라가 명(明)나라를 멸망시키고 도덕문화를 말살하는 도통단절의 위기에 분연히 일어나 천하정의를 자임하여 공자의 춘추대의를 선양하고 주자의 강목(綱目)정신을 고취하면서 효종(孝宗)에게 북벌을 권하여 청나라를 멸망시켜서 복수설치(復讎雪恥)함과 동시에 명나라를 광복하여 천하문명을 다시 복원할 것을 주장하였다.

청나라의 침입으로 중원에 대통과 도통이 모두 단절된 시기에 송자는 조선왕조에서 천하대의를 밝혀 의리학을 크게 진작하였으니 이것은 조선의 유학이 세계의 중심적 위치를 점유한 역사요, 중국유학의 도통이 처음으로 해외로 건너온 커다란 사건이었다. 도통을 계승한 조선의 유학은 효종 원년(서기 1650년)부터 천하정의의 주체로 등장하여 대단한 활력으로 약진한다. 개인의 수신(修身)공부를 천하도덕의 문제와 연결하고 국내의 정치현실을 국제적 시각에서 해결하려는 고도의 문명사조가 크게 일어났다. 이것은 중국 유학의 지류(支流)로서 면면히 이어왔던 조선의 학풍이 천하유도(天下儒道)의 본류(本流)로 변하면서 학문적 자신감과 도덕적 긍지가 충만했다.

이러한 『춘추학(春秋學)』이 한번 일어나자 이 땅의 학자들은 질직홍의(質直弘毅)한 기상과 실천력행(實踐力行)하는 정신을 갖추어 그 재능과 도량이 모두 천하를 경영할 만하고 그 기풍과 절조는 모두 세상을 감동시킬 만하였다.

도덕의 힘으로 역사의 정통성을 수호하고 천하통일로 국가의 주체성을 확립하려는 조선조의 도통자임(道統自任)정신은 근세 300년 동안 인문주의적 지성을 고도로 계발하여 의례, 제도, 문장에 있어서 천하의 보편적 규범을 완연히 갖춤으로써 유도문명의 원형을 현대에 전해 주는 역할을 한 것이다. 이것은 세계 속의 한국문화의 가장 위대한 업적이며 근세유교의 종주국(宗主國)으로서의 사명을 완수한 것이니 우리나라의 유림에게는 이와 같이 위대한 전통을 계승 발전시켜야 할 책무가 있는 것을 분명히 깨달아 앞으로 천하도덕을 자임하는 기걸찬 정신이 일어나야만 천하정의의 주체로 다시 등장할 수 있을 것이다.

산림학자양반(山林學者兩班)의
가정문화를 재건하자

　조선은 양반의 나라라고 할 때에 양반은 관료양반(官僚兩班)을 지칭한 것이 아니고, 산림학자양반(山林學者兩班)을 지칭한 것임을 아는 사람은 매우 드물다.

　관료양반은 문관(文官)의 동반(東班)과 무관(武官)의 서반(西班)을 합친 관료계급을 지칭한 말이었으나 조선왕조 중엽인 병자호란 이후에 관료계급과는 상관없이 향촌에서 훌륭한 유림의 가문을 지칭한 말로 그 의미가 전화하였는데, 이른바 갈력근사군친왈양(竭力勤事君親曰兩)이요 진심절지충효왈반(盡心切志忠孝曰班)이라는 우리나라의 독창적인 양반개념이다.

　이것은 있는 힘을 다하여 부지런히 임금과 어버이를 섬기는 것을 두 가지 행실이라고 하며, 마음을 다하여 절실하게 충과 효를 지향하는 것을 똑같이 분명하게 한다는 의미였으니 나라에 충성하고 어버이에게 효도하는 것을 지상명제로 여기는 춘추정신(春秋精神)의 산물이다.

　병자호란에 인조(仁祖)가 삼전도(三田渡)에서 오랑캐 추장에게 항복하자 사림(士林)세력이 청나라에 종속한 굴욕을 피하여 산림(山林)으로 숨어버리니 이후 사림세력은 산림세력으로 발전하여 오로지 윤리도덕을 지키고 학문예술을 연마하면서 춘추대의(春秋大義)를 선양하며 예의염치를 고취하고 충효절의를 숭상하여 동방예의를 수호하는 세력으로 부활하였다.

이후 관료양반인 사대부계급에 대한 대중적 관심은 급격히 떨어져 버렸고, 산림학자에 대한 존모감(尊慕感)이 맹렬하게 일어났기 때문에 일반대중의 학문적 관심도 과거를 위한 공거문자(公車文字)에서 수신을 위한 윤리도덕으로 옮겨가게 되었으므로 지식인의 행동거지가 매우 단정하여 사회의 모범이 되었던 것이다.

이러한 도덕학풍이 이미 과거제도가 완전히 폐지된 왜정시대까지도 구학(舊學)으로 남아서 이어졌으니 향촌의 산림에서 벼슬을 단념하고 오로지 평생을 인격수양에 전념하면서 가문의 명예를 지켜온 세월이 장장 300여 년이었다. 그리하여 향촌마다 자연적으로 양반가(兩班家)라는 이름이 전파하여 외세에 종속한 현실정치 참여자를 호노(胡奴) 또는 호로(胡虜)라고 지칭하면서 구별하였으니 관료양반의 대칭은 상민(常民)이었지만 산림학자양반의 대칭은 호로자식이었는데 민족을 배반하고 오랑캐의 노예가 되었다는 뜻이다.

오랑캐의 지배하에 국가개혁의 길이 막히자 산림학자양반은 가정개혁을 통한 사회개혁의 길을 추구하였으니 향촌에 서원을 창건하고 서당을 열어서 훈장이나 접장을 자임하여 서민의 자제를 교육하였을 뿐만 아니라 사창(社倉)을 만들고 대동계(大同契)를 조직하여 대중과 더불어 살면서 이풍역속(移風易俗)에 심혈을 기울여 가정윤리를 강조하고 국풍(國風) 쇄신을 선도하였기 때문에 향토문화 발전의 중심으로 떠올랐다.

이리하여 부귀권세를 외면하고 청풍고절을 지키는 조선 학자양반집안의 명예로운 가풍은 세상사람들의 주목을 받게 되었으므로 유교의 윤리도덕으로 가정을 개혁하는 신 풍조가 일어났다.

국가가 외세에 종속된 어려운 시대에 가정이 부귀한 것은 부끄러운 일이다. 그러므로 잘사는 가정보다는 바르게 사는 가정을 경영하여 오로지 수신제가에 힘쓰면서 효제(孝悌)의 가정윤리를 세우고 관혼상제의 가례를 지키는 것을 명예롭게 생각하였으니 집안에 사치와 방탕을 엄금하고 검소질박한 생활 속에서 단아한 선비의 행실이나 고결한 군자의 품격을 갖추려고 노력하였으며 그러한 노력의 결실은 결국 모범가정으로 드러나서 도덕학문이 크게 흥행하여 동방예의의 나라로 발전하는 모태가 되었다.

집에서는 처자와 형제를 단속하여 불효불목을 경계하고 나라에서는 현실과 타협해서 곡학아세하는 것을 엄금하여 불충불의를 징계하였으니 정치적으로 국가의 정통성과 주체성을 수호하고 사회적으로 인간의 신뢰관계를 공고히 하여 도덕국가를 건설하려는 높은 열망이 충일하였다. 이로써 산림학자양반의 정신문화가 시대를 초월하여 흠모의 대상이 되었던 것이니 오늘날도 신분에 관계없이 행실이 있는 사람을 양반이라고 부르는 소이가 여기에 있다.

유교개혁(儒敎改革)의 역사적 교훈

　모든 개혁은 낡은 것을 새롭게 하고, 무너진 것을 일으켜 세우고, 없어진 것을 되살리는 쇄신의 작업이다. 오늘날 유교개혁도 오랜 침잠의 늪에서 탈피하여 유교 본래의 모습을 되찾아 약동하는 면모를 갖추어 시대변화를 선도하는 세력으로 부활하려는 노력의 일환이다.

　이러한 시점에서 우리는 온고이지신(溫故而知新)의 자세로 임하여 역사적 교훈을 명심해야만 실패가 없는 개혁작업을 성공적으로 완수할 수 있을 것이다. 왜냐하면 개혁이 실패로 돌아갔을 때 그 피해는 실로 엄청나서 재생능력까지 상실할 위험이 있기 때문이다.

　첫째는 유교의 학문사상을 변질시키면 안 된다. 양주(楊朱)의 극단적 이기주의와 묵자(墨子)의 극단적 박애주의가 성인(聖人)의 가르침이 아님은 이미 맹자(孟子)가 비판했고, 소동파(蘇東坡)의 초자연주의와 육상산(陸象山)의 주관적 유심주의가 성학(聖學)이 아님을 주자가 비판했으니, 공맹정주(孔孟程朱)의 도통(道統)을 단절하는 유교개혁은 유교를 진작하는 길이 아님을 명심해야 될 것이다.

　둘째는 유교의 합리주의사상을 벗어나서는 안 된다. 유교는 만사에 합리적으로 처리하는 원칙이 있다. 그러므로 유림은 일상생활에서 천리, 물리, 사리를 밝혀 이치에 어긋나지 않는 자연과학적 합리주의를 추구하고, 성리, 심리, 정리에 어긋나지 않는 인문과학적 합리주의를 추구하며, 윤리, 도리, 의리에 어긋나지 않는 사회과학적 합리주의를 추구하는 것이니 합리성이 없는 무모한 유교개혁은 유교를 되살리는 길이 아님을 명심해야 할 것이다.

셋째 풍속을 바꾸고 도덕을 밝히며 인심을 바로잡는 주체적 노력을 경주해야지 시세에 영합하여 구명도생을 꾀해서는 안 된다. 탕(湯), 무(武)는 혁명을 하여 요(堯), 순(舜), 우(禹)의 대통을 계승하였고, 공자와 맹자는 춘추전국시대에 윤리도덕을 설파하여 난세를 바로잡으려고 하였으니 모두 천하도덕을 자임하여 선지선각의 사명을 완수한 것으로 어떠한 역경에 처하더라도 조금도 흔들림이 없이 평생 일관하였던 것이다. 따라서 유교개혁도 이러한 학풍을 견지하여 이풍역속(移風易俗)의 자세로 임해야지 외래사조에 물들고 시속에 동화하여 구차하게 연명하려고 한다면 결국 유교의 본질이 굴절되고 만다는 사실을 명심해야 할 것이다.

그 동안 성균관은 이러한 준칙이 없이 민주시대에 역행하는 총전(總典)제도의 종헌을 만들고 과학시대에 역행하는 종교화를 선언하여 안으로 분열하고 밖으로 세인을 놀라게 하였으니, 이러한 일련의 유교개혁 작업을 무효화하고 다시 새로운 유교개혁사업을 추진함에 있어서 다시는 시행착오가 없도록 역사적 교훈을 절대로 망각하여서는 안 된다. 특히 유교개혁의 현대화, 대중화, 과학화의 과제는 유림의 예양(禮讓)정신에 의한 민주적 소양이 전제되었을 때 비로소 실현가능한 것이며 전제적 권위주의를 불식하지 못한다면 재정난, 인력난에 시일만 천연하던 구태를 벗어나지 못하고 시대를 한탄하는 전철을 되풀이할 것이다.

민중유교사상

민중유교는 유교의 민중화를 선언한다. 민중을 주체로 한 일동 평등사회를 추구한다.

인간통성인 사랑, 정의, 예절, 지혜를 말미암아 제반 인간관계에서 정직, 성실, 공평의 통일적 도덕을 확립하여 두루 조화로운 질서 속에서 다 같이 보람 있게 사는 화평세계의 건설을 그 이념으로 한다.

민중은 일반 민간인이다. 계급적으로는 서민대중이요, 의식적으로는 양심세력이며, 역사적으로는 주체세력으로서, 자주, 민주, 민족통일을 갈구하는 집단이다.

오늘날 자유, 평등의 인권이 실현된 민주사회의 건설은 전체 민중의 주체적 조직적 단결과 진취적 역동적 투쟁을 통하여 이룩된다. 따라서 민중은 현대사회발전의 원동력이다.

만일 '요순'의 제왕유교가 한 사람의 위대한 통솔력에 의존하다가 자주 폭군을 만나 도리어 모진 학대만 받았다면 이제는 마땅히 민주공화의 체제로 전환해야 될 것이다.

만일 '탕무'의 관료유교가 관료주의의 능률에 의존하다가 자주 탐관오리를 만나 도리어 민권을 빼앗긴 노예로 전락되었다면 이제는 관권 만능을 통제하고 민중 자치제도로 전환해야 될 것이다.

만일 '공맹'의 성현유교가 한 사람의 훌륭한 성현이 나오면 밝은 세상이 열린다는 희망을 믿었다가 오히려 참담한 실망만 안겨 주었다면 이제는 영웅이나 구세주가 나오기를 기다릴 것 없이 대동단결하여 진취적으로 현실을 개혁하고 새 역사를 창조해야 될 것이다.

만일 '정주'의 선비유교가 자손의 입신양명을 통하여 일가동포를 구원하리라고 믿었다가 도리어 일족이 멸문하는 화를 당하거나 아니면 개인영달만 꾀하여 수치심만 더했다면 이제는 각각 주체적으로 분발하여 연합조직을 통한 정치세력화를 기해야 될 것이다.

민중유교는 바야흐로 지난날의 파행적 말폐를 척결하고, 일본 황도유학(皇道儒學)을 청산하여 인본, 인도, 인문주의의 본래의 의미를 찾아서 종교인의 책무를 새 시대에 완수해야 되는 당위성이 있는 것이다. 유교의 진리는 철저한 과학적 검증을 통한 객관적 합리성과 일상생활 속에서 깨달은 상대적 정당성을 바탕으로 확인한다. 따라서 이미 공인된 진실과 보편적 논리만이 유교인의 진리다.

사실에 대한 편견이나 양심에 대한 위증은 추호도 용납되지 않는다. 그러므로 민중유교인의 엄격성이 바로 여기에 있다고 하겠다.

공동분수주의(共同分數主義)로
새 시대를 열자

　편벽된 논리나 일방적인 사상으로는 전체적인 안정을 이룩하여 조화로운 발전을 이룩할 수 없기 때문에 나는 이미 십 년 전에 공동분수주의(共同分數主義)와 공민민주주의(公民民主主義)를 제창하여 공도정치(公道政治)를 주장하며 『민중유교사상』을 저술하였으니 유교사상으로 20세기의 혼란을 마감하고 2000년대 새로운 문명을 개척하려는 뜻이었다.

　현대사회의 모순과 갈등은 인간에 대한 이해부족과 사회에 대한 편견 그리고 자연에 대한 무지에서 파생한 것이다. 인간에 대한 근본모순은 도덕심과 사리사욕임에도 현대인은 이것을 간과하고 오직 유산계급과 무산계급으로만 분류하는 오류를 범했고, 사회는 자기를 완성하여 공생 공영하는 것임에도 현대인은 이것을 외면하고 개인이기주의나 전체사회주의를 주장하는 오류를 범했으며, 자연에는 숭엄한 이치가 있어서 순리로 이용하면 발전하고 거역하면 멸망하는 것임에도 현대인은 이것을 무시하고 야망충족의 대상으로 착각하고 있는 것이다. 도대체 인간의 신분을 재산의 있고 없음으로만 나누는 것이 차마 인간으로서 있을 수 있는 일인가? 재산이란 있다가도 없고, 없다가도 있는 물건이거늘 어찌 재산으로만 계급을 나눈다는 말인가? 이제는 재산으로 사람을 나누지 말고 인격으로 사람을 구분해야 한다. 따라서 재산이 있고 없고 간에 공덕심(公德心)을 가진 공민(公民)인가, 사리사욕을 가진 사인(私人)인가를 가려서 인간성을 간직한 양심세력이 정치를 주도하는 공민민주주의를 해야만 인간의 정치, 사랑의 정치인 덕치인정(德治仁政)을 구현할 수 있는 것임을 깨달아야 한다.

또한 집단사회주의는 전체적인 획일화를 도모하고, 개인자유주의는 개인이기주의를 확산하여 정상적인 인간관계를 모두 파괴하여 버렸다. 인류도덕이 없는 인간관계는 인간사회의 참 모습이 아니다. 전체의 번영은 개인의 발전에 기초하므로 성인(聖人)은 『주역(周易)』에서 공동분수주의를 역설했으니 오늘날 전체주의와 개인주의의 극단적 논리를 슬기롭게 극복할 수 있는 위대한 철학은 공동분수주의라는 사실을 깨달아야 한다.

개인의 연대적 존재가치를 밝혀서 드날리는 가운데 전체의 구조적 기능을 완벽하게 살려 전체도 완성하고 개인도 완성하는 공동분수주의는 결국 때와 장소 그리고 자체능력의 세 가지 조건이 바로 현실경영의 분수(分數)를 결정하는 기본요소가 되는 것이다.

시간적 상황과 공간적 조건 및 인간자신의 역량으로 판단한 자기의 사회적 역할과 기능은 곧 자기의 가치를 온전히 실현하면서 전체의 목적을 능률적으로 달성하는 중용의 길이다. 사람을 사랑하고 공경하는 5륜(五倫)의 도덕에 기초하여 공동체사회를 건설해야 가정과 국가 그리고 세계라는 공고한 인간조직이 탄생하는 것이다.

따라서 모두 똑같이 사는 일상생활을 통하여 인간평등을 구현하고, 각각 자기의 사업에 전념하여 성공한 결과로써 인간완성을 실현하는 공동분수주의는 권리와 의무를 배합하여 의리를 세우고, 자유와 평등을 배합하여 분수를 밝히며, 공과 사를 배합하여 명분을 찾는 것인바 개인과 개인, 개인과 집단, 집단과 전체의 모든 관계에 있어서 조리정연한 체계를 유지하는 행동원칙이 있는 것이다.

사람은 마땅히 대아(大我)의 공덕(公德)을 깨달아 독립인격을 완성하여 자기의 직분을 다해 집에서는 효도하고, 나라에서는 충성하며, 인류사회에 이바지하는 길을 찾아야 하는데 유교의 이런 인간윤리는 매우 철저하여 털끝만치의 오차도 용납하지 않는다.

현대사회의 위기는 편벽된 논리를 묵수고집하고 일방적 사상을 무리하게 강요한 데서 기인했으니 패권통치자의 출세주의로 인하여 인간성을 상실했고, 천민자본주의의 물질만능풍조로 인하여 정신이 황폐화하였으며, 개인이기주의로 대립모순이 증폭하여 인간관계가 해체되는 현실에 봉착했다.

이러한 위기상황을 타개하는 방법은 결단코 이단사설에 현혹되지 말고 유교의 대경대법(大經大法)으로 돌아가는 길밖에 없다. 인간의 본성인 인(仁)을 인식하고 인간의 윤리인 효(孝)를 알아서 인간성을 되찾고 사회성을 길러서 천리(天理)를 밝히고 인심을 바로잡아 도덕정치를 하는 공민민주주의를 정치이념으로 삼고 공동분수주의를 사회사상으로 정착하여 문명세계를 경영하는 공도정치(公道政治)의 새 시대를 열어야만 오늘날의 정치, 경제, 사회적인 혼란을 극복하고 국가사회의 안정을 이룩하여 조화로운 발전을 기약할 수 있다고 단언한다.

예절부흥으로 새 시대를 열자

세기말의 혼란을 청산하고 희망에 찬 2천년대를 개벽할 시간이 이제 얼마 남지 않았다. 최근 10여 년 동안 세계는 인간답게 사는 새 시대를 열기 위하여 집중적으로 연구한 결과 새 천년의 인류행복을 확실히 보장하는 사상은 유도(儒道)밖에 없다는 쪽으로 귀결하였으나 아직 절도 있게 사업을 추진하는 구체적 방법에 대한 합의가 미진하여 진척을 보지 못한 것 같다.

유도의 지식과 사랑과 용기로 충만한 문명세계의 건설이념은 철저한 합리주의와 중용사상 그리고 대동정신으로 지극히 고원하고 광대하여 먼저 탁월한 정치적 지도력과 풍족한 경제적 생산력과 훌륭한 교육적 감화력을 갖추어야 되기 때문에 간단히 접근할 문제는 아니다. 그러나 그 요체는 예절을 권장하여 인격을 갖추고 풍속을 순화하는 것이니 자고로 문명사회 건설의 지표는 인격체의 자율적 행동양식인 예절문화의 발전이 그 관건이었다.

예(禮)는 인문주의적 지성인의 심리체계요 인생만사의 모범적 행동강령이며 인생행복을 보장하는 원리이다. 따라서 예절은 공경하고 사양하는 마음의 표현이며 질서를 지켜 화합하는 사회모범인즉 법과 더불어 사회기강을 확립하는 2대 지주이다. 법은 사회를 유지하는 최소한의 강제규범이기 때문에 획일적으로 만인이 평등하지만 예는 사람을 떨치고 일어나게 하는 최대한의 모범이기 때문에 인지(人智)의 계발과 인격의 향상에 따라 여러 단계로 분류했으니 선비에게는 선비의 예절이 있고 군자에게는 군자의 예절이 있을 뿐만 아니라 가정에는 가정의례가 있고 나라에는 나라의 의례가 있어 때와 장소와 분수에 알맞게 처신하여 언제 어디서나 교만 방자함과 나태 음란함을 원천적으로 방지하는 자기 자신의 자율적 절제기능이다.

예절문화의 사회적 기능이 사람들로 하여금 법의 지배라는 피동적 삶의 방식에서 벗어나 예절의 솔선수범이라는 능동적 삶의 자세로 대전환하게 함으로써 삶의 질을 획기적으로 높여 인간의 존엄성을 발양하고 인간의 관계를 널리 결속하여 튼튼한 신뢰를 바탕으로 안정사회를 이룩하는 작용을 하는 까닭에 예절을 숭상하면 법의 존엄성이 살아나는 것이요 예절이 무너지면 법도 문란하게 되므로 예절문화는 정치사회의 기강이고 교육문화의 상징이며 이상세계 건설의 헌장으로 소중하게 받들어 왔던 것이다.

예절의 보편적 가치가 이와 같이 큰 작용을 하기 때문에 유교의 예절문화는 대단히 발달하여 인류역사에서 가장 많은 예의법도를 개발하였으니 언어동작과 보고 듣고 생각하는 것으로부터 천하국가의 행사에 이르기까지 총망라하여 예의(禮儀)가 3백 조항이고 위의(威儀)가 3천 조목으로 아름답고 찬란하다.

그러나 3천3백 가지의 거대한 예법체계도 그 철학적 기초는 대단히 간단하여, 요약해서 실천하기가 아주 쉬우니 기본은 천(天), 지(地), 인(人)의 세 가지 요건을 구비하여 마음과 물질을 배합할 따름이다. 따라서 예절의 필요충분조건은 때와 장소에 알맞은 인격을 갖추어 정성스러운 마음으로 깨끗한 물질을 담아내는 것인즉, 결국 시중사상(時中思想), 정위사상(正位思想), 주체사상(主體思想)을 확립하여 정신은 합리주의를 추구하고 물질은 현실주의를 따르는 5대 원칙뿐이다. 다만 관료사회는 관직의 등급으로 기준을 삼고, 민간사회는 나이의 차례로 기준을 삼으며, 사회발전과 민중교화를 도모함에는 도덕의 높이로 기준을 삼아서 한 가지를 가진 사람은 두 가지를 가진 사람에게 양보하는 것이요, 또한 유교의 예절에는 서민대중의 예절은 제정하지 않고 모두 선비의 예절을 따르게 하였는바 그것은 서민대중도 분발 노력하여 인격향상을 도모하라는 뜻이다.

일찍이 요(堯)와 순(舜)은 스스로 공경하고 사양하는 예절문화를 일으켜서 천하만방이 협력하고 화합하는 태평성대를 건설하였다. 이러한 문화전통을 계승하여 하(夏)나라는 충직한 인간문화를 숭상하고, 은(殷)나라는 질박한 물질문화를 숭상하며, 주(周)나라는 문채 나는 정신문화를 숭상하여 모두 3대의 문명세계를 건설하였던 것이니 이러한 역사적 경험을 오늘에 되살린다면 유교의 진리로 새 시대 사업을 추진하는 구체적 방법에 대하여 조금도 의심할 필요가 없다.

비단 고대의 역사만 그러한 것이 아니라 조선왕조시대에 정암(靜庵) 선생의 지치주의(至治主義)도 예절부흥으로부터 착수하여 동방예의지국을 건설하는 기반을 조성했던 것이니 확고한 신념을 가지고 우리가 먼저 예절문화를 부흥한다면 2천년대 우리나라는 세계 제일의 문화국이 되어 문명세계 건설의 중심국으로 부상해서 인류행복을 길이 보장하고 세계역사 발전에 크게 공헌할 것이다.

도덕부흥(道德復興)의 대원칙

도덕(道德)은 천지경위(天地經緯)이고 인간의 강상윤리(綱常倫理)로서 사람이 자기의 내면에서 천리(天理)를 깨달은 마음으로 지극히 밝고 착하고 아름답게 사는 길이다. 그러므로 성인(聖人)의 도덕은 인류의 모범이고 천하국가사회의 강유(綱維)이다.

오늘날 세기말적 대혼란의 극치에서 도덕부흥의 일대전기를 마련하기 위하여 각계각층에서 다양한 노력을 경주하고 있음에도 불구하고 전혀 새로운 바람이 일어나지 않고 있는 것은 바로 도덕부흥운동의 바른 길을 찾지 못했기 때문이다.

대저 금을 캐려면 먼저 금맥을 찾아야 하고, 우물을 파려면 먼저 수맥을 찾아야 하듯이 도덕을 부흥하려면 마땅히 먼저 도맥(道脈)을 찾아야 하는데도 오늘날 사회의 혼란을 걱정하는 사람들은 도맥은 찾지도 않고 도덕적 덕목만 나열하면서 실천하라고 역설하니 마치 진맥도 못하면서 약만 먹으라고 큰소리 치는 돌팔이와 다름이 없다.

더욱이 오늘날 도덕타락의 현상은 천하국가의 도덕만 파괴된 것이 아니라 심지어 가정도덕과 개인도덕까지 모두 파괴되어서 거의 총체적 도덕 부재의 위기에 처하였거늘 아직도 안일하게 시민도덕을 논한 사람은 가정도덕을 낡은 도덕이라고 치부하고, 개인도덕을 논한 사람은 천하국가의 도덕을 외면하며, 집단사회도덕을 논한 사람은 개인도덕을 백안시하고 있으니 이것은 모두 사회의 병리현상을 총체적으로 살피지 못하고 자기 눈의 잣대로 가볍게 진단한 짧은 소견에 지나지 않는 것이다. 큰 병을 어찌 돌팔이가 고칠 것이며 전체의 병을 어찌 한 가지 약물로 치료하겠는가?

바야흐로 도맥에 정통한 수신(修身), 제가(齊家), 치국(治國), 평천하(平天下)의 도학(道學)이 아니면 근본적인 치유책이 없는 것이니 비록 만시지탄이 있지만 이제라도 도덕학을 대대적으로 장려하는 것이 이 시대의 불행을 막는 길이라고 할 것이다.

자고로 도맥은 사람의 착한 본성에서 찾았으니 일찍이 맹자가 설파한 성선설(性善說)이다. 하늘이 부여한 지극히 착한 이치를 사람이 받아서 태어났으니 인간의 고유한 본성은 착하기 때문에 그 본성을 따라서 사는 길이 바로 도덕으로 들어가는 문이다. 따라서 인간성이 본래 착하다는 성선설에 기초하여 인의예지(仁義禮智)의 덕성을 함양해서 효제충신(孝悌忠信)의 도덕을 떳떳하게 실천하라고 하면 그 논리가 정연하고 그 명분이 정당하여 설득력이 있어서 힘을 발휘하려니와 만일 공리적(功利的)인 논설을 도입하여 외형적인 행동수칙을 나열해 놓고 상으로 권장하고 벌로 위협해서 따르게 한다면 이것은 뿌리 없는 나무가 자라기를 바라고 원천이 없는 물이 흐르기를 바라는 것과 무엇이 다르겠는가?

무릇 근본이 없는 공리적 도덕론은 아무리 유혹하고 협박하여도 쉽게 설득할 수 없을 뿐만 아니라 또한 비록 남의 눈이 무서워 한때나마 실천할지라도 이득을 보면 금방 돌아서 버리니 끝내 교육의 힘을 발휘하지 못하는 것이다. 도덕은 인간의 자각적 활동에 있어서 이해득실과 시비선악 그리고 정사곡직(正邪曲直)을 스스로 판단하는 기준이고, 사회생활에서 공과 사를 분별하는 자체 행동규범인데 자기자신의 양심에 말미암지 않고 외부적 율법에 따라야 한다면 어떻게 도덕이라고 하겠는가? 도덕심은 자기의 고귀한 인간성에서 발로하는 것이므로 사람은 누구나 어려서는 그 어버이를 사랑할 줄 알고 자라서는 그 형을 공경할 줄 아나니 천성의 발로이기 때문이다. 이 마음은 배우지 않아도 가지고 있고 익히지 않아도 잘하는 것이므로 양지양능(良知良能)의 도덕심이다.

　이러한 인간의 본디 지능을 학교교육과목으로 채택하여 교육하면 누구나 쉽게 개발하고 확충해서 저절로 인격을 함양하고, 가정을 화목하게 하고, 나라의 기강을 세우고, 천하의 도덕을 밝히게 될 터인데도 윤리도덕교육은 방치하면서 도덕부흥만 갈구하니 답답하기 그지없다. 도덕이 무슨 허구적인 장식물인가? 오늘날 정치적 기회주의자, 경제적 모리배, 사회적 파락호가 득세하여 음으로 전통도덕을 비방하면서 겉으로 도덕을 걱정하는 척 수선을 떠는 것은 스스로 타락한 책임을 호도하여 남에게 전가하는 역습에 다름아니다. 도덕은 결단코 불인(不仁), 불의(不義), 무례(無禮), 무지(無知)한 사람들이 교활한 수단으로 파렴치하게 거머쥔 기득권을 미화하기 위한 허세치레가 아니고, 스스로 하늘을 우러러보고 땅을 굽어보아도 부끄럽지 않은 마음속에서 일어난다.

제자리로 돌아갑시다

　큰 병을 앓고 난 뒤에는 착한 마음씨가 움트는 것이요, 극도의 혼란이 닥치면 바로잡을 생각이 돋아나는 것이다. 우리 민족은 이미 금세기 초에 망국(亡國)이라는 쓰라린 병을 앓았고, 을유광복(乙酉光復)의 환호 속에 조국이 분단되면서 6·25 동족상잔의 비극을 겪었을 뿐만 아니라 또한 잦은 군사정변에 의한 독재정권의 암흑사회에서 오래도록 신음하였다.

　거의 1세기 동안을 온갖 역경과 탄압 속에서 시련을 겪은 민족이라면 이제는 마땅히 착한 마음씨가 뚜렷이 나타나서 어지러운 사회를 바로잡을 생각을 가지고 다같이 슬기를 모아야 되는 절박한 순간임을 깨달아야 할 것이다.

　오늘날 모든 사회혼란의 근원은 바로 민족적 양심을 망각하고 인간성을 상실하여 자기의 직분을 방치하여 버리는 데 있다. 정치인이 정치가의 직분을 방치하고, 교육자가 교육가의 직분을 방치하고, 경제인이 경영자의 직분을 방치하고, 종교인이 성직자의 직분을 방치하고, 군인이 군인의 직분을 방치함으로써 국가의 기강이 무너지고 사회의 풍속이 타락하기 때문에 온갖 혼란이 야기된 것이므로 이제 이러한 혼란을 뿌리뽑고 밝은 사회를 재건하기 위하여서는 모두 제자리로 돌아가는 길밖에 없다. 공자(孔子)는 춘추시대 242년간의 혼란을 바로잡기 위하여 정명론(正名論)을 제시하였고, 맹자(孟子)는 전국시대 183년간의 혼란을 바로잡기 위하여 반경설(反經說)을 제시하였다.

정명론(正名論)은 이름이 사실과 일치해야 된다는 논리이다. 실질과 부합하지 못하는 이름은 허상일 뿐이므로 결국 허상의 이름으로 가득한 사회는 공허한 거짓술수만 남게 된다는 것이다. 그래서 공자는 임금은 임금다워야 하고, 신하는 신하다워야 하고, 아버지는 아버지다워야 하고, 아들은 아들다워야 된다고 주장하여 각각 자기의 이름에 걸맞은 행실을 몸소 실천할 때에 사회가 정상으로 돌아갈 수 있다고 역설하였던 것이다.

반경설(反經說)은 대경대법(大經大法)을 밝혀서 원리원칙으로 돌아가야만 혼란을 극복하고 밝은 세상을 만들 수 있다는 학설이다. 원리원칙이 없는 데서 분쟁이 일어나고 술수가 판을 치는 것이다. 그리하여 약자는 강자의 밥이 되고, 작은 것은 큰 것의 놀림감이 되어 무한 착취당하는 암흑세계로 전락되기 때문에 맹자는 인간의 존엄성에 기초한 사회정의의 확립만이 혼란사회를 극복하는 길이라고 역설하였던 것이다.

『춘추(春秋)』의 시대적 배경은 매우 심각한 것이었다. 불과 242년간에 신하가 그 임금을 죽인 것이 36번이요, 싸우다가 멸망한 나라가 52개국이요, 정변에 의하여 제후가 다른 나라로 망명한 것은 이루 셀 수도 없이 많았던 것이니 일찍이 역사상 유례가 없는 혼란의 극치점이었던 것이다.

공자는 이러한 혼란의 참상을 직접 보고 들으면서 시대를 구원하는 철학으로 정명대의(正名大義)를 제시하고 손수 『춘추』를 엮어서 명분 없는 싸움에만 열중하였던 난신적자(亂臣賊子)를 엄중히 징계하였으니 이름을 바로 세우는 일이 얼마나 중대한 문제인가를 우리는 똑똑히 알 수 있는 것이다.

전국(戰國)의 시대적 배경도 대단히 심각한 것이었다. 춘추의 혼란기를 통하여 군소국가들은 모두 멸망하고 7개 강대국만 남아서 서로 힘을 겨루며 밤낮 없이 쟁패전을 일삼던 착취와 살육의 암흑기이었던 것이다.

　맹자는 이러한 인류의 불행을 직접 보고 들으면서 시대를 구원하는 철학으로 반경정직(反經正直)을 제시하고 성선설(性善說), 양지양능설(良知良能說)을 밝혀 인의(仁義)의 중대한 가치를 역설하여 불인(不仁)과 불의(不義)를 엄중히 성토하였으니 원리원칙을 세워서 과학적 진리에 철저하고 사회정의에 투철한 행동이 얼마나 중요한 문제인가를 우리는 분명히 확인할 수 있는 것이다.

　국가사회의 혼란을 근원적으로 바로잡는 방책이 우리에게 절실히 필요하다면 공자의 정명론과 맹자의 반경설은 또한 우리에게 밝은 거울이 아닐 수 없는 것이다. 만일 밝은 거울이 앞에 있는데도 외면한다면 아마도 그것은 추악한 얼굴일 것이며 방자한 생각일 것이다. 우리 모두 자기 면목을 밝은 거울에 비추어 보자. 사람의 부모가 되어 자녀를 따뜻한 사랑으로 길렀는가, 사람의 자식이 되어 부모를 가까이 공양하였는가, 나라의 지도자가 되어 원리원칙을 지켰는가, 국민으로서의 의무를 다했는가, 남편으로서 아내를 진심으로 사랑했는가, 아내로서 남편을 진심으로 공경하였는가, 어른으로서 어린이를 철저히 보호하였는가, 어린이로서 어른에게 먼저 양보하였는가, 친구를 믿음으로 사귀었는가.

　극단적 이기주의 사조에 물들어 부모와 처자를 방임하면서 개인향락만을 취하는 사람과 극단적 박애주의 사조에 빠져서 부모와 처자를 돌보지 않고 공명심에 불타서 불철주야 남의 일에만 헌신봉사하는 사람들이 결국 우리 사회를 어지럽히는 혼란의 주역이라고 할 것이다.

　제발 모두 각각 제자리로 돌아가서 자기의 직분을 통하여 원리원칙을 지키고 명실상부하게 행동하여 훌륭한 이름을 남겨야만 사회는 밝아질 것이다. 한겨울의 모진 시련을 슬기롭게 극복한 풀과 나무는 새봄을 맞이하여 새싹이 움트거니와 겨울이 지나가고 봄이 와도 새싹이 나오지 않는다면 이미 죽은 생명인 것이다.

　만일 사람이 100년의 시련을 겪고도 제자리를 찾지 못하고 방황만 거듭한다면 비록 살았다고 해도 죽은 목숨이나 다를 것이 없는 부끄러운 존재가 될 뿐이다.

군유(群儒)를 집대성한 송자학(宋子學)

공자(孔子)는 군성(群聖)의 도덕을 집대성했고, 주자(朱子)는 군현(群賢)의 사상을 집대성했고, 송자(宋子)는 군유(群儒)의 학설을 집대성했으니, 주자학(朱子學)은 공자의 학문으로 들어가는 바른 길이요, 송자학(宋子學)은 주자의 학문으로 들어가는 바른 길이다.

나는 일찍이 『송자대전(宋子大全)』을 읽고 그 학문의 조예가 깊음과 그 의리의 체계가 엄밀함과 그 도덕을 자임하는 사상의 철저함과 그 천하의 정의를 주체하는 호연한 정신에 감격하여 시를 지어서 노래하였으니 다음과 같다.

하늘땅 아득히 활짝 열린 뒤, 세월은 흘러 억만 년을 돌았네, 맑은 얼 힘찬 넋 한데 엉기어, 오묘하게 펼친 그림 아름다워라.
아침 햇살 고운 땅 길이 빛나, 신령한 기운 자욱히 피어나니, 하느님이 그윽이 점지하여, 이 강산에 한 사람 빼어 낳도다.
우주의 진리를 한 마음에 다 갖추고, 사람의 정신 온누리에 밝혔네, 성인의 도덕 오직 홀로 이었거니, 바른 학문 이에 다시 높였도다.
태극이 번쩍 음과 양을 가르니, 음양은 도리어 태극을 경영하네, 만물의 현상 모두 그러하거니, 사람이 하는 일 이에 위대하여라.

생각은 찬이슬 맺힌 밤에 모으고, 책은 밝은 창 아래 길이 읽었네, 한치의 지식이 점점 많아지나니, 의심 절로 풀리어 아주 뚜렷한 것을,

백 년의 삶 속에 얻고 잃음 없나니, 천 년의 마음 위에 기뻐하고 성냈도다. 난초가 불쌍하여 곧은 절개 지키고, 성인이 부끄러워 장엄한 길을 걸었네,

오랑캐 날뛰어 해와 달이 희미할 제, 복수설치의 깃발 높이 세웠도다, 북벌의 큰 계획 귀신도 울었거늘, 한번 떠난 임은 어이 다시 못 오시나.

은밀한 곳에서 빈집 도적 뉘 막으며, 어지러운 때에 공경심을 어이 지키리, 휘몰아치는 태풍은 동서남북 없나니, 뛰노는 철부지 부엌에 불난 줄 몰라라.

취하여 살다가 꿈속에 죽은 이들, 무지개를 잡으려고 애태우도다, 흥하고 망하는 기회 바삐 엿보지만, 모두 허무하여 함께 뉘우칠 것을,

부지런히 헤매는 벌은 봄날 한 철이요, 천리마는 늙어도 만리 밖을 생각하네, 바람 달 있는 산에 신선이 모이고, 비단 구슬 걸린 집에 도깨비가 드는 것을,

높은 하늘 넓은 땅, 활달하게 사는 길, 원망과 허물이 아예 없는 법, 한 마리 말 타고 푸른 산에 들고, 외로운 조각배로 바다물결 헤쳐 갔도다.

세상일이야 정해진 운수 있거니, 옛사람 가던 길 눈 앞에 있도다, 영화도 오욕도 모두 끊어진 자리에서, 고요히 눈감고 빙그레 웃는 모습이여,

사람의 형벌 저 세상에는 못 따라가니, 태연히 앉아서 사약을 마셨네, 꿋꿋한 정신 쇠와 돌을 꿰뚫으니, 높은 기상 우러러 하늘을 찔렀도다.

위대한 스승을 오래 찾지 않으니, 빛나는 말씀이 먼지 속에 묻혔도다, 새 세상에 그 누가, 푸른 하늘에 태양처럼 밝은 그 마음

헤아리리.

　송자(宋子)는 우암(尤庵) 송시열(宋時烈) 선생이니 선조(宣祖) 40년 11월 12일 충북 옥천군 구룡천에서 탄생하여 숙종(肅宗) 15년 6월 8일 정읍에서 사약을 받고 서거하시니 향년이 83세였다. 송자의 학문은 주자학을 정통으로 계승하여 우리나라의 철학사에 새로운 인생론을 정립함으로써 사람이 곧 우주를 경영하는 주체임을 밝혔고, 그 사업은 효종대왕(孝宗大王)과 함께 병자호란(丙子胡亂)에 대한 복수설치(復讐雪恥)를 위하여 청나라를 정벌하고 명나라를 재건하는 것이었으나 김자점(金自點)의 밀고로 청나라의 탄압을 받아 좌절되고 또한 효종의 갑작스런 승하로 북벌의 대계가 수포로 돌아갔다.
　그러나 이로 말미암아 멸청복명(滅淸復明)의 대의가 뚜렷이 밝혀져서 우리 민족의 주체사상이 확립되고 우리나라의 독립정신이 크게 일어나니 이후 300여 년 간 이어온 배청항일투쟁(排淸抗日鬪爭)의 정신적 기반이 되었다.
　『송자대전』은 215권에 이르는바 우리나라 유학사에 있어서 춘추대의와 의리사상의 징표로 받들어 왔던 것이나 왜정치하에 송자학 말살정책으로 인하여 심하게 굴절 왜곡되었으니 이 땅에 천하의 도덕을 걱정하는 정의로운 선비가 사라지고, 시류에 영합하여 개인영달에만 급급한 부유곡사(腐儒曲士)가 쏟아져 나온 한심한 세태로 전락한 곡절을 아는 사람이 과연 몇 사람이나 남아 있는지?

조종암(祖宗巖)과 대통행묘(大統行廟)의 정신

1. 하늘땅의 큰 이치

이 세상은 하늘과 땅보다 더 큰 것이 없는데 하늘과 땅에는 또한 큰 이치가 있어 끝없이 이 세상의 일을 주관한다.

추운 겨울이 지나면 따뜻한 봄이 오고 더운 여름이 끝나면 서늘한 가을이 와서 네 철이 돌고 돌아 한 해가 다 가 새해가 시작되는 하늘의 큰 이치가 있고, 나무는 썩어 흙이 되고 흙이 엉겨 바위가 되는 것처럼 굳은 것이 부서져 가루가 되고 부드러운 것이 뭉치어 단단하게 되는 땅의 이치가 있다.

끊임없이 되풀이하면서 발전하는 하늘땅의 큰 이치가 있는 까닭에 이 세상은 진리가 있는 것이요 정의가 있는 것이다. 어지러운 세상에 진리나 정의가 모두 사라진 것 같지만 마침내 진리와 정의가 다시 살아나 밝은 세상이 오는 것이다.

그러므로 겨울이 추울수록 봄이 가까워짐을 믿고, 세상이 어지러워질수록 새 세상을 그리워하는 마음이 있나니 『시경(詩經)』에 이런 시가 있다.

바람 없어도 〔匪風〕

바람도 없고, 수레도 달리지 않지만.
서울 가는 길 바라보니, 마음도 애닮어라.

바람도 나부끼지 않고, 수레도 뛰지 않지만.
서울 가는 길 바라보니, 마음이 쓰라리네!

그 누가 고기를 삶으려는가? 가마솥을 씻어 주리.
그 누가 서녘으로 가려는가? 좋은 소식 전해 주소서!

흐르는 샘물 〔下泉〕

차가워라, 흐르는 샘물이여! 저 강아지 풀 뿌리 적시도다.
감개 하여 일어나 탄식하고, 저 멀리 서울을 생각하네!

차가워라, 흐르는 샘물이여! 저 쑥 뿌리 적시도다.
감개 하여 일어나 탄식하고, 저 멀리 서울을 생각하네!

차가워라 흐르는 샘물이여! 저 톱풀 뿌리 적시도다.
감개 하여 일어나 탄식하고, 저 멀리 서울을 생각하네.

파룻파룻 기장 싹, 장마 비에 자라도다.
사방의 나라 위에 왕이 있나니, 순나라 임금이 수고했다네.

위 두 시는 나라가 어지러울 때 세상을 한탄하고, 옛날의 어진
임금을 사모하면서 밝은 새 세상이 빨리 돌아오기를 애타게 바라
는 노래이다. 이와 같이 밝고 바른 세상이 돌아오기를 바라는 마
음은 누구에게나 있는 까닭에 이것을 사람의 본디 마음이라고 하
는바 하늘의 법칙이요, 땅의 벼리요, 사람의 길이라고 하는 것이
다.

하물며 포악한 오랑캐들이 쳐들어와서 몸과 머리털을 훼손시키고, 옷과 모자를 찢어버리며, 온갖 폭행과 도적질을 일삼는다면 어찌 사람의 탈을 쓰고 앉아서 보고만 있겠는가!

저 청나라 오랑캐는 병자년 이후로 우리 민족과 명나라 사람에게 똑같은 포고문을 발표하였으니, 즉 "너희들은 이미 항복하였거든 산 속으로 도피하지 말라. 마땅히 머리털을 깎고 집에 있어라!"고 하였는바, 이는 머리털을 깎는지 안 깎는지의 여부로 항복과 반항의 징표를 삼기 위한 거였다. 이에 중국민족은 죽음으로써 항거한 의기 있는 사람을 제하고는 모두 머리털을 깎았으나 우리 민족은 머리털과 옷을 온전히 지켰으니 한 사람도 진심으로 청나라에 항복한 이가 없었던 것이다.

몸과 머리털 그리고 옷과 모자를 이후 300년간 보존하여 온 긍지는 마침내 조선왕조 말엽 일본제국주의의 강요에 의한 단발령에 죽음으로써 항거한 저력이 되었던 것이다.

이와 같이 문화에 대한 높은 의식을 가지고 있고 정의감이 뜨거운 우리 민족은 동방예의의 나라임을 자부하여 왔던 까닭에 하늘땅에 한 점의 부끄러움이 없고 사람의 양심에 떳떳한 역사적인 자취가 산과 들에 뚜렷이 남아 있다.

2. 조종암과 대통행묘의 유래

병자호란으로 남한산성에서 40여 일 간 대항하던 조선왕조 인조대왕 이하 관리들과 군인들은 죽음으로 끝까지 싸우자고 하는 청음 김상헌 선생의 주장과 백성을 더 이상 오랑캐의 말발굽 아래 짓밟히게 할 수 없으니 청나라에 항복하자는 최명길의 주장이 맞서게 되었다.

인조대왕은 한 때의 분함을 참고 나라를 이어나가겠다는 결의로 항복하게 되었는데 저 북쪽 오랑캐는 만고에 없는 굴욕적 항복 조건을 요구하였으니, 즉 임금으로 하여금 오랑캐 추장에게 무릎을 꿇고 절하게 시켰을 뿐만 아니라 두 왕자를 인질로 잡아가고 항복에 반대한 사람을 잡아가서 가두고 또 삼학사를 비롯하여 여러 사람을 죽였으니 이는 나라와 나라 사이에 항상 있는 전쟁에서 있었던 국제법을 어긴 것이요, 우리 민족의 긍지에 먹칠을 하고 그 정기를 꺾어버리는 것이었다.

동방예의의 나라임을 자랑했던 우리 민족은 이로부터 복수만이 우리의 부끄러움을 씻어버릴 수 있음을 알고, 북쪽 오랑캐들을 쳐부수려는 기회를 엿보던 가운데 오히려 오랑캐 청나라가 거꾸로 우리의 우방인 명나라를 쳐서 서기 1644년 3월 19일에 멸망케 하고 거대한 나라가 되어버린지라, 그 복수의 길이 점점 어려워지게 되었다.

청나라가 우리 민족에게 잔인하게 하면 할수록 오만하게 하면 할수록 우리 민족은 임진왜란 때에 7년 여 동안이나 약 40만 대병을 파견하여 7백 여 만금을 써가면서 도와주었던 우방 명나라의 은혜에 감사하는 마음이 사무치게 그리워졌다.

효종대왕이 심양에서 근 10년의 인질에서 풀려 돌아올 때 심양에 포로로 잡혀와 있는 명나라 사람 아홉 의사(九義士)를 함께 데리고 서울로 왔으니, 이는 장차 북쪽 청나라 오랑캐를 칠 때에 안내를 맡을 향도관으로 써서 한(漢)민족의 협조를 받고자 함이었다. 효종대왕이 임금이 되어 우암 송시열 선생과 이완 대장을 주축으로 북벌의 큰 사업을 추진하던 중 김자점의 밀고로 청나라에서 알게 되어 대군을 이끌고 압박하니 부득이 중지하게 되었으나, 은밀하게 매년 국가의 세입의 3분의 1을 군자금으로 왕실에 저축하여 감추어 두고, 군량미는 절의 창고에다 숨기고, 군대는 중으로 위장하여 훈련하는 것 등의 준비는 계속하였으니, 언젠가 때가 오면 반드시 복수를 하겠다는 굳은 결의였다. 불행하게도 효종대왕이 일찍 돌아가시니 우암 송시열 선생은 초야에 물러나 살게 되었지만 효종대왕의 큰 사업이 계승되기를 바라는 마음에서 숙종 10년 갑자해에 그윽이 시냇물이 동쪽으로 흐르는 경기도 가평군 하면 대보리 대보산 절벽바위에 민족정기의 표상으로 청음 김상헌 선생이 심양 옥중에서 구하여 온 의종(毅宗)황제 어필인 사무사(思無邪: 생각에 사특함이 없음)를 본뜨고, 효종대왕이 대신에게 내려준 일모도원 지통재심(日暮途遠 至痛在心: 해는 저물고 갈 길은 먼데 지극한 아픔이 마음속에 있네!)을 써서 그 때 가평군수 이제두에게 부탁하여 보내니 이 군수가 허격 백해명 등 여러 선비들과 힘을 합하여 이를 선조대왕 어필인 만절필동 재조번방(萬折必東 再造藩邦: 일만 번 꺾여도 반드시 동녘으로 흐르거니 명나라 군대가 왜적을 물리치고 우리나라를 다시 찾아주었네!)와 낭선군이 쓴 조종암(朝宗巖: 임금을 뵈는 바위) 등을 함께 조각하고 의종황제가 순국한 날인 3월 19일에 우리나라에서 처음으로 임진왜란 때에 군대를 보내 도와주었던 신종황제의 은혜에 보답하여 제사를 지냈으니 나중에 세운 비원의 대보단(大報壇)과 화양동의 만동묘(萬東廟)와 더불어 세 곳의 성지가 되었다.

이에 백해명이 우암 선생에게 대통행묘를 세우고자 문의하였던 바 명나라의 최후의 임금으로 병자호란 때 우리나라에 군대의 파병을 서둘렀고 또한 나라와 더불어 함께 순국하였던 의종황제까지 아울러 제사하도록 하였으나 사당은 세우지 못하다가 숙종 30년에 이르러 선비들의 공론에 의하여 의종황제를 함께 제사하였다.

순조 31년(서기 1831년)에 9의사 후손이 옮겨와 수호하면서 대보단과 만동묘에서 신종과 의종 두 황제의 제향을 거행하므로 여기에서는 조선이라는 나라를 독립국으로 승인하여 주었던 명나라 태조 고황제만을 제향하면서 제삿날도 명나라 개국일인 정월 4일로 바꾸고 그 다음날에는 9의사에게도 제사지내기 시작했다.

이래로 여러 지방의 선비에 의하여 유지 수호하여 오던 중 조선왕조 말엽 다시 일본제국주의의 침략을 당하게 되니 화서 이항로 선생과 그 문인 김평묵, 유중교, 최익현, 유인석 같은 분들이 더욱 자주 찾아와 진리의 불멸과 정의의 승리를 굳게 다짐하였다.

그러나 왜정의 악랄한 민족정기 말살책동은 급기야 서기 1934년부터는 제사를 중지시켜 버렸던 것이나, 하늘땅의 운수는 마침내 돌아와 오랑캐 청나라는 신해혁명(1911년)으로 멸망하였고, 일

본제국주의는 미국에 무조건 항복함으로써 우리나라는 서기 1945
년에 해방이 되었으니, 300년의 원한이 이에서 풀리고 40년의 압
박을 여기에서 벗어났다.

대한민국이 수립된 이후로 1958년 정월 4일에 가평 관민과 9의
사 후손의 주창으로 무너진 제단을 다시 모으고 향불을 피워 24
년간 중단되었던 세 황제의 제향을 다시 올리고 중국 청나라의
멸망과 한국의 독립을 아뢰니 신명도 밝게 흠향하였고, 이어서 9
의사 제사를 거행하여 영령을 편안케 하니 해마다 전국에서 많은
선비가 참례하였다.

서기 1975년에는 경기도 지방문화재 제28호로 지정되었으며 그
2년 뒤에 전국 유림 500여 명의 성금으로 조종재를 세우고 또한
9의사 후손 풍영섭의 노력으로 조종암문헌록을 발간하였다. 1978
년 정월 4일 제향을 마친 뒤에 조종재에서 전국 유림이 많이 참
석한 가운데 조종암보존회를 창설하여 초대 회장에 전 국회의원
정운근 씨를 추대하고 제향일을 다시 3월 19일 11시로 정하였다.

그 이듬해에 대통행묘를 창건하여 중앙 정면에는 태조, 신종,
의종 세 황제를 모시고, 격간하여 동쪽에는 우리나라의 춘추대의
로 이름난 어진 분 김상헌(金尙憲) 선생, 송시열(宋時烈) 선생, 홍
익한(洪翼漢) 학사, 윤집(尹集) 학사, 오달제(吳達濟) 학사, 김응하
(金應河) 장군, 임경업(林慶業) 장군, 이완(李浣) 장군, 이항로(李恒
老) 선생, 유인석(柳麟錫) 의병대장 열 분을 곁에 모시고, 그 서쪽
에는 명나라 아홉 의사 왕미승(王美承) 의사, 풍삼사(馮三仕) 의사,
황공(黃功) 의사, 정선갑(鄭先甲) 의사, 양복길(楊福吉) 의사, 배삼
생(裵三生) 의사, 왕문상(王文祥) 의사, 왕이문(王以文) 의사, 유계
산(柳溪山) 의사를 곁에 모시고 제향을 거행하였으니 이와 같이
병자호란 때 항복을 반대하였던 여러 사람을 명나라 황제의 사당
곁에 모시는 것은 우암 선생이 삼학사의 전기를 지을 때 이미 보
여준 뜻으로서 대보단 창설을 위한 자리에서 임금과도 논의되었
고, 또한 만동묘 복향 때에도 사림에 의하여 추진되었던 사업이
다. 1983년 3월에는 조종암보존회 정기총회를 열고 임기가 끝난

전 임원을 개선하여 전 성균관대학교 교수요, 사계의 원로인 양대연 박사를 회장으로 추대하여 이 위대한 성지를 수호하며 그 의리정신을 선양하고 있다.

3. 위대한 정의의 상징

주는 것을 좋아하고 빼앗는 것을 싫어함은 사랑의 본질이요, 떳떳함을 자랑하고 부끄러움을 뉘우치는 것은 정의의 기상이다. 큰 나라가 작은 나라에게 주기를 좋아하고 떳떳함을 자랑하도록 도와주면 이는 천하의 바른 나라로서 인류의 존경을 받지만 그렇지 아니하고 힘있는 나라가 힘없는 나라를 빼앗고 짓밟아 부끄럽게 살도록 압박하면 이는 천하의 포악한 나라로서 온 세상의 저주를 받을 뿐만 아니라 반드시 하늘과 귀신의 분노를 사서 천벌을 받게 되는 것이다.

그러므로 공자는 『춘추』를 지어서 문화국을 높이고 야만국을 낮추었으며, 주자는 『자치통감강목』을 지어서 정의를 세우고 불의를 꺾었다. 우리나라에서는 포은 정몽주 선생이 고려 말에 백년 원수인 오랑캐 원나라의 사신을 내쫓고 새로 일어난 문화국 명나라와 사귀어 친하게 지내는 외교정책을 실시하게 하였다.

조선왕조가 세워짐에 우리 민족은 원나라의 야만적인 모자·옷·신발 등을 깨끗이 집어던지고 우리의 전통문화를 온전히 회복하였으며 나아가 평민으로 초야에서 일어나 민중혁명을 일으켜 마침내 원나라를 쓰러트리고 인류를 해방시킨 명나라 태조 주원장으로부터 조선이라는 국호를 인정받았는데 그 때 우리나라의 국토까지 온전히 승인하여 주었으니 말하기를 "산과 바다가 막혀 하느님이 별도의 나라로 만들었으니 우리가 다스릴 바 아니다. 정치와 교육을 자유로 하고 하늘의 뜻에 순응하며 사람의 마음에 따라 백성을 편안히 할지어다."라는 고명을 내림과 동시에 완전한 외국사절로 우대하여 줌으로써 우리나라는 떳떳하고 자랑스럽게 성왕의 밝은 정치와 성인의 완전한 교육을 이상으로 하고, 정치의 자유와 교육의 평등을 바탕으로 세계에 빛나는 동방예의의 고장을 다시 건설하였던 것이다.

그러므로 우리 민족은 사랑에 더욱 민감하여 집집마다 사랑이 넘치고 정의에 더욱 떳떳하여 마을마다 의기가 솟구쳤으니, 저 임진왜란 때에는 정부의 군대가 왜적과 싸우다가 비록 크게 무너졌으나 해군의 이순신 장군과 의병인 조헌 선생 및 권율 장군 등의 많은 충신과 의사가 명나라의 구원병과 힘을 합쳐서 7년간의 항쟁을 그치지 아니하였고, 병자호란 때에는 김상헌 선생과 삼학사 및 임경업 장군 등의 충의가 있었으며, 조선왕조 말엽에 일본제국주의의 침략에는 유인석 선생, 최익현 선생, 이인영 장군, 허위 장군, 김동식 장군, 이강년 장군, 안중근 장군을 비롯하여 수많은 애국열사가 일어나 독립항쟁을 계속하였다.

회고하여 보건대 남북 오랑캐들의 포악한 군사작전과 간교한 침략수법은 더욱 날카로워서 고려 말의 원나라보다 임진년의 왜적이 더욱 포악하였고, 임진년의 왜적보다도 병자년의 청나라가 더욱 잔인하였으며, 병자년의 청나라 오랑캐보다도 조선왕조 말엽에 일본제국주의가 더욱더 잔학하였는데, 이에 대항하여 우리 민족의 역사상 저항운동은 갈수록 더욱 꿋꿋하였으니 고려 말 삼별초의 저항운동보다는 임진왜란에 의병항쟁이 더욱 열렬하였고, 임진왜란에 의병항쟁보다 병자호란의 척화북벌운동이 더욱 맹렬하였으며, 병자호란의 북벌운동보다도 조선왕조 말엽에 일본제국주의에 대한 항일독립전쟁이 더욱 격렬하였다.

우리나라의 역사에 길이 빛날 이처럼 한결같은 문화의식과 정의감이 흘러 넘치는 저력의 근원을 살펴볼 때에 이는 오로지 예의와 염치를 숭상하는 도학(道學)의 큰 영향이라고 할 것이다. 외적의 침입 앞에 가장 먼저 국민을 깨우쳐 위기를 알리고 단합된 힘으로 끝까지 싸웠던 사람이 대부분 성리학을 배운 선비들이었다.

공자·맹자·정자·주자의 학문은 누구나 스승을 찾아가 배울 수 있는 학문의 자유가 있을 뿐만 아니라, 그 학문의 내용이 먼저 자기의 뜻을 세워 뿌리를 고정하고, 이치를 연구하여 지식을 넓히되 정직으로 덕을 삼고, 행실로 정성을 모아서, 쉽고 간단한 것이 으뜸이요, 말없이 실천하는 것을 교훈으로 하니 마침내 하늘 땅의 이치를 어기지 아니하며 사람의 양심을 끝까지 간직하는 진리이다.

우주의 진리를 명확히 깨닫고, 인생의 도리를 철저히 지키며, 역사의 발전법칙을 확실히 믿어 털끝만치의 의심도 없는 선비는 언제나 앞장서서 인류를 구제하고 국가를 건져내며 민족을 살렸던 것이다.

오늘날 도학은 이 땅에서 거의 사라졌으나 우리 민족의 영원한 앞날을 생각할진대 그 높은 얼과 저 씩씩한 넋을 반드시 이어야 할 것이니, 인류를 사랑하는 것이 진리라면 사랑의 뿌리를 찾아야 될 것이요, 나라를 위험으로부터 건지는 것이 정의라면 정의의 씨앗을 찾아야 될 것이다.

인류를 사랑하여 포악을 제거하고 신음하는 인류를 고통에서 해방시켜 준 사람이 천하의 의로운 사람이라면 명나라 태조 주원장은 춘추전국 이후로 제일 가는 모범이 될 것이니 능히 만세의 표준이 될 것이요, 이웃 나라를 사랑하여 말발굽에 짓밟힌 위태로운 때에 아낌없이 도와서 온전히 되살려주는 것이 길이 잊을 수 없는 은혜라면 명나라 신종황제는 임진왜란에 자기의 국력을 모두 기울여 우리나라를 구원하고 그 영향으로 마침내 자기 나라까지 망하게 되었으니 이는 영원히 꼭 갚아야 하는 의리가 있는 것이며, 선비는 법을 위하여 죽고, 대부는 백성을 위하여 죽고, 임금은 나라를 위하여 죽는 것이 사람의 직분이라면 저 명나라 의종황제는 나라의 멸망과 함께 자결하였으니 후세의 망국 군주들에게 제일 가는 표준이 되었을 뿐만 아니라 병자호란의 소식을 전해 듣고 또다시 파병을 서둘렀으니 이에 더욱 잊지 못할 사연이 있다고 할 것이다.

옛사람의 말에 은혜를 베푼 것 기억하지 말고 은덕 입은 것 잊지 말라고 하였을 뿐만 아니라 잘된 것은 남의 덕이라고 말하고 잘못된 것은 자기의 탓이라고 말해야 하늘의 복을 받는다고 하였다. 선조의 은덕 입은 것을 후손이 갚는 것은 효도의 한 가닥이며, 진리를 받들어 정의를 숭상하는 것은 충성의 한 가닥이며, 자기만 잘난 체 아니하고 남의 도움을 무겁게 보답하는 것은 예의의 한 가닥이다.

사람이 효도를 알고 충성을 알며 예의를 지킨다면 선조와 선현들이 소중히 받들던 예법을 그만두지 못할 것이요, 하물며 제사는 예법 가운데서 가장 크고 무거운 것으로 마음속에서 스스로 우러나온 정성의 표현이거늘 어찌 감히 소홀히 할 수 있으리요!

사랑이 사람을 감동시키고 정의가 산천을 빛낸다. 이제 우리 민족의 얼이 뭉쳐진 조종암과 인류의 넋이 깃든 대통행묘는 우리의 선조가 300여 년 간 사랑에 감동하고 정의심을 일구던 성지로서 우뚝하다. 앞으로 이 이끼 덮인 바위를 세계 정의의 상징으로 영원히 수호하여야 될 것이며 이 조그마한 집을 인류 평화의 표본으로 길이 보존하여야 될 것이다.

저 바위에 새긴 글자가 비록 찾아주는 사람이 없다고 하여 쉽게 사라질 것이며, 저 해와 달처럼 뚜렷한 세 황제의 공적이 비록 이 산골짝에서 향불을 피운다고 하여 그 빛을 더 하겠는가? 다만 역사는 우리의 거울이니 거울을 닦고 오늘의 참모습을 밝게 비추어 보고 먼 앞날을 경계하려는 노력일 뿐이다.

지나가는 사람이여! 조종암 바위보고 물어보소. 이 세상에 맑은 바람 이는 곳 그 어디인가를!

찾아오는 사람이여! 대통행묘에 향불을 피워보소. 타오르는 향기 속에 그 모습 보이리라!

조종암 바위에 뭉쳐진 정의로운 우리 민족의 주체성이 살아 있는 한 우리나라는 영원하게 번영할 것이며, 대통행묘에 피어나는 인류를 사랑하는 정신이 중국을 비롯하여 세계에 퍼질 때 천하는 길이 화평할 것이니, 이 곳이야말로 온 세상에서 가장 번쩍 번쩍 빛나고 있다고 할 것이다.

조종암(朝宗巖)과 대통행묘(大統行廟)의 의의

1. 조종암과 대통행묘의 유래

바야흐로 300년 전인 조선왕조 숙종(肅宗) 10년 갑자해(서기 1684년)에 우암(尤庵) 송시열(宋時烈) 선생이 그윽이 시냇물이 동쪽으로 흐르는 경기도 가평군 하면 대보리 위에 솟은 암벽에 멸청복명(滅淸復明)의 결의를 다지기 위하여 청음(淸陰) 김상헌(金尙憲) 선생이 심양옥중(瀋陽獄中)에서 구하여 온 명(明)나라 의종황제어필(毅宗皇帝御筆) 사무사(思無邪)를 모본(模本)하고, 또 효종대왕(孝宗大王)이 영의정 이경여(李敬輿) 공에게 내린 일모도원 지통재심(日暮途遠 至痛在心)을 써서 당시 가평군수 이제두(李齊杜) 공에게 부탁하여 보내니 이 군수가 허격(許格) 백해명(百海明) 등 여러 사림과 힘을 합하여 이를 선조어필(宣祖御筆)인 만절필동 재조번방(萬折必東 再造藩邦)과 낭서군(朗善君)이 전(篆)한 조종암(朝宗巖)을 함께 전각하고 의종황제가 순사한 날인 3월 19일에 우리나라에서 처음으로 신종황제(神宗皇帝)에게 해마다 제전을 받들던 때로부터 비롯하였으니 비원(秘苑)의 대보단(大報壇)과 화양동(華陽洞)의 만동묘(萬東廟)와 아울러 이른바 삼향(三享)의 성지가 되었다.

이어 백해명 공이 우암 선생에게 대통행묘(大統行廟)를 세우고

자 문의하였던바 의종황제까지 병향(幷享)토록 하였으나 마침내 건묘(建廟)는 실현하지 못하고 숙종 30년에 이르러 사론(士論)에 의하여 의종황제를 병사(幷祀)하여 왔다.

순조(純祖) 31년 신묘해(서기 1831년)에 9의사(九義士) 후손이 옮겨와 대보단과 만동묘에서 신종과 의종 두 황제 제향(祭享)을 이미 거행하므로 태조고황제(太祖高皇帝)만을 제향하면서 제일(祭日)도 명태조(明太祖) 개국일인 매년 정월 4일로 바꾸고 또한 정월 6일에는 9의사에게도 제사하기 시작하였다. 이래로 경향유림에 의하여 길이 유지 수호하여 오던 중 왜정하의 탄압으로 갑술해(서기 1934년)부터는 절사(絶祀)하고 말게 되었다.

천운이 돌아와 만청(滿淸)은 신해혁명(辛亥革命: 서기 1911년)으로 이미 멸망하고 말았으나 백세(百世)의 은덕을 잊을 수 없어 을유광복(乙酉光復)을 맞이한 뒤 대한민국 무술해(서기 1958년) 정월 4일에 가평 관민(官民)과 9의사 후손의 주창으로 다시 무너진 제단을 모으고 향화(香火)를 피워 3황제제향(三皇帝祭享)을 이으며 중원(中原)의 평정을 아뢰니 밝게 훈호처창(焄蒿悽愴)하였고 아울러 9의사 제사를 행하여 영령을 편안케 하니 해마다 제향일에는 원근에서 많은 유림지사가 참례하였다.

민국(民國) 초 을묘해(서기 1975년)에는 경기도 지방문화재 제28호로 지정되었으며 그 2년 뒤에 전국유림 500여 명의 성금으로 조종재(朝宗齋)를 복원하고 이어 조종암문헌록(朝宗巖文獻錄)을 발간하였다.

민국 초 무오해(서기 1978년) 정월 4일 제향을 마친 뒤에 조종재에서 경향유림이 다수 참석한 가운데 조종암보존회(朝宗齋保存會)를 창설하고 그 회장에 전 국회의원 정운근(鄭雲近) 씨를 추대하고 제향일을 다시 3월 19일 오시(午時)로 경정하였다. 그 다음 해에 대통행묘를 창건하고 그 묘 동무(東廡)에 한국의 명현(名賢) 열 분인 김상헌(金尙憲) 선생, 송시열(宋時烈) 선생, 홍익한(洪翼漢) 학사, 윤집(尹集) 학사, 오달제(吳達濟) 학사, 김응하(金應河) 장군, 임경업(林慶業) 장군, 이완(李浣) 장군, 이항로(李恒老) 선생,

유인석(柳麟錫) 의병대장을 종향(從享)하고 그 서무(西廡)에는 명(明)나라의 의사(義士) 아홉 분인 왕미승(王美承) 의사, 풍삼사(馮三仕) 의사, 황공(黃功) 의사, 정선갑(鄭先甲) 의사, 양복길(楊福吉) 의사, 배삼생(裵三生) 의사, 왕문상(王文祥) 의사, 왕이문(王以文) 의사, 유계산(柳溪山) 의사를 종향하였다.

척화제신(斥和諸臣)을 명황묘정(明皇廟庭)에 종향함은 우암 선생이 『삼학사전(三學士傳)』을 지을 때에 이미 보인 유지(遺志)로서 대보단 창설을 위한 자리에서 군신 사이에 논의되었고 또한 만동묘 복향(復享) 때에도 사림에 의하여 추진되었던 사업이었다.

올해 3월에는 조종암보존회 정기총회를 열고 임기가 끝난 전 임원을 개선하여 전 성균관대학교 교수요, 유학계 원로 양대연(梁大淵) 공을 신임회장으로 추대하여 이 위대한 성지를 수호하고 있다.

2. 춘추대의(春秋大義)의 상징

왕도정치(王道政治)를 존중하고 패권통치(覇權統治)를 멸시하는 것은 『춘추(春秋)』의 대의(大義)요, 예의(禮義)를 지키고 염치(廉恥)를 아는 것은 인간의 본의(本義)이다. 패주(覇主)가 성왕(聖王)을 침범하고 금수(禽獸)가 인류(人類)를 능멸함은 천도(天道)를 거역하고 인심(人心)을 어기는 것으로서 하늘땅 사이에 용납할 수 없는 것이다.

우리나라는 태고로부터 도덕을 숭상하는 군자(君子)의 나라요, 충효를 가르치는 예의의 고장으로 국조(國祖) 단군왕검(檀君王儉)의 홍익인간(弘益人間) 이념을 확립하여 이 땅에 삼척동자라도 천하의 의주(義主)를 기리지 아니함이 없었고 비록 필부필부(匹夫匹婦)라도 한 때의 은혜를 잊어버림이 없었다.

일찍이 요순(堯舜)의 문덕(文德)과 탕무(湯武)의 신무(神武)를 노래하고 기자(箕子)를 숭모하면서 주공(周公)의 예악(禮樂)과 공맹

(孔孟)의 인의(仁義) 및 정주(程朱)의 성경(誠敬)으로 인격을 도야하여 선덕(善德)이 넘치고 공리(公理)로 짜여진 아름다운 문화를 창조하였다. 불행하게도 근고(近古)에 한당(漢唐)의 패주(覇主)들이 포악한 진(秦)나라의 공벌(攻伐)을 일삼는 폐습을 본받아 도덕을 저버리고 무력을 앞세움에는 엄척절교(嚴斥絶交)하여 끝까지 물리쳐 버렸으며 다행하게도 천하에 영웅이 나와 송(宋)나라와 명(明)나라가 도의(道義)를 집고 일어남에는 앞다투어 달려가서 세상이 밝아짐을 축복하였다.

그러나 어찌 생각이나 하였으리요! 천도가 뒤바뀌어 세운(世運)이 쇠미하니 저 서호원(西胡元)과 남만왜(南蠻倭)와 북로청(北虜淸)이 그 사이에 준동(蠢動)하여 마침내 신방(神邦)을 더럽혔으니 어찌 그 때의 역사를 참아 읽을 수 있겠는가!

서호(西胡) 원(元)이 무도하게 침입할 때 고려는 분연히 일어나 40년의 항쟁을 계속하는 장렬함을 보였고 마침내 중원 남쪽에서 명나라가 일어남에 고려조야(高麗朝野)는 단연히 배원친명정책(排元親明政策)을 실시하여 100여 년 굴욕을 깨끗이 털어버렸다.

조선왕조에 들어와서는 명나라와 더욱 화목하여 우의가 각별하던 중 저 도이왜적(島夷倭賊)이 흉계를 품고 임진해에 무례하게 기어올라옴에 이순신(李舜臣) 장군의 수병이 용맹하게 물리치고 권율(權慄) 장군과 조헌(趙憲) 선생을 비롯한 의병이 사방에서 힘차게 일어나 싸울 때 저 거룩한 신종황제는 즉시 천지(天地)의 대명(大命)을 받들고 인류의 열망에 따라 전후 386,700여의 대군을 출동하여 저것을 정토한 지 7년 만에 이 강산을 깨끗이 수복하였으니 참으로 그 은공은 이 땅의 초목도 잊을 수가 없는 것이다.

그런데 임진왜란에 우리를 구원하다가 국력이 피폐해진 명나라는 왜란종식 후 20년 만에 북로(北虜)가 발호함에 의종황제는 조선과 연합군으로 만청(滿淸)을 정벌하려 하였는바 그 때 폐주광해(廢主光海)는 거국진공하여 전날의 은공을 갚고 뒷날의 근심을 없애버리는 영단을 세우지 못하고 도리어 은혜를 원수로 갚아 강홍립(姜弘立)에게 2만의 병력을 주어 보내면서 배반을 교사하여 마침내 배신 투항하고 말았으니 만일 그 때 함께 간 김응하(金應河) 장군과 그 휘하에 3,000 장병의 분격전사(奮擊戰死)가 없었더라면 이 민족이 어떻게 하늘을 쳐다볼 수 있었겠는가!

이로 말미암아 병자해에 북로(北虜)가 불의하게 침입하여 삼전도(三田渡)에서 고금에 없는 성하(城下)의 맹(盟)을 강요하였으니 이는 일찍이 5,000년의 문화역사에 씻을 수 없는 치욕을 입히고 이어 중원으로 달려들어 명나라를 멸망시켰으니 숭정(崇禎) 17년 갑신해(서기 1644년) 3월 19일 의종황제는 황후와 함께 자액순국(自縊殉國)하였다.

이에 우리 민족은 은밀히 복수설치(復讎雪恥) 멸청복명(滅淸復明)의 북벌대계(北伐大計)를 세웠으니 효종대왕은 왕자의 신분으로 인질로 잡혀 심양에 가서도 장차 명나라 유민과 합력할 계획으로 그 곳에서 같이 포로생활을 하고 있는 명나라 유민 9명의 의사를 물색하여 10년 뒤에 대동 환국하였으니 이는 장차 북벌하는 날에 향도관(嚮導官)을 삼으려 함이었다.

효종대왕이 왕위에 등극한 다음에는 우암 송시열 선생, 이완 대장을 주축으로 북벌밀계(北伐密計)를 추진하던 중 애석하게도 효종 10년(서기 1659년)에 대왕이 갑자기 승하하시고 만청(滿淸)이 눈치를 채고 감시가 더욱 심한지라 대계(大計)의 준비가 늦추어지고 말았다.

그러나 우암 선생은 복수설치의 대업과 멸청복명의 대사는 청나라가 멀리 물러나지 않는 한 또 우리 겨레가 서너 집이라도 살아 있는 한 절대로 그만둘 수 없는 것임을 밝혀 임금에게 알리고 사우(士友)에게 깨우쳐서 청나라의 연호 사용을 반대하고 끝까지 숭정(崇禎)의 일월(日月)을 사용하였으며 청나라와 무역을 반대하고 이 천지(天地)가 대명(大明)의 천지임을 굽이굽이 표시하여 우리나라 6천리 강토에 아직 인류문화가 남아 있음을 명확히 보인 것이니 이와 같은 북벌독립의지(北伐獨立意志)는 대하처럼 길이 흘러서 왜제강점시(倭帝强占時)에는 항일독립정신으로 승화하였고 을유광복 이후에는 인류문화 건설의 저력으로 계승하였으니 마침내 조종암은 복수설치하는 민족정기의 응결이요, 대통행묘는 존왕천패(尊王賤霸)하는 춘추대의의 상징이다.

3. 대통행묘 제향의 본의

천하의 대덕(大德)을 세우고, 천하의 극공(極功)을 이루며, 천하의 지리(至理)를 밝히면 스스로 천지(天地)와 더불어 영구하게 빛나서 썩지 않은 것이다.

저 명나라 태조(太祖) 고황제(高皇帝)는 천하의 대의를 집고 일어나 인류를 호원(胡元)의 질곡으로부터 해방시키고 왕도정치를 베풀어 밖으로 신의로써 사귀어 조빙(朝聘)을 때가 있게 하고 후하게 주고 얄팍하게 받아서 사소(事小)하는 인(仁)과 사대(事大)하는 지(智)와 교린(交隣)하는 예(禮)를 온전하게 하였고, 저 신종황제는 이웃 나라의 끊어지려고 하는 세상을 이어주고 없어지려고 하는 나라를 일으켜내며 어지러운 나라를 정토(征討)하였고 위태로운 생명을 건져주었으며, 저 의종황제는 비록 천하국가를 구원하지는 못하였으나 나라의 운명과 함께 장렬하게 자결순국하여 국맥(國脈)을 떨어뜨리지 아니하였으니 이 삼 황제는 각각 백세제왕(百世帝王)의 표준이다. 어찌 이 만 리 밖에 있는 산기슭의 임시묘(廟)에서 피워놓은 외로운 향불이 저 일월처럼 빛나는 신명 앞에 더함이 있겠는가!

무릇 해와 달이 비치는 곳과 이슬과 서리가 내리는 곳에 사는 혈기 있는 사람이라면 모두 감격할지니 하물며 우리 겨레는 가장 가까이에서 그 덕을 입고 그 공을 누리고 그 진리를 보고 들었으니 다만 백세의 은공을 차마 잊을 수가 없는 것이요, 또한 창왕찰래(彰往察來)의 학습을 게을리할 수가 없으므로 이제 이 땅에 오직 하나 남은 이 곳에 향화(香火)를 거를 수가 없는 것이다. 더욱이 중국은 신해혁명(辛亥革命 : 서기 1911년)으로 민국(民國)을 수립하였으나 무왕(武王)이 기(杞)와 송(宋)을 봉(封)한 것처럼 명나라 대통묘를 건립하였다는 말을 아직 듣지 못하였으니, 『주역(周易)』에 말하기를 천지의 정기는 영원히 사라지지 아니하고 덕은 외롭지 아니하나니 반드시 이웃이 있다고 한 말의 실증을 오직 이 곳에서만 볼 수 있는 것이다. 우리가 모름지기 해마다 제향일을 맞이하면 근근성경(謹勤誠敬)하여 더욱 감사하고 더욱 기려야 할 본의(本義)가 여기에 있다.

공자의 사업

　상고시대에 인류역사에서 공적을 이룩한 성왕(聖王)의 업적과 공자(孔子) 님의 업적을 비교해 볼 때에 공자 님을 따라갈 사람은 일찍이 없었습니다. 공자의 3천 제자들도 자신의 스승이 어떠한 제왕이나 성왕보다도 더 훌륭한 일을 하시고 더욱 큰 덕을 기르셨다는 것을 인정하였습니다. 유약과 같은 제자는 "어찌 사람에게서뿐이겠는가? 여러 가지 들짐승 중에 기린과 같은 존재이며 여러 가지 날짐승 중에 봉황 같은 존재"라고 하였습니다. 또한 태산 같은 위대한 인격의 존재로서 보통사람의 인격은 개미의 집 언덕에 지나지 않는다고 하였습니다. 어떠한 사람도 그 인격과 덕망에 있어서 도저히 비교가 안 된다는 뜻입니다. 즉, 똑같은 인간에서 빼어났고 그 모임에서 특출했는데 공자같이 뛰어난 분은 계시지 않는다는 말씀입니다.

　그래서 3천 제자가 공자를 따라다니고 공자를 존경하고 흠모했던 것입니다. 그러나 공자 님에 대한 이 같은 제자들과 세상사람들의 관심과 애정, 열정에도 불구하고 공자 님은 그와는 전혀 다른 말씀을 하셨습니다. 공자는 스스로 말씀하시기를 "이 세상에 나를 아는 사람들은 없도다." 온 세상 사람들이 모두 다 공자 님은 인류역사 이래 가장 위대하다고 흠모하고 사랑하고 배우려고 노력하는데 당신 자신은 "나를 알아주는 사람이 없도다." 하시니 자공이 묻기를 "어찌하여 사람들이 선생님을 알아주지 않는다고 하십니까?" 하자 공자 님께서 "나는 하늘을 원망하지 않으며 사람을 허물하지 않고 이 현실의 문제를 배워 이상세계에 도달하였으니 나를 아는 이는 저 하늘 뿐인저."라고 하였습니다. 그렇다면 공자 님의 학문과 사상이 도대체 어떤 것이기에 언어나 문자로 통달되지 않고 전달되지 않고 하늘 같은 덕망을 가진 존재만이 이해할 수 있는가 우리는 이것을 반성해 보고 연구해 보아야 합니다.

공자의 유교철학은 진나라의 분서갱유를 거치고 한당(漢唐)을 거치면서 일종의 신비주의, 신학(神學)으로 흘렀던 것입니다. 그러다가 송대에 정주학이 일어나 가장 과학적인 우주론에 근거한 과학 인성론과 과학 정치론을 제기하면서 인성론에 의한 천리를 밝히는 유학이 일어나면서 정립된 것을 성리학이라고 했습니다. 그런데 청나라 말엽에 강유위(康有爲)가 서양의 기독교와 인도의 불교를 모방하여 종교화를 주도했습니다. 즉, 공교(孔敎)라 하여 공교회를 조직하였는데 이것이 요원의 불길처럼 일어나서 중국의 전 지역을 휩쓸었습니다. 심지어는 중국뿐 아니라 한국에까지 이 공교와 공교의 사상이 들어온 적이 있습니다.

이와 같이 유교가 신비주의, 신학, 또 종교로 갔다가 일시에 다 없어져 버렸습니다. 그러면 우리는 공자를 잘 알고 있는가 반문해 보아야 합니다. 한 때 최근덕 전 성균관장이 유교의 종교화를 선언한 적이 있습니다. 지금 온 세상 사람들이 과연 유교는 종교인가에 대해 얘기하고 있습니다. 나는 오늘 공자 님의 말씀을 재음미하여 유교가 과연 종교인가 아닌가를 규명하고자 합니다. 유교는 공자 님께서 말씀하셨듯이 하학이상달(下學而上達)입니다. 즉, 형이하학 세계의 모든 사물의 삶의 모습, 규율, 예법, 음악, 절도, 법률 등 이런 현실 속의 문제들을 통달하고 그것을 배워 가장 합리적인 방법으로 이상세계를 건설하자는 것이며 여러분들이 그 이념을 구체적으로 배우는 것이 공자 님이 말씀하신 핵심사상인 인(仁)을 실천하는 것입니다. 그 어질 인자를 기초로 하여 인간성을 완성해 나가고 행동으로 나가는 방법론에는 직(直)자 즉 바르고 곧게 나가는 것이며 그렇게 하는 데 있어서는 학(學)이 가장 절실한 문제입니다. 그래서 학이시습지(學而時習之)면 불역열호(不亦說乎)아 유붕(有朋)이 자원방래(自遠方來)면 불역락호(不亦樂乎)아 했던 거 아닙니까.

유교가 학문이며 성균관이 대학이고 향교가 지방학교라는 것은 세상사람이 다 아는 일인데 이것을 교회당으로 만든다는 것은 있을 수 없는 일입니다. 유교는 교육입니다. 그러나 더 나아가 공자의 학설이 교육으로만 끝나느냐 하면 그것이 아닙니다. 공자 님의 이상은 더욱 높은 곳에 있습니다. 공자 님은 탄식을 한 번 더 하시는 데 그 내용은 『맹자(孟子)』에 나옵니다. 맹자가 말하기를 "공자구(孔子懼)하사 작춘추(作春秋)하시니 천자지사야(天子之事也)라." 공자 님이 만세지사(萬世之師)라는 것은 여러분도 다 아시는 일입니다. 왜냐하면 3천 제자들을 가르쳤고 6경을 저술해서 천하사람들에게 도덕심을 깨우쳐 주고 진리에 대한 신념을 부여해 주었다는 사실에 대해서는 여러분들이 이미 알고 있는 내용입니다. 그러면 공자 님의 진정한 이상은 무엇입니까? 이것이 곧 천자지사(天子之事)이며 공자 님은 이것을 스스로 해나가신 것입니다. 천리를 밝혀 인심을 바로잡고 지극한 정치, 완전한 정치를 하는 것 아닙니까.

역사 이래로 평민이 천자의 일을 한 사람은 공자 한 분밖에 안 계십니다. 전무후무한 일입니다. 공자 님을 소왕(素王)이라고 부르고 대성지성(大成至聖) 문선왕(文宣王)이라고 임금 왕자를 넣는 이유가 바로 여기에 있습니다. 당시의 천자들은 권위를 잃어서 제후들에게 모든 권리를 빼앗겨 버리고 제후들도 자신들의 비도덕적인 정치로 말미암아 대부들에게 정권을 빼앗기고 대부들은 가신들에게 정권을 빼앗겼습니다.

따라서 춘추시대의 정치라고 하는 것은 왕도정치의 이상을 잃어버리고 패도정치에 의한, 즉 무력과 술수에 의한 정치를 했던 것입니다. 이런 상황 속에서 도덕은 완전히 없어지고 성왕의 예법은 완전히 파괴되어 암흑의 시대가 되었습니다. 이런 시대에 공자께서는 천자의 역할과 기능을 대신해 『춘추(春秋)』를 편수하신 것입니다.

『춘추』는 노나라 은공 원년부터 애공 14년까지 약 2백 42년간의 노나라 역사입니다. 당시 노나라는 예법문화가 가장 발달한 나라로 오패(五霸)인 제나라 환공, 진나라 문공, 송나라 양공 등이 모두 노나라와 외교관계를 가졌습니다. 따라서 당시 노나라의 역사는 곧 천하의 역사이기도 했습니다. 여기에 기준해서 천자와 제후의 잘잘못을 낱낱이 밝혀서 엄벌한 것입니다. 이것은 보통사람이 할 수 있는 일이 아닙니다. 이처럼 엄청난 일을 스스로 하셨기 때문에 공자께서는 "나를 알 수 있는 것은 오직 『춘추』요, 나를 허물할 수 있는 것도 오직 『춘추』다."라고 말씀하셨습니다.

우리가 공자를 제대로 알고자 한다면 『논어』 정도를 읽어서는 입문에 지나지 않습니다. 『춘추』를 읽지 않은 사람들이 유학을 아는 척하니까 유교가 종교니 교육이니 하고 한편으로 치우치는 것입니다. 그리고 공자를 그런 인간상으로 규정지어 버리는 것입니다. 『태학지』에 나오는 공자 님의 찬송의 노래에도 "도관백왕(道冠百王)"이라 하여 "공자 님의 도는 일백 왕을 능가한다." 즉, 수많은 훌륭한 임금의 업적보다 더 높은 차원의 최고의 정치인임을 제시한 것입니다. 공자 이전의 정치에서는 천자나 정승이 아니면 천하를 개혁하거나 발전시키는 정치이념을 일찍이 제시한 사람이 없었습니다. 오직 공자 님만이 현실을 경영하면서 아름다운 세계를 건설하는 이념을 제시함으로 말미암아 그 이후에 유학자들이 여러 가지 정치학설을 내게 됩니다.

공자 님은 그 경세(經世)의 대법으로 '순천응인(順天應人)'의 정치를 주장하면서 일백 왕이 바꿀 수 없는 확고한 대원칙을 제시했는데, 먼저 공자 님은 하(夏)나라의 달력을 써야겠다고 하였습니다. 하나라의 달력은 오늘날로 얘기하면 음력입니다. 그 다음에 은(殷)나라의 수레를 써야겠다고 하였습니다. 은나라의 수레는 매우 질박한 것입니다. 즉, 과학적인 작품을 질박하고 튼튼한 것으로 만들어야겠다는 것입니다. 그 다음에 의복은 주(周)나라의 의복을 따르겠다는 것입니다. 역대로 주나라의 의복이 가장 찬란하고 아름답고 운치가 있었습니다. 인간의 인격을 돋구는 그 아름다운 복장은 주나라의 것을 써야겠다는 것입니다. 그 다음에 "음악은 순임금의 음악을 써야겠다."고 하였는데 만약 그 때 공자 님이 천자의 추천을 받아 천자가 되었더라면 위대한 정치를 실현할 수 있었을 것이고 또 그 역량을 충분히 갖추고 있었기 때문에 공자 님은 비록 천자는 아니었지만 만세의 대성인으로 받들게 된 것입니다.

이제 공자 님의 정치사상에 있어 몇 가지만 반성을 하고 넘어갑시다.

첫째는 공자 님은 이상주의자인가 현실주의자인가 하는 것입니다. 이것이 가장 큰 관건이 되겠습니다. 한마디로 공자 님은 이상주의자이면서 현실주의자입니다. 오늘날은 모든 것을 이원적으로 나누어서 말하는데 공자 님은 전통문화를 전부 수용하면서 날로 새롭게 발전하는 정치철학을 제시하였습니다. 즉, 현실의 모든 문제를 그대로 인정하고 이 바탕 위에서 이상을 추구하려고 한 것입니다. 기독교나 불교에서는 속세와 현세를 부정하고 내세나 미래의 세계, 극락, 천당이라는 것을 추구하지만 공자 님은 그런 이원적 세계관을 가지고 있지 않습니다. 이승과 저승도 공자 님 앞에서는 두 개가 아닙니다. 이승이 바로 저승이고 저승이 바로 이승입니다. 즉, "삶을 모른다면 어떻게 죽음을 알 것인가.", "산 사람을 섬기지 못한다면 죽은 사람을 어떻게 섬긴다는 말인가." 산 사람이나 귀신이나 다 똑같다는 말입니다. 따라서 세상을 둘로 나누지 않는다는 말입니다.

둘째로 공자 님은 보수주의자인가 개혁주의자인가. 개혁주의자들은 공자 님을 보수주의자로 밀어붙였습니다. 그러나 사실 공자 님을 가장 높이 받든 맹자는 혁명론을 주장하지 않았습니까? 시대의 발전에 역행하지 않고 천리에 순응하는 것이 공자 님의 시중지도(時中之道)이기 때문에 그 도에 의해서 과거의 역사를 단절시키지 않고 아름다운 전통을 모두 수용하여 날로 발전하는 세계를 건설하자는 것이 공자 님의 사상이며 공자 님은 그렇기에 보수주의자이며 동시에 진보주의자인 것입니다.

셋째로 공자는 은둔주의자인가 출세주의자인가. 사람의 종류에는 출세지향적인 사람과 은둔지향적인 사람이 있습니다. 공자 님은 그 두 가지를 다 가지신 분입니다. "가히 벼슬할 만하면 벼슬하시고, 가히 그칠 만하면 그치고, 오래 머물 만하면 오래하시고, 가히 속히 끝내야 할 것 같으면 속히 끝내서…" 즉 정치현실을 봐서 도를 펼 수 있는 계기가 되면 오래 집념을 가지고 하시고 이것이 왕도정치와는 거리가 멀다고 생각되면 공자 님은 그만두셨습니다. 그리하여 백이 숙제처럼 은둔을 주장하지도 않고 유하혜처럼 항상 정계로 나아가는 것을 추구하지도 않고 상황을 봐서 적절하게 대처하기 때문에 공자 님은 은둔주의자도 아니고 출세주의자도 아니며 상황주의자입니다.

넷째로 공자 님은 화합주의자인가 획일주의자인가 하는 것입니다. 공자 님은 "군자(君子)는 화이부동(和而不同)하고 소인(小人)은 동이불화(同而不和)니라."고 하셨습니다. 군자는 여러 가지 사물의 차별성을 인정해 주고 모든 존재의 가치를 인정해 주면서 개체가 전체적으로 대동화합하는 것을 추구하셨습니다. 오늘날의 전체주의와 개인주의, 북한의 집단사회주의, 남쪽의 개인자유주의가 유교냐 아니냐는 화합의 논리나 조화의 논리로 본다면 양쪽 다 공자 님의 이상주의가 아닌 것입니다. 또한 양쪽 다 공자사상의 일면을 가지고 있다고 말할 수 있습니다. 왜냐하면 공자께서는 전체적인 화합을 추구하신 것이지 부분만의 모순과 갈등을 인정하는 그런 주의를 인정하지 않습니다. 공자 님은 인도주의와 인문주의를 강조하셨으며 개인의 자유를 억압한다든지 무시하는 것을 배격하셨습니다. 개인의 권리와 존엄성을 십분 발휘하는 것이 곧 인(仁)의 원리가 아니겠습니까. 이 인의 원리를 실현해 주는 방법이 곧 직(直)자입니다. 공자 님의 학통은 곧 곧을 직자의 학통입니다. 오늘 나의 강연에 중요한 의미는 바로 이 직을 바로 아는 것입니다. 이 곧을 직자의 학통은 공자로부터 시작합니다.

공자 님께서는 인을 실현함에 있어서 '인지생지직(人之生之直)', 곧 사람이 사는 것은 정직이고 정직이 없이 사는 것은 요행히 죽음을 면하는 것이다라고 말씀하시며 인간 수양에 있어서 가장 중요한 것은 정직이라고 가르치셨습니다. 정직이 신뢰사회 건설의 기초임을 역설한 것입니다.

그리고 수신(修身)의 대법으로만 곧을 직자를 쓴 것이 아니라 제가(齊家), 즉 가정을 가지런히 하는데도 곧을 직자를 최고로 치셨습니다. '부위자은(父爲子隱) 자위부은(子爲父隱)', 곧 아버지는 자식의 허물을 숨겨주고 자식은 아버지의 허물을 숨겨주면 곧을 직자가 그 가운데 들어 있다. 가족의 의리와 정분을 손상하지 않는 이 원리원칙이 바로 가정의 화평의 비결이요 곧을 직자의 원리입니다.

치국(治國) 강령으로도 공자 님이 제시하신 것이 있습니다. 즉, "정직한 사람을 등용하고 부정부패한 사람을 버리면 백성들이 그 정부를 따라주는 것이고, 반대로 정직한 인재를 내보내고 부정부패한 무리를 관료에 등용하면 백성들이 따라주지 않는다." 정직한 정부만이 백성이 신임하고 따른다. 곧 이것이야말로 완전정치를 할 수 있는 길인 것입니다.

또한 평천하(平天下)를 함에 있어서도 홍범(洪範)에 6삼덕의 첫째가 정직입니다. 국가를 경영함에 있어서도 정직의 도로 경영하면 천하가 화평하지만 그 정직을 상실했을 때 천하는 화평과 거리가 멀어집니다. 공자 님의 인을 실현하는 방법에 있어서는 개인 수양에 있어서도 정직이요, 가정을 바르게 하는 데 있어서도 정직이고, 나라를 잘 다스리는 것도 정직이며, 천하를 화평케 하는 데도 정직입니다. 바로 곧을 직자, 정직이라는 것을 명심해야겠습니다.

기타 신본, 인본주의에 대해서는 맹자가 일찍이 유교는 신본주의가 아니라 인본주의라고 얘기했는데, 이는 단 신의 존재 자체를 부정하는 것은 아닙니다. 유교에서는 오히려 만물은 오래되면 모두 신비감이 감돈다는 범신론적인 사고로 만물의 신비성을 인정하고 있습니다.

공자 님의 정치이념이 왕도정치와 패도정치 중 어느 것을 숭상하느냐 하는 문제에 있어서는 공자 님은 당연히 왕도정치를 주장하시고 패도정치를 천시하셨습니다. 이것이 춘추의 정신입니다. 공자의 문하에서는 5척동자라도 5패를 입에 올리는 것을 아주 부끄럽게 생각했습니다. 공자의 문하에서는 무치(武治)정치, 군사독재를 천시했으며 이런 문화는 유교의 정서와는 거리가 멀고 공자의 사상과 정면으로 배치되는 것입니다.

조선왕조의 국시는 문치(文治)입니다. 그렇기에 우리 선비들이 다 봉사한 것입니다. 무치하에서는 선비들은 탄압받거나 다 숨어야 합니다. 이는 전국시대나 진나라, 원나라, 청나라에서 이미 경험한 바입니다. 우리 유림들은 공자를 배우는 사람들이고 공자께서는 문치를 숭상하셨습니다. 때문에 우리 유림도 앞으로 대통령 선거를 앞두고 문치하는 사람을 지지해 주어 공자 님의 도가 조속한 시일 내에 거대한 바닷물처럼 넘실넘실 실현될 수 있는 그런 날이 도래하길 기대하면서 나의 공부자탄강일 기념강연을 여기서 마치겠습니다. 감사합니다.

사서오경(四書五經) 강좌를 하면서

고전(古典)은 인류사에 있어서 가장 우수한 고급 문화유산이다. 인류는 고전을 통하여 훌륭한 인격을 수양하고 화목한 가정을 가꾸었으며 나아가 공명정대한 사회제도와 아름다운 풍속을 정착하여 모범국가를 건설하고 화평세계를 이룩하였으니 이것은 모두 지난 역사가 증명하고 있다.

우리나라는 근세에 고전을 통하여 이미 동방예의의 나라를 건설한 경험을 가지고 있어서 오늘날까지도 세계에서 최고급의 생활규범을 관습으로 보유하고 있다. 윤리도덕을 중시하고 예의염치를 지키며 청렴절의를 숭상하여 학문을 장려하고 명예를 권장하는 우리의 전통사회기풍은 모두 고전을 통하여 익히고 실천한 노력의 산물이었다.

사서오경은 사람으로 하여금 여유가 있으면서도 당당한 삶의 자세를 깨우쳐 준다. 자고로 경전 공부는 사람에게 세속적 가치에 대하여는 초연하게 하면서도 도덕적 가치에 대하여는 사명감을 느끼게 하기 때문에 고전강좌를 듣는 사람은 자연히 여유롭고 당당한 면모를 풍기게 된다.

사람이 여유가 있어야 생각을 하게 되고 생각을 하여야 진실로 해야 될 일을 깨닫게 되며 진실로 해야 될 일을 하여야만 기쁨과 보람을 얻음과 동시에 스스로 당당할 수 있는 힘이 솟는 것이다.

　각박하고 조급한 현대인들이 진실로 해야 되는 일을 하지 않고 비굴할 정도로 왜소해진 자포자기를 보면서 고전의 가치를 새삼 느낀다. 부귀공명에 급급하지 않고 이해득실에 연연하지 않은 고매한 인격으로 사람의 도리를 다하고 자기의 직분을 완수하여 하늘을 우러러보고 땅을 굽어보아도 한 점의 부끄러움이 없는 깨끗한 인생은 오직 경전 공부를 통해서만 가능하다고 할 것이다.

　오늘날 삶의 질을 높인다고 몸치장과 집치장에 열중하고 있지만 삶의 질을 높이는 바른 길은 먼저 인간성을 되찾아 정신을 순화하고 인격을 높이는 것이 급선무일터인즉 전통의 고급문화를 발굴 계승하는 노력이 앞서지 않고서는 결코 삶의 질은 높일 수 없으리라.

　저급 대중문화에 함몰한 인간성 상실과 황폐한 정신 그리고 아집과 교만과 사치와 방종의 질곡에서 헤어나지 못한 미몽과 망상으로 어떻게 삶의 질을 높이겠는가?

　이제는 대오 각성하여 정서가 불안하고 가치관이 전도된 저속한 생활태도를 버리고 정서가 안정되고 가치관이 올바른 고상한 전통문화를 재발견하여 우리의 뿌리를 찾아 아름다운 가풍과 국풍을 계승 발전하는 획기적인 의식전환이 필요한 시기이다. 그러나 또한 많은 사람들이 고전의 고급문화 가치를 인정하고 있으면서 고전의 난해성으로 인하여 쉽게 접근하지 못하고 있는 게 현실이다.

　나는 일찍이 이러한 문제점에 유의하여 도덕을 위주로 하는 경학(經學)을 문자를 중심으로 하는 한학(漢學)과 분리하여 쉽게 한글로 주해하여 일반민중도 가까이 접할 수 있는 길을 개척하려고 노력하여 왔다. 이러한 노력의 결정으로 새 시대를 위한 여러 경전과 예법책이 이미 출간되었고 누구나 이해할 수 있는 평이한 강좌를 하고 있다.

　따라서 이제는 경전 연구도 대폭 현대화하였으므로 과거처럼 고전 공부는 어렵다는 선입관을 버리고 가벼운 마음으로 고전의 심오한 가치체계를 누구나 배울 수 있다는 자신감을 가져도 된다고 확신하는 바이다. 지금 뿌리찾기운동본부에서 『새 시대를 위

한 대학(大學)·중용(中庸)』을 강의중인데 다음은 『논어(論語)』를
강의하겠다.

『논어(論語)』 강좌를 시작하면서

세계가 동양의 정신문화로 21세기 신문명을 창조하려고 분발 노력하고 있는 이 때에 『논어(論語)』 강좌를 시작하니 감회가 새롭고 아울러 책임감을 느낀다.

동양의 지혜를 총체적으로 집대성하신 공자의 언행을 그 문인 제자들이 공론(公論)으로 선정하여 현실사회에서 인(仁)을 추구하고 일상생활에서 효(孝)를 실천하는 것이 인간완성의 길이고 지식인의 보람임을 검증한 『논어』는 이후 인간완성의 교과서로서 2,500여 년에 걸친 동양지성사의 원류적 경전이었다.

그 글월의 형식이 대화체로서 간결 명료하여 주제가 선명하고 포괄적으로 내용을 요약했기 때문에 쉽게 기억되어 오래 생각하면서 깊은 뜻을 음미하게 하는 즐거움뿐만 아니라 정치, 교육, 경제, 문화, 예술 등의 인생활동 전 분야에 걸쳐 핵심과제와 기본자세를 변증했기 때문에 사물의 본질을 정확히 인식하는 대안목이 열려 새로운 세계를 보는 희열을 느끼게 한다.

학문과 사상이 사람을 분발시키지 않고 나태하게 만드는 것은 죄악이다. 그러나 또한 삶의 목적의식을 잃은 경쟁심은 결국 사치와 방종으로 타락하고 만다. 오늘날 우리는 인생의 본의를 망각한 부귀권세의 잔악상과 처절함을 누누이 보아왔다. 사람이 법률제도를 모르면 불리한 경우가 많은 것이고, 윤리도덕을 모르면 불행한 경우가 많은 것이다. 『논어』는 사람으로 하여금 인간완성을 위하여 분발 노력하게 만들고, 윤리도덕에 투철한 삶의 활력을 솟구치게 한다. 그리하여 공자의 문하에서는 바로 10철(哲) 72현(賢)이 일시에 나왔으니 성인의 위대한 감화력에 탄복하지 않을 수 없는 것이다.

공자는 빈천한 가정에서 태어나 어려서 고아가 되었지만 15세에 학문에 뜻을 두고, 30에 인격을 확립하여 40에 불혹(不惑)하고, 50에 지천명(知天命)하고, 60에 이순(耳順)하고, 70에 마음에 하고자 한 대로 하여도 법도에 넘어감이 없었으니 스스로 인격을 갈고 닦음에 분발 노력하여 밥 먹는 시간을 잊었고, 하늘땅의 도덕을 탐구함에 장차 늙는 줄도 알지 못하는 정력을 쏟았던 것이다.

그리하여 춘추시대의 난세에 천하인류의 불행을 막고 안락한 도덕세계를 건설하기 위하여 14년에 걸쳐 철환천하(轍環天下)하면서 경종을 울리고 목탁을 치며 유세를 하였으니 인생의 진정한 목적은 자기의 인간성을 함양하여 인격을 구비해서 인간을 완성하는 데 있음을 설파하였다.

근래에 도학자(道學者)가 드물어 선근(善根)을 배양하고 도맥(道脈)을 찾는 학풍이 없어져서 한갓 문자풀이에만 매달리니 그 해설이 지리멸렬하여 경전 공부가 인격수양에 전혀 도움이 없고, 인류행복에 털끝만치도 보탬이 없는 현실이다. 나는 이러한 나태한 해설을 단호히 배격하고 『주역(周易)』을 통한 공자의 인생관, 우주관, 정치관, 교육관을 연구하며 『춘추(春秋)』를 통한 당시의 시대배경을 분석하여 공부하는 재미가 나게 하고 학문하는 소득이 많도록 열성적인 강의를 계획하고 있다.

앞으로 뿌리찾기운동본부에서 실시한 본 『논어』 강좌가 평탄하고 순조롭게 진행하면 오는 10월쯤 마치게 될 것이다.

명문에 대한 명상, 주자가훈(朱子家訓)

　명문(名文)이라면 경문(經文)에 버금가는 것으로 천하의 4대 명문장이 있다. 주렴계의 '태극도설(太極圖說)', 장횡거의 '서명(西銘)', 정이천의 '역전서(易傳序)'와 '춘추전서(春秋傳序)'가 천하의 4대 명문장으로 손꼽히는 것인데, 나는 젊어서부터 이 4대 문장을 암송하고 음미하면서 나의 정신을 가다듬고 사상의 체계를 굳혀 왔다.

　그러다가 요즘에 와서는 우리나라 정치지도자의 가정경영문제가 국가 혼란의 실마리가 된 현실을 안타깝게 생각하면서 근자에는 '주자가훈'을 자주 명상한다. 주자가훈은 사람의 인격을 수양하고 가정을 가지런히 다스려 사람답게 사는 법을 요약하여 가정의 일상생활에서 수칙으로 삼는 간결한 문장으로, 조선왕조시대에 산림학자양반들(사대부나 관료양반이 아님)이 이를 숭상하여 동방예의국가를 건설하는 정신적 지주로 삼았으니 그 문장을 여기에 번역하면 다음과 같다.

　"아침에 일어나 물 뿌리고 마당 쓸어 집 안팎을 정결하게 하여라. 이미 어두워지면 즉시 대문 잠그되 반드시 몸소 점검하여라. 한 그릇의 죽이나 한 그릇의 밥도 온 곳이 쉽지 않음을 반드시 생각하고, 반 토막의 실이나 반 토막의 천도 만든 힘이 오직 어려웠던 것을 항상 생각하라. 마땅히 미리 미리 주선하여 목마른 뒤에야 우물 파지 말고, 자기를 위함에는 반드시 검약할지니 손님을 맞이하여 잔치를 함에도 질펀하게 하지는 말라.

그릇과 가구가 질박하면서도 깨끗하면 질그릇도 금옥보다 좋고, 음식이 약소하면서도 정결하면 뜰 안의 채소도 진수성찬보다 낫네. 화려한 집을 세우지 말고, 좋은 논밭을 사지 말라. 여자 일꾼이 많은 것 참으로 음란과 도적의 매개물이요, 종이 아름답고 첩이 애교 있는 것은 집안의 복이 아니다. 사내일꾼도 준수하고 아름다운 사람 쓰지 말고, 아내와 첩도 요염하게 화장하는 것 일체 피하라. 조상이 비록 멀더라도 제사에 반드시 정성을 들이고, 자손이 비록 어리석더라도 반드시 경서(經書)를 읽혀라.

공덕을 이루었어도 힘써 질박하게 살고 자손을 가르침에 의롭고 단정하도록 하며 뜻밖의 재물을 탐내지 말고 지나친 양의 술을 마시지 말라.

물건을 사고 팖에 편의점만 찾지 말고, 어려운 친지나 이웃을 보면 모름지기 더욱 따뜻하게 사랑하라. 각박하게 이룬 집안 이치에 오래 누릴 수 없고, 윤리가 어그러지면 멸망하는 것 서서보나니 형제와 아저씨 조카 사이에는 반드시 많은 것을 나누어 적은 데 보태주며, 어른과 어린이와 아내와 남편도 의당히 법을 지켜 말을 엄숙히 하라. 부인의 말을 듣고 형제간에 의가 상하면 어찌 사나이겠느냐? 재물을 중히 여겨 어버이를 섭섭하게 하면 사람의 자식이 못 된다.

딸을 시집보낼 때에 오직 사위의 사람됨만을 고르고 많은 예물을 찾지 말며, 아들 장가보냄에 숙녀를 찾을 것이요 후한 재산을 계산하지 말라. 부귀한 사람을 보고 아첨하는 것 가장 부끄럽고, 가난하고 어려운 사람을 보고 뽐내는 것 너무 천박한 짓이다. 집안 살림을 하면서 다투고 재판하는 것 경계할지니 재판하면 끝내 흉하고, 일을 하면서 많은 말을 경계할지니 말이 많으면 반드시 실패한다. 권세나 힘을 믿지 말고, 고아나 과부를 능멸하거나 핍박하지 말라.

맛있고 배부른 것 탐하여 마음대로 짐승을 잡아먹지 말고, 괴벽하게 자기만 옳다고 하면 후회가 반드시 많으니라. 퇴폐하고 게을러서 자기 좋은 대로만 하면 집안의 법도를 이루기 어렵다. 못난 어린이를 업신여기면 뒤에 반드시 그 흠이 남고, 어진 노인을 받들면 급할 때에 서로 의지하리라.

가볍게 듣고 말함에 남에게 참소하는 말이 아니라는 것을 어찌 알리요. 참고 세 번 생각해야지, 일로 인해서 다툼에 내가 옳지 못함이 아니라는 것을 어찌 알리요. 반드시 마음을 가라앉히고 다시 생각하라. 은혜 베푼 것은 기억하지 말고, 은덕 입은 것은 잊지 말라. 모든 일에 나머지를 두고, 뜻을 얻었던 곳에 다시 가지 말아라.

남의 기쁨에 질투하지 말고, 남의 재앙에 웃지 말라. 착함을 남에게 보이고자 하면 정말로 착함이 아니요, 악을 남이 알까 두려워하면 정말로 큰 악이다. 어여쁜 여자를 보고 음탕한 마음이 일어나는 것은 화근이 처자에게 미치고, 원한을 감추고 속이는 것은 재앙이 자손에게 뻗친다. 집안이 화순하면 비록 끼니를 잇지 못해도 또한 남은 기쁨이 있고, 나라의 세금을 일찍 납부하면 곡식이 남지 않았어도 지극한 즐거움을 스스로 얻으리라.

글을 읽음에 뜻을 성현이 되는데다가 두고, 벼슬을 함에 마음을 인민과 나라를 위함에 두어라. 분수를 지켜 운명에 편안하고, 때를 따라 하느님의 말씀을 들어라. 사람됨이 이와 같으면 거의 사람다운 인간이라고 하리라."

오늘날 정치지도자와 재벌총수들이 이 글을 단 한 번이라도 읽었던들 국제적 수치는 면했을 것이고, 나라의 꼴을 이 지경으로 몰아넣지는 않았을 것이다.

이 주자가훈을 내가 처음 대한 것은 성균관대 재학중에 동양철학과 수송(秀松) 양대연 교수님이 나의 졸업기념으로 특별히 그 원문을 쓴 뒤에 발문까지 부쳐서 내려준 1965년 입하절이었다.

그 당시에 나는 4월혁명의 주역이었고, 민족통일전국학생연맹의 투사로서 치국 평천하의 원대한 포부가 충만한 시절이었기 때문에 이 가훈을 시시하게 생각하고, 수송 선생에게 섭섭한 감정까지 느꼈었지만 그 뒤 결혼을 하고 자식을 기르며 늙어가면서 그 소중한 가치를 점점 느끼게 되었다.

　30개 성상이 지나간 오늘에 빛이 바랄 대로 바래버린 책이 되었지만 그 글씨의 빛은 더욱 광채를 발휘하여 그날의 정경이 오늘 더욱 새로워서 눈을 감고 명상하면 노 선생이 말라버린 먹을 갈라고 재촉하면서 종일 지칠 줄 모르고 한 자 한 자 정성을 다하여 쓰시던 모습이 눈에 선명하다.

유교인의 봉사정신

유교의 인의도덕(仁義道德)은 효제충신(孝悌忠信)을 기본으로 하는 봉사정신으로 일관한다. 사천봉선(事天奉先)에 있어서 희생(犧牲)을 바치는 보본반시(報本反始)의 정신으로부터 인민애물(仁民愛物)의 박애정신에 이르기까지 모두 봉사정신으로 충만해서 인간의 도리를 다 하는 것이 유교의 근본이념이다.

충은 나라에 봉사하는 것이요, 효는 가정에 있어서 어버이에게 봉사하는 것인즉 지혜와 사랑과 용기를 갈고 닦아 밝고 성실하게 충성의 의리와 효도의 예절을 다하는 것으로 유교의 종지(宗旨)를 삼는 것이다. 유교의 이러한 인생론은 천지 대자연의 도덕적 우주론에서 기원한 것으로 대단히 숭고한 철학적 내용을 담고 있다.

공자는 일찍이 말하기를 "하늘이 무슨 말을 하는가? 네 철은 돌아가고 만물이 자라지만 하늘이 무슨 말을 하는가?"라고 하였으니 하늘은 만물을 창조하여 현상세계를 무한히 발전하게 하는 진리의 본체이면서도 아무런 말이 없다는 뜻이다.

커다란 공헌을 하면서도 말이 없는 것은 성덕대업(盛德大業)이다. 성인(聖人)은 여기에서 노겸(勞謙), 무벌선(無伐善)의 숨은 봉사의 미덕을 교시하여 불괴옥루(不愧屋漏)의 봉사철학을 고취했다.

하늘뿐만 아니라 귀신도 봉사로 시종한다. 귀신은 음양오행(陰陽五行)의 정기로서 스스로 만물을 생성하는 실체이다. 귀신이 만물을 생성하는 공능(功能)은 무한하여 헤아릴 수 없이 많지만 그러나 보아도 보이지 않고 들어도 들리지 아니하여 명명(冥冥)한 가운데서 체물이불가유(體物而不可遺)하므로 공자는 귀신지위덕(鬼神之爲德)이 그 성대한저라고 감탄하였던 것이다.

이와 같이 천지귀신의 철저한 봉사정신을 인간정신으로 계승 발양하고자 하는 유교사상은 결국 법천효지(法天效地)로 귀결하여 살신성인(殺身成仁)과 사생취의(捨生取義)의 학문으로 전개되었다. 유교의 인의도덕이 여기에 이르러서는 천인합일(天人合一)이요 물아일체(物我一體)의 경지에 들어가서 나와 남을 나누지 않고 안과 밖을 가르지 아니하여 봉사에 대한 어떠한 대가도 셈하지 않으므로 마침내 남이 알아주지 않더라도 우주가 쾌활하여 전혀 성내지 않는 것이다.

천하의 근심은 가장 먼저 걱정하고, 천하의 즐거움은 가장 뒤에 즐기는 유교의 봉사정신은 매우 합리적이어서 먼저 봉사능력의 개발을 요구한다. 아무리 뜻이 좋아도 역량이 모자라면 선행을 실천하여 박시제중(博施濟衆)할 수 없는 것이다.

그러므로 봉사는 자체역량의 성장과 비례하여 그 영역이 확대되는 까닭에 낮은 곳으로부터 점점 높은 곳으로 올라가고, 가까운 곳으로부터 점점 먼 곳으로 나아가는 것이다. 따라서 유교의 봉사의무는 엄격한 등급이 있는바 일가(一家)의 선비는 일가에 봉사하고, 일향(一鄕)의 선비는 일향에서 봉사하고, 일국(一國)의 선비는 일국에서 봉사하고, 천하의 선비는 천하에서 봉사하여 각각 세도(世道)를 자임하여 수기치인(修己治人)의 사명을 완수해야 되는 것이다.

그러므로 맹자는 필유사언(必有事焉)이라고 하였다. 유교인은 현재 위치에서 반드시 봉사하고 협조할 일이 있는 것이고, 그러한 일을 함에 있어서 가급적 공명심을 버리고 허심탄회한 자세로 자연스럽게 협조하고 봉사하여 어떤 그림자나 흔적을 남기지 않는 것이 진정한 봉사정신임을 밝혔다.

이 점에 있어서 유교의 봉사윤리는 매우 세심하다. 봉사와 협조를 함에 있어서 도(道)에 지나친 간섭을 배제할 뿐만 아니라 세상사를 포기하고 방치하는 거절도 부정한다. 그리하여 묵자(墨子)처럼 자기를 희생하여 천하만을 위한다고 남의 일에 거침없이 간섭하는 극단적 이타주의를 비판하고 또한 양주(楊朱)처럼 세상을 완전히 외면하고 자기의 일에만 골몰하는 극단적 이기주의를 성토한 것이다.

맹자는 묵자를 무부지학(無父之學)이라고 하였고 양주를 무군지학(無君之學)이라고 하면서 무부무군지도(無父無君之徒)는 금수와 같은 행동이라고 규탄하였다.

그렇다면 유교의 봉사정신은 어떻게 발휘되는가? 그것은 사적인 봉사방법보다도 공적인 봉사방법을 선택한다. 개인적 은혜도 소중하지만 가급적 전체적인 덕택(德澤)이 흘러 넘치는 것을 값지게 생각한다.

따라서 유교인의 국가사회에 대한 봉사는 공명정대한 조직체계를 통해서 실천되고 윤리도덕적 규범에 의하여 구현되므로 서 도리로 승화시키는 것이다.

남을 위한 봉사를 자기완성의 도리로 인식하는 유교의 윤리는 인격구비(人格具備)의 표상으로 곧 선비가 되고 군자가 되고 성현이 되는 길이다.

이러한 유교인의 봉사생활은 오늘날 민주사회에 있어서 가장 문명한 세계를 건설할 수 있는 사회사상이다. 왜냐하면 유교의 봉사는 인의예지의 본성에 기초하기 때문에 공동체의 대동단결을 추구하는 화합정신이 넘치고, 사회정의를 구현하는 의리정신이 투철하고, 자연의 공리를 확신하면서 질서를 존중하는 실천력이 탁월하고, 사물의 원리를 정확히 인식하여 시의적절하게 현실을 판단하는 경영의 지능이 뛰어난 것이다.

그러므로 주권재민의 민주자치시대에 있어서 이러한 유교인의 장점들은 필요 불가결한 덕목이며 민주주의를 꽃피우는 위대한 이념인 것이다.

　지금까지 유교의 봉사정신은 봉건전제국가에 있어서 많은 비판을 받으면서 상당히 굴절되고 왜곡된 모습으로 비춰졌던 것이다. 그러나 이러한 시각은 유교사상의 본질적 내용에서 파생한 것이 아니라 속물로 전락한 아류적 유교의 행태에서 규정된 결론이다.

　이제 민주사회에서는 군주를 위한 봉사가 아니라 전체 국민을 위한 봉사이므로 지난날의 부정적 시각을 깨끗이 탈피하고 유교인의 본래적 면모를 되찾을 수 있는 획기적인 전환의 시점이라고 볼 때에 이 시대처럼 유교인의 봉사활동이 필요한 시기는 일찍이 없었다고 할 것이다.

대성인(大聖人) 공자(孔子)

1. 가난한 어린 시절

위대한 성인 공자는 인류의 영원한 스승이다. 일찍이 인류역사에서 가장 훌륭한 철학가·교육가·행정가·법관·정치가로 받들어져 온 공자는 오늘날까지 2,500여 년 동안 인류의 사표로서 숭앙되고 있다.

공자는 스스로 당시의 모든 학문을 집대성하고, 인간이 당연히 지켜야 하는 윤리도덕을 밝혀 사람답게 사는 사회규범을 제시하였다. 인간의 존엄성에 기초한 인도주의 정신으로 문명사회를 건설하여 인류의 안녕을 보장하는 길을 명확하게 밝힘으로써 공자의 인문주의 사상은 인류구원의 영원한 횃불이 되었다.

극도로 혼란했던 춘추시대에 태어난 공자는 전 생애를 학문연구와 도덕실천 그리고 교육을 통한 인간개발 및 정치를 통한 사회개혁을 추구하였다. 이것은 인격의 완성 위에 도덕사회를 구현하고 왕도정치를 실현하여 세계를 구원하는 이념이다. 공자는 다만 이러한 이념을 정립하는 데 그치지 않고, 한 걸음을 나아가 정치사회에서 구체적으로 실현하기 위하여 매우 적극적인 노력을 하였기 때문에 마침내 인류가 숭앙하는 지극한 성인이 되었다.

공자는 주령왕(周靈王) 21년 노(魯)나라 창평향(昌平鄕) 추읍(陬

邑)에서 태어났다. 오늘날의 역법(曆法)으로 계산하면 음력으로는 단기 1783년 8월 27일이요, 서기로는 기원전 551년 9월 28일에 해당한다.

공자의 이름은 구(丘)이며 자(字)는 중니(仲尼)요 성이 공씨(孔氏)이다. 아버지 숙량흘(叔梁紇)이 나이 60이 넘어서 어머니 안징재(顔徵在)와 결혼하여 니구산(尼丘山)에 기도를 드려서 공자를 낳았다고 한다. 그리하여 이름을 구라고 하고 자를 중니라고 지었다고 하였다.

공씨의 조상은 본래 송(宋)나라 사람이다. 『공자가어(孔子家語)』에 의하면 공자의 선조는 송나라 미자(微子)의 후손으로 송양공(宋襄公)이 불보하(弗父何)를 낳고, 아우 여공(厲公)에게 제후의 자리를 양보한 불보하가 송보주(宋父周)를 낳으며, 송보주가 세자승(世子勝)을 낳고, 세자승이 정보고(正考父)를 낳고, 정보고가 공보가(孔父嘉)를 낳았는데, 공보가는 5세(世)의 육친관계가 다하였으므로 별도의 공족(公族)으로 갈려 나와서 공씨가 되었다.

공보가가 목금보(木金父)를 낳고, 목금보가 역이(睾夷)를 낳고, 역이가 방숙(防叔)을 낳았는데, 방숙이 화씨(華氏)의 핍박을 두려워하여 노나라로 급히 피하여 와서 살면서 백하(伯夏)를 낳으니 백하는 바로 숙량흘의 아버지요, 공자의 할아버지이다.

숙량흘은 일찍이 노나라에 군인으로 복무하여 몇 번의 군공(軍功)을 세우기도 하였지만 나이가 많아서 모두 사직하고 집에 있다가 늙어서 죽었으므로 방산(防山)에다 무덤을 쓰고 장례를 행하였다.

이 때에 공자는 겨우 3살이었고, 어머니 안징재는 젊었으므로 가정생활이 대단한 곤궁하게 되었다. 그리하여 공자의 어머니는 남편의 죽음을 슬퍼할 겨를도 없이 청상과부의 몸으로 열심히 일하여 아기 공자를 길렀다.

어린 공자는 아버지를 여의고 어머니 슬하에서 자라면서 이목(耳目)이 총명하고 수족(手足)이 장대하였다. 어려서 소꿉놀이를 하면서도 예법을 본받아 제사지내는 축제놀이를 즐겨 하였으므로 주변에서 보는 사람들이 매우 기이하게 생각하였다.

소년 공자는 어머니의 자애로운 가르침 이외에 특별히 스승의 가르침을 받은 것도 아니었지만 점점 자라면서 행실이 뛰어났다. 부지런히 일하여 어머니를 돕고 씩씩하고 명랑하게 행동하여 어머니를 즐겁게 하였으며 남과 다투지 아니하였다.

이렇게 지극한 효성으로 어머니를 받들었는데 하늘도 무심하게 홀연히 어머니 안징재마저 돌아갔다. 공자는 하염없는 슬픔을 머금고 어머니의 장례를 치름에 예법절차를 따르려고 하였으나 아버지 숙량흘의 묘소를 알지 못하는 것이 한이었다. 공자는 할 수 없이 어머니의 빈소를 오보지구(五父之衢)에다 설치하고 이에 숙량흘의 묘소를 아는 사람을 찾았다.

그런지 얼마 만에 그 당시 상두꾼이었던 추인만보(鄒人輓父)의 어미가 찾아와서 숙량흘의 묘소를 가르쳐 주었다. 그리하여 공자는 아버지의 묘소를 확인하고 그 옆에 합장하였다.

공자의 어린 시절은 비단 가난하였을 뿐만 아니라 또한 고아가 되는 불행을 겪었으며 홀로 가정을 수호하면서 돌아가신 어머니의 장례를 거행하는 책임을 다하는 지극히 험난한 길이었다.

그러나 공자는 조금도 좌절하지 않고 오히려 힘써 분발하여 씩씩하게 살면서 아버지와 어머니가 자기에게 기대하였던 소망을 저버리지 않으려고 열심히 노력하였다.

어린 시기에 인간의 시련을 슬기롭게 극복한 공자는 그 험난한 인생고를 겪으면서 육체적으로나 정신적으로 크게 성장하여 다른 사람들로부터 놀라운 눈으로 커다란 촉망을 받게 되었다. 그리하여 공자는 여러 가지 일에 능숙하였을 뿐만 아니라 새로운 지식을 끊임없이 탐구하여 날로 발전하였다.

2. 학문에 뜻을 세움

공자는 많은 생각을 하였다. 가까이는 자신의 현실문제로부터 인생의 진리와 삶의 가치 그리고 죽음의 의미 및 우주의 본질 등 등에 이르기까지 깊이 생각하였다.

어떤 날은 종일 먹지도 않고 밤새도록 자지도 않고 사색에 잠겨서 진리를 탐색하였다. 그러나 이와 같은 노력에도 불구하고 오히려 머리 속에는 의심만 가득할 뿐이요, 한 가지도 명료하게 밝혀지는 해답이 없으므로 드디어 공자는 생각하는 것이 배우는 것만 같지 못한다고 결론을 내렸다.

그래서 공자는 15살이 되자 글을 읽어 배움이 점점 늘자 외롭고 쓸쓸했던 고독감이 차차 사라지고 그 대신 가슴속에서 학습의 희열을 느끼기 시작하였다.

한번 용기를 내어 학문의 길로 들어선 공자는 완전히 마음의 안정을 얻었다. 눈이 점점 밝아져서 보는 것이 뚜렷하고, 귀가 차차 열려서 듣는 것이 분명하였으므로 진리에 대한 확신이 서고, 철저히 실천하는 힘을 얻게 되었다. 그리하여 공자는 배우기를 좋아하고 힘써서 실행하는 자기의 정열적인 태도에 대하여 스스로 말하기를 "배움에는 미치지 못하는 듯이 서둘러 쫓아가도 오히려 잃을까 두려워서 겁을 먹었다."라고 실토하였다.

한번은 노나라의 정치적 실력자인 계씨(季氏)가 여러 문인과 학자를 초청하여 음식을 대접하면서 학술을 토론하는 잔치를 베풀었다. 소년 공자는 계씨의 문학향연(文學饗宴)에 참석하여 국내외로 유명한 문인과 학자들의 고상한 풍류와 아름다운 정서 그리고 심오한 지혜 및 탁월한 논설을 듣고 싶었다.

그리하여 소년 공자는 자기도 학문하는 사람임을 증명하기 위하여 경전(經典)을 허리에 차고 계씨의 잔칫집으로 급히 찾아갔다. 그러나 끝내 어리다는 이유로 거절당하여 돌아오고 말았다. 그런데 이 일로 인하여 학자와 문인들의 사회에 공자의 존재가 널리 알려지게 되었으니 노나라의 대부(大夫)인 맹리자(盟釐子)가 병으로 죽으면서 그 아들 의자(懿子)에게 훈계하여 말하기를 "공구는 성인(聖人)의 후손으로 송나라에서 왔다. 그 선조 불보하는 송나라의 왕자이었는데 아우 여공에게 왕위를 양보하였다. 그러다가 불보하의 증손 정고보에 이르러서는 대공(戴公)·무공(武公)·선공(宣公)을 보좌하여 벼슬이 3명(三命)에 올랐지만 그 행실을 더욱 공손히 하였다. 그러므로 정명(鼎銘)에 새기기를 '일명(一命)의 벼슬자리에서는 어깨를 움츠리고, 이명(二命)의 벼슬자리에서는 허리를 구부리고, 삼명(三命)의 벼슬자리에서는 몸을 엎드렸으니 담장을 따라 지름길로 달려가도 아무도 나를 경멸하지 못하였다. 여기에다가 나물범벅 만들고 여기에다가 죽을 끓여서 나의 입에 풀칠하였노라.'고 하였다. 나는 듣건대 성인의 뒤에는 비록 생전에는 아닐지라도 반드시 훌륭한 인물이 나온다고 하였다. 이제 공구는 나이가 어리지만 예절을 좋아하니 참으로 훌륭한 인물인저! 나는 곧 죽으리나 너는 나중에라도 반드시 그를 스승으로 삼아라."고 하였다. 그래서 의자(懿子)와 남궁경숙(南宮敬叔)은 아버지의 유언에 따라 공자에게 가서 예법을 배웠다.

학문에 몰두하여 지식을 연마하면서 19세가 된 공자는 어느덧 키가 9척(尺) 6촌(寸)이나 되는 청년으로 성장하였다. 어찌나 키가 컸던지 사람이 모인 자리에서 공자의 모습은 우뚝하였으므로 그를 키 큰 사람 즉 장인(長人)이라고 불렀다.

이렇게 성인(成人)으로 자란 청년 공자는 이제 사회의 일원으로서 정상적인 생활을 영위하기 위해 결혼을 준비해야 되었다. 그러자면 먼저 경제적 터전을 마련해야 되었기에 부득이 학업을 중지하고 취직을 해야 되었다. 처음 취직처가 생긴 곳은 창고지기 자리였다. 곡식과 재물을 보관하는 큰 창고를 지키면서 물품의 재고를 파악함과 동시에 물건의 출납을 관리하고 기록하는 직책이었다.

당시에 이러한 일을 맡은 창고지기를 위리(委吏)라고 하였는데 공자는 위리가 되어 열심히 일하였다. 항상 업무를 처리함에 세밀히 생각하여 공평하고 정직하고 명확하게 처리하였다. 양곡을 내주거나 받아들일 때에 되박질과 저울질을 공평하게 하였으며, 재고품을 조사할 때에 정직하게 셈하였으며, 장부를 기록함에 명확하게 정리하였다. 그리하여 청년 공자의 창고지기 생활신조는

"회계를 정당하게 할 뿐이다."로 초지일관하였으니 금방 사람들로부터 두터운 신임을 받았다.

이 해에 공자는 봉급을 모아서 즉시 결혼하였다. 집안에 친척의 주선으로 송나라 견관씨(幵官氏)와 혼인하였다. 신부는 건강하였지만 그 집안도 가난하여 아주 검소하게 결혼식을 하였다. 어찌나 질박하였던지 신부가 오색의 비단으로 만든 신부의 활옷을 입지 못했다고 한다.

신부가 신혼살림에 어느 정도 익숙해져서 일가친척들과도 정이 들고 집안이 돌아가는 정황을 대강 터득할 때쯤 되어서 공자는 곡부(曲阜)의 궐리(闕里)에 작은 집을 마련하고 이사를 하였다. 새로 이사한 집의 살림살이도 지극히 간소하여 별로 세간이 없었으므로 공자는 한쪽에다가 서재를 꾸몄다. 그리고 밤이 이슥하도록 글을 읽었다.

"배우면서 생각하지 않으면 흐릿하고, 생각하면서 배우지 않으면 위태롭다."는 사실을 깨달은 공자는 독서와 궁리의 학문 연구 방법으로 자기의 사상을 넓히면서 사회적 공공성에 일치하는 실천윤리를 체계화하였다.

그러다가 마침 아주 활발한 직장이 생겼다. 그것은 목장지기였는데 당시에는 승전(乘田)이라고 하였다. 목장지기는 목장에서 가축을 치는 일로서 가축을 돌보고 관리하는 단순직이기 때문에 생각할 시간적 여유가 보다 많은 직업이었다. 그리하여 공자는 즉시 창고지기를 사퇴하고 목장지기로 직장을 옮겼다.

공자는 소와 양을 살찌워 튼튼히 자라도록 부지런히 목장을 관리하였다. 살찐 소와 양의 한가로운 몸짓과 송아지와 어린 양들의 귀여운 장난은 목장을 평화롭고 즐거운 동산으로 만들었다.

공자는 직장생활의 경험 속에서 사물을 처리하는 하나의 기술을 터득하였다. 그것은 사물을 직접 대함에 항상 그 사물의 합리적 준칙을 생각하는 행동의 사색이다. 이것은 사물에 즉(卽)하여 과학적으로 이치를 연구하는 즉물궁리(卽物窮理)의 방법으로써 현실적인 문제를 사고하는 것이다.

행동의 사색은 가장 가까운 현실문제를 생각하여 사물의 과학적 법칙을 발견하는 진리탐구의 방법으로 진리를 위하여 탐구하는 학구적인 자세가 아니라 인간을 위하여 진리를 탐구하고 인격함양을 위한 수신의 길이다.

가까운 현실문제를 철저히 생각하는 근사법(近思法)을 통하여 목장지기 공자는 인간의 문제를 자체적으로 해결하고 더욱 나아가서 인간의 본성을 깨닫고자 하였다. 그리하여 아침에 도를 깨달으면 저녁에 죽어도 좋다는 신념으로 인간의 본질을 규명하고, 인생의 본의를 찾고, 인류의 문화를 창조하려는 정열적 노력을 경주하였다. 그렇게 열심히 생각하고 노력한 결과 마침내 위대한 인간을 발견하였다.

사람은 모두 타고난 훌륭한 본바탕이 있는데 그것은 인(仁)이라는 인간성이다. 모든 사람이 본성으로 간직한 인은 사랑의 원리로서 착한 덕성인데 이것이 바로 사람을 사람답게 하는 근본임을 인식하였다. 사람이 이 인을 떠나면 바로 인간성을 상실하여 온전한 사람이 될 수 없는 것을 보았을 뿐만 아니라 이 인을 찾는 길은 결국 자신의 진실성에 있기 때문에 가식으로 꾸밀 수 없는 것도 검증하였다. 그리하여 공자는 인간관계에서 말을 듣기 좋게 꾸며서 하고 얼굴색을 아름답게 꾸미는 허위적 교언이나 가식적 영색에서는 인을 찾기 힘들고, 차라리 강직하고 의연하고 질박하고 말이 적은 사람이 더욱 진실하고 착한 인간의 모습을 가진 인에 가까운 것임을 확실히 변증하였다.

공자는 견관씨와 결혼하여 신접살림을 차린 지 1년쯤 되어서 부인이 아들을 낳았다. 나이 20세에 첫 아들을 본 공자는 비로소 자신이 아버지가 되었다는 사실을 실감하면서 아내를 따뜻한 말로 위로하며 귀여운 아들의 얼굴을 자세히 지켜보았다. 그런데 참으로 경사스러운 일이 생겼다. 공자가 득남했다는 소문이 노나라의 임금 소공(昭公)의 귀에까지 전해졌다.

훌륭한 역사적 인물이었던 불보하와 정보고의 후손으로 일찍이 고아가 되었어도 힘써 노력하여 학문을 좋아하고 예절을 숭상하는 공자의 명성을 들어서 알고 있던 소공은 곧 공자의 집으로 잉어 한 마리를 보냈다. 이것은 아들의 탄생을 축복함과 동시에 산모의 건강을 배려하는 간절한 뜻이 담겨진 선물이므로 공자는 매우 영광스러운 일로 받아들였다.

이에 공자는 새로 태어난 아기의 이름을 이(鯉)라고 지었다. 나중에 이의 자(字)를 백어(伯魚)라고 하였던 것도 모두 이러한 사실에서 연유한 것이라고 한다.

공자는 가정이 조금 안정되자 즉시 소치고 양치는 목장지기를 그만두고 집에서 학문에만 전념하면서 찾아오는 학생을 가르치는 교육사업을 시작하였다. 이제 나이가 22살이 되었으니 음식보다는 진리를 추구하여야 되고, 가난보다는 도덕을 걱정하여야 된다고 생각하였기 때문이었다. 더욱이 학행(學行)이 뛰어나면 관록(官祿)도 생길 수 있는 것이므로 학문에 대한 정열을 더 이상 억제할 수 없었던 것이다.

3. 3,000 제자를 가르침

천지만물과 더불어 동일한 실체가 바로 대아(大我)의 공리(公理)임을 체득한 공자는 인간완성의 대도(大道)가 학문과 교육에 있음을 발견하였다. "옥돌도 쪼아서 다듬지 않으면 그릇을 만들지 못하고, 사람도 배우지 않으면 진리를 알지 못한다." 그러므로 사람은 누구나 배워야 하고, 배우되 성현의 정학(正學)을 배워야 된다고 생각하여 찾아오는 제자들에게 시(詩), 서(書), 예(禮), 사(史), 주역(周易)을 열심히 가르쳤다.

공자가 22세에 스승이 되어 제자를 가르친 뜻은 지극히 높았다. 첫째 사람은 누구나 가르치면 훌륭한 사람이 될 수 있다는 평등교육사상이요, 둘째 국가교육으로 한정되었던 현실을 과감히 탈피하고 사설교육의 문호를 개척하여 교육을 개방시킨 학교개방사상이요, 셋째 국가에서 독점하였던 제왕의 학문을 모든 대중에게 보급하여 학문의 대중화와 지식의 실용화를 추진함으로써 학술발전의 중대한 계기를 만든 학술의 민중화사상이다.

공자의 이러한 교육관은 사회를 크게 변혁시켰다. 누구든지 인격을 완성하여 성현이 될 수 있고, 그 성현은 인류를 구제하는 선각자의 책무를 가진다는 것을 알아서 스스로 분발케 하였던 것이다. 따라서 학교는 문화의 중심이요, 정의의 상징으로 굳게 자리잡게 되었다.

특히 남을 가르치기 전에 먼저 실천해야 되는 스승의 길은 학자로 하여금 철두철미한 도덕적 실천력을 기르게 하여 공리공담만을 일삼는 소인유(小人儒)를 멀리하고 사랑과 정의를 실천하는 군자유(君子儒)를 흠모하게 되었다. "가르침은 배움이 반이라."는 옛말의 의미를 재발견하여 수도하는 마음으로 끊임없이 정진하는 스승의 길을 활짝 열어놓은 것은 인류로 하여금 일생의 학문을 통하여 도저(到底)한 경지에 이르게 하였고, 평생교육으로 깊은 조예(造詣)를 가지게 하였다.

공자의 교육적 박애정신과 학문적 정직사상은 처음부터 대단히 투철하여 진정 배우고자 하는 사람은 모두 받아들이고, 학문을 가르침에는 아는 지식을 전부 전수하여 조금도 숨김이 없었다.

따라서 이와 같이 파격적인 사설교육사업과 혁명적인 평등교육활동은 당시로서는 대단히 신기하고 이색적인 일이었으므로 고을 사람들의 흠모와 외경의 대상이 되었다.

이러한 소문이 점점 널리 퍼져서 드디어 가난뱅이·전과자·노예 등등의 천민이 모여 사는 호향(互鄕) 사람들의 귀에까지 들어갔다. 호향의 사람들은 이 소식을 듣고 너무나도 감격한 나머지 몇몇 어린이들을 뽑아서 공자의 학당에 보내게 되었다. 공자는 이 호향의 어린이들을 따뜻이 맞이하고 흔쾌하게 입학을 허락하였다.

그러나 이로 인하여 심각한 일이 벌어졌으니 그것은 재학생들이 호향의 신입생을 배척하는 사건이었다. 공자는 학생들에게 엄중히 훈계하였다. "사람을 겉으로만 보지 말라. 그리고 선입관을 가지고 보지 말라. 그것은 인간성을 해치는 짓이다. 어찌 이리도 심한 행동을 하는가? 호향의 어린이가 배우기 위하여 왔으니 앞으로는 똑같은 학생의 신분으로 사귀고 절대로 과거의 출신계급을 따져서 차별하지 말라.”고 하여 배움에는 신분적 차별이 있을 수 없음을 깨우쳤다.

공자는 이와 같이 사람을 평등하고 공정하게 대하였지만 또한 두세 명의 제자들은 스승이 지식을 감추고 전부 털어놓지 않는다고 의심을 하는 것이었다. 이에 공자는 그들을 조용히 타일렀다. “너희들은 내가 지식을 숨긴다고 생각하느냐? 나는 아무것도 숨김이 없다. 나는 모든 행동을 너희들과 더불어 함께 하지 않은 것이 없나니 이러한 모습이 바로 나의 전부이다.” 공자는 학당을 열고 학생을 가르치면서 공부하고 먹고 자는 모든 행동을 제자들과 더불어 똑같이 하였기로 자연히 숨길 수가 없었을 뿐만 아니라 도리어 실천적 모범을 통하여 가르치고자 하였기 때문에 전혀 감출 필요가 없었던 것이다.

공자는 교육이념을 인(仁)으로 정하였다. 인을 통한 인간완성의 길에는 지식이 필요하고, 인간미가 필요하고, 용기 있는 실천력이 필요하기에 공자는 학문의 방법으로 학문의 시야를 무한히 넓혀서 널리 배우는 박문(博文)과 사회의 보편적 규범을 지켜서 더불어 사는 약례(約禮)를 제시하였다.

학생은 많은 글을 읽음으로써 지식이 넓어지고, 지식이 넓어지면 사물의 이치를 밝게 깨달아서 저절로 옳고 그름과 착하고 악함을 정확히 분별하는 능력을 가지게 되는 것이다. 그리고 참된 지식은 실천을 통하여 그 가치를 실현하는 것이므로 항상 배운 바를 생활 속에서 실천하도록 적극 권장하였다.

이러한 공자의 가르침은 마침내 3,000 제자가 찾아와서 배우게 하였는데, 그 가운데 72명의 현인이 나왔고 10명의 철인이 당대에 나왔으며 이어 4명의 성인을 배출하는 데 이르렀다. 뿐만 아니라 오늘날에 이르기까지 이를 사숙(私淑)하여 동양사에서 수많은 학자와 문인을 나오게 하였다.

4. 천하를 깨우침

춘추시대의 천하대혼란(天下大混亂)은 일찍이 인류역사상 그
유례가 없는 것이었다. 불과 242년 동안에 신하가 임금을 죽인 것
이 36번이요, 멸망한 나라가 52개국이요, 제후가 정변으로 망명한
사건은 이를 셀 수도 없이 많았다.

이로 인하여 정치적 혼란, 경제적 파국, 사회적 불안은 그 극도
에 달하였다. 전쟁과 살육 그리고 가렴주구로 이어지는 학정에
인민은 도탄에 빠져서 신음하는 비참한 현실에 놓여 있었다.

공자는 이러한 혼란을 뿌리뽑고 세상을 바로잡아 인류를 구제
하기 위하여 몸소 직접 일어나서 천하를 두루 돌아다니며 인도정
신을 고취하고 사회정의를 역설하였다. 공자는 천하대란의 원인
이 도덕심의 타락에 있으므로 극기를 통한 인간성 회복만이 시대
를 구원할 수 있다고 주장하였다.

그리하여 온갖 술수로 공리만을 추구하는 패도정치의 부국강병
주의를 비판하고, 예악을 중시하며 신의를 숭상하는 왕도정치의
덕치인정(德治仁政)을 설파하였다. 공자는 말하기를 "제(齊)나라의
패권정치를 한번 변혁하면 노나라의 예문정치에 이를 것이요, 노
(魯)나라의 예문정치를 한번 변혁하면 왕도정치에 도달할 것이
다."라고 하였다.

공자의 왕도정치 이상은 물론 요·순을 모범으로 하는 것이지
만 그러나 완전히 복고적인 내용이 아니라 시대발전에 알맞게 재
창조한 것이다. 즉, 하(夏)나라의 역법을 시행하고, 은(殷)나라의
수레를 타며, 주(周)나라의 의관을 쓰며, 음악은 소무(韶舞)를 연주
하고, 음란한 정(鄭)나라의 노래를 추방하고, 아첨배를 정계에서
몰아내는 것이다.

이러한 정치내용과 형식은 명실상부한 정명(正名)의 논리를 기
초로 하는 것이다. 사이비 정객의 술수와 부정한 무리들의 허위
정권을 근절시키기 위하여 정치는 정도요, 정의임을 선언하였다.
정치를 예의와 도덕으로 하지 않고, 형벌과 폭력으로 하는 데서

파렴치한 사이비들이 판을 친다는 것이다.

진정한 정권은 정직하여 민중으로부터 신임을 받아야 하고, 균등한 경제정책으로 민생을 안정시켜야 하며, 충분한 국민교육과 튼튼한 국방력을 배양하여 정치·경제·사회·문화적으로 세계 발전에 능동적으로 기여해야 된다고 하였다.

공자는 이와 같은 정치이상의 실현을 위하여 직접 정계에 투신하려고 하였다. 그러나 공자가 35세 때에 노나라에 반란이 일어나서 소공(昭公)이 제나라로 망명하고 노나라가 어지러워지니 주나라에 갔다가 막 돌아온 공자는 학당을 비워두고 반란정권을 피하여 제나라로 가서 고소자(高昭子)의 가신이 되어 경공(景公)과 알게 되었다. 경공이 공자를 지방장관으로 임명하려고 하였으나 안영(晏嬰)의 반대로 좌절되었다. 마침내 소공이 망명지에서 죽고 아우 정공(定公)이 왕위에 오르자 공자는 제나라를 떠나서 노나라로 돌아왔다.

공자가 43세 되던 해인 정공 원년에 계씨(季氏)가 정권을 강참(强僭)하다가 그 신하인 양호(陽虎)가 또 권력을 잡고 전정(專政)하므로 공자는 벼슬을 하지 않고 물러나 시서예악(詩書禮樂)을 편수하였으니 제자가 더욱 많이 늘었다.

공자는 51세 때에 공산불뉴(公山不狃)가 비(費) 땅에서 계씨에게 반기를 들고 공자를 불렀는데 가고자 하였지만 끝내 가지 못했다. 그러자 정공이 공자를 중도재(中都宰)로 임명하니 일 년 만에 사방에 모범이 되었는지라 드디어 사공(司空)이 되어 국토를 건설하고 또 사구(司寇)가 되고 또다시 대사구(大司寇)가 되어 소송사건이 없는 사회를 만들고자 하였다. 다음해 정공 10년에는 정공을 수행하여 제나라 임금과 협곡(夾谷)에서 회맹(會盟)을 하면서 제나라가 침략했던 노나라 영토를 환수하는 공을 세웠다.

공자는 56세에 재상의 일을 대행하게 되자 당시 권력을 틀어잡고 정사를 어지럽힌 대부 소정묘(少正卯)를 3일 만에 사형에 처하였다. 이어 국정을 처리한 지 3개월 만에 노나라가 크게 다스려지거늘 제나라가 이를 두려워하여 미녀로 구성된 악단(樂團)을 보내

방해하려고 하였다. 공자는 그것을 거절하도록 간청하였으나 계환자(季桓子)가 접수하고, 또한 교제(郊祭)에 번조(膰俎)를 대부에게 보내지 아니하므로 공자가 벼슬을 사직하였다.

공자는 이로부터 뜻을 펴기 위하여 천하를 두루 찾아다녔는데 처음에 위(衛)나라로 가서 어진 이로 소문난 안수유(顔讐由)의 집에서 머물렀다. 위령공(衛靈公)이 신임하지 아니하므로 10개월을 머물다가 진(陳)나라로 갔다.

진(陳)나라로 가는 길에 광(匡) 땅을 지나니 광인(匡人)이 공자를 양호(陽虎)로 오인하여 구금을 하였다. 일찍이 양호가 광인에게 포악하게 하였기 때문이었다. 그러나 양호가 아니라는 사실이 판명되어 5일 만에 풀려나서 다시 위나라로 가서 거백옥(遽伯玉)의 집에 머물면서 영공(靈公)의 부인인 남자(南子)를 만나 보았다.

얼마 있다가 위나라를 떠나서 조(曹)나라를 지나 송(宋)나라로 갔다. 그러나 송나라 사마(司馬)로 있는 환퇴(桓魋)가 살해코자 하므로 송나라를 떠나 진(陳)나라로 가서 사성(司城)인 정자(貞子)의 집에서 3년을 머물다가 다시 위나라로 돌아갔으나 영공이 등용하지 아니하였다.

진(晉)나라 조씨(趙氏)의 가신인 필힐(佛肸)이 중모(中牟) 땅에서 반기를 들고일어나 공자를 부르거늘 공자가 가고자 하였지만 실현하지 못하였다. 끝내 위나라에서 등용하지 않자 서쪽으로 조간자(趙簡子)를 만나보려고 황하에까지 갔으나 조간자가 두 명의 어진 신하를 죽였다는 말을 듣고 즉시 발길을 되돌려 위나라로 와서 거백옥의 집에서 머무르니 영공이 전쟁의 병법을 물은 까닭에 대답하지 않고 다시 진(陳)나라로 갔다.

계환자가 죽으면서 아들 강자(康子)에게 공자를 불러오도록 유언하였으나 그 신하들이 저지하여 강자가 이에 염구(冉求)를 불러 등용하였다.

다음해에 공자는 진(陳)나라를 떠나 채(蔡)나라로 갔다가 채나라의 정변을 피하여 잠시 섭(葉) 땅으로 갔다. 그러나 섭공(葉公)이 초(楚)나라에 추천하지 아니하므로 공자는 섭 땅을 떠나 다시 채나라로 돌아왔다.

공자는 채나라에서 3년 동안 머물다가 초나라 소왕(昭王)이 초빙하여 가는 길에 7일간이나 굶으면서 진(陳)·채의 포위망을 뚫고 초나라로 갔다. 그러나 영운(令尹)인 자서(子西)가 반대하여 다시 위나라로 돌아왔으니 이 때의 나이가 63세이었다. 공자가 위나라에서 5년여를 머무르면서 자로(子路)를 비롯하여 많은 제자들이 위나라에 벼슬을 하였다. 이 때에는 영공이 이미 죽고 그 손자인 첩(輒)이 위나라의 임금이 되어 공자를 등용코자 하였는데 결국 5년을 기다려도 쓰지 아니하므로 위나라를 떠나려 하였다. 마침 노나라에서 염구가 계씨의 장수가 되어 제나라와 싸워 공을 세우니 강자가 이에 공자를 부르거늘 공자가 노나라로 돌아왔다. 이것은 실로 14년 만의 귀국으로서 애공(哀公) 11년이었으니 공자가 68세이었다. 천하를 주유(周遊)하면서 70여 국의 임금을 만나서 왕도를 밝혔으나 끝내 쓰이지 못하였고, 노나라도 공자를 끝내 다시 쓰지 않았으니 이로써 왕도정치가 다시 일어나지 못하게 되었다.

5. 6경(六經)을 엮음

공자가 노나라로 돌아왔으나 마침내 공자의 정치사상을 쓰지 아니하므로 이에 그 사상을 정리하여 왕도정치의 체제를 밝히고, 6예(六藝)의 문헌을 완성하기로 하였다.

공자는 교육을 함에 시로써 감흥을 돋구고, 예로써 자립심을 기르고, 음악으로써 인간미가 넘치는 정서생활을 이룩하도록 이끌었으므로 시와 음악에 대하여서도 특별한 관심을 가지고 천하를 두루 다니면서 자료를 수집하였다.

제나라에 가서 소(韶)를 듣고는 음악의 경지가 이와 같이 높은데 감격하여 석 달 동안이나 고기 맛을 느끼지 못하였다. 사람들과 더불어 노래를 함에 잘하면 반드시 재창을 청한 다음에 화답하였다. 그리하여 공자는 위나라부터 노나라로 돌아온 뒤에야 『악기(樂記)』를 정정(訂正)하였다고 스스로 말하였다.

옛날의 『시전(詩傳)』은 3,000여 편이었는데 공자가 그 중복된 것을 제거하고, 정서순화에 요긴한 것만을 골라 305편을 간추려 엮어서 『시경(詩經)』을 만들었다. 그리하여 관저(關雎)는 즐거우면서도 음란하지 아니하고, 슬프면서도 몸을 상하지 아니한다고 하였으며, 『시경』의 300편은 한마디로 말하여 생각에 사악함이 없는 것(思無邪)이므로 300편의 시를 외우고도 정치에 달통하지 못한다면 아무리 많이 읽어도 의미가 없는 것이라고 하였다.

또한 요·순·우의 정치이념과 행정체제 및 정책사업을 간추리고 탕무(湯武)의 혁명사상을 모아 실록을 편수하여 『서경(書經)』을 엮어 정치의 모범교재로 삼고, 주나라 주공(周公)이 제정한 예법의 정신을 밝혀 『예기(禮記)』를 지어 국가사회의 체제와 풍속의 모범을 가르쳤다.

공자는 만년에 『주역(周易)』을 즐겨 읽었는데 가죽으로 엮은 책 끈이 세 번이나 끊어졌다. 이에 복희(伏犧)의 괘도(掛圖)와 문왕(文王)의 괘사(卦辭) 그리고 주공(周公)의 효사(爻辭)를 해설하여 단전상하(彖傳上下)·상전상하(象傳上下)·계사전상하(繫辭傳上下)·문언전(文言傳)·설괘전(說卦傳)·서괘전(序卦傳)·잡괘전(雜卦傳)을 지어 10익(十翼)을 달았다. 이로써 주역의 심오한 진리가 뚜렷이 밝혀져서 동양철학의 조종(祖宗)으로 자리잡게 되었다.

그리고 공자는 당시의 어지러운 역사를 바로잡고, 천하의 정의를 밝히기 위하여 『춘추(春秋)』를 지었다. 『춘추』는 본래 노나라의 사기(史記)인데 은공(隱功) 원년으로부터 시작하여 애공(哀公) 14년까지 242년간의 사실(史實)을 기초로 하여 왕도정치를 높이고 패도정치를 낮추며, 문화국을 중심으로 하고 야만국을 종속으로 하며, 선행을 표창하고 악행을 폄출(貶黜)하여 엄정한 정의 사관(史觀)으로 역사적 심판을 내렸다. 이로써 오(吳)나라와 초(楚)나라의 자칭(自稱)한 왕호(王號)가 박탈되고, 미약한 주나라 천자를 천왕(天王)으로 높였으니 난신적자들이 춘추대의(春秋大義)를 두려워하게 되었다.

이상과 같이 공자는 6경을 엮어 유교사상의 본령으로 삼았는데 처음에는 이것을 육예(六藝)라고 하였다. 경전을 대중에게 보급하고 현실에서 경전의 진리를 되살리려고 평생을 일관한 노력은 동양의 문화를 크게 부흥하는 위대한 공헌이었다.

6. 성현유도(聖賢儒道)의 길

공자는 주경왕(周敬王) 41년에 73세로 졸(卒)하시니 노애공(魯哀公) 16년 4월 기축일이었다. 오늘날의 역법으로 계산하면 단기 1855년 2월 18일이요, 서기로는 기원전 479년 4월 18일 즈음이라고 할 것이다.

공자가 돌아가심에 제자들이 모여 장례식을 거행하고 노나라 성의 북쪽에 있는 사수(泗水) 근처의 땅에다가 안장하였다. 제자들은 모두 그대로 머물러 복(服)을 입었는데 3년의 심상(心喪)을 마치고 헤어져 갔으나 해마다 모여 추모식을 거행하였다.

공자의 아들 이는 나이 50세 때에 공자보다 먼저 죽었고, 그 아들 자사(子思)는 『중용(中庸)』을 지어서 할아버지인 공자의 사상을 계승하였다. 또한 공자의 일류 제자였던 안연(顔淵)과 자로(子路)도 공자보다 먼저 죽었는데 이로 인하여 공자의 도가 당시에 크게 일어나지 못하게 되었던 것이다.

그러나 남은 제자들이 공자의 평소 언행을 모아서 『논어(論語)』를 엮음으로써 공자의 학문과 사상을 길이 전하였으니 이로써 유학이 발전하는 계기가 되었다.

그리하여 증자(曾子)는 『대학(大學)』과 『효경(孝經)』을 지었고, 자사(子思)는 『중용(中庸)』을 지었고, 맹자(孟子)는 『맹자』를 지었고, 순자(荀子)는 『순자』를 지어서 공자의 유학사상을 더욱 발전시켰던 것이다.

공자가 평생 동안 걸어간 길은 일찍이 역사에 선례가 없는 지극히 독창적인 길이었다. 공자는 요순(堯舜)을 조종(祖宗)으로 하고, 탕무(湯武)를 헌장(憲章)으로 하며, 이윤(伊尹)과 주공(周公)을 모범으로 하였지만 스스로 제왕이 된 일도 없고, 공경의 직위를 자처한 일도 없다. 따라서 공자의 유도(儒道)는 제왕이 되어 천하를 구제하는 제왕유도가 아니며, 또한 공경(公卿)이 되어 국가를 안정시키는 관료유도(官僚儒道)도 아니다.

공자의 유도는 오직 도에 뜻을 두고 발분망식(發憤忘食)하면서 훌륭한 인격으로 사람을 가르치고 세상을 깨우쳐서 어지러운 세상을 바로잡으려는 성현유도(聖賢儒道)인 것이다. 이것은 초야의 어진 이가 때를 기다리며 은둔하거나 어지러운 세상을 피하여 현실을 도피하는 것이 아니며 또한 오로지 정치권력에만 의지하여 현실을 개혁하려는 절대왕권주의나 관권만능주의에 매달린 것이 아니다.

앉아서 때를 기다리는 것이 아니라 일어나서 새 시대를 창조하는 것이며, 자연과 더불어 인생을 관조하는 것이 아니라 인민과 더불어 안락한 삶을 함께 개척하는 것이며, 권력에 붙어서 개인의 영달을 추구하는 것이 아니라 도덕을 밝혀서 민중을 구원하여 화평세계를 건설하는 것이었다.

이것은 바로 선지 선각자가 스스로 사회의 목탁이 되어 세상에 경종을 울리고 사람을 각성시켜서 인간성을 되찾게 하고, 사회질서를 바로잡으며 국가의 기강을 세워서 인류의 아름다운 문화를 창조하는 운동으로 인간정신의 극치며 학문도덕의 극공(極功)이다.

그리하여 맹자는 말하기를 공자는 위대한 성인으로서 학문을 집대성하여 전체를 일관하는 조리를 세워서 고결한 인품을 잃지 않으면서도 시대적 사명을 다하는 시중(時中)하는 성인이라고 하였다. 그리고 인류가 생긴 이후로 공자와 같이 위대한 사람은 있지 않다고 단언하였는데 그 증거로 다음과 같은 공문(孔門) 제자들의 논평을 예로 들었다.

재아(宰我)와 자공(子貢)과 유약(有若)은 지혜가 족히 성인을 알아볼 수 있었고, 어거지로 아첨할 사람이 아니다. 그런데 재아(宰我)가 말하기를 "내가 공자를 보건대 요순보다도 훨씬 어질도다."라고 하였고, 자공(子貢)이 말하기를 "그 예의를 보고 그 정치역량을 알며 그 음악을 듣고 그 덕성의 깊이를 아나니 3,000년 뒤에 3,000년 동안의 역대 임금을 평가하건대 아무도 공자를 따를 사람이 없나니 인류가 생긴 이래로 공부자(孔夫子)와 같은 이가 없느니라."고 하였으며, 유약(有若)이 말하기를 "어찌 오직 사람일 뿐이리요. 들짐승에 비교하면 기린이요, 날짐승에 비교하면 봉황이며, 개미집에 비교하면 태산이요, 길바닥에 고인 물에 비교하면 바다와 같은 류이며, 사람에게 비교하면 성인과 같은 존재이니 그 종류에서 뛰어나고, 그 모임에서 빼어나거니와 인간이 탄생한 이래로 공자보다 훌륭한 이가 있지 아니하니라."고 하였다.

　공자가 걸었던 성현유도의 길은 이와 같이 현실적이고 인간적이고 역동적이었기 때문에 공자의 전 생애가 도 그 자체로 평가되었으며 인류구원의 영원한 광명이 되고, 천하 정의의 만고강상(萬古綱常)이 되며, 대동화평세계(大同和平世界)를 건설하려는 민중의 희망이 되었던 것이다.

석정(石井) 김동식(金東植) 장군과
지리산(智異山) 민군(民軍)

1. 항일독립전쟁

아, 하늘에는 원기(元氣)가 있으므로 해와 달이 빛나고, 땅에는 정기(精氣)가 있으므로 강과 산이 아름다우며, 사람에게는 의기(義氣)가 있으므로 나라와 집안이 번듯한 것이다.

19세기 말로부터 20세기 초에 이르는 서구열강의 침략정책에 편승한 일본의 군주 명치(明治)와 군국주의 세력은 서기 1902년 1월에 체결한 영일공수동맹과 1905년 7월에 미국과 일본이 맺은 가쓰라-태프트 밀약에 고무되어 1905년 11월 17일에 일본이 일방적으로 발표한 을사5륵약(乙巳五勒約)과 1907년 7월에 발표한 정미7륵약(丁未七勒約) 및 그 비밀부수각서(秘密附隨覺書)로 대한제국(大韓帝國)의 주권(主權)을 약탈하는 만행을 저질렀다.

아시아가 몰락하는 이 때에 우리나라의 최익현(崔益鉉) 의병대장(義兵大將)은 국가신의론(國家信義論)을 주장하면서 대마도(對馬島)에서 아사(餓死)하였으며, 일본의 유림 서판풍(西坂豊)은 평화공존론(平和共存論)을 주장하고 또 중국의 유림 반종례(潘宗禮)는 한·청·일의 3국협력론(三國協力論)을 주장하면서 모두 우리나라에 와서 일본군경의 철수를 호소하며 차례로 보신각(普信閣)에 올라가 투신자결하였다.

동양의 평화를 길이 보장하여 동방예의문화(東方禮義文化)를 수호하려는 우리나라의 산림학자양반(山林學者兩班)은 분연히 궐기하여 해산군인(解散軍人)과 힘을 합쳐 총 30만 의병(義兵)이 전국 방방곡곡에서 대일항전(對日抗戰)을 선포하고 연일연전하니 일본 통감부는 즉각 서당(書堂) 폐쇄령을 발표했다.

10만의 산림학자양반과 110만의 유생의 열렬한 지원 아래 1907년부터 1910년까지 장장 3개성상(三個星霜)에 걸쳐 대한독립을 위하여 결사항전했던 많은 의병 가운데 가장 혁혁한 공적을 세우며 왜군의 주력부대와 영웅적으로 싸웠던 유림 의병대장은 13도 민군원수부(十三道民軍元首府)의 총대장(總大將) 이인영(李麟榮), 군사장(軍師長) 허위(許蔿), 호서창의대장(湖西倡義大將) 이강년(李康秊) 장군과 지리산을 중심으로 호영양남의병(湖嶺兩南義兵)을 총지휘한 석정(石井) 김동식(金東植) 장군이 유명하였다.

김동식 장군은 조선왕조 철종 5년(서기 1854) 1월 14일 경기도 안성군 읍내면 석정리에서 태어났다. 자(字)는 천식(千植)이요 이명은 수신(修臣)이며 아호가 석정(石井)이고 본관은 경주(慶州)인데 시조는 알지(閼智)이며 중시조는 인관(仁琯)이니 벼슬이 태자태사(太子太師)이다. 현조(顯祖)는 고려 말 충청감사 상촌(桑村) 김자수(金自粹) 공이니 장군은 그 18대손이다. 조(祖)의 휘(諱)는 상준(尙俊)이요 고(考)의 휘(諱)는 윤제(允濟)이다. 일찍이 집에서 사서삼경(四書三經)을 읽고 서당을 열어 제자를 양성하니 산림학자로 이름이 나서 고을에 신망이 높았다.

그러나 나라가 멸망의 길로 들어서자 더 이상 앉아서 보고만 있을 수 없었던 김동식 장군은 54세의 고령으로 춘추대의(春秋大義)를 밝혀 그 아들 김봉환(金鳳煥)과 여러 제자와 함께 1907년 8월 20일 안성에서 의병을 일으켜 지리산(智異山)으로 들어가 전라, 경상의 의병을 통합지휘하면서 신출귀몰한 작전으로 용맹을 떨치며 왜적을 소탕하는 혁혁한 전과를 올려 대한독립의 깃발을 높이 휘날렸다.

2. 김동식 장군의 승리

김동식 장군은 처음부터 전투부대를 편성하여 선두에서 직접 지휘하며 적극적으로 공세를 펴서 일본군을 토벌하여 지리산에 거점을 확보하고 해방지역을 관할하였는데 당시 일본군의 기록을 보면 다음과 같이 장엄하게 항일전쟁을 전개하였다.

"1907년 9월 상순 광주(光州) 부근에서 곡성(谷城), 담양(潭陽), 창평(昌平), 옥과(玉果)에 걸쳐 민심이 험악해지기 시작했다. 10월에 이르자 드디어 한 부대의 의병은 순창(淳昌)우체국을 습격 약탈하고, 15일에는 약 200명의 의병이 동복(同福)순사주재소를 습격하였으며, 19일에는 구례(求禮), 영광(靈光)의 헌병분견소가 습격당했는데, 이 폭도의 수괴(首魁)는 김동식(金東植), 고광순(高光洵) 등으로 전라남북도에 있어서 의병의 선구자였다."(조선주둔군사령부 편, 『조선폭도토벌지』, 제4편 제2장 4.전라남북도 및 그 부근에 있어서의 토벌 :『독립운동사자료집』3)

"9월 전라도에서 봉기하였던 김동식, 고광순의 부대는 1907년 10월 경상남도로 진출하여 거창(居昌), 안의(安義) 부근에서 기세를 올리고 있었다. 진주(晋州) 경무고문의 격파가 여의치 않아 진해만(鎭海灣) 중포병대대를 산청(山淸), 안의(安義) 방면으로 파견하고 남원(南原)수비대를 안의(安義) 방면으로 급행시켜 그와 책응케 했다."(위의 책, 제4편 제3장 3.경상남도 및 그 부근에서의 토벌)

"진안(津岸) 부근에 의병 약 300명이 집결해 있다는 보고에 접한 전주(全州)수비대는 20일 특무조장 이하 30명을 파견하여 해당 지역을 조사하였으나 발견하지 못하고 다시 용담(龍潭), 삼가(三街), 고산(高山) 부근을 수색하다가 22일 심원암(深院庵) 부근에 의병집합의 보고를 받고 동지로 향하여 전진중 의병 약 100명과 만나 이를 공격 그 15명을 사살하고 남방으로 궤주시켰다. 이 폭도의 수괴는 김동식, 이석용(李錫庸)인데 그 출몰은현(出沒隱現)이 대단히 교묘하였으니 그들이 어느 지역을 토벌하려고 할 때에는 미리 그 시일을 약속하고 일제히 집결하여 토벌하고 군사작전이 끝나면 다시 집합할 장소와 시일을 정한 다음 몇 사람씩 분산하여 양민으로 가장하였기 때문에 일본군의 예봉을 벗어나는 것을 상례로 하고 있었다."(위의 책, 제4편 제3장 4.전라북도 및 그 부근에 있어서의 토벌)

"작년 10월 경상남도 지리산(智異山) 부근을 근거로 한 수괴 김동식, 고광순이 인솔하는 의병은 진주(晉州)파견대에 의하여 그 소굴을 전복당하고 고광순 이하 약간을 잃어 일시 그 지방은 정온상태로 돌아갔다. 그러나 금년에 들어서자 김동식 의병대장은 의연 지리산 부근에 잠복하여 교묘하게 그 종적을 감추면서 은근히 그 세력부식에 노력하고 있었고 또 의병대장 기삼연(奇三衍)은 전라남도 함평(咸平), 담양(潭陽) 부근에서 활동을 개시 그 세력이 만만치 않았다."(위의 책, 제5편 제2장 6.경상남도 및 전라남도에 있어서의 토벌)

1908년 봄에 이르러 호영양남민군의 선구자 김동식 장군은 호남창의회맹소 도통령 김용구(金容球) 그리고 전북의병대장 이석용(李錫庸) 및 호남지역 의병장 김태원(金泰元), 심남일(沈南一), 전해산(全海山), 강무경(姜武京), 안진사(安進士), 이학사(李學士) 등의 용감무쌍한 부대와 연합하여 지리산에 병영을 세우고 장벽을 설치하여 방책(防柵)을 만들며 총과 탄약 그리고 양곡을 비축하여 영구지책(永久之策)을 강구함으로써 그 전력을 극대화하여 이 지역에서 대대적인 일본군 토벌작전을 전개하여 일본인을 모두 구축하는 전과를 올렸으니 이것은 호영양남의 산림학자양반과 전체 민중의 전폭적인 지원을 받으며 이룩한 영웅적 승리로서 김동식 장군의 덕의와 지략과 신망으로 이룩한 결정체임과 동시에 우리 2천만 동포가 스스로의 힘으로 자주독립을 쟁취하여 자유, 평등, 해방을 성취하는 역사의 기념탑이었다. 이에 일본군은 보복 살육전을 개시하면서 다음과 같이 기술하였다.

"그들의 행동은 극히 교묘하여 백주에 양민을 가장하고 공공연히 군청 소재지를 배회하면서 관서의 동정을 정찰하고 만약 호기를 잡으면 곧 자객적(刺客的) 행동을 감행하여 총기, 탄약, 재화를 약탈하고 혹은 허를 틈타 저격, 내습을 하는 등 그 은현출몰은 미리 헤아릴 수가 없었다.

또 순사주재소는 거의 전부가 습격을 당하였고 양민을 위협하여 조세를 횡령하고 재류 일본인 및 그 사역하에 있는 조선인은 대개 폭도의 독수에 목숨을 잃어 다년간의 사업경영을 포기하고 그 근거지로 퇴각하여야 하게끔 되었으므로 농업이 번성하였던 전라 양도는 이제 바야흐로 황무지화되었다.

그뿐 아니라 대대로 내려오던 그 고장의 본토인 양민도 폭도의 위압에 눌려 그들에게 가담하여 교통의 방해가 빈번하였으므로 첩보의 소통이 방해되어 군대의 행동도 극히 곤란을 느껴 일야(日夜)로 그들을 소탕하는 데 노력을 하였으나 그 효과는 현저하지 못했으니 이 역시 만부득한 일이었다. 그리고 의병은 2월 이후 화승총의 개조에 고심하여 4월 초순경에는 거의 대부분 뇌관식으로 개조하였다.”(위의 책, 제5편 제3장 전라남북 양도에서의 토벌)

3. 일본의 남한 점령작전

당시 일본군의 막강한 정예부대가 우리나라에 들어와 대항하였으니 침략군사령관인 일본육군대장 장곡천호도(長谷川好道)는 6사단장 서도(西島) 중장, 13사단장 강기(岡崎) 중장, 동부수비관구사령관 환정(丸井) 소장, 남부수비관구사령관 의전(依田) 소장, 또 남부수비대사령관 동조(東條) 소장과 함께 일본군 6사단, 13사단, 보병 제3여단 등의 휘하에 보병 13연대, 14연대, 17연대, 23연대, 27연대, 29연대, 47연대, 50연대, 51연대, 52연대, 55연대, 60연대와 기병 17연대 그리고 헌병대사령관 명석원이랑(明石元二郞) 소장이 거느린 일본헌병 5,000명과 경무국장 송정무(松井茂)가 거느린 각 지역의 일본인 경찰 5,000명이 합세하였음에도 연전연패하니 일본 정부는 실패에 대한 책임을 물어 자칭 통감(統監) 이등박문을 면직하고 부통감 증미황조(曾彌荒助)로 대체하여 추가병력을 지원해서 서기 1909년 8월부터 소위 남한 대토벌작전이라는 극악무도한 보복살육전을 획책하였으니 그들은 먼저 친일파와 일진회원을 동원하여 또다시 한국인으로 정탐꾼, 변장대 그리고 헌병보조원, 경찰밀정 등등 수만 명을 편성하여 조종하였는데 일본군은 그 사실을 다음과 같이 기록하였다.

"8월 하순 남부수비관구 사령관 도변(渡邊) 소장은 전라남북도에 대하여 기병 17연대와 임시파견대 보병 제1연대, 제2연대 그리고 6사단 병력으로 포위 습격하고 헌병과 경찰관은 이에 협력하면서 9월 1일부터 약 40일간의 예정으로 행동을 개시하였다. 연안의 경비는 일본 해군에서 한국의 서해안 경비를 위하여 특별히 파견된 제11함정대 및 전라남북도 양도지방 경무관에게 배속시킨 석유발동기함제 10척 및 소증기선 및 매환(梅丸)으로 하였다.

포위지구는 하동(河東), 구례(求禮), 갈담(葛潭), 태인(泰仁), 부안(扶安)을 연결하는 선의 서남방 전라북도로 하고 이 구역을 다시 3기(期)로 구분하여 상기 선에서 보성(寶城), 능주(綾州), 영광(靈光)을 연결하는 선에 이르는 지역을 제1기로 하고 그 서남 해안선에 이르는 지역을 제2기로 하고 연안도서를 제3기로 하였다.

파견 보병 제1, 제2연대는 8월 하순 각기 준비를 갖추고 포위선상에 집중하여 9월 1일부터 행동을 개시하였다. 즉, 제1연대는 오수역(獒樹驛), 건천(乾天), 나주(羅州) 및 영산강(榮山江)을 인접하는 선에서 서북지구로, 제2연대는 그 동남지구에서 각 대대별로 분담지구를 정하고 각 대대는 다시 각 중대별로 분담지구를 배당하여 수색점거에 종사하였다. (중략) 제2차 포위작전에 있어서는 다시 수색점거방법을 엄밀하게 실시하였다. 즉, 각 중대는 장교, 준사관 또는 하사를 대장으로 하는 많은 촌락습격대를 편성하여 경비선 내에 전후좌우 각 방면으로 기습하고 촌락의 수색점거에 있어서는 먼저 그 촌락의 주위를 포위하여 경계병을 배치하고 면동장을 초치하여 미리 조사하여 둔 남자들의 명부 또는 민적(民

籍)등에 의거하여 남자를 대조 점호하여 의심스러운 자는 체포하고 또는 면장이나 동장 이하 각인(各人)을 장소를 달리하여 심문해서 그 결과에 의하여 의병을 포박하는 등의 방법을 취하였다.

또 수색은 극히 엄밀하게 실행하여 준령심곡에 이르기까지 척후 혹은 정탐부대를 파견하고 특히 신중한 고려를 하여 주간에 수색한 동일촌락을 야간에 다시 급습하여 재차 수색해서 의병이 우리 행동을 예상하지 못하도록 불규칙한 습격을 실시하였다.

그리고 또 의병의 복장으로 위장하여 투입한 변장대를 앞세워 세운 기공(奇功)과 밀정의 공적이 극히 커서 그 얻은 정황에 따라 그 후 체포작전 등에 공헌한 바가 적지 않았다. 전라 양도에 있는 지방관헌은 극히 열성적인 원조를 하여 도로의 개수, 물자의 조달, 숙영지 준비 등 군대행동에 다대한 편의를 주었을 뿐만 아니라 관찰사 이하 각 지방을 순시하여 군수 이하를 독려하고 또 친히 인민을 설득 유세하여 소탕작전에 극력 협조하였다.”(위의 책, 제6편 제1장 6.전라남북도에 있어서의 토벌)

이에 지리산을 거점으로 호영양남민군을 총지휘한 김동식 장군은 역전의 용사를 독려하여 만난을 무릅쓰고 독립전선을 사수하였는데 9월 내내 밤낮을 가리지 않고 연일 일본군과 혈투를 전개하여 일본군의 작전을 저지하면서 심대한 타격을 주었다. 그러나 또한 호남민군의 피해도 적지 않아 60여 명에 이르는 용감무쌍한 우리 의병장이 5,000여 명의 의병과 함께 장열하게 전사하거나 포로가 되었으니 서기 1909년 9월 26일 무안군 발다면(發多面) 전투에서 김동식 장군의 외아들인 김봉환(金鳳煥) 의병장도 포로가 되었다.

호남의 독립전쟁은 일찍이 전쟁사에 유례를 찾을 수 없는 치열한 혈전이었으니 일본군이 지나간 곳은 마치 태풍이 휩쓸 듯이 폐허의 잔해만 남았으나 호남민군은 그칠 줄 모르는 활화산처럼 다시 불기둥을 뿜으며 솟구쳐서 탁월한 전략전술로 침략군을 요격하며 격멸하니 그 사상자의 수를 헤아릴 수 없었다.

전라남북도에 2개월간 불꽃 튀는 독립전쟁으로 초연이 가득한 속에 10월 26일 이범윤(李範允) 장군이 간도(間島)에서 일으킨 대한독립군의 좌익장(左翼將) 안중근(安重根) 중장(中將)이 하얼빈에서 아시아의 평화를 파괴한 대죄인 이등박문(伊藤博文)을 총살했다는 희소식으로 사기충천한 호남민군은 더욱 장렬하게 일본군을 토벌했고 일본군도 병력을 증파하여 각 지역의 경비를 더욱 삼엄하게 하였다.

10월의 호남전쟁에서도 연일연전하여 많은 전공을 세웠으나 불행하게도 그 동안 일본군 500여 명을 사살하여 혁혁한 공을 세웠던 심남일(沈南一) 장군과 그 전군장(前軍將) 강무경(姜武景) 의병장이 1천여 명의 의병과 함께 일본군에게 포위당하여 10월 9일 능주전쟁(綾州戰爭)에서 포로가 되었고, 또 29일에는 나주전쟁(羅州戰爭)에서 호남의병장으로 용맹을 날리며 500여 명의 일본군을 도륙했던 전해산(全海山) 장군이 부하 모천년(牟千年) 의병장과 이강년(李康年) 의병장 그리고 1000여 명의 의병과 함께 포위되어 포로가 되었다. 그리고 강진전투(康津戰鬪)에서 의병 3,000명이 전사하고 또 각 지역의 전투에서 의병장 60여 명과 2,000명의 의병이 전사하거나 포로가 되었다.

이리하여 9~10월 두 달 사이에 대한독립만세를 외치고 장렬하게 전사하거나 포로가 된 호남민군의 수가 1만을 헤아렸으니 호남의 풀과 나무도 모두 시들어버린 쓸쓸한 가을 벌판에 호남민군의 전력은 반으로 줄어들었다.

4. 유림 특별감시

그러나 김동식 장군은 호남창의대장 문태수 장군과 전북의병대장 이석용 장군과 연합하여 지리산의 본영을 굳게 지키고 재기를 도모하여 흩어진 부대의 재편성에 노력하였다.

일본군은 더욱 잔인무도한 살육전을 전개하여 일본군 피살자의 수에 상응하는 전과를 올리기 위해 엉뚱하게도 의병이 활동한 지역의 무고한 양민을 닥치는 대로 무수하게 살해하고 방화하면서 보복살육을 일삼았다. 이 때문에 13도민군은 주민의 피해를 고려하여 촌락이 전혀 없는 광야나 산 속에서만 일본군을 토벌해야 되는 어려운 상황에 봉착하였다.

더욱이 1910년 4월부터는 항일독립전쟁의 주도세력인 유림세력을 말살하기 위한 술책으로 일본군경은 전국에 걸쳐 산림학자 양반 10만 명과 유생 110만 명의 명단을 작성하여 특별감시하면서 수시로 수색하고 탄압하여 범죄인처럼 취급하며 일반인으로부터 고립시키고 집단행동을 하지 못하게 만드니 의병의 세력이 극도로 제한을 받게 되었음에도 13도민군은 시종여일 용감무쌍하게 타격전을 전개하므로 일본은 대군을 파병했어도 혼전만 거듭하는 전황을 크게 고민하다가 통감 증미황조(曾彌荒助)의 무능으로 결론을 내리고 즉각 해임한 다음 일본 육군대신 사내정의(寺內正毅)를 통감으로 임명하고 부통감은 산현이삼랑(山縣伊三郞)으로 경질하며 일본군 2사단을 추가로 증파하였다.

장장 3년 동안 불철주야 산과 들을 누비며 일본의 학대에 시달리는 우리 민중의 고통을 목격하고 또 찬란한 우리 문화가 여지없이 붕괴되는 참상을 목도하면서 오로지 독립전쟁의 승리만이 민족의 새로운 운명을 개척하여 영광스러운 역사를 재창조하는 길임을 확신하였기 때문에 항상 민군의 사기는 충천하였다. 옳지 못한 길은 천금이 생겨도 가서는 안 되고 옳은 길이면 생명을 돌아보지 않고 가야만 된다는 정의로운 진리로 몸과 마음을 갈고 닦은 13도민군의 장병은 이미 정의의 화신이요 나라의 수호신이며 독립전선의 영웅이었다.

일본에 대한 원한이 많을수록 조국에 대한 애국심은 뜨거워지고 일본군에 대한 적개심이 커질수록 동포에 대한 동정심은 깊어져서 차마 눈을 뜨고 퇴락하여 적막한 촌락을 지나갈 수 없었다. 이미 나라가 망하였으니 그 누가 고단하고 빈약한 서민대중을 보호할까! 이제는 오직 우리 민군의 승전보만을 애타게 기다리며 한 가닥 희망을 가지고 이 땅에 남아 있는 1천5백만 동포를 생각할 때에 시각을 다투어 일본군을 토벌하지 않을 수 없었다.

그리하여 13도민군은 용왕분투하였으니 민토(民討)가 아니고 천토(天討)였으며 한국독립전쟁이 아니고 아시아의 독립전쟁이었다. 항일독립전쟁의 영웅 김동식 장군은 지리산에 집결한 호영양남민군에게 훈시하기를 "우리는 지금 사악한 세력을 타도하기 위하여 정의의 총칼을 든 것인즉 우리 민군은 천하정의의 상징이다. 그러므로 우리의 사명은 신성하고 그 책무가 막중하니 각자 자애자중하여 아름다운 명예를 끝까지 더럽히지 말라."고 거듭 당부하였다.

5. 김동식 장군의 장렬한 최후

그러나 역적 이완용(李完用)과 자칭 통감 사내정의(寺內正毅)가 마침내 한일합방협정(韓日合邦協定)이라는 것을 조인하고 서기 1910년 8월 29일 일본의 군주 명치가 소위 합방조서(合邦詔書)를 발표하여 대한독립(大韓獨立)의 희망을 무참히 꺾어버리니 많은 의병장이 피폐할 대로 피폐한 이 땅을 떠나 만주 등 해외로 망명하여 독립의 기회를 기다렸으며 양심적 지식인들은 실망하여 삶을 포기하고 방랑객이 되었다.

이 때 매천(梅泉) 황현(黃玹)은 조선왕조가 외척의 세도정치(勢道政治)와 개방망국(開放亡國)에 이르는 역사를 서기 1876년부터 1910년까지 44년간 편년체로 엮어 『매천야록(梅泉野錄)』을 편찬하면서 13도민군의 독립전쟁일지를 기록하다가 9월 6일 합방소식을 전해 듣고 다음과 같은 시를 쓰고 자결하였다.

> 새와 짐승이 슬피 울고 바다와 산도 찡그리니
> 무궁화 세계가 이미 멸망했도다
> 가을 등불에 책을 덮고 옛날 역사 생각하니
> 세상에 지식인 되기 어렵도다.

이러한 비극적 현실에서 13도민군이 취할 수 있는 길이란 최후의 1인까지, 최후의 1각까지 혼신의 힘을 다하여 독립전쟁을 계속하는 의로운 투쟁뿐이었기에 호영양남민군의 영도자 석정 김동식 장군은 흰 눈이 내리는 12월까지 일본의 간악한 도적행위를 성토하며 전 국민이 총궐기하여 끝까지 싸울 것을 호소하다가 의기가 꺾인 장병을 독려하고 실의에 빠진 인민을 격려하기 위하여 1910년 12월 27일 마지막으로 훈시하여 '주역(周易)'의 곤복(坤復)의 논리를 설파하고 머리를 바위에 쳐서 장렬하게 자결하여 끝까지 지리산을 지키는 수호신이 되었으니 그 훈시는 다음과 같다.

"맹자(孟子)가 말하기를 인간은 스스로 업신여긴 다음에 남이 모독하고 나라는 스스로 분란을 일으킨 다음에 남이 침략한다고 하였으니, 이 순간 우리는 이 말씀을 되새겨서 끝까지 우리만은 한국이 멸망했다는 생각을 털끝만치라도 가져서는 안 된다. 끝까지 나라를 되찾겠다는 정신만 가지고 있다면 한국은 독립을 되찾을 것인즉 그대들은 와신상담(臥薪嘗膽)의 고사를 모르는가!

천지의 음양운수(陰陽運數)는 돌고 돌아서 소인의 음기가 극성할 때도 있고 대인의 양기가 극성할 때도 있는 것인데 소인들의 음산한 세력이 극성할 때에 바로 대인군자의 양강(陽剛)한 싹이 나오는 순간이다. 그러므로 『주역(周易)』에서 박괘(剝卦)의 다음에 곤괘(坤卦)가 오고 또 곤괘(坤卦)의 다음에 복괘(復卦)가 온다고 설파했으니 사시(四時)의 변화하는 절기로 비유하면 박괘는 9월로서 아래의 다섯 음효(陰爻)가 위에 있는 하나의 양효(陽爻)를 박삭하는 현상이고 곤괘는 10월이니 순음(純陰)의 음기가 득세하는 현상이며 복괘는 11월 동지(冬至)달이니 아래에서 일양(一陽)이 발동하여 위로 다섯 음효를 축출하기 시작하는 현상이다.

그러므로 공자(孔子)는 박괘에서 소인배들의 세력이 극성한다고 경계하였고 복괘에서는 천지의 마음을 보라고 격려하였는데 주자(朱子)는 또 서암도간시(瑞巖道間詩)에서 박곤(剝坤)의 시기에 절의(節義)를 지키라고 노래하였으니 '바람이 높고 나무잎이 떨어진 늦가을에, 날은 저물어 나뭇가지에 단풍잎도 드물거늘, 오직 푸르고 푸른 골짜기 속에 나무가 있어, 세모의 혹한에 마음과 일이 서로 어그러지지 않는구나.'라고 하였으며 역시 곤복(坤復)의 시기에 희망을 가지라고 주자는 또 강매시(江梅詩)를 노래했으니 '큰 눈이 내려 하늘과 땅을 닫았고, 극성한 음기가 아득히 차가운 물가에 퍼졌으니, 그 누가 강남의 봄소식을 믿으리오만, 이미 명년의 봄은 시작되었도다.'라고 하였다.

이러한 진리는 영원히 변함이 없어 장차 천도가 변하고 인간의 양심이 되살아난다면 사악한 일본은 반드시 멸망하고 우리 한국이 독립하여 아시아의 아름다운 윤리도덕이 회생할 것임을 확신하여 여러 장병은 항상 자애자중(自愛自重)하며 하소연할 데도 없는 우리 민족을 보호하고 협동해서 춘추정신(春秋精神)으로 기어코 원수를 갚아 오늘의 치욕을 씻도록 크게 도모하라. 우리의 투쟁사는 하늘이 보고 있고 또 지하에 있는 독립전쟁의 영령들이 지켜보고 있다는 것을 명심하라."

나라를 빼앗긴 겨울 산 속에서 항일독립전쟁의 영웅 김동식 장군의 자결은 독립군 장병의 비통이고 나라를 잃은 민중의 경악이었다. 장군의 휘하 장병들은 전북의병대장 이석용 장군과 상의하여 태극기로 관을 덮어서 엄숙한 장례식을 거행하고 지리산 줄기에 안장하여 호국의 신으로 받들며 독립전쟁의 필승을 맹세하였다.

6. 1907~1910년 독립전쟁의 역사적 의의

서기 1905년 을사5륵약을 강제발표한 뒤로 1910년 경술국치(庚戌國恥)까지 5년간 13도에서 우리 민군이 항일독립전쟁에서 보여주었던 위대한 투쟁은 우리나라 5,000년 민족사에서 일찍이 보지 못했던 빛나는 항쟁사였고, 세계에서도 그 유례가 없는 조직적

무장투쟁이었다. 임진왜란(壬辰倭亂) 때의 의병은 정부의 지원을 받아 관군과 합세하면서 명나라의 지원이 있었지만 구한말 13도 민군은 관군이 이미 강제해산을 당했고 또한 정부도 일본의 앞잡이가 되어서 오히려 민군을 적대시했으며 더욱이 외국으로부터도 아무런 지원이 없었고 또한 많은 친일파와 일진회원이 들끓은 가운데 오직 유림과 민중만의 은밀한 지원과 협조에 의지하여 장구한 투쟁을 계속했던 것이니 납세를 거부하고 토지대장을 불태우며 일본 통감부를 소탕하여 이완용 괴뢰정권을 전복하려고 도모할 뿐만 아니라 미곡수출을 반대하고 외래상품 불매운동을 전개하며 일제의 토지침탈 및 그 지주경영을 반대하여 일본인 대농장과 일본인 지주의 소작료 징수원을 처단하고 나아가 일본인 관리는 물론 일진회원과 친일파 관리를 단죄하여 민족의 정기를 높이 선양함으로써 우리나라 독립투쟁의 이정표를 세웠다고 할 것이다.

불타는 애국심과 정확한 시국인식에 기초하여 반제 반침략을 주장하며 현대무기로 무장한 일본군과 전면전을 전개하여 백전백승하였으니 아직 우리 독립군이 사방에 건재했던 1911년도에 일본군의 통계에 나타난 것을 보아도 13도민군이 일본군과 전투한 연병력이 14만 명이 넘고 우리 민군의 토벌 횟수가 3,000여 회였으며 일본군이 확인한 우리 민군의 전사자만도 17,779명이라고 밝혔다. 일본군의 피해도 이에 못지 않았으므로 이를 보복하려고 일본은 포로가 된 우리 민군의 장수를 모두 내란죄로 얽어 사형시켰으며 그들이 노획한 총만 해도 1만 정에 육박한다고 하였으니 당시 양총 1정을 사는 데 소 한 마리가 소요된 것을 생각하면 실로 민주, 민권, 민생을 쟁취하기 위하여 민족영웅들이 불타는 춘추정신을 드날려 민족의 역량을 총동원한 독립전쟁으로 재평가해야 마땅하다.

21세기 유교와 아시아

Ⅰ. 서론

'21세기 유교와 아시아'를 논술하기 위해서는 먼저 20세기 유교와 아시아를 되돌아보는 것이 본지를 파악하는 첩경일 것이다.

20세기 유교는 쇠퇴일로로 접어들었으니 초기에는 제국주의 열강에 의한 식민지강점에 의하여 강제퇴출을 강요받았으며 중기에는 미·소 양 세력의 첨예한 대결 속에 자본주의세력으로부터는 비생산적인 기회주의자로 낙인되었고 공산주의세력으로부터는 비협조적인 회색분자로 배척당했다. 그러다가 말기에 이르러 자본주의국가가 재정적자와 무역적자의 쌍둥이적자에 시달리고 사회주의국가가 생산이 소비를 감당할 수 없어서 소련을 비롯한 동구권이 해체되는 충격에 놀란 나머지 새로운 인류구원의 철학으로 유교가 급부상하는 현실에 이르면서 바야흐로 21세기를 맞이하고 있는 것이다.

따라서 유교와 아시아를 논함에 있어서 논의의 한계가 없을 수 없다. 아시아는 지역적으로 매우 넓고 인구도 많으며 사상과 종교도 다양하므로 일률적으로 논할 수 없을 뿐더러 유교의 세력이 극히 미약하여 그 영향력이 떨치지 못했기 때문에 부득이 그나마 전통 속에 잠재하고 있는 한·중·일을 중심으로 일단 언급할 수

밖에 없다.

유교는 평화를 애호하는 사상이다. 대동정신(大同精神)으로 화평세계를 건설하여 인류의 행복을 보장하는 노력으로 일관한다. 그리하여 역사적으로 유교가 흥행한 시대에는 아세아지역이 평화로웠고 유교가 몰락한 시대에는 아시아지역이 분쟁과 혼란으로 점철하였던 것이니 유교의 전성기였던 요순(堯舜)과 하(夏), 은(殷), 주(周)의 태평성대는 말할 것도 없고 유교이념을 구현하려고 노력했던 송(宋)나라와 명(明)나라는 주변국가와 우호협력관계를 유지하였지만 유교이념을 배척했던 춘추(春秋)·전국(戰國)시대의 공벌침탈(攻伐侵奪)로부터 진(秦), 한(漢), 당(唐), 원(元), 청(淸)나라 등은 모두 이웃 나라를 침략하여 패권(霸權)을 추구하였다.

근대조선은 유교이념을 국시로 표방하면서 평화로운 세계건설에 박차를 가해 명나라와 일본 그리고 대마도와 유구 등의 주변국가에 우호교린의 외교정책을 적극 추진하였는데 조선 중기에 유교이념을 왜곡한 일본이 임진왜란을 일으켰고 또 청나라가 병자호란을 일으켰기 때문에 동북아시아의 평화가 마침내 깨어지게 되었다.

청나라는 왕도정치를 주장하는 정주학(程朱學)을 배척하고 패권정치를 추구하면서 수많은 정주학의 이론서를 불태우고 소위 실학(實學)을 장려하였다. 이리하여 인류를 사랑하고 천하에 정의를 밝히는 유교정신은 실종되고 오로지 순종의 예절과 잔재주의 지식만이 범람했으며 또한 일본은 임진왜란 이후로 조선의 성리학(性理學)을 수입하였으면서도 오랜 사무라이(武士) 정신에 매몰되어 도덕정치를 국가의 이념으로 발전시키는 정치세력으로 성장하지 못했기 때문에 한갓 문자학(文字學)의 수준에 그치고 말았으니 소위 황도유학(皇道儒學)으로 제가(齊家) 치국(治國) 평천하(平天下)에는 전혀 관심이 없고 오로지 수신(修身)에만 열중하는 처세학(處世學)으로 변질하였다.

이렇게 유교전통이 단절되는 위기 속에서 조선의 정주학을 고수한 유림은 벼슬을 단념하고 산림으로 들어가 서원과 서당을 설립하여 왕도정치의 도덕이념을 고취하면서 사문동래(斯文東來)의 국풍(國風)을 크게 일으키고 복수설치(復讐雪恥), 멸청복명(滅淸復明)의 기치를 높이 들었으니 곧 산림학자양반(山林學者兩班)의 의리학(義理學)이다.

조선왕조의 의리학과 청나라의 실학 그리고 일본의 황도유학은 약 300년에 걸쳐 동북아시아를 불안으로 몰아갔는데 이러한 비극적 상황에서 서세동점의 제국주의 침략은 유교를 완전히 멸절시키고 말았다. 열강제국의 식민주의 정책은 유교를 부정하고 유림을 말살하는 것이었다. 이에 편승한 정객과 지식인은 자진하여 공자까지 비판하고 유교경전을 배척하였다.

반청혁명을 주도한 홍수전(洪秀全 1814~1864)은 기독교사상에 기초하여 태평천국을 건설하면서 유교경전을 요서사설(妖書邪說)로 배격하였고 중국의 신문화운동가들은 러시아 10월혁명의 영향을 받아 1919년 5월 4일부터 북경에서 반제국주의, 반봉건운동을 전개하면서 타도공가점(打倒孔家店)을 주장하였다. 이러한 5·4운동의 공자사상 비판은 중화인민공화국에서도 계속되었는데 1965년에서 1977년까지 진행됐던 문화대혁명 시기에 극도에 달하여 중국대륙에서 유교문화를 완전히 압살해 버리고 대신 공산당이 주도하는 사회주의 이념서가 경전으로 등장하였다.

한편 일본은 개항기에 발빠르게 황도유학에다가 지행합일(知行合一)의 양명학(陽明學)을 가미해서 사무라이 정신을 보강한 다음 서구열강과 결탁해서 아시아의 패권을 도모하는 침략전쟁을 계속함으로써 유교사상은 한갓 그들의 침략전쟁을 호도하는 거짓술수의 탈로 전락했다.

또한 조선의 유교는 항청(抗淸)정신으로 건설한 동방예의지국의 문화전통을 파괴하려는 외세에 척양(斥洋), 척왜(斥倭)의 구호를 외치면서 결사항전하였으나 청나라와 러시아가 일본에 패전하고 또한 영국과 미국은 영·일동맹과 가쓰라·태프트밀약(1905)을 맺음으로써 고립무원한 상황이 되어 일본에게 강제 점령당하게 되었다. 이에 1907년부터 1910년까지 10만 명의 산림학자양반과 110만명의 유생이 해산군대와 합세하여 30만 의병을 일으켜 3

년간 장열하게 항일독립전쟁을 전개하였으나 끝내 이기지 못하고 패하여 국내외로 흩어졌는데 일본은 식민지통치의 술책으로 먼저 서당을 해산하고 성균관(成均館)을 경학원(經學院)으로 격하시킨 다음 정주학의 의리사상을 배척하면서 일본군주의 정치목적에 추종하는 황도유학을 적극 이식하여 유풍(儒風)의 변질을 획책하고 학교에서도 도덕과 국사와 정치과목을 가르치지 못하게 해서 식민지 노예교육에만 치중하였으니 이래서 한국에서까지도 점차 정통유교의 맥이 끊어지는 불행한 시대로 접어들게 되었다.

일본의 군국주의세력들은 한국유림의 동도서기론(東道西器論)이나 중국유림의 중체서용론(中體西用論)을 무시하고 대일본제국을 건설하려는 부푼 야망을 가지고 동남아시아의 전 지역을 침략하며 이 지역을 전쟁의 도가니로 몰아넣고는 끝내 태평양전쟁을 일으켜서 1945년 미·소연합군에게 무조건 항복하여 패배하는 데 이르니 이로써 동남아의 여러 나라는 다시 독립을 쟁취하였으나 유교는 봉건주의 낡은 사상으로 치부되면서 동도서기론(柳麟錫이 주장)이나 중체서용론(陳獨秀, 胡適, 吳虞 등이 주장)까지 소멸시켜 동양의 전통문화는 완전히 그 빛을 잃게 되고 서양의 현대문화가 물밀듯이 쏟아져 들어와서 사상계를 주도하는 대 혼란기를 맞이하였다.

결국 구미열강의 식민지 개척기에 아시아는 일본의 반유교적 도발행위로 인하여 아시아의 멸망을 자초하는 죄악을 저질렀고 중국의 공산정권은 스스로 유교를 타도함으로써 아시아의 전통문화를 말살하는 어리석음을 저질렀으니 이러한 역사적 좌표 위에서 21세기의 유교와 아시아를 논술하는 것이 과거를 반성하고 미래의 화합을 이끌어낼 수 있는 바람직한 길이라고 할 것이다.

II. 21세기 유교진흥대책

1. 새로운 유교발전을 모색하는 조직들

1950년 한국의 6·25동란을 기점으로 미·소 냉전구조 속에 편입된 동남아시아는 극단적인 개인자유주의와 집단사회주의 사상의 대립으로 한국, 일본, 대만, 홍콩, 월남, 싱가포르, 말레이시아 등은 미국의 자본주의 시장경제를 지향하고 북한, 중국, 월맹, 몽고 등은 소련의 사회주의 통제경제를 지향하면서 무력대치상태에 놓였기 때문에 1000여 년의 유교전통을 이어왔던 한국을 제외하고는 전통유교를 조직적으로 재건할 기회가 없었다.

한국유교는 해방을 맞이하자 동방예의지국의 긍지를 가지고 대단한 열기로 유교부흥을 선포하였으니 경학원(經學院)으로 명맥을 유지하던 성균관(成均館)의 명칭을 미군정법령 15호(1945. 10. 16)로 즉각 되찾은 다음 1946년 5월에 전국 유림 2,000여 명이 성균관 명륜당에 모여 역사적인 유림대회를 개최하고 유도회총본부(儒道會總本部)를 창립하여 유림조직을 재건하였으며 이어 같은 해 9월 25일에는 성균관대학이 문교부로부터 인가를 받아 동양철학과를 설치하여 젊은 유림을 양성하는 길을 열었다.

이리하여 1천만 유림을 조직화해서 공부자(孔夫子)의 도덕을 천하에 천명하고, 윤리강상의 풍속을 진작하면서 봄 가을로 성균관을 비롯한 230여 개의 향교에서 석전(釋奠)을 엄숙하게 거행하였다. 그럼에도 중앙지도부의 운영미숙과 권력에 기생하는 황도유학자(皇道儒學者) 및 속유(俗儒)의 분파행위로 목적사업을 추진하기는커녕 그 유지관리도 어려운 처지로 전락하였으니 마침내 후계세대를 우려하는 목소리가 높았는데 1975년 여성유도회(女性儒道會)를 설립하고 1976년 한국청년유도회(韓國靑年儒道會)를 창립하면서 다시 새 바람을 일으키며 선비의 예법정신을 되찾기 시작했으니 한국청년유도회에서 1979년 6월 24일 사상견례(士相見禮)를 재현하고 같은 해 11월 10일에는 향음주례(鄕飮酒禮)를 재연하며 1980년 5월 6일에는 관례(冠禮)를 성균관 명륜당에서 70여 년 만에 거행하여 도하 신문과 방송 및 TV에서 연일 보도함으로써 새 시대 유교발전의 계기를 마련했다.

이러한 사회적 분위기 속에서 동양문화연구소(東洋文化硏究所)

는 1983년 5월 7일 '세계 속의 한국문화' 대강연회를 세종문화회관 대회의실에서 개최하여 한국전통문화의 재창조를 역설하니 조야(朝野)의 각계각층에서 열렬한 호응을 얻어 새로운 유행으로 발전하는 데 이르렀고 이에 뜻 있는 젊은 유림이 떨치고 일어나서 1988년 8월 28일 창립한 민중유교연합(民衆儒敎聯合)은 유교의 대중화를 표방하면서 1989년 1월 1일부터 3년 동안 우리말 제사축문 보급운동을 전개하여 설과 추석에 서울역과 고속버스터미널 등에서 적극적으로 보급하여 서민대중으로부터 놀라운 호응과 갈채를 받아 유교에 대한 부정적 시각을 완전히 바꾸어 놓았는데 그 취지는 다음과 같은 내용이었다.

"민중유교연합은 유교의 민중화운동의 일환으로 난해한 한문 제사축문을 한글로 번역하여 일반민중으로 하여금 쉽게 쓸 수 있도록 한다. 이로써 누구나 간결하게 제사의 본래 의미를 깨달아 경건하게 제사를 주관할 수 있을 것이다.

경건한 제사법도와 엄숙한 장례절도는 사람의 마음을 착하게 하고 사회의 풍속을 두터이 하는 원천인즉 1989년 새해 설날을 맞이하여 이 운동을 거국적으로 전개한다. 오랜 제국주의의 폭압과 독재정권의 탄압으로 암흑사회의 혼란 속에서 인간성을 상실하고 민족문화를 말살하여 버렸다. 각박한 인심, 살벌한 사회현상을 바로잡는 길이 인간의 양심을 되찾고 사회의 풍속을 바로잡는 데 있을진대 새로운 민중시대의 건전사회 건설에 도움이 되기를 바란다."(한글 제사축문 전문)

민중유교연합의 우리말 제사축문 보급운동은 세상에 제사의 본뜻을 명확하게 밝힘으로써 조상을 숭배하고 가정을 화합하는 풍속을 다시 일으키면서 유도부흥의 확신을 가지게 되었다. 이러한 신념에 기초하여 전국 유림 1,426명이 발기하여 21세기를 석권할 새로운 유교문화를 창조하기 위하여 1991년 9월 29일 성균관 산하에 한시적으로 유교진흥대책위원회(儒敎振興對策委員會)를 유림회관 대강당에서 창립하고 유교의 현대화·대중화·과학화 작업을 추진하여 10대사업을 선정하여 1년 동안 연구·토론·결의

해서 성균관장에게 건의하고 자진해산하였으니 그 발기 취지문은 다음과 같다.

"우리는 민족의 유구한 교육전통을 계승하여 창설한 국자감 창건 999주년을 헤아리며 조선조의 성균관 설립 600주년을 7년 앞두고 있는 이 시점에서 사문중흥의 획기적인 계기를 마련하기 위하여 유교진흥대책위원회를 발기한다.

우리는 금세기에 서구의 물질중심적인 가치관이 우리의 강산을 분탕(焚蕩)하여 도덕중심적인 숭고한 가치관이 몰락한 현실을 직시하여야 한다. 이러한 도덕문화의 위기상황하에서 성균관은 분명히 대답을 하고 시대와 역사의 요구에 부응하여 윤리부재의 사회적 병리현상을 치료할 수 있는 확실한 대책과 처방을 제시할 수 있어야 한다. 공자의 인도이념을 존숭하는 입장과 견해를 일념으로 전체 유림이 가지고 있다 할지라도 사회풍속의 혼란을 양속으로 순화할 수 있는 실천적 내용의 구체적 행동양식을 보여주지 못할 때 공허하게 될 뿐이다.

우리는 사도(斯道)가 비색(否塞)한 운명에 처한 절망적 현실을 통탄하고 자괴자책하면서 분연히 궐기하여 2000년대 유교진흥의 선봉에 서고자 한다.

유교는 우리 민족사에 있어서 문화사회 건설의 원동력이었다. 우리 민족은 유교이념의 진흥을 통하여 고대의 군자문화국을 건설하였고 근세에는 예의문화국을 건설하였다. 비록 근대에 서구문명의 충격으로 그 세력이 위축되고 제국주의 침략으로 그 진가가 매몰되었지만 그러나 유교의 이상추구 의지와 진리수호 정신은 일찍이 추호도 흔들림이 없었던 것이다.

인간을 본의로 하는 유교의 진리는 가장 아름다운 이상세계를 건설하는 지표임이 분명하고, 화평세계(和平世界)를 경영하는 대도(大道)임이 확실하기 때문에 우리는 바로 유도부흥의 대업을 이 시대의 유일한 희망으로 인식하여 여기에 전체 유림의 총력을 모으고자 하는 바이다.

공자의 인도주의와 맹자의 민본주의에 기초한 유교의 현세구원

(現世救援) 이상은 사회정의의 표상이며 사서오경의 윤리적, 철학적, 정치적, 문학적, 사회적 강령을 망라한 학문과 도덕은 영원불멸의 진리이다. 수천 년에 걸친 민족사적 경험은 오늘날 우리들로 하여금 개인과 가정 그리고 국가와 세계 속에서 가장 진실한 삶의 의미를 분명히 깨닫게 한다. 사랑과 정의, 예절과 지식으로 함양한 인간성은 고귀하다. 효도와 우애, 충성과 신의로 화합하는 윤리도덕은 대동사회를 건설하는 기본이다. 따라서 우리는 전체 유림의 지혜를 모두 모으고 정덕(正德) 이용(利用) 후생(厚生)의 목표를 실현하여 모든 사람이 행복을 누릴 수 있는 이상적인 도덕사회를 건설해야 한다.

이러한 유교의 인간중심사회의 건설 의지와 진리탐구 노력은 유구한 역사와 전통에 찬연히 빛난다. 그러나 우리는 사상의 시대적 흐름과 그 시대의 요구정신을 파악해야 한다. 우리는 유림으로서 유도의 주체성을 상실하고 끝없이 새로운 것을 찾아 방황만 하는 것이 위험하다면 반대로 낡은 껍질에 안주하여 시대상황의 변화에 낙오하는 것도 안타까운 일이다.

그러므로 우리는 적확(的確)한 시중의 사상과 실사구시(實事求是)의 정신으로 과감하게 유교의 현대화, 대중화, 과학화에 관한 사업을 추진하여 21세기를 훌륭하게 주도할 수 있는 역량을 배양하면서 자유평등 민주복지사회를 구현하는 중추적 역할을 담당할 것이다. 아울러 이를 계기로 가장 비참했던 운명의 세기를 자력으로 청산하고 오랜 침체의 늪에서 결연히 탈출하여 획기적으로 유교를 발전시킬 수 있는 모든 힘을 총동원할 것임을 엄숙히 천명한다.

여기서 우리는 조속한 시일 내에 유교진흥대책을 수립하여 성균관에 건의하고 본회 목적이 완수되면 즉각 해산할 것을 밝혀둔다.

단기 4324년 여름”

2. 유교의 현대화 · 대중화 · 과학화 작업

성균관 유교진흥대책위원회에서는 2000년대 유교중흥의 전기를 마련하려고 1992년 4월 24일 유교의 현대화·대중화·과학화 세미나를 개최하고 다음과 같은 결론을 발표했다.

"4월 24일(금) 오후 3시 성균관 유림회관 대강당에서 전국에서 모인 회원 및 일반인 300여 명이 참석한 가운데 장장 3시간에 걸친 발표 및 토론이 진행되었다.

서정기 위원장의 인사말과 김경수 성균관장의 격려사, 장을병 성균관대총장의 축사가 있었고 이어 청주대 황의동 교수, 한국정신문화연구원의 지교헌 교수, 경상대 손병욱 교수, 영남대 이완재 교수 순으로 연구논문 발표가 있었다.

본 세미나는 그 동안 본회의 유교발전연구위원회(위원장 지교헌)에서 전국에 있는 본회 연구위원들에게 유교 현대화·대중화·과학화 방안을 공개 청탁하여 접수된 소중한 논문으로 그 내용과 의지가 높이 평가되었다.

2000년대의 유교진흥을 준비하고 있는 유교진흥대책위원회 서정기 위원장은 인사말에서 "유교인에게 있어 20세기는 절망의 시기였다고 할진대 이제 희망의 21세기를 준비하는 일은 대단한 지식과 인애심과 용기가 필요하다."고 전제하고 "자연법칙의 천리를 밝히고 인간본심의 성리를 깨달아 사회정의에 투철한 윤리를 확립하여 모든 학문분야의 지식을 전부 종합해야 될 것이고, 진보와 보수 양극을 모두 종합하는 중용도덕이 모든 사람들의 뜻으로 다시 살아나야 될 것이며, 인정이 넘치는 화평사회를 건설하기 위한 대동세계정신은 용기 있는 많은 사람들이 나옴으로써 발현될 것이다."고 강조하며 유교의 현실과 이상을 역설하면서 이 시대 최대과제인 유교의 현대화 작업이 조속히 이루어질 수 있도록 모든 유림이 힘을 모으자고 하였다.

김경수 성균관장은 격려사를 통하여 "오늘의 유교 현대화·대중화·과학화 방안 세미나는 참으로 시의적절한 행사로 기대가 크다."고 전제하고 "오늘날 서양문화의 홍수 속에, 급변해 가는 사회현상 속에 인간 윤리도덕 상실, 사상의 혼란, 가치관의 혼돈

현상을 그대로 둘 수만은 없지 않겠는가. 한시바삐 우리 전통사상인 유교사상의 좋은 면을 연구 발표하여 서양사상을 접목시켜 나아감으로써 유교의 현대화를 이룩해 가면 유교진흥의 본분을 다하고 나아가서 국가적 도약을 다시 시도하는 데에도 기여할 수 있다."고 격려하였다.

장을병 성대총장은 축사에서 "동양사상의 정수라고 할 유학사상이 오늘날 현대화·대중화·과학화를 논하고 있다는 사실은 성균관장님의 지적대로 시의적절한 모임"이라고 공감을 표하고 "유교사상이 서양의 물질문명의 병폐를 치유하면서 상호보완의 역할을 해가면 새로운 문화를 꽃피울 수 있다."고 강조하면서 "대학총장으로서 최근의 학생운동이 학교발전에 자발적인 참여를 하고 있는 점에 매우 고무적인 감을 받고 있으며 유교진흥대책위원회의 활동도 이와 같은 맥락에서 매우 의미 있고 더없이 보람차고 값지다."고 축하하였다.

한국유교의 활성화를 위해서는 무엇보다도 유교의 대중화가 시급하다는 주장이 중견 유학자들의 공통된 의견으로서 제기되어 관심을 집중하였다.

황의동 교수(청주대)는 발표논문에서 "유교는 기독교, 불교에 비해 쇠퇴일로에 있으며 일반인의 눈에는 성균관이나 향교는 명문(名門)을 자랑하는 노인들의 사교장이나 유교의 명맥을 유지하려는 유림들의 모임터로 비쳐진다."고 보며 "단적으로 한국의 유교는 너무 늙었고 너무 침체했기 때문에 이러한 철저한 자기반성의 기초 위에서 유교의 진흥을 모색해야 한다."고 전제하고 유교의 대중화를 위한 선행과제에 있어서 성균관의 위상제고와 유도회 조직관리의 기능강화, 유림 지도자의 양성과 관리, 일반인이 쉽게 접할 수 있는 유교사상의 현대화 작업, 회비나 후원회, 자체 수익 사업을 통한 재정의 확보 등을 들었다.

구체적 방안으로는 전통사상(특히 유교)이 대폭 강화된 중등학교 교육의 개편, 한국철학사 내지 한국전통사상의 이해 등의 대학 교양과목의 필수화, 유학을 건학이념으로 하는 초·중등·대학의 설립 등을 지적하며 향교를 중심으로 현대적 향약운동 전개, 모범 유교인·가정 발굴 표창, 유교전문출판사 운영, 유교도서관의 활용, 흥사단과 같은 각종 교양강좌의 개설 등을 꼽았다. 대중매체를 통한 홍보의 중요성에서는 유교방송국의 설립, 기존 TV·라디오 활용, 유교잡지, 유교신문의 증간 등 각종 정보자료의 활용방법 등을 제시하였다.

결론적으로 "유교의 대중화는 한국유교의 혁명을 의미하는 것이며, 기존에 대한 비판의 소리를 겸허하게 받아들여 이를 극복해 갈 때 유교의 새 바람이 힘차게 불 것이다."라고 역설하였다.

지교헌 교수(한국정신문화연구원)는 자신의 논문에서 역사적인 관점에서 고찰, 유교의 진수를 서술하며 오늘날 유교에 대하여 부정적인 비판과 배격을 일삼는 사람들의 의식구조와 행동을 단호히 경계해야 한다고 주장하고 동시에 근 백 년 빛바랜 유교문화의 중흥을 위하여 세 가지를 제안했다.

첫째, 유교사상에 대한 부정적 비판론에 대한 대책을 강구할 것.

둘째, 유교사상의 효용성을 홍보할 것.

셋째, 유교진흥대책사업을 적극적으로 전개할 것.

지 교수는 첫째 문제에 대하여 "1949년에 『조선유학사』를 발간한 현상윤 선생의 유교의 공죄론(功罪論)에 대한 근본적인 재검토를 주장하고 새로운 연구가 추진되어 보고서를 제출하고 유교의 참된 합리성과 대중성과 과학성이 널리 보급되어야 한다."고 강조하고 두번째 문제에서는 우리 사회 전반, 즉 정치·경제·사회·윤리·교육 등에 유교사상의 효용성을 국민적 차원으로 확대 계도하여야 함을 강조하였고, 세번째 문제는 앞서 황 교수의 구체적 방안 제시와 거의 같으나 특이한 점은 윤리가요의 보급사업과 장의사 경영사업을 통해 사회 부조리를 순화시켜 나아가자고 주장한 점이다.

손병욱 교수(경상대)는 '대중성 있는 저술'이란 부제로 유교의 대중화 방안을 발표, 유교를 대중화할 수 있는 가장 효과적인 방안은 대중에게 널리 읽힐 수 있는 저술을 집필하는 것이라고 전제하고, "이제까지의 소수 엘리트 위주의 유교에서 과감히 벗어나 일반대중이 긍정적인 기여를 할 수 있도록 한국유교가 일대 방향전환을 해야 할 시점에 와 있다는 자각의 필요성"을 강조하고 대중성 있는 책 저술에 있어서 구체적인 목차를 열거, 제시하여 주목을 받았다. 또한 "민족동질성 회복과 남북통일 이후의 이념 및 체제정립 등과 같이 현재의 한국이 안고 있는 당면과제에 유교사상을 충실히 반영할 수 있는 인물과 이론도 나와야 한다."고 주장하였다.

이완재 교수(영남대)는 유교의 현대화를 가로막는 요인으로 유교사상의 비현대성, 유교윤리, 유교예술의 비현대성, 유교경전의 난해성 등을 들고 그 배경과 이유를 개진하고, 경전 경구에 대한 현대적 재해석의 필요성을 강조하였으며, "이 모든 작업이 성균관이 중심이 되어 전문기구를 두어 인력을 최대한 동원하여 지속적인 연구가 됨으로써 그 결과로 도출된 시안을 실제로 시행해 보고 다시 검토하여 수정하고 보완하여 완벽한 것이 될 수 있도록 조직적이고 정력적인 탐구가 있을 때 비로소 유교의 현대화는 실현된다고 믿는다."고 결론지었다.

이어 진행된 토론회에서 임영규 대책위원은 오늘 세미나 자료는 해방 이후 유교 사상 초유의 성과로 보고 앞으로 하나하나 실천한다면 유교진흥은 문제없이 된다고 예견하였으며 서병욱 위원은 이 좋은 행사에 성대학생의 참여가 없는 것이 안타깝지만 유교진흥대책위원회가 유종의 미를 거둘 수 있도록 힘을 모으고 가까운 친지들에게도 유교를 알리고 깨우쳐 대중화에 박차를 가하자고 주장했다.

충남 부여에서 온 유인혁 위원은 오늘 세미나 자료를 향교에 배포하여 좋은 방안이 지방에도 두루 퍼져 실행하도록 부탁한다고 하였고, 심철 위원은 유교조직의 가장 시급한 일과 유교의 우월성은 무엇인가라는 질문을 하여 황 교수는 1~2년 사이에 진흥이 될 일은 아니나 각 대학과 고등학교에 유교 관련 서클의 필요성을 강조하였고, 손 교수는 유교는 오늘날 한국 상황 속에서 다른 종교 사상보다 우월할 수 있는 가능성을 다섯 가지로 요약하여 유교의 심오하고 광대한 학문체계성을 강조하였다.

마지막으로 사회를 맡은 서정기 위원장은 끝까지 토론회에 참석해 주신 여러분의 노고에 감사의 뜻을 표하고 오늘과 같은 좋은 방안을 1단계 연구과정, 2단계 합의과정, 3단계 준비과정, 4단계 실천과정이 있듯이 계속 추진되도록 참석자 모두가 최선을 다할 것을 다짐하였다. 그리고 이 세미나에 대하여 4·25일자 중앙일보 문화면에 '유교계 대중화 변신 몸부림'이라는 제호 아래 크게 취급되어 유교에 대한 관심을 환기하였다. (『2000년대 유교중흥을 위한 유교진흥자료집 10대사업 추진방안』, pp.53~55, 유교진흥대책위원회 간, 1992)"

유교사상의 현대화·대중화·과학화로 귀결한 2,000년대 유교중흥사업 가운데 경전의 번역작업은 동양문화연구소에서 자체적으로 추진이 되었으니 나는 유교경전을 한글로 쉽게 역주하여 1992년 10월 30일 동양문화연구소 창립 20주년 기념으로 『새 시대를 위한 주역(周易)』 상·하권을 출간하여 사계의 큰 반향을 일으켰고, 1995년 12월 10일에는 동양문화연구소 민족해방 50주년을 기념하여 『새 시대를 위한 대학(大學)·중용(中庸)』을 출간했으며, 1997년 7월 21일에는 『새 시대를 위한 춘추(春秋)』 상·중·하권을 출간하여 문화관광부 선정 우량학술도서로 뽑혔으며, 2001년 3월 15일에는 동양문화연구소 창립 30주년 기념으로 『새 시대를 위한 시경(詩經)』 상·하권을 발간하니 같은 해 7월 26일 성균관에서 학술적으로 높이 평가하여 동양고전의 총체적인 재건작업의 대업적을 이룩하고 유교사상의 현대화에 크게 공헌한 사실을 인정하여 "삼경역주(三經譯註) 성균훈로상(成均勳勞賞)"을 수상하였다.

이에 그치지 않고 동양문화연구소에서는 『새 시대를 위한 서경(書經)』을 역주하고 있는바 21세기 유교경전은 한(漢)대의 자구해석에 치중했던 훈고학(訓詁學)이나 송(宋)대의 성왕(聖王)의 도덕을 밝히는 데 진력했던 성리학(性理學)이나 청(淸)대의 역사적 전거(典據)에만 의존했던 고증학(考證學)을 탈피하고 현대의 민주시민이 합리적으로 아름다운 문화사회를 창조할 수 있도록 계발하는 인문학(人文學)을 정립해야 할 것이다.

따라서 경전을 자의적으로 해석하는 이기치경(以己治經)을 엄중 경계하고 경전으로 경전을 해석하는 이경치경(以經治經)도 결국 지리멸렬함을 면할 수 없으며 합리적으로 경전의 논리를 해석하여 전체적인 학술체계를 세우는 이리치경(以理治經)이 되어야 한다고 믿는다.

3. 21세기 유교이념

유림 주체로 2000년대 문명사회 건설을 표방하면서 새 시대의 유교이념을 연구한 나는 성균관유교문화연구위원회 위원장의 직함으로 1993년 8월 1일자 유교신문에 다음과 같은 합리주의, 중용사상, 대동정신의 3대 이념을 발표하고 유림의 분발을 촉구하였다.

"인간에게 있어서 가장 큰 불행은 천하의 대도를 얻어들을 데가 없고 지극한 정치적 혜택을 받아보지 못한 것일진대 20세기 인류불행은 유학의 침체라고 할 것이다. 유학의 침체는 곧 양심의 실종이고 윤리도덕적 가치관의 전도로 이어져서 천하대란의 시대로 전락했다. 열강제국은 식민지 쟁탈전을 전개하면서 두 번의 세계대전을 일으켰고 첨단과학은 핵무기를 개발하여 인류를 공포 속으로 몰아넣었다.

이제 21세기의 유일한 희망은 유교의 부흥이다. 유교의 현대화, 대중화, 과학화를 전제로 하는 유학의 부흥이 없이는 2000년대 인류의 행복을 실질적으로 보장할 아무런 대안이 없는 실정이다. 현대산업사회의 구조적 모순인 빈부의 격차, 인간성의 상실, 정신문화의 황폐화를 극복할 수 있는 길은 오직 유교의 이념을 구현하는 것이다.

그 동안 유림은 20세기의 불행을 온몸으로 겪으면서 역사의 후면으로 매몰되어 혼란사회를 탄식으로 보냈다. 그러나 진리는 영원히 멸절하지 않고 정의는 반드시 승리한다. 한겨울이 지나면 꽃피는 봄이 오듯이 바야흐로 세계는 이제 신질서를 갈망하고 있다.

인류사회에 새로운 기운이 싹트기 시작하는 이 시점이야말로 유림이 천하도덕을 위하여 분발해야 될 순간이다.『주역(周易)』에서는 원형리정(元亨利貞)의 원(元)이 돌아오는 중요성에 대하여 복괘(復卦)에서 강조했고『춘추(春秋)』에서는 새로 등장하는 춘왕정월(春王正月)을 역설했다. 이것이 모두 시작하는 초창기의 역동성이 사업의 성공과 실패를 결정하는 요인이 된다는 의미를 깨우친 것이다.

새 시대에 있어서 세계를 지도할 이념은 무엇일까? 이념이란 이성의 판단으로 얻는 최고의 개념이다. 유교에는 4서5경이 있어서 격물(格物) 치지(致知) 성의(誠意) 정심(正心) 수신(修身) 제가(齊家) 치국(治國) 평천하(平天下)에 이르는 광대한 영역에 걸쳐 심오한 철학과 높은 이념이 모두 갖추어 있다.

그러나 오늘의 문제를 해결하고 내일의 희망을 찾기 위해서 현재 인류에게 가장 절실한 이념은 합리주의와 중용사상 그리고 대동정신으로 요약할 수 있을 것이다. 왜냐하면 비리와 부정과 불의를 발본색원하기 위해서는 유교의 합리주의가 밝혀져야 하며, 제국주의의 극단주의나 냉전유물인 흑백논리를 극복하고 양극을 배합통일하기 위해서는 중용사상이 일어나야 하며, 국가이기주의와 지역패권주의를 타파하고 화평세계를 건설하기 위해서는 대동세계건설이 시급하기 때문이다.

(1) 합리주의

유교는 합리주의(合理主義)를 추구하는 학문사상이다. 천지자연의 진리를 모두 규명하여 고도의 문명사회 건설을 이상으로 하는 유교의 합리주의는 현대과학의 발달과 함께 가장 주목받는 사상으로 떠오르고 있다.

유교의 합리주의는 자연과학적 합리주의만을 추구하는 것이 아니라 인문과학적 합리주의를 추구하고 더 나아가 사회과학적 합리주의까지 추구한다.

물체가 있으면 반드시 법칙이 있다는 사상으로 모든 사물에 물리를 탐구하며 천문지리를 관찰하여 천리(天理)를 밝히고 물리(物理)와 사리(事理)를 살펴 자연현상의 진실체를 지극히 존중한다. 이러한 유교의 진리탐구정신은 21세기의 과학을 신비로운 경지에 이르게 하는 저력이 될 것이다.

그리고 인간성은 착하다고 하는 유교의 인문과학적 합리주의는 성리(性理)를 깊이 해명하여 인심(人心)과 도심(道心)의 심리(心理)를 살피고 사단(四端)과 칠정(七情)의 정리(情理)를 분별하여 선과 악을 명쾌하게 분석한다. 이것은 인간자신이 합리적인 자아를 발견하게 해서 마음이 이치를 통하는 인격체를 완성하는 것이다.

앞으로 인간성을 상실하고 양심이 매몰된 타락한 세태를 깨우쳐 고도의 인격체를 함양하기 위해서는 이러한 유교의 인문과학적 합리주의는 가장 중요한 교육이념이 될 것이다.

끝으로 유교의 사회과학적 합리주의는 윤리(倫理), 도리(道理), 의리(義理)로 요약된다. 자연의 도덕적 원리를 기초로 해서 인간의 윤리적 질서를 세우고 사회정의에 철저한 기강을 확립한다. 공동체사회의 테두리 안에서 자기의 분수를 다함에 개인보다는 전체를 먼저 생각하고 작은 가치보다는 큰 가치를 추구하는 유교의 사회과학적 합리주의는 민주주의 이념을 극도로 발전시킬 수 있는 무한한 힘을 가지고 있다.

이상과 같은 유교의 합리주의의 특징은 인간의 현실생활에 유용한 실용성과 보편성 그리고 영원성에 있다. 정덕(正德), 이용(利用), 후생(厚生)을 목표로 하는 인류이상을 철두철미 추구하는 것이다.

유교의 진리는 자기자신의 삶에 기초해야 하며 서민이 공감하는 것이어야 하며 고대의 성왕(聖王)의 사업에 고증해도 어긋나지 않아야 하며 하늘땅의 자연현상에 어긋나지 않아야 하며 귀신에게 물어보아도 의심이 없어야 하며 미래의 성인(聖人)을 기다려도 틀림이 없어야 한다.

이와 같이 영원불후한 진리를 탐구하는 자세도 매우 힘차서 아침에 도를 들으면 저녁에 죽어도 좋다는 신념을 가지기 때문에 유림은 언제나 합리주의 사회를 개척하는 주역으로 등장했다. 인간의 존엄성과 자연의 신비성 그리고 사회의 문명성을 남김 없이 밝히기 위해서는 결국 유림의 분발이 필수라고 할 것이다.

   (2) 중용사상

중용사상(中庸思想)은 인류가 정립한 사상 가운데 가장 위대한 사상이다. 전체를 남김 없이 포괄하여 하나로 완전히 통일하는 중용사상은 인류애의 극치이다.

높은 안목으로 사회의 중심적 위치에 서서 어느 쪽으로도 기울거나 치우치지 않고 양쪽의 극단을 모두 통합하여 지나침도 모자람도 없이 융합통일하는 중용사상에 철저한 유림은 언제나 사회통합자의 역할을 맡았던 것이다.

두루두루 함께 하여 편협하지 않고, 화합하면서도 똑같지는 아니하며, 긍지를 가지면서도 다투지는 않고, 무리에 함께 하면서도 편당을 만들지는 아니하는 유교의 중용정신은 전체의 화합을 지극히 소중하게 여긴다.

오늘날 분열주의와 당파주의를 해결하는 방법은 힘을 기초로 하는 협상에 의존하고 있다. 그러나 힘을 기초로 하는 협상은 문제를 완전히 해결하기보다는 중간적 타협점을 찾는데 불과한 것이다. 따라서 타협의 조건을 찾았다고 하여도 혼연일체로 동화하는 길이 없다.

그리하여 계급간의 투쟁, 세대간의 갈등, 지역간의 분쟁이 그칠 사이가 없는 혼란사회가 되어 분파와 분열을 계속하고 있는 것이다. 전쟁이 문제를 근본적으로 해결하는 수단이 아닌 것처럼 협상도 문제를 해결하는 만능의 열쇠가 아니다. 인간사회의 현실적 갈등구조를 완전히 해결하는 길은 오직 중용의 길뿐이다.

통합이 퇴보를 가져왔던 역사는 많다. 왜 그런가? 그것은 창조적 발전으로의 통일이 아니었기 때문이다. 우리는 남북통일을 앞두고 있는 역사적 현실에서 중용의 통일론을 재인식하고 유림의 민족통일역량을 시급히 배양해야 될 것이다.

천지만물이 생성 발전하는 최적의 상태가 바로 이상사회라면 중용을 통한 모순의 대통일과 양극단의 대화합을 이룩해야만 21세기를 희망으로 가득차게 할 것이다.

(3) 대동세계정신

유교의 이상사회는 대동세계(大同世界)이다. 춘추전국시대 이후로 한번도 실현해보지는 못했지만 그러나 유교인은 대동세계의 희망을 한 순간도 버린 적이 없다.

『예기(禮記)』의 예운편(禮運篇)에서 대동세계의 이상국가를 다음과 같이 논술했다.

"대도(大道)가 행함에 천하가 공평하나니 어진 이를 선거하여 정치를 하게 하고 능력자에게 행정을 맡겨서 믿음의 사회, 화목한 가정을 만든다. 그러므로 사람은 홀로 그 어버이만을 친하지 않고 홀로 그 자식만을 사랑하지 아니하여 늙은이로 하여금 임종할 곳이 있게 하고, 젊은이로 하여금 쓰일 곳이 있게 하며, 어린이로 하여금 자랄 곳이 있게 하며, 홀아비, 과부, 고아, 자식 없는 늙은이로 하여금 모두 부양할 곳이 있게 한다. 남자는 직분이 있고 여자는 시집갈 데 있게 한다. 재물을 아끼지만 반드시 자기 집에만 저장하지 않으며 능력을 존중하지만 반드시 자기만을 위하지는 않으니 이러한 까닭으로 술수가 사라지고 도적이 없어서 대문이 있어도 잠그지 않고 산다."

위대한 사상이 있어도 사람이 힘쓰지 않으면 좋은 세상을 만들지 못한다. 결국 인간에 의하여 위대한 역사는 창조된다. 유교에는 이와 같이 아름다운 세계관이 있는데도 2,000여 년 동안 전제봉건주의 아래에서 잊혀버리고 말았다.

그러나 이제는 주권이 국민에게 있는 민주공화국가가 되었으므로 대동세계를 건설할 수 있는 절호의 기회가 왔다. 유림은 대동세계의 이념을 널리 고취하고 적극 추진하여 대동세계 건설의 주역으로 당당히 나서야 한다.

천하가 대동 태평함으로써 즐거워하고 천하가 어지러움으로써 걱정하는 유교의 평천하사상(平天下思想)은 대단히 투철하여 도덕의 부흥을 꾀하고 음식을 꾀하지는 않으며 도덕의 쇠퇴를 걱정하고 가난을 걱정하지 않는 기걸찬 정신이 있다. 그리하여 유림은 민중의 희망이었다.

사상의 위대성은 사회적 과제를 해결하는 힘에서 나온다. 어떠한 사상이라도 그것이 인류의 현실적 고민을 실제적으로 해결할 수 있는 방안이 없을 때 자연도태하기 마련이다. 유교의 합리주의와 중용사상 그리고 대동정신의 이념은 집단사회주의와 개인자유주의를 극복한 공동분수주의로서 이 시대의 고민을 완전히 해결할 수 있는 유일한 처방이다. 그것은 공동체의 이념과 목적은 존중하면서도 개인의 사업과 방법을 인정하는 것이다.

이제 유림은 유교의 진리를 높이 받들고 2,000년대를 건설하는 주역으로 새롭게 태어나야 한다. 유림은 이러한 시대적 사명을 자각함으로써 그 실천적 과제를 논의하는 광장이 열릴 것이다.

낮은 과제로부터 시작하여 높은 과제에 도전하고, 가까운 일부터 착수하여 먼 일을 처리하는 유림의 사업경영능력은 무한히 개발될 것이므로 처음부터 힘이 적고 형세가 고단함을 걱정할 필요가 없다.

한문서예교실을 개설하고 경전을 보급하고 독서운동을 전개하고 예법을 시범보이고 효자효부를 표창하는 종교문화사업부터 착수하여 도덕부흥운동, 공명선거운동, 환경보존운동, 정의사회실천운동과 같은 시민운동을 전개하면서 경험을 축적하고 세력을 형성하면 마침내 민주화운동, 통일운동, 세계평화운동과 같은 큰 사업을 추진해서 문명사회를 주체적으로 그리고 역동적으로 건설할 수 있을 것이다.

뜻이 있는 곳에 길이 있고, 일은 할수록 솜씨가 느는 것이다. 혼자의 힘이 약하면 유림을 조직화해서 뭉치면 될 것이며, 몸이 늙었으면 넓은 도량으로 젊은이를 길러내면 된다. 앉아서 천하의 도덕을 탄식만 하는 것은 성인의 학도가 아니다. 계속하여 외치고 앉은자리가 따뜻할 사이가 없이 부지런히 뛰어야 한다.

능력은 옛사람들보다도 부족하면서 일은 옛사람들보다도 편하게 추진한다면 끝내 성공을 볼 수 없을 것이다.

시대가 바뀌면 생각이 달라져야 하고 뜻을 세우면 행동이 뒤따라야 한다. 생각과 모습이 뚜렷이 달라진 유림이 쏟아져 나와야만 유도는 부흥하고 시대와 역사를 바꾸어놓을 것이다."

4. 21세기 유교의 사회윤리

유교는 남녀노소와 현우귀천(賢愚貴賤)을 가리지 않고 윤리적인 생활을 제1의 덕목으로 삼는다. 비록 어리석고 미천한 아녀자라도 3강5륜을 지켜 집에서 효도하고 나라에 충성하면 지극히 높여 우러러보며 존경한다. 그리고 아무리 부귀하고 지식 있는 노인이라도 3강5륜을 어기면서 불효, 불충하면 모두 추악하게 여기고 욕하며 손가락질을 하는 것이다.

그러나 20세기 지식인들은 유교의 윤리를 낡은 도덕이라고 배척하였으니 집단사회주의자들은 봉건사회의 차별도덕이라고 매도하고, 개인자유주의자들은 인간을 속박하는 구시대의 유물로 지목하며, 상업주의자들은 비생산적 허례허식이라고 규탄하는 조류 속에서 그 가치를 인정받지 못했기 때문에 마침내 빛을 잃고 사라지게 되었다.

그러한 결과로 20세기 인간은 법적 자유와 평등의 지위를 얻게 되었지만 그것은 바로 획일적 개체의 권리로 누리는 최소한의 행복을 보장할 뿐이고 다양한 개체의 도의(道義)로 이룩한 최대한의 행복을 파괴하는 것이었다.

집단사회주의 국가는 전제적인 평등을 추구하면서 개인의 자유를 극단적으로 제한하여 인격의 차이까지 무시해 버렸고, 개인자유주의 국가는 개인의 자유를 추구하면서 전체의 평등을 극단적으로 축소하여 인간의 관계까지 해체하는 데 이르렀으니 삶의 즐거움도 희망도 없는 삭막한 사회로 전락하였다.

도의를 기초로 하는 유교의 윤리는 차별하는 도덕이거나 인간을 속박하거나 비생산적인 허례허식이 아니라 예절을 실천하는 자율적 주체로서 인간의 기본관계를 온전히 인식하는데, 직접적인 단순사회의 윤리는 양주쌍전주의(兩主雙全主義)를 주장하고 간접적인 복합사회의 윤리는 공동분수주의(共同分數主義)를 주장한다. 따라서 21세기 유교의 사회윤리는 인간의 무한한 자유 속에서 전체의 평등을 이룩하고 전체의 이념과 목적을 모두 같이 추구하면서도 조직구성원 각자의 분수에 알맞게 사업과 방법을 자유롭게 선택하여 추진하는 것인즉 법적인 자유와 평등을 멀리 뛰어넘어 예절의 자유와 평등으로 최대한의 행복을 담보한다.

이에 나는 양주쌍전주의와 공동분수주의를 21세기 유교의 사회윤리로 제창하여 유교신보에 "공동분수주의로 새 시대를 열자"(1997. 12. 15)와 "예절부흥으로 새 시대를 열자"(1999. 10. 1), 또 "인간의 기본윤리"(2001. 3. 15) 그리고 "새 시대는 양주쌍전주의로"(2001. 8. 1) 등을 거듭 주장하였으니 그 내용은 아래와 같다.

(1) 양주쌍전주의(兩主雙全主義)

유교의 인간관은 하늘땅 사이에 만물도 많지만 오직 인간이 가장 고귀하다는 인간존엄사상이 그 기초입니다. 그리하여 고대로부터 정직하면서도 따뜻하고 너그러우면서도 품위가 있고 굳세면서도 포악함이 없고 간소 질박하면서도 오만 방자함이 없는 인간을 길러내기 위한 교육을 하였습니다.

특히 공자가 인(仁)으로 원만한 인격을 길러야 된다고 설파하였고 맹자는 5륜(五倫)을 실천해야 사람답게 살 수 있다고 역설하였으니 이에 중세에 주자가 나와서 이를 종합하여 백록동학규(白鹿洞學規)를 만들어 세상에 널리 보급하여 동양의 인간행실의 기본규범으로 정착하였는데 그 내용은 다음과 같습니다.

"아버지와 아들은 친함이 있고 임금과 신하는 정의가 있으며 남편과 아내는 분별이 있고 어른과 어린이는 차례가 있으며 벗과 학우는 믿음이 있어야 하나니 널리 배우고 살펴 물으며 신중하게 생각하고 밝게 분별하며 돈독하게 실행하되 말은 진실하고 믿게 하며 행동은 돈독하고 경건하며 분노심을 경계하고 사욕을 막아서 착한 길로 나아가도록 허물을 고쳐야 한다. 그 의무를 바르게 다하고 그 이익을 도모하지 아니하며 그 도덕을 밝히고 그 공적을 계산하지 아니한다. 자기가 하고 싶지 않은 바를 남에게 베풀지 말며 행하여도 얻지 못하거든 돌이켜 자기자신에게서 문제점을 찾아라."

전통사회에서는 이 백록동학규를 서원과 서당의 벽에 걸어놓고 인간수양의 지표로 삼았습니다. 그리하여 퇴계 선생은 성학십도(聖學十圖)를 제작하면서 이것을 제5도에 넣어 임금에게 올렸으니 제왕의 학문도 이것을 벗어나지 않는다고 역설하는 데 이르렀습니다.

5륜은 동양의 인간관을 가장 잘 규정한 만고의 진리입니다. 그것은 자연과학적 합리주의에 기초한 천리, 물리, 사리를 밝히고 인문과학적 합리주의에 기초한 성리, 심리, 정리에 의거하여 사회과학적 합리주의에 기초한 윤리, 도리, 의리를 세워서 중용의 길로 대동세계를 건설하는 기본입니다.

이 세상에 만물은 홀로 존재하면 불안하고 반드시 짝을 지어야 온전하게 발전할 수 있습니다. 나는 이러한 원리를 양주쌍전주의라고 명명했습니다. 음과 양은 각각 독립적 기능을 하지만 둘이 합쳐야 하나의 태극을 이루어 온전할 수 있듯이 인간도 목적과 이념이 같은 것끼리 짝을 지어서 그 사업을 나누고 방법을 달리하여 분업 협동해야만 온전한 삶을 경영할 수 있습니다.

아버지와 아들은 근본과 지엽(枝葉)으로써 합쳐야 가문이 온전하고, 임금과 신하는 상·하 관계로써 합쳐야 나라가 강성하며, 남편과 아내는 내·외 관계로써 합쳐야 가정이 편안하며, 어른과 어린이는 앞·뒤로써 합쳐야 과거와 미래를 연결하고, 벗과 학우는 좌·우로써 합쳐야 교제가 넓어지는 것입니다.

인간의 기본관계는 1대1의 직접적인 단순한 관계입니다. 이 기본관계가 성립하기 위해서는 먼저 상대방의 독립적인 인격을 인정하지 않으면 안됩니다. 그래서 나는 양주(兩主)라고 표현한 것입니다. 만일 그렇지 않고 주종관계로 이해하면 비인간적이고 야만적인 도당의 무리로 전락하여 윤리가 무너지고 맙니다. 윤리의 윤(倫)자는 본래 음악용어로서 여러 악기가 조화하여 화음이 이루어진 상태를 말합니다. 따라서 5륜은 쌍방이 모두 자기의 고유한 음색을 가지고 있으면서 화합해야지 한쪽의 소리만 일방적으로 내는 것을 용인하지 않습니다.

그러므로 전통사회에서는 아버지를 큰 주인, 아들을 작은 주인이라고 하여 일찍부터 주인의식을 키워주었고, 임금을 주상(主上), 신하를 주무(主務) 또는 주사, 주임이라고 하여 윗 주인과 아랫 주인이라고 하였으며, 남편을 바깥주인, 아내를 안주인이라고 했으며, 어른을 늙은 주인, 어린이를 젊은 주인이라고 했으며, 친구가 찾아오면 손님과 주인으로 불러서 서로 상대방의 독립의사를 존중함은 물론 그 인격을 배려해서 한 쌍의 아름다운 공동운명체의 사명감을 가졌던 것입니다.

성년식과 결혼식은 그 아버지가 주관하고 장례식과 제사는 그 아들이 주관하며, 정치는 임금이 주재하고 행정은 신하가 주관하며, 집안일은 아내가 주관하고 바깥일은 남편이 주관하며, 역사와 전통은 어른이 주관하고 현실과 사업은 젊은이가 주관하며, 예절과 행사는 벗이 서로 주관하여 모두 주인의 역할에 대한 책임을 다함으로써 사람 노릇을 하려고 노력했던 것입니다.

이러한 5륜의 양주쌍전주의를 실현하기 위해서는 반드시 아버지는 자애하고 아들은 효도하며 인민은 어질고 관료는 충성하며 남편은 사랑하고 아내는 공경하며 노인은 품어주고 어린이는 온순하며 벗은 정직하고 학우는 믿음이 있어야 합니다. 그렇다면 쌍방간에 누가 먼저 모범을 보여야하는가? 당연히 나이가 많은 위에 사람이 먼저 본을 보여야 합니다.

여기에서 3강이라는 책임론이 대두하게 되는데 곧 임금은 신하의 벼리가 되고 아버지는 자식의 벼리가 되며 남편은 아내의 벼리가 되어서 먼저 솔선 수범하여 본을 보여야만 젊은 아랫사람들이 따라서 배울 곳이 있게 됩니다. 벼리(綱)라는 것은 그물을 매다는 동아줄입니다. 그물에 벼리가 없으면 그물의 가닥을 잡을 수가 없듯이 또한 아무리 좋은 윤리라도 먼저 책임감을 가지고 솔선 수범하여 모범을 보이면서 기강을 세우는 사람이 없다면 일어날 수 없는 것이므로 전통사회 에서는 3강을 강조했던 것입니다.

(영문첨부)

Harmonizationism of Two Masters (兩主雙全主義)

The Confucian idea on man bases the dignity of humans on the principle that the human being is of the most importance among all things living between the heaven and the earth. Students have been brought up from ancient times to be truthful, warm-hearted, generous, graceful, strong but not violent, and modest but not arrogant.

Since Confucius elucidated that it is important for people to become harmonious by teaching them humanity(仁), and Mencius emphasized that only the practice of the 'Five Moral Disciplines in Human Relations'(五倫) can lead a life worthy of a man, Chu-tzu compiled all these ideas into the 'Educational Regulation of Baekrockdong'(白聽洞學規), spread it, and settled the idea as the criterion of human behavior in Asia. The content is as follows;

"The father and the son should have intimacy between them, the king and the subject should have justice, the husband and the wife should have difference, the old and the young should have order, and friends and colleagues should have faith. Thus, you can correct your errors and act in a kindly manner by learning widely, thinking carefully, practicing clearly and sincerely, talking truly and trustfully, behaving honestly and piously, and being cautious in your anger and your greed. Moreover, you should fulfill your duty, should make clear the virtue, but should not focus on making a profit from it, and should not count the achievement. Also, do not pass the things that you don' t want to do on to others. Finally, if you cannot gain even though you tried, you should find the problem into yourself"

Since people considered this 'Educational Regulation of Beakrockdong' as the standard of their character-building, they usually put the written thought on the wall of school and temples, in the traditional times. Furthermore, Master Tei-kye put it as the fifth among the 'Ten Images of Sacred Education'(聖學十圖) which were presented to the king, and asserted that the knowledge of the emperor would be within this idea.

The 'Five Moral Disciplines in Human Relations', which prescribe the best Asian outlook on man, is a truth of all ages. They are the basis to found a harmonious world through the way of the golden mean, clarifying the law of heaven, the law of things, and the law of action which are based on the rationalism of natural science, grounding in the law of character, the law of mind the law of heart based on the rationalism of humanity, setting up the morals, justice and fidelity based on the rationalism of social science.

The principle of 'Harmonizationism of two masters' means that all the living things in the world are not perfect by themselves, and need to be paired to grow soundly, as it is implied above. Just as the Great Absolute can be completed with both Yin(陰) and Yang(陽), men can lead a sound life by matching things of the same goals and ideas and make them pairs.

Accordingly, a family can be safe when the father and the son work together thoroughly and in detail; a country can be strong when the king and the subject collaborate respecting their rank; home is peaceful when the husband plays a role outside and the wife plays a role inside; the past and the future can be one when the old and the young are combined as the front and the back; and the friendship can be widened when the friends and the colleagues join as right and left.

The reason that I describe this idea with the words of 'the two masters' is that the basic relationship of humans is a one to one relationship, so it is direct and simple. This basic relation cannot be realized until one admits the other as an autonomous subject. If we understand the relation as the one of the master and the servant, then the society is no more a society but a mob with collapsed morals. 'Yun' (倫), the morals, originally describes the state of accord of many musical instruments. Even, according to the five moral disciplines, the one-sided sound is not allowed but the harmonious sound with the indigenous sounding of each instrument should be achieved.

In the traditional society, two people respected each other's thought and personality so that they reached a partnership; for example, the father and the son were called the big master and the small master each, the king was the high master and the subject was the master in charge or the low master the husband and the wife were outside master and inside master, the adult and the child in a family were called the old master and the young master, and if a friend paid a visit to another friend then they were the host and the guest.

People had their own role and responsibility as masters, for instance, the father was in charge of a coming-of-age and a wedding ceremony, a funeral and a memorial service were the son's responsibility, the king supervised the politics and the subject managed it, the household was the wife's job and the husband went out to work, the old took care of the history and the tradition, the young took to the business and the reality, and the friends helped out with each others special events and with keeping their manners.

To practice the 'Harmonizationism of two masters' of the Five Moral Disciplines, the father should be affectionate, the son should respect his parents, the people should be gentle, the official should be faithful, the old should be tolerant, the young should be obedient, friends should be honest, and colleagues should be truthful. Then who between the partners will give the good example? Naturally, the older has to be the model.

Here on, the principle of the 'Three Basic Human Relations'(三綱) is raised. It is to show an example of moderation to me partner. Therefore, the king should be a guide rope for the subject, the father for the son, and the husband for the wife. The guide rope is the rope tied to me edge of a fishing net. As we cannot catch the fishing net without the guide rope, even the good morals cannot be spread without the person of responsibility who sets the good example for others. After all, it was the reason why the people emphasized the three basic human relations in the traditional society.

(2) 공동분수주의(共同分數主義)

인간의 단순한 관계에서는 5륜3강만 가지고도 안락한 삶을 보장하였지만 인간의 활동영역이 넓어져서 복합사회가 형성되면 그 행동원리가 간단하지만은 않게 됩니다.

하층구조와 상층구조가 겹치게 되고 내부세계와 외부세계가 맞물리게 되며 과거와 현재 그리고 미래가 연속관계에 놓이게 됩니다. 비단 공간과 시간의 범위만 넓어지고 길어진 것이 아니라 또한 사업도 다양해져서 정치, 교육, 경제, 군사, 외교, 법무 등등 많은 전문분야가 생긴 까닭에 그 기능과 역할이 서로 다른 복합사회가 형성되어 각 분야마다 그 체제와 상황에 맞는 행동원리를 요구합니다.

그리고 인간의 지혜가 열리고 재능이 개발됨에 따라 사람의 능력과 취향도 똑같지 않다는 사실이 확인됨으로써 모든 사람에게 일률적으로 똑같은 방식을 강요할 수 없는 복합사회가 열린 것입니다.

사람은 모두 능력과 취향이 다르고 사업에는 크고 작고 또 어렵고 쉬운 것이 있으며 사회는 풍속과 습관이 같지 않기 때문에 획일적으로 똑같은 삶의 양식을 적용할 수 없으므로 해당 분야마다 그 상황에 알맞은 논리와 체제를 개발해서 가장 쉽고 간단한 방법으로 사업을 성공할 수 있는 길을 찾아야 합니다.

나는 이러한 복합사회의 윤리로 이미 공동분수주의를 제창하였습니다. 내가 말한 공동분수주의는 전체의 공동목표와 이념은 동일하되 조직 개체의 사업과 방법은 다르게 하는 것입니다. 지금까지 획일주의 사상들은 이념과 목표가 같은 집단은 그 구성원 개개인까지도 모두 사업과 방법을 똑같게 해야 된다고 주장하였습니다. 이것은 자연변화의 음과 양의 기능을 망각한 논리이고 인간재능의 천차만별을 무시한 이론이며 사업의 전문성을 망각한 주장입니다.

전체의 공동목표와 이념이 중요하다고 해서 개체의 사업과 목표를 무시해도 안 되고 역시 개체의 사업과 방법이 중요하다고 해서 전체의 공동목표와 이념을 외면해도 안 됩니다. 공동체이념과 목적에는 적극 동조하면서도 자기의 분수에 알맞게 사업을 선택하여 독창적인 방법으로 추진해서 자기의 독특한 가치를 실현함과 동시에 전체를 위해 이바지하는 상생의 철학과 공영의 사상이 이제는 필요합니다.

『주역』에서는 복합적 집단사회의 윤리를 64괘로 분류하여 자세히 설파하였습니다. 예를 들면 건(乾)은 건전한 공동체사회의 윤리요, 곤(坤)은 어지러운 분열사회의 윤리이며, 둔(屯)은 창업의 윤리이고, 몽(蒙)은 교육의 윤리입니다. 그리고 수(需)는 음식의 윤리요, 송(訟)은 재판의 윤리이며, 사(師)는 전쟁의 윤리 등등 이렇게 64종의 중대상황에서 조직관리요령과 구성원 각자의 행동지침을 공동분수주의의 기초 위에서 예시하고 있습니다.

『주역』은 그것을 쉽게 설명하기 위하여 여섯 금을 위아래로 포개어놓고 아래를 처음 시작하는 위치로 정하고 1, 2, 3, 4, 5, 6으로 차례로 올라가서 맨 위에는 종결하는 위치로 정하여 1, 2, 3은 하층단위 조직체이고 4, 5, 6은 상부단위 조직체로 규정하여 직분의 크고 작음과 책임의 많고 적음을 규정하였으며 음과 양의 실체를 파악하여 능력의 있고 없음과 조직의 강하고 약함을 살펴 각자가 담당해야 할 역할을 설정하였습니다.

그리하여 하나의 특정목적을 가진 공동체의 시대적 사명과 조직구성원 각자의 임무 그리고 같은 계열간의 우호협력사항 및 이웃간의 협조관계 등을 모두 살펴서 원만하게 사업을 추진하여 성공하는 방법을 제시합니다.

이것을 『주역』의 용어로 득중(得中), 정위(正位), 정응(正應), 친비(親比)라고 하는데, 이 가운데 합리주의와 중용사상 그리고 대동사상이 함축되어 있을 뿐만 아니라 실용주의와 진보주의가 온축되어 있어서 자고로 주역의 진리는 만고불변의 위대한 진리로 인정하여 왔던 것입니다.

오늘날 지식과 사랑과 용기를 갖춘 자율자치의 다양한 복합사회에서 전체적으로 평등하게 화합하면서도 개인적으로 자유롭게 창의력을 발양하는 활기찬 사회기풍을 조성하려면 고정불변의 획일주의에서 벗어나 때와 장소와 사람에 따라 끊임없이 변화하는 공동분수주의의 윤리를 개발해서 개인윤리, 가정윤리, 사회윤리, 국가윤리, 세계윤리의 틀을 세워야합니다.

그래야 성실한 사람이 되어 집에서는 효도하고 나라에는 충성하며 일할 때는 부지런히 힘쓰고 놀 때는 편안하고 즐겁게 쉴 수 있는 활기찬 삶을 경영할 수 있을 것입니다.

(영문첨부)

Community Discretionism (共同分數主義)

It was enough to have 'Five Moral Disciplines and Three Basic

Human Relations'(五倫三綱) in a simple human relationship, but it became not so Sufficient for the current complex society with a widened sphere of man's activity so that the discipline of activity should be renewed.

The society changed to have no difference between the lower frame and the upper frame, to have the interior world and the exterior world merged, and to have the past, present and the future in the same line. Furthermore, it was not only the time and space that extended but also the human activity. Politics, education, economics, military affair, diplomacy, and law needs to contain its discipline of activity fit for its situation and system, since each field grew to be an independent complex society that has each function and role.

The complex society has begun. It is also confirmed that the uniform system is inapplicable to humans any more, because of their highly developed ability and increased knowledge.

Now, you have to find the way of success according to the given situation, structure, and system of each field of human activity. Each man has different character and taste, each activity of man has the diversity such as big and small, and difficult and easy, and each society has the tradition and habits of its own.

I proposed the 'Community Discretionism' as the moral principle of this complex society. It is to have the same idea and goal for the society, but the different activity and the method of the individual element of the society. So far, the idea of the uniformity advocated that the society having the same idea and goal must have the same activity and method be applied to melr people. I consider this idea neglecting the function of the 'Yin(陰) and Yang(陽)' in nature, the diversity of human character, and the specialty of the human activity.

You should never ignore the human activity and its elements even though the common goal and idea are important, either you should not disregard the common goal and idea even though the individual activity is important. Therefore, it is needed to have the idea of mutual prosperity that realizes both the individual value and the common thought. In order to achieve both of them, you should find and carry forward a creative plan that falls in line with the communal idea.

The morals of a complex society are explained minutely in 「The Book of changes(周易, I-Ching)」 splitting them into 64 morals. In the book, 64 different organization management measures in the important situations, and the guiding principles of each member, are illustrated by example on the basis of the 'Community Discretionism'. For instance, Kyun(乾) is the sound moral of a community, Kyon(坤) is the moral in a chaotic society, Thun(屯) is the morals of the establishment of a business, Mong(蒙) is about the education, Soo(需) is about the food, Song(訟) is about the judgment of the court, and the Sa(師) is the moral of a war.

For better understanding, it is explained in the book with the image of 6 piled lines that are numbered from the bottom line up to the last line. The first line is the starting point and the sixth one is the ending point, furthermore, the first three, 1, 2, 3 lines are supposed to be lower units and 4, 5, 6 lines are upper ones. Those upper lines and lower lines have different roles based on their amount of responsibility, on the ability of understanding the nature of Yin and Yang and on the amount of power of the Unit.

Consequently, it indicates the way of success of a business managed carefully by controlling the mission of a community who has a specific goal, the duty of each member, and the cooperation among neighbors and industries.

The morals of 「The Book of Changes」 have been admitted as the morals of unchangeable truth of the world, thanks to its reasonableness, the idea of the middle way, the idea of cooperation, pragmatism, and progressivism.

In this era it is important to expand freely people's originality and at the same time to maintain the equality and the harmony for a better complex society which is full of knowledge, courage and love. Therefore, you have to come out of the uniformity, develop the 'Community Discretionism' change with the time, place, and the people, and make the concrete foundation of morals for the individual, family, society, country and the world.

In this way, you will keep the family happy, render devoted service to one's country, work diligently, and have relaxing holidays. Finally, you will understand the way to manage an energetic life.

III. 21세기 유교와 아시아의 변화

도덕정치로 선정(善政)을 베풀어 인민을 가르치고 길러서 지상에 평화를 보장하고 천하에 문명을 밝혀 태평세계를 건설하는 것을 궁극적 이상으로 삼는 유교의 정치이념은 요순(堯舜)과 3대(三代 : 夏殷周)를 그 전형으로 삼는 것이었다.

그러므로 유교정치는 도덕적 테두리 안에서 예법으로 사양하며 문제를 원만하게 해결하여 서로 협력해서 공생동영(共生同榮)의 길을 개척하는바 그것은 유학자들이 『주역(周易)』의 철학과 『서경(書經)』의 정치학과 『시경(詩經)』의 문학과 『춘추(春秋)』의 역사학과 『예기(禮記)』의 예학에 정통하여 이해득실과 시비선악을 분별하는 기준이 공정하여 길흉화복을 정확히 판단하는 선지선각의 지혜가 있기 때문이다.

이러한 지혜를 가진 유학자는 조정에 있거나 초야에 있거나 천하국의 위기에 분연히 궐기하여 도덕적 원칙과 예의의 정신으로 문제를 원만하게 해결하는 길을 제시하며 경종을 울리는 것이니 공자는 춘추의 혼란시대에 목탁을 두드리며 천하를 돌면서 도덕질서의 붕괴를 경고하였고 맹자는 전국시대에 인의예지의 인간성 상실을 질타하였다.

19세기 말로부터 20세기 초에 이르는 세계 격동기에 구미열강의 식민지 경략전쟁은 동아시아에까지 밀어닥쳐 아시아의 존립이 위태로운 상황에 처하게 되자 한국과 청나라와 일본의 유림 선각자들은 분연히 궐기하고 서로 협력하여 구미열강의 불법침략을 분쇄해서 아시아 여러 나라의 주권을 수호하여 국제적 평화질서를 건설해야 된다고 호소하였다.

우리는 21세기와 아시아를 논하면서 먼저 지난 세기에 아시아의 몰락을 자초했던 잘못을 깊이 반성하고 선각자의 경고를 진지하게 헤아려서 새로운 변화의 길을 찾아야지 만일 역사적 교훈을 망각하고 선린우호의 전통을 다시 확립하지 못한다면 장차 21세기 유교중흥도 기대할 수 없을 것이고 역시 21세기 아시아의 번영도 기약하기 어려울 것이다.

1. 20세기 동아시아의 역사적 교훈

자기가 아시아인임을 인식하고 아시아를 조금이라도 사랑한다면 구미열강의 침략에 대항하여 아시아의 여러 나라와 서로 협력하여 활로를 타개하는 것이 원칙일 것이다. 그럼에도 20세기 일본정부의 군국주의 세력은 돌연 아시아협력권에서 탈퇴하여 서구 세력권으로 편입하더니 이웃 나라를 침략하기 시작하여 동아시아를 전쟁터로 만들어버렸다.

맹자가 말하기를 "사람은 자기가 자기를 모독한 다음에 남이 그를 모독하고, 나라는 자기들이 자기의 나라를 친 다음에 남이 그 나라를 친다."고 하였으니 과연 20세기의 아시아를 파멸로 이끈 책임을 누구에게 물어야 하겠는가?

일본은 1894년 6월에 청일전쟁을 일으켜 대만을 빼앗아 식민지를 만들었고, 1904년 2월 러일전쟁을 일으켜 북위 50도 이남의 사할린을 빼앗아 영토를 확대하고는 마침내 1905년 11월 21일 한국정부에 소위 을사협약을 강요하여 식민지로 만드니 동아시아는 극도의 혼란 속으로 빠져들어 아침에 저녁을 기약할 수 없는 아수라장으로 변했다.

이에 한국의 거유(巨儒) 면암(勉菴) 최익현(崔益鉉)과 일본의 진유(眞儒) 서판풍(西坂豊) 및 중국의 순유(純儒) 반종례(潘宗禮)는 목숨을 바쳐 유교의 도덕을 천명하고 일본의 침략정책을 규탄하였으니 그 장렬한 유도정신과 그 뜨거운 아시아 사랑은 영원히 아시아 유림의 모범이 될 것이므로 그들의 교훈을 차례로 서술한다.

(1) 최면암의 국가신의론(國家信義論)

1906년 6월 4일 태인(泰仁) 무성서원(武城書院)에서 항일독립전쟁을 위한 호서의병을 일으켰던 면암(勉菴) 최익현(崔益鉉) 의병대장은 하루 전에 '일본정부에 보내는 글'을 발송하여 일본의 신의를 저버린 행위로 인하여 한국만 망하는 것이 아니라 곧 일본도 망할 것이며 또한 동양이 다 같이 망하게 되는 불행을 초래할 것이라고 경고하였다.

바야흐로 동양의 위기에 한·청·일의 세 나라가 솥발처럼 정족(鼎足)의 형세를 이루어 서로 협력을 해야만 서구열강의 세력을 억제할 것이므로 일본은 즉각 신의를 지키고 정의를 밝혀 지난해 11월 21일 일본이 강행한 을사협약(乙巳協約 : 을사5늑약)을 폐기하고 한국의 독립자주권을 환원해야만 동양이 망하는 재앙을 피할 수 있다고 거듭 역설하였으니 그 전문은 아래와 같다.

"대한 광무(光武) 10년 윤4월 일에 정헌대부(正憲大夫) 전 의정부찬정(前議政府贊政) 최익현은 일본정부의 대신들에게 성토하는 글을 보내노라.

아~, 나라에 충성하고 사람을 사랑하는 것을 인간성이라 하고 신의를 지키고 정의를 밝히는 것을 도덕이라고 하나니, 사람에게 이러한 인간성이 없으면 사람이 반드시 죽는 것이요, 나라에 이러한 도덕이 없으면 나라가 반드시 멸망하는 것이다. 이 말은 오직 완고한 늙은이들의 일상적인 담론일 뿐만 아니라 또한 비록 개화하여 경쟁하는 열강국이라고 하더라도 이 말을 버리고서는 역시 스스로 세상에 존립하지 못할 것이다.

지난 병자년에 귀국의 사신 흑전청륭이 와서 통상을 요청할 때에 내가 일찍이 항소하여 배척하였다. 내가 그 때에 이웃 나라와 교류하여 우호를 닦는 것이 아름다운 일임을 알지 못해서가 아니라, 귀국이 이랬다저랬다 하여 믿을 수 없는 정상을 곧 내가 홀로 알았기 때문에 미리 걱정하여 말했을 따름이다.

그러나 천하의 대세는 이미 옛날과는 다름이 있어서 동양으로 뻗치는 서방의 세력을 홀로서는 저지할 수 없게 되었다면 필수적으로 한국과 청국과 일본의 세 나라가 서로 보거(輔車)와 순치(脣齒)처럼 더불어 협력한 다음에야 동양의 전체를 보전할 수 있다는 사실은 지혜로운 사람이 아니더라도 아는 사실이거니와 나도 또한 이렇게 되기를 매우 열망하였다.

그러므로 비록 귀국을 반드시 믿을 수는 없었으나 또한 너무 심하게 하여 쓸데없이 양국의 화기(和氣)를 상하고 싶지 아니하였다. 그래서 모두 물리치고 20년 동안 입을 다물고 시국에 대한 사건을 말하지 않았던 것이다.

근년에 와서 귀국이 하는 바가 대부분 신용도 없고 정의도 없는 것을 직접 본 다음에 비로소 나의 견해가 크게 어긋나지 않은 것을 알았고, 동시에 또한 귀국이 지금은 비록 강대하지만 마침내 역시 반드시 멸망하여 동양의 화란이 그칠 때가 있지 않으리라는 것을 알았다. 이에 먼저 귀국이 신의를 버리고 정의를 위반한 죄악을 말한 다음에 귀국이 반드시 멸망할 원인과 동양의 화란이 그침이 없게 되는 까닭을 말해야 되겠다.

내가 삼가 살펴보건대 우리나라 개국 485년 병자년에 우리 정부의 대관(大官) 신헌, 윤자승이 귀국의 사신 흑전청륭, 정상형과 더불어 우리나라 강화부(江華府)에서 회담하여 조약을 합의하였는데, 그 제1조에 말하기를 '조선은 자주국가로서 일본과 더불어 평등한 권리를 보유한다. 이후에 평화친선의 진실을 표시하고자 할 때에는 반드시 피차 동등한 예법으로 서로 대우하며 털끝만치도 침해하여 간섭하거나 시기하고 혐의함이 있어서는 안 되며, 마땅히 먼저 종전에 우호교류를 저해했던 문제점이 있는 여러 가지 조례와 규정을 일체 개혁하여 제거하고 영원히 신의를 지킨다.'고 하였다.

을미년에는 청국사신 이홍장이 귀국사신 이등박문과 마관(馬關)에서 회담하여 조약을 합의하였는데, 제1조에 말하기를 '조선은 독립자주국임을 두 나라가 인정하여 증명하였으니 털끝만치라도 침해하여 간섭함이 있어서는 안 된다.'고 하였고, 귀국의 명치 37년에 일본이 러시아에 대한 선전포고문에도 역시 '한국과 청국 두 나라의 평화를 유지하도록 한다.'는 구절이 있으며, 또한 귀국이 러시아에 대하여 국제공법을 위반했다고 열국에 통첩한 변명서에서 역시 말하기를 '원래 한국은 독립국가이므로 그 주권을 보존, 유지케 하는 것이 전쟁의 목적이다.'고 하였으며, 또 사신을 서구에 파견하여 전쟁이 일어난 원인을 설명하면서 역시 말하기를 '한국의 독립을 튼튼히 하려는 것이다.'고 하였다.

이로 말미암아 본다면 전후 30년간 무릇 귀국의 임금과 신하가 우리나라에 명확하게 서약하고 천하에 성명한 내용이 어찌 일찍이 우리의 토지와 인민을 침략하지 않고 우리나라의 독립과 자주를 해치지 않겠다고 담보한 것이 아니며, 또한 천하의 열국이 역시 어찌 일찍이 한·일 두 나라가 입술과 이처럼 밀접한 관계로서 그 서로 보호하고 서로 의지하며 서로 침해함이 없어야 된다는 사실을 알지 못했으리오!

그럼에도 귀국은 우리나라에 음흉한 짓을 하고 폭력을 휘두른 것이 날로 심하고 달로 더하여 신의를 저버리고 정의를 어김이 이르지 않는 데가 없었으니, 지난번에는 조선국은 독립자주국이므로 일본과 더불어 평등한 권리를 보유한다고 말했으면서도 오늘날은 우리를 노예화한 행위는 무엇이며, 러시아와 서로 전쟁을 할 때에는 한국의 독립과 토지와 주권을 공고히 하기 위함이라고 하더니 오늘날 한국의 독립과 토지와 주권을 빼앗아간 행위는 무

엇이며, 서로 침해하여 간섭하거나 시기하여 혐의하지 않겠다고
명확하게 서약한 조약문이 있는데도 오늘날 오로지 침략과 약탈
을 일삼아 우리 2천만 인민의 복수심을 일으켜서 모두 하여금 동
쪽을 향해 앉지도 않게 만든 행위는 무엇이며, 조약은 반드시 변
경하지 않고 영원히 확고하게 지켜서 영원히 서로 안정하는 바탕
으로 삼자고 하였으나 오늘날은 조약을 변경하여 확고하게 지키
지도 않고 서로 안정하지도 않으므로, 하늘을 속이고 귀신을 속
이며 또한 천하 열국을 기만하였으니 증거가 있는 것을 보여주겠
다."(『면암집』, 『독립운동사자료집』Ⅰ)

  이하 16개 대죄악을 조목조목 구체적으로 열거하여 일본의 배
신행위를 증명하였는데 일본은 이러한 어진 이의 경고를 묵살할
뿐만 아니라 도리어 체포하여 대마도로 압송해서 일본병영에 구
치하였다. 그러나 면암 최익현 호서의병대장은 초지일관 뜻을 굽
히지 않고 국제도덕을 망각하고 국가신의를 저버린 일본의 곡식
이 더럽다고 먹지 않고 굶어서 장렬하게 1907년 1월 1일 순절하
시니 향년이 74세이었다.

  (2) 서판풍의 평화공존론(平和共存論)
  1906년에 일본유림의 선각자 서판풍(西坂豊)이 서울에 와서 일
본의 조선강점에 항의하며 칼로 목을 찔러 자살하였다. 서판풍은
한국유림의 평화공존을 주장하는 의병항쟁에 감격하여 일본에서
평화공존을 주장하다가 상해, 남경, 북경, 만주를 차례로 유람하
면서 세상사람에게 평화사상을 강연하고 우리나라 서울로 들어왔
다. 그는 한국과 청나라와 일본이 단결하여 이와 입술처럼 서로
의지하고, 수레의 덧방나무와 수레같이 서로 돕는 형세를 이루어
야 서구열강의 침략을 저지하여 동양의 평화를 보장할 수 있다고
하면서 서울에 오래 머물며 이등박문과 장곡천호도를 만나 여러
번 설득하여 일본군경의 철수를 주장하였다. 그러나 끝내 듣지
않으므로 마침내 1906년 12월 하순 서울의 종루(鍾樓 : 보신각. 당

시에는 그 아래로 청계천이 흘러서 낭떠러지 위에 있었으나 지금
은 메워서 평지가 되었다)에 올라가서 투신자살을 기도했는데, 죽
지 않으니 대중을 향하여 일본의 조선침략정책이 동양의 분열을
자초하여 결국 동양의 몰락으로 귀결하게 될 것임을 누누이 경고
하고 스스로 칼을 뽑아 목을 찔러 자살하니 모든 사람이 일본에
도 훌륭한 선비가 있다고 크게 칭송하였다.

또한 일본 선비 대원장부(大垣丈夫)가 서울에 와서 사대부와 교
제하며 국제정세를 토론하고 일본의 조선강점을 비판하였는데,
그 논지가 왕왕 신문에 보도되었는바 일찍이 일본이 조선을 기만
한 사실을 성토하지 않음이 없었다.(황현 편, 『매천야록』 5권 광
무십년병오조 ; 서정기 엮음, 『항일독립전쟁의 영웅 김동식 장군』
7. 양반과 유생의 의병봉기, p.108 참조)

(3) 반종례의 한·청·일 협력론(協力論)

1906년 11월에 청나라 유림 선각자 반종례(潘宗禮)가 서울에 와
서 일본의 조선강점은 동양의 분열을 초래하여 서구열강의 침략
에 결국 몰락하게 될 것임을 엄중히 경고하고 일본의 각성을 촉
구하였다. 반종례는 한·청·일이 협력하여도 동양문화를 보존하
기가 어려운 형세에서 같은 동양인끼리 분열 대립하는 것은 자멸
뿐임을 거듭 경고하고 1906년 12월에 종루에서 뛰어내렸다. 그러
나 죽지 않으므로 서판풍과 똑같이 일본의 한국침략을 질타하고
칼로 찔러 자살하니 모든 사람들이 어진 선비로 칭송하였다.(황현
편, 『매천야록』 5권 광무십년병오조 ; 서정기 엮음, 『항일독립전
쟁의 영웅 김동식 장군』 7. 양반과 유생의 의병봉기, p.109 참조)

동아시아의 도덕문화를 지키기 위하여 이신순도(以身殉道)한
최익현의 국가신의론과 서판풍의 평화공존론 그리고 반종례의
한·청·일 협력론을 모두 묵살하고 오히려 일본은 오만과 포학
을 더하여 1937년 중일전쟁을 일으키고 1941년 12월 진주만을 기
습공격하고 미·영에 선전포고하여 태평양전쟁을 일으키며 1942

년 싱가포르를 점령하고 자바에 상륙하여 동남아시아까지 유린하다가 마침내는 1945년 8월 15일에 포츠담선언을 수락하고 무조건 항복하였다.

이로써 일본은 패전의 쓴맛을 보았을 뿐만 아니라 이웃나라로부터 씻을 수 없는 원한을 샀으니 그 죄악은 산보다 높고 바다보다도 깊다고 할 것이며 더욱이 한국은 광복해방을 맞이함에 미·소 양군이 각각 남북으로 진주한 결과로 국토가 분단되어 6·25동란이라는 동족상잔의 전란까지 치르면서 반세기가 넘도록 통일국가를 건설하지 못하고 있는바 20세기 동아시아의 치욕과 불행은 모두 일본의 반유교적이고 반아시아적인 돌출행위에 기인했다고 할 것이다.

2. 21세기 아시아의 변화

20세기 아시아의 가장 큰 불행은 유교사상이 국학(國學)으로 변질하여 부국강병을 추구하는 패권국가 건설에 선전도구로 이용당한 것이다. 청나라는 천하대의(天下大義)를 외면한 실학(實學)을 장려했고, 일본은 만고선덕(萬古善德)을 왜곡한 황도유학(皇道儒學)을 보급했으니 이러한 영향을 받아 곡학아세하는 사이비 유림들은 사상도 신념도 없는 한학(漢學)을 유학(儒學)으로 착각하여 권세에 영합하였기 때문에 결국 유교가 몰락하고 말았다.

유교는 가학(家學)이나 국학(國學)을 뛰어넘어 천하학(天下學)을 추구하는 분명한 가르침을 가지고 있다. 수신, 제가, 치국, 평천하의 단계는 있지만 그 궁극적 목표는 시종일관 지극한 선으로 덕치인정을 베풀어 만방이 협력하고 화합해서 태평세계를 건설하여 전체 인류에게 최소한 5복(五福 : 壽, 富, 康寧, 攸好德, 考終命)을 누리게 하고, 6극(六極 : 凶短折, 疾, 憂, 貧, 惡, 弱)을 피할 수 있게 다스리는 것이다.

이러한 유교의 본래이념을 되찾아 먼저 한·중·일의 유림이 천하학으로 유교를 현대화, 대중화, 과학화해서 21세기 유교이념을 밝히고 21세기 유교의 사회윤리를 실천해서 현대사회의 모범이 되어 유풍(儒風)을 쇄신하고 인민대중을 교화하여 정치풍토를 혁신하여야만 21세기 아시아를 발전적으로 변화시킬 수 있을 것이다.

구태의연한 낡은 사상에 집착하면서 세상을 바꾸려고 함은 망상이고, 새로운 변혁의 주체세력도 없이 사회가 변화하기를 바라는 것은 허황된 꿈에 지나지 않는다. 먼저 21세기를 즐겁고 희망적으로 이끌어갈 수 있는 가장 이상적인 동양사상을 천하에 천명하고 그것을 앞장서서 실천하는 대중적 세력의 등장이 있어야 현실적 문제를 구체적으로 타개할 수 있을 것이다.

(1) 21세기 동아시아의 평화보장과 신뢰구축

오늘날 동아시아의 평화보장과 신뢰구축은 21세기 세계평화와 인류안녕을 위하여 중대한 과제이다. 남·북한이 휴전상태에 있고 세계유일 초강대국의 미군은 태평양전쟁의 패전국 일본과 한국에 여전히 주둔하고 있을 뿐만 아니라 중국과 대만도 대립하고 있어서 세계에서 가장 불안한 지역 가운데 하나로 손꼽히고 있다.

이처럼 불안한 모순과 대립관계를 동아시아가 자체적으로 해결하기 위해서는 아시아 전체를 사랑하는 개방적인 정신과 아시아의 평화를 정착시키려는 구체적인 노력으로 신뢰를 쌓아야 한다. 그러기 위해서는 한·중·일 3국이 정치적·군사적인 패권주의를 완전히 그리고 확실히 포기해야 하며 또한 경제적·문화적인 패권주의도 철저히 포기해서 아시아에 평화적인 공동체를 구축하는 것이 급선무인데 먼저 이러한 방향으로 역사를 이끌어갈 수 있는 사상과 주체가 있어야 하는바 동아시아는 유교문화권이 가지고 있는 기본정서가 있다.

유교는 인애사상으로 인간을 널리 사랑하면서 합리주의, 중용사상, 대동정신을 추구하기 때문에 정치적으로 왕도정치를 존중하고 패권통치를 천시하며, 군사적으로 안전보장을 도모하고 침략전쟁을 배척하며, 경제적으로 민부(民富)를 경영하고 국부(國富)

를 경계하며, 문화적으로 본받아 변화하기를 바라고 전파하여 강요하지 않은 까닭에 패권주의의 대두를 원천적으로 막을 수 있을 뿐만 아니라 유림은 역사적으로 동아시아의 평화를 수호하는 오랜 전통을 가지고 있으므로 이 시대에 가장 확실하게 평화를 보장하는 중심세력이 될 수 있는 것이다.

공자는 춘추시대에 패권전쟁을 규탄하고 도덕적 규범으로 국제분쟁을 해결하라고 역설하였고, 맹자는 전국시대에 살육전쟁을 성토하고 인의(仁義)의 양심으로 국제분쟁을 해결하라고 주장하였다. 이러한 공자와 맹자의 정신을 이어받은 유림은 원교근공책(遠交近攻策)으로 6국을 통일한 소위 진시왕의 패권통치를 비판하다가 분서갱유의 변을 당했고, 한나라의 유림은 염철논쟁(鹽鐵論爭)으로 법가의 국부론을 경계시켰으며, 송나라의 정자와 주자는 소동파의 문화쇄국주의를 규탄하여 문화개방주의를 주장하였다.

이러한 역사적 전통을 확립한 사상과 주체가 이 지역에서 다시 새 바람을 일으킬 때에 진정 믿을 수 있는 신뢰감을 가지고 동아시아 유교문화권을 형성하여 평화세력이 등장할 것이다. 한국에는 천 여 년의 유교전통을 이어오면서 1천만 유림을 조직적으로 관리하는 성균관과 유도회가 있고, 중국은 1999년부터 공자사상으로 대륙에 도덕을 일으키는 운동을 중국사회과학원에서 주도하면서 작금 각급 학교에서 유교경전을 가르치기 시작하였고, 일본에도 많은 유학자가 있으므로 동아시아 유교연합을 만들어서 동아시아의 평화보장과 신뢰구축에 공동노력하는 것이 가장 효과적이라고 할 것이다.

(2) 동아시아 연합공동체 건설

동아시아 각국이 오랜 전통문화를 배경으로 한 아시아정신을 발휘하여 국가간 신뢰를 회복해서 서로 평화를 보장하고 더 나아가 항구적인 아시아평화안보공동체를 구축함과 동시에 유럽연합(EU) 또는 북미자유무역협정(NAFTA)과 같은 경제공동체를 창설해 아시아의 공동발전을 도모해야 한다.

동아시아의 현실은 100년 전의 과거와는 달리 1991년 남·북한이 동시에 국제연합(UN)에 가입하여 중·일과 더불어 국제안전보장의 헌장을 존중하고 또 2001년에 중국도 국제자유무역기구(WTO)에 가입하여 한·일과 똑같이 경제산업을 투명하게 개방하고 있으므로 세계화에 걸맞는 국가목표를 세우고 민주적인 정치체제를 갖춘다면 한·중·일이 화합하고 협력해서 동아시아연합 공동체 건설도 가능하게 되었다.

급변하는 국제조류에 낙오되지 않으려면 능동적으로 적극 대처해야지 지난 세기처럼 수동적으로 대응만 해서는 바람직한 미래를 창조할 수 없는 것이다. 한·중·일은 과거에 집착하지 말고 즉각 아름다운 문명국가 건설에 박차를 가하여 정치의 민주화로 지방의 자율자치를 실현하고 산업의 국제화로 과학기술의 발전을 도모하며 국경의 장벽을 허물고 사람들의 왕래교류를 자유롭게 해서 위로는 정부기관으로부터 아래로는 민간단체에 이르기까지 자유롭게 연대하고 협력하는 수준으로 개혁 개방해야 한다.

당연히 군사력으로 국제분쟁을 해결하려는 군사대국화를 깨끗이 포기하고 도덕과 예의로 국제분쟁을 해소하며 인문주의적 지성으로 아름다운 풍속을 진작시켜 문화중심국이 됨과 아울러 선덕(善德)을 베풀어 이웃나라가 길이 사모하고 그리워하는 바가 되도록 힘써야 된다.

유교에는 이러한 이상적 세계관이 있다. 요임금은 국민을 소명(昭明)하게 가르쳐 만방이 협력하고 화합하게 하였고 순임금은 도심(道心)으로 천하를 다스려 태평시대를 건설하였으니 공자와 맹자가 숭앙하여 후세의 이상향이 되었다. 우임금은 황극(皇極 : 최고지도자의 정치지도력)을 세워 탕탕평평(蕩蕩平平)한 정치를 하였으므로 탕임금과 문왕, 무왕도 이를 계승하여 쾌활한 우주론에 기초하여 만물이 일체라는 세계관을 가지고 대소와 원근을 가림이 없이 정치적 공덕과 문명의 혜택을 고루 미치게 해서 안락한 태평세계를 건설하였다.

　유교의 역사가 이러할진대 오늘날 동아시아 연합공동체를 구축하는 것은 불가능한 일이 아니고 단지 하려는 의욕이 없기 때문이니 정치지도자로 하여금 이러한 의욕을 가지고 노력하게 하는 것은 당연히 아시아를 희망의 땅으로 이끌어갈 새 시대 유림의 몫이라고 하겠다.

　(3) 새 시대 유림의 국민의식 교화와 여론형성의 역할

　유림은 현실에 안주하지 않고 이상을 추구하는 사람이다. 예절과 음악으로 몸과 마음을 수양하며 문학과 역사와 철학을 공부하여 지혜와 사랑과 용기를 갈고 닦아 천하국가의 현실을 정확하게 판단하고 진실하고 착하고 아름다운 미래를 창조하는 합리적인 방법을 제시하는 사람이다.

　그리하여 유림은 조정에 나아가면 정치를 쇄신하는 주역이 되고 초야에 물러나면 풍속을 진작하는 주체가 되어 항상 정론을 펼쳤기 때문에 인민대중들로부터 존경과 흠모의 대상이 되었던 것이다.

　천하국가에는 일시적인 공론과 만세에 불변하는 공론이 있다. 일시적인 공론은 대체로 이해와 득실만을 계산하여 나온 것이기 때문에 정론이 아닌 것도 있으므로 유림은 반드시 시비와 선악까지 모두 밝혀 만세공론(萬世公論)을 펼쳐서 천하정론(天下正論)을 주장한다.

　20세기 초에는 한·중·일의 유림이 적극적으로 연대하지 못했기 때문에 유림 선각자의 천하정론이 패권주의자들의 일시공론을 제압하지 못함으로써 동양이 몰락하는 참화를 당했으니 이제는 한·중·일의 유림이 대오각성하여 강고한 연대를 형성해서 국민의식을 교화하고 여론을 형성하여 새로운 아시아 건설에 총력을 기울여야 한다.

　그러자면 먼저 유풍(儒風)의 진작이 시급하다. 그 동안 유림은 제국주의와 유일사상 그리고 획일주의 등의 기세에 밀려 설자리를 잃고 사회의 그늘과 역사의 후면으로 쫓겨났다. 그러나 이제

는 세상이 바뀌어 인문주의적 지성이 세계적으로 일어나서 보편적인 진리를 찾아 즐겁고 희망이 넘치는 문명한 세계를 갈구하고 있으므로 유림은 유교를 천하에 천명하여 시대를 구원하고 인류를 교화해야 하는 시대적 사명이 있는 것이다.

비록 난세에 명철보신(明哲保身)하기 위하여 은둔했던 유림이라도 이제는 적극적으로 크고 작은 유림단체를 조직하거나 가입해서 세력을 형성하고 힘을 길러 사회의 각계각층에 파고들어 가 아세아의 평화를 사랑하는 정론을 펼치면서 정부에 건의하고, 국민을 계도하는 새 바람을 일으키면서 한·중·일 유림이 연대 노력한다면 그 누가 손뼉을 치며 환호하지 않겠는가?

21세기 아시아의 희망은 진정 유림의 이러한 21세기 유림의 사회운동 노력에 달렸다고 할 것이다.

IV. 결론

유교의 아름다운 가치는 정치, 경제적으로 부강한 나라를 건설한 역사에 있다기보다는 사회, 문화적으로 문명한 시대를 건설한 전통에 있다고 할 것이다.

천덕왕도(天德王道)를 밝힌 요순의 덕치인정(德治仁政)의 역사가 후세에는 오래 단절되었으나 윤리도덕을 밝히는 공자와 맹자의 성학도통(聖學道統)의 전통만은 후세에 길이 계승되어 아시아 정신으로 승화했다.

춘추전국시대 이후로 선정의 역사가 끊어진 까닭은 대체로 국가건설의 정체성을 결여했고 임금의 자질이 부족하여 일관성이 없는데다가 유학이 타락하여 국학(國學)이나 가학(家學)으로 전락해서 유림이 분열하게 되어 당쟁이 일어났기 때문이었다.

이제는 군주주의가 민주주의로 바뀌었기 때문에 무단독재의 출현이 어려워졌고 또한 왕권 세습제도를 철폐하고 최고 정치지도자를 선거로 뽑아서 정부를 선택할 수 있을 뿐만 아니라 소수정예가 독점했던 학문을 다수대중이 공유하는 학문으로 전환하였으므로 그 폐단을 크게 줄일 수 있게 되었다.

따라서 앞으로 아시아의 정치지도자들이 아시아의 사회, 문화적 전통을 바탕으로 정치, 경제적 아름다운 가치를 창조한다면 21세기에 가장 빛나는 아시아정신을 세계에 드날릴 수 있을 것이다. 이러한 소신에서 나는 1998년 8월 1일자 유교신보에 '유교가 견인해야 할 아시아정신'을 발표하여 아시아 유림과 정치지도자들의 전통문화에 대한 재인식을 촉구하였으니 그 내용은 다음과 같다.

"오늘날 동아시아는 경제적인 심각한 도전에 직면하고 있다. 그러나 이 지역에 대한 국제적 관심이 집중한 이유는 단순히 경제적 위기 때문만이 아니라 유교사회권이라는 특수성으로 인하여 아시아정신의 변화를 조망하는 시험대가 되었다는 사실에 있다.

사실 금세기 초만 해도 구미열강들에 의해 식민지로 전락한 동아시아의 유교권은 구미사상의 열풍에 휘말려 아시아정신은 재기 불능상태로 전락하였으며 전혀 소생할 희망이 없는 것으로 단정하고 싶어했던 것이 국제조류의 대세였다.

그러나 유교권 국가들은 독립을 쟁취하자마자 눈부신 국가재건으로 경이적인 경제성장을 거듭한 결과 아시아정신은 결코 죽지 않았음을 실증하고 21세기 미래사회를 선도할 세계정신으로 부상할 기세를 떨치는 데까지 이르니 세계의 석학들이 다시 아시아정신에 주목하며 찬탄을 아끼지 않으면서 유교사회권의 전통생활방식에다 구미의 자본주의를 배합한 제도를 유교자본주의라고 명명하고 동구의 공산사회주의를 수용한 체제를 유교사회주의라고 지칭하면서 유교정신의 인격수양, 가정화합, 국가건설, 세계평화에 대한 잠재적 저력을 극구 찬양하여 마지않았던 것이다.

그러던 것이 1995년 WTO체제가 출범하여 국제금융의 대대적인 이동이 자유롭게 되면서부터 불어닥친 외환위기는 일시에 유교권 국가들의 경제활동을 위축시키더니 급기야 지난해 11월 우리나라가 IMF체제하에 들어가자 즉각 구미의 언론들은 일제히 아시아정신의 몰락이라고 대서특필하고 나섰다.

그러나 우리 동아시아가 지난 30년 동안 충효사상을 진작하여 비록 욱일승천(旭日昇天)의 경이적 경제성장을 이루었다고 하여도 오로지 유교사상의 공로라고 우리 유교인은 주장하지 않거니와 또한 오늘날의 경제위기에 아시아의 정신적 가치가 붕괴했다고 인정할 수도 없는 것이다.

유교의 경세제민사상(經世濟民思想)은 정덕(正德), 이용(利用), 후생(厚生)이 핵심적 요체이다. 공정한 도덕의 기풍을 확립하고 부존자원을 개발 이용해서 후생복지낙원을 건설하는 것인즉, 그동안 아시아형 개발독재에 의하여 저질러졌던 정경유착, 부정부패, 인간성 상실, 정신의 황폐화 그리고 자연훼손, 환경오염, 부실공사, 안전사고, 인간소외, 사회불안, 빈부불균 등은 유교사상과는 전혀 배치된 것이었음을 우리는 지적하지 않을 수 없다.

더욱이 대동공화사회(大同共和社會)의 실현을 이상으로 하는 공평대도(公平大道)와 적선공덕(積善功德)을 최고의 가치로 받드는 전통적 아시아정신은 경제원리에 철저하여 근면 절약 신용을 숭상하며 스스로 성실하게 있는 힘을 다해서 숭덕광업(崇德廣業)하여서 박시제중(博施濟衆) 포덕천하(布德天下)하는 것을 미덕으로 여기는 것임에도 불구하고 작금의 아시아 경제인들은 사리사욕을 채우는 데 열중하여 시장을 독과점하면서 문어발식으로 사업을 과도하게 확장했으며, 정치인들은 정상모리배와 결탁하여 대형공사를 경쟁적으로 벌여서 국력을 고갈시켰을 뿐만 아니라 무책임하고 비능률적으로 방만한 국가운영으로 시행착오를 거듭했고, 이러한 사회풍조 속에서 국민들은 분수에 지나친 과잉소비로 호화사치를 마다하지 않고 안일과 방종에 젖어버렸으니 이것은 아시아정신인 염화취실(歛華取實)의 사업정신과 청렴 강직한 관료정신 및 지족안분(知足安分)의 국민정신과는 사뭇 동떨어진 행태였던 것이다.

『주역(周易)』의 무궁한 변화발전의 원리와 『춘추(春秋)』의 무한한 혼란극복의 정신에 바탕한 유교사상에서 나온 전통적 아시아 정신은 오히려 이제부터 더욱 그 진가를 발휘해야 할 시점에 왔다고 확신한다.

진정 유교인이 앞장서서 아시아정신을 이끌어 충효절의의 구세제민사상에 투철하여 지인용(知仁勇)을 갈고 닦아 서로 화해하고 협력하면서 구태를 버리고 기업풍토를 개혁하여 국가기강을 세워서 그 국민을 떨치고 일어나도록 유풍을 대대적으로 고취한다면 비단 눈앞의 경제위기를 슬기롭게 극복할 길이 활짝 열릴 뿐만 아니라 또한 장차 21세기를 주도할 수 있는 모범적인 사회제도와 구조를 창출하여 천하의 지식인이 모두 와서 배우고, 세계의 무역상이 모두 와서 교역을 하고, 세계적 과학기술자들이 모두 와서 공장에서 일을 할 것이며, 사방의 여행객들이 모두 와서 관광을 하면서 아시아적 가치의 위대성을 재인식할 날이 멀지 않을 것이다.

모름지기 위기를 극복하는 길은 항상 가까운 데 있는 법이니 아시아 유교권 국가의 지도자들은 위기에서 탈출하는 길을 멀리 다른 데서 찾으려고 시간을 낭비하지 말고 전통적 미풍양속을 되살려 나라의 화합질서를 도모하는 길만이 가장 쉽고 간단한 상책임을 명심해야 할 것이다."

인류는 창세기 이래로 오만과 포학이 역사를 그르쳐 왔다. 이제 불행했던 역사를 청산하고 성공적인 21세기의 아시아를 건설하려면 모두 겸허한 마음으로 과거의 오류를 반성하고 참다운 인류애를 발휘해서 서로 함께 번영하는 개방사회의 윤리를 정립하는 것이 시급한 과제이다. 야수는 약한 짐승을 고립시켜 잡아먹고 산다. 아시아의 여러 약소국은 난세에 고립되지 않도록 항상 조심하고 아시아의 강대국은 이웃 약소국을 힘써 돕는 것이 같이 번영하는 길임을 확실히 깨닫는다면 아시아의 미래는 그 어느 때보다도 밝고 나아가 세계 속에 유교문화를 발전시킬 수 있는 기회도 만들 수 있을 것이다.

예절문화 재건의 시대적 과제

1. 새 천년을 건설하는 시대적 상황

세계는 지금 인간답게 사는 중도(中道)의 제3의 길을 추구하고 있다. 세기말적 변화인 구 소련을 비롯한 동구 사회주의가 붕괴함으로써 그 동안 첨예하게 대립했던 동서 냉전구조가 해체되었다. 그리하여 무한대결을 전제로 했던 일방적 획일주의나 극단적 흑백논리가 더 이상 설득력을 잃게 되었기 때문에 새 천년을 건설하는 정치가와 학자들은 화해와 협력의 신 사상을 모색하고 있다.

오늘날 세계유일의 초강대국이 된 미국의 클린턴 대통령은 이미 개방화, 세계화정책을 내걸고 WTO체제를 출범하여 국경의 장벽을 허물며 국가개입주의를 제약하여 시장만능주의를 추구하면서 '신자유주의'를 표방하고 나서니 영국의 블레어 수상도 이에 동조하여 즉각 국가복지만능주의를 포기하고 '온건한 신자유주의' 라는 중도의 제3의 길을 선택하였다.

이러한 국제정세에 따라 유럽 15개 국도 유럽연합(EU)을 결성하여 유러라는 단일통화기구를 사용하면서 시장의 기능을 확대하고 있는바 98년 말부터 불란서의 리오넬 조스팽 총리, 독일의 슈뢰더 총리, 이태리의 마시모 디레마 총리를 비롯한 13개 국에서 '지성적 중도의 제3의 길'을 새 시대의 정책노선으로 제시하였다. 이것은 바로 클린턴의 신자유주의 정책과 화해를 통하여 개방화 세계화의 길로 나가면서도 국가가 적극적으로 국민을 교육하여 사회변화에 효율적으로 대처할 수 있도록 교화하겠다는 내용이다.

아시아 제국도 신자유주의 물결 속에서 아시아·태평양지역협력기구를 창설하여 이미 수차의 정상회담을 거쳐 경제협력을 모색하며 새로운 변화에 능동적으로 대처할 방안을 연구하고 있는 바 한, 중, 일, 말레이시아, 싱가포르, 인도네시아 등의 여러 나라가 아시아적 가치 발굴에 몰두하고 있다.

이러한 인간답게 사는 제3의 길을 표방한 정책이념들은 부분적으로 협화만방(協和萬邦)의 대동세계(大同世界) 건설을 지표로 하는 유도(儒道)의 정치목표와 근사할 뿐만 아니라 또한 인본주의(人本主義), 중용사상(中庸思想), 도덕정치(道德政治)와 같은 우리 유도의 정치강령과도 상당히 근접하고 있다. 그러나 왕도정치(王道政治)의 화평천하(和平天下) 건설의 목표와 강령에는 반드시 인(仁)이 전제되어 있기 때문에 그 성공을 확실하게 담보할 수 있었다. 신자유주의와 온건한 신자유주의 그리고 지성적 중도의 제3의 길에서도 성선설(性善說)에 바탕한 인이 전제되고 있는지는 아직 의문이다.

민주주의와 시장만능주의를 주장하면서 개방화, 세계화를 추구하는 정책이 성공하기 위해서는 구시대의 인간성 상실, 가정파괴, 국가혼란, 세계분열과 같은 혼란을 극복하고 인간존중, 우호협력, 공생공영의 윤리로 자율자치하는 신질서를 확립해야만 될 것인 즉 세계는 결국 인(仁)으로 돌아가야 할 것이고 인의 실천방법은 예절이므로 예절을 대대적으로 부흥해야만 비로소 바람직한 새 시대가 열릴 것이다.

2. 천하는 인(仁)으로 돌아가야 한다

국경의 개념이 최소화되고 있는 21세기 국제화사회는 인류의 보편적 가치로 국제분쟁을 조정할 수밖에 없을 것이고 인류의 영원불변한 보편적 가치는 만인의 통성인 인(仁)의 인간성이므로 천하는 반드시 인으로 돌아가야 한다.

인(仁)은 천리(天理)의 공(公)이요, 인간성의 절대지선(至善)으로 사랑의 원리이고 살리기 좋아하는 덕(德)이다. 이러한 인의 가치체제에서만 개인과 집단이 하나가 될 수 있고, 진보와 보수가 협력할 수 있으며, 자본과 노동이 화합할 수 있고, 국가와 시장이 일치할 수 있기 때문에 모든 대립과 갈등과 모순을 자체적으로 극복하고 스스로 지혜를 모아 가장 공명정대한 지선의 삶을 경영할 수 있는 것이다. 인(仁)하면 천하사람이 모두 흠모하고 불인(不仁)하면 부모와 처자까지도 떠나가는 것이므로 새 시대를 경영하는 지도자는 이 점을 명심하고 반드시 인의 가치를 깊이 인식하여야 참으로 인간답게 사는 중도의 제3의 길을 성공적으로 개척하여 인류공영의 위대한 세계를 건설할 수 있을 것이다.

인(仁)에 철저하면 대아(大我)의 공리(公理)에 밝아 만인이 우러러보는 대인군자의 인격을 확립할 것이며, 인으로 사랑하면 집에서는 효도하고 나라에는 충성할 것이며, 인으로 화합하면 인류의 만선(萬善)을 모두 모아 사업을 성공할 것이며, 인으로 용서하면 모두 포용하여 천하에 적이 없을 것이니 작은 영역에서는 부분을 아름답게 빛내고 넓은 영역에서는 전체를 성대하게 완성하는 까닭에 마침내 두루 조화해서 하나로 관통하여 개인의 완성이 가정을 화목케 하는 기초가 되고 가정의 화목이 국가를 안정하는 근본이 되며 국가의 안정이 세계의 평화를 다지는 바탕이 되어 개인과 가정 그리고 국가와 세계의 가치가 일치 관통함으로써 마침내 활발하게 약동하여 서로 화합하는 사회기풍을 조성할 수 있게 된다.

만일 21세기에도 20세기처럼 사리사욕에 빠진 이기주의나 공명심에 불타는 이타주의를 극복하지 못하고 인간자체의 도덕적 각성이 없는 민주주의와 시장경제로만 화평세계를 건설하려고 도모한다면 그것은 성공하지 못할 뿐만 아니라 또한 혼란을 더욱 가중하여 인류의 불행만 더욱 가중시킬 것이다. 왜냐하면 인간의 사욕은 한이 없어 결단코 개인과 가정 그리고 국가와 세계라는 모든 인생의 영역을 만족시킬 방법이 없기 때문이다.

그러므로 새 시대를 경영함에는 인간성을 회복하는 것이 선결 과제인즉 사람답게 살 수 있는 세상을 개척하는 길은 천하가 인(仁)을 체득하여 공자를 높이고 유도를 장려하며 덕치인정(德治仁政)을 확립해서 본격적으로 사회개혁을 착수하는 것뿐이다.

3. 인(仁)의 실천은 예절로부터

사람이 인간성을 함양하여 인격을 수양하면 반드시 사회적 공동체의식이 발로하여 예의도덕을 존중하기 때문에 예의도덕은 인격의 표현이고 동시에 인간성을 배양하는 바탕이다. 그러므로 문명시대를 건설했던 어진 임금은 스스로 위대한 인격을 갖추고도 반드시 예절을 일으켜 풍속문화에 힘을 썼으니 인간성이 착하게 되면 풍속이 저절로 아름다울 것이요 또한 풍속이 순박하면 인간성을 기르기가 쉬운 까닭이었다.

일찍이 요(堯)임금은 문명사회를 건설하면서 윤공극양(允恭克讓)의 예의도덕을 솔선수범하여 협화만방(協和萬邦)의 태평성대를 건설하였고, 순(舜)임금은 온공윤색(溫恭允塞)의 예절과 진선진미(盡善盡美)한 음악으로 '아름다운 풍속을 일으켜 고도로 발달한 인문주의적 지성사회를 건설하였다. 이로써 예절문화의 사회적 가치와 정치적 효과가 실증되었기 때문에 그 뒤로 예절풍속은 중요한 정치적 문화로 자리잡았으니 하(夏)나라의 예법은 충직(忠直)을 숭상하고 은(殷)나라의 예법은 질박(質朴)을 숭상하고 주(周)나라의 예법은 문채(文彩)를 숭상하여 3대의 문명체제를 건설했던 것이다.

춘추시대의 혼란은 인격을 유린하고 예법을 파괴함으로써 야기된 것으로 국제적 도덕질서는 해체되고 오로지 힘의 지배와 법의 통제 그리고 교활한 술수만이 세상에 만연하였다. 약육강식(弱肉强食), 적자생존(適者生存)의 비정한 자유경쟁 논리는 결국 승자도 패자도 모두 멸망하는 참담한 역사를 증명했던 것이다.

요순과 3대의 문명은 예의와 도덕을 바탕으로 인격을 다듬었기에 인류행복을 길이 보장하였고 춘추전국시대의 혼란은 예의와 도덕을 파괴하고 인간성을 상실하였기에 인류불행을 증폭하였으니 결국 혼란을 극복하고 문명사회를 건설하는 길은 오직 인간의 사리사욕을 극복하여 예절을 지키는 도덕심을 회복하는 길뿐이다.

그러므로 안연(顔淵)이 인(仁)을 물었을 때 공자가 말하기를 극기복례(克己復禮)가 인(仁)함이라고 하면서 하루라도 능히 사욕을 극복하고 예를 회복하면 천하가 인으로 돌아가나니 인함은 자기로부터 말미암은 것이요 남으로부터 말미암은 것이 아님을 교시하였다.

국가사회에 인도(仁道)를 천명함에 먼저 예절부흥으로부터 착수해야 된다는 것은 이와 같이 역사적 경험이고 철학적 논리이다. 바야흐로 온 인류가 새 시대를 개벽하려는 열망으로 가득한 이 때에 풍부한 역사적 경험을 가지고 있는 유교의 예절문화와 심오한 철학적 논리를 정립한 유학의 성선설은 인류구원의 새로운 희망이 아닐 수 없는 것이니 지난 20세기에 철저히 파괴했던 예의도덕을 다시 일으켜 세우는 작업이 오늘의 급선무이다.

4. 예절의 정의

예(禮)는 인문주의적 지성인의 심리체계이며 인생만사의 모범적인 행동강령으로 인류의 안녕과 행복을 보장하는 원리이다. 『주역(周易)』의 이괘(履卦)에서 말하기를 예는 사물을 밝게 분별하여 화열(和悅)한 심성으로 건실하게 행동하면 비록 호랑이의 꼬리를 밟을지라도 사람을 물지 않으니 형통할 뿐만 아니라 또한 큰 경사가 있는 것이라고 하였고, 『예기(禮記)』의 곡례(曲禮) 편에서는 말하기를 공경하지 않음이 없으며, 생각을 엄숙히 하여 안전하게 좌정하고 말하면 인민이 편안할 것인즉 오만함을 기르지 말며, 욕심을 쫓지 말며, 야망을 채우지 말며, 즐거움을 극도로 하지 말라. 무릇 예절은 친소관계를 규정하고, 의심쩍은 문제를 해결하고, 같고 다른 점을 분별하고, 옳고 그른 것을 밝히는 준거틀이라고 하였다.

맹자(孟子)는 예(禮)를 철학적으로 논증하여 인간의 본성인 인의예지(仁義禮智)의 하나라고 규명하고, 공경하는 정서와 사양하는 마음이 예의 발단이라고 하면서 이것은 인의(仁義)를 문채 나도록 다듬는 절도라고 변증하였으니, 이후 정자(程子)는 예는 이치요 문채인데 이치는 열매요 근본이며 문채는 꽃이요 가지라고 하였으며, 주자(朱子)는 예를 철리의 절도 있는 문채요 인사(人事)의 본보기가 되는 준칙이라고 정의하였다.

따라서 예절은 공경하고 사양하는 도덕심의 표현이며 질서를 지켜 두루 화합하는 사회모범헌장이기 때문에 법과 더불어 국가사회의 기강을 확립하는 2대 지주이다. 법은 사회질서를 유지하는 최소한의 강제규범을 설정한 것이므로 만인이 평등하지만 예절은 사람을 떨치고 일어나게 하는 최대한의 모범이므로 지성의 발달과 인격의 향상에 따라 여러 단계로 분류했으니 개인, 가정, 국가, 천하에 각각 정한 예절이 있을 뿐만 아니라 선비, 대부, 제후, 천자의 예절이 모두 있어서 때와 장소와 분수에 알맞게 처신하여 언제 어디서라도 교만 방자함과 나태 음란함을 원천적으로 방지하는 자기자신의 자율적 절제기능인 까닭에 법의 획일성을 탈피해서 고도로 발달한 인문주의적 지성사회를 지향할 수 있는 것이다.

예절문화의 사회적 기능이 사람들로 하여금 법의 지배라는 피동적 삶의 방식에서 벗어나 예절의 솔선수범이라는 능동적 자세로 일대 전환을 하게 함으로써 인생을 진취적으로 경영하는 기풍을 일으켜서 삶의 질을 획기적으로 높여 인간의 존엄성을 발양하고 인간의 관계를 윤리도덕적으로 널리 결속하여 튼튼한 신뢰를 바탕으로 안정사회를 이룩하는 작용을 하는 까닭에 예절을 숭상하면 법의 존엄성이 살아나는 것이요 예절이 무너지면 법도 문란하게 되기 때문에 자고로 예절문화는 정치사회의 기강이고 교육문화의 상징이며 이상세계 건설의 헌장으로 높이 받들어 왔던 것이다.

예절의 보편적 가치가 이와 같이 큰 작용을 하기 때문에 유도의 예절문화는 대단히 발달하여 인류역사에서 가장 많은 예의법도를 개발하였으니 언어동작과 보고 듣고 생각하는 것으로부터 천하국가의 거대한 행사에 이르기까지 총망라하여 예의(禮儀)가 3백 조항이고 위의(威儀)가 3천 조목으로 아름답고 찬란한 주례(周禮)를 완성하였다. 그리하여 예악(禮樂)은 학교의 중요한 교과목이 되고 인생의 통과의례가 되고 천하국가의 미풍양속(美風良俗)이 되어 최고의 인류문명을 창조하여 인류의 안락을 길이 보장하였던 것이다.

5. 예절의 사회적 기능

예절은 개인적으로 인간성을 함양하여 인격을 확립하는 성실, 정직한 행동강령이고 사회적으로 질서를 지키고 조화를 추구하는 공명정대한 윤리규범이기 때문에 아름다운 예절이 있어야 인류문화를 높이고 도덕문명을 건설할 수 있는 것이다. 도덕심을 앙양하여 인심을 순화하고 민도(民度)를 향상하여 풍속을 개량해서 명랑한 안정사회를 건설하기 위해서는 예법의 정착이 필수적 조건이다.

예절은 사회혼란을 사전에 예방하는 작용을 하고 법은 범죄를 사후에 처벌하는 기능을 하는바 예절이 성행하면 자율질서 자치협동의 기풍이 확립되어 혼란이 원천적으로 사라지지만 이러한 도덕적 장치가 없는 법의 발달은 오히려 인간을 극도로 타락시켜 범죄를 더욱 간교하게 만들어 사기와 폭행이 증가하는 것이다.

공자(孔子)는 말하기를 "정치로 이끌고 형벌로 단속하면 인민이 겨우 형벌만 면한 상태에서도 부끄러움이 없고, 도덕으로 이끌고 예절로 단속하면 인민은 인격이 낮은 것을 부끄러워하여 바르게 사는 길로 이르러 간다."고 역설하였다. 인민이 스스로 분발하여 인격을 높이려는 동기를 부여하지 않고 어떻게 사회문화를 향상 발전시켜 문명세계를 건설하겠는가?

사람은 관례(冠禮)가 있음으로써 성인의 사회적 책무를 자각하게 되고, 혼례(婚禮)가 있음으로써 순결한 정조관념을 의식하게 되고, 상례(喪禮)가 있음으로써 삶과 죽음을 인식하며 인간의 존엄성을 깨닫게 되고, 제례(祭禮)가 있음으로써 조상의 은덕에 보답할 것을 생각하게 되는 것이며, 상견례(相見禮)가 있음으로써 학문을 수양하여 벗을 사귈 것을 알게 되는 것이며, 향음주례(鄕飮酒禮)가 있음으로써 어른을 대접하고 술을 절도 있게 마시는 법을 배우게 되는 것이다. 사회에 이와 같은 여섯 가지 예법만 있어도 저절로 미풍양속이 일어나서 살기 좋은 세상이 될 수 있는 것이다.

그러나 만일 사회에 예절이 없다면 어린이는 불손하고, 어른은 게을러도 단속할 방법이 없을 것이며, 아첨과 교태와 음란이 유행병처럼 번져도 막을 길이 없을 것이며, 교활 사특하게 은혜를 망각하고 의리를 배반하여도 꾸짖을 명분이 없을 것이며, 고루하고 천박하게 고립 배타하여도 설득할 논리가 없을 것이며, 허랑 방탕하게 혼자 술을 마시고 놀아도 탓할 이유가 없을 것이니 어떻게 아름다운 공동체문화를 조성하겠는가? 이것이 예절을 전제로 하지 않은 법치만능주의 종국적 한계로서 결코 수습할 수 없는 분쟁의 나락에서 멸멸할 따름이다.

더욱이 오늘날 주권이 인민에게 있는 민주주의 시장경제 아래에서는 인민의 사회의식이 곧 정치의 수준을 결정하는바 저질사회는 저질의 정치를 생산하므로 먼저 사회에 아름다운 예절문화를 보급해야만 정치문화의 발전도 기약할 수 있는 것인즉 예절의 사회적 기능은 인류문화를 창조하고 도덕세계를 건설하는 시작이요 끝이라고 할 것이다.

6. 유교예절의 철학적 기초

　유교의 진리는 천하의 보편적 가치를 추구하기 때문에 예절의 철학적 기초가 대단히 간단명료하여 요약해서 실천하기가 쉬우니 오직 천, 지, 인의 세 가지 요건을 구비하여 마음과 물질을 배합할 따름이다. 따라서 예절의 필요충분조건은 때와 장소에 알맞는 인격을 갖추어 정성스러운 마음으로 깨끗한 물질을 담아내는 것인즉 때에 적중하는 시중사상(時中思想)과 장소가 바른 정위사상(正位思想) 및 사람의 신분이 명확한 정체성(正體性)을 확립하여 마음과 정신은 합리주의를 추구하고 물질과 기구는 현실주의를 따르는 5대 원칙일 뿐이다.
　『예기(禮記)』 예기(禮器) 편에서는 말하기를 "예(禮)는 때가 중대하고, 순(順)이 그 다음이고, 체(體)가 그 다음이고, 의(宜)가 그 다음이고, 칭(稱)이 그 다음이다."라고 하였으니 이것은 시대성이 가장 중대하고, 정통성이 그 다음이요, 주체성이 그 다음이요, 합리성이 그 다음이요, 현실성이 그 다음이라는 뜻이다.
　예절은 언제 어디서 누가 무엇을 어떻게 했다는 사실을 분명히 밝히는 사회적 보편성을 확인하는 작업이기 때문에 제 시간에 제 자리에서 본인이 직접 정성과 물질을 담아내야만 예절이 성립한다. 따라서 만일 시간을 어기면 비례(非禮)이며, 장소가 어그러지면 무례(無禮)이며, 사람이 뒤바뀌면 패례(悖禮)이며, 마음에 정성이 없으면 허례(虛禮)이며, 물질과 기구를 갖추지 못하면 실례(失禮)이니 모두 예절의 필요충분조건을 갖추지 못한 것이 된다.
　결론적으로 천시(天時)의 변화에 일치하고, 장소의 위치에 합당하며, 해당 본인이 직접 참석해야만 예절의 기본요건이 성립하는 것이며, 여기에 정성스러운 마음으로 깨끗한 물질을 갖추어야만 예절의 충분조건이 구비되는 것이다.

　이러한 예법의 5대 원칙에 철저한 정신은 화평천하를 건설하는 보편적 규범으로 발달했으니 예절의 연월일시는 반드시 천명(天命)을 받은 천자(天子)의 역법(曆法)을 써야 하고, 장소는 해당국가에서 정한 지명을 써야 하며, 사람은 자기자신의 이름을 쓰는 것이다. 그리고 정신과 물질은 가급적 일치시켜야 하는바, 공자(孔子)가 말하기를 "문(文)과 질(質)이 빈빈(彬彬)한 연후에 군자(君子)라."고 하였으니 밖으로 나타나는 문채와 내면에 간직한 실질이 서로 어울려서 가지런해야만 품격이 갖추어진다는 뜻이다.

　또한 예절은 특수적 경우에 한하여 상황에 따라 바뀌는 보편적 가치가 있으니 관료사회에서는 관직의 서열로 기준을 삼고 민간사회에서는 나이의 차례로 기준을 삼으며 사회발전과 민중교화를 도모함에는 도덕의 수준으로 기준을 삼아서 한 가지를 가진 사람이 두 가지를 가진 사람에게 양보하는 것이다.

　맹자(孟子)가 말하기를 "작(爵)이 하나요 치(齒)가 하나이며 덕(德)이 하나이니 조정(朝廷)에는 작위보다 큰 것이 없고, 향당(鄕黨)에는 나이보다 큰 것이 없으며, 보세장민(輔世長民)에는 덕보다 큰 것이 없다."고 하여 특수한 상황에서는 예절의 중점적 가치가 변화하는 것임을 밝혔고 또한 평상시의 정상적인 예절과 비상시의 임시조치의 예절이 다르므로 상도(常道)의 행동규범과 권도(權道)의 행동규범을 분류하였으니 평상시의 정상적인 예절은 방법과 절차를 더욱 아름답게 평가하고 비상시에 임시조치의 예절은 목적과 결과를 더욱 중대하게 평가한다. 그리하여 언제나 인본주의와 실용주의에 철저함으로써 귀신은 공경하되 멀리하고, 죽은 사람 때문에 산 사람을 해쳐서도 안 되며, 비생산적인 낭비를 해도 안 된다.

7. 예절문화의 기본원리

　예법을 제정함에는 일정한 기준이 있어서 알기 쉽고 쓰기에 편리한 상식적인 조리체계가 있어야 할 뿐만 아니라 또한 인간과 자연 그리고 사회에 두루 어긋남이 없어야 한다. 그러므로 전통 예절은 자연의 절기 변화와 공간의 방위 그리고 성질과 색상 등등을 세밀하게 관찰하여 천연의 문채를 본받아 예절문화를 제정하는 기본원리로 삼았으니 자연질서체계는 하도(河圖)를 기본으로 했고 사회화합체계는 낙서(洛書)를 기초로 하였다.

하도(河圖)는 복희(伏犧)시대에 황하에서 나온 용마(龍馬)의 그림인데 좌측에는 3과 8의 수로 동방이요 봄이요 인이요 목이요 청색으로 양기(陽氣)가 생장하는 것을 뜻하며, 앞쪽에는 2와 7의 수로 남방이요 여름이요 예요 화요 적색으로 양기가 극성함을 뜻하며, 오른쪽에는 4와 9의 수로 서쪽이요 가을이요 의요 금이요 백색으로 음기(陰氣)가 생장하는 것을 뜻하며, 뒤쪽에는 1과 6의 수로 북쪽이요 겨울이요 지요 수요 흑색으로 음기가 극성하는 것을 뜻하며, 가운데에는 5와 10의 수로 중앙이요 신이요 토요 황색으로 음양의 기운이 융합하는 것을 뜻한다.

그리하여 동서남북(東西南北)의 네 방위와 춘하추동(春夏秋冬)의 네 절기와 인의예지신(仁義禮智信)의 5성과 금목수화토(金木水火土)의 5행(五行)과 청황적백흑(靑黃赤白黑)의 5색(五色)의 조리체계가 확연히 들어나서 서로 어그러짐이 없는 아름다운 질서를 세우게 된 것이다. 더욱이 예절에 수리를 도입하여 분수(分數)를 정했으니 '1은 전체를 통일하여 주재하는 태극(太極)의 절대본체를 상징하고, 2는 음양(陰陽)으로 하늘과 땅, 해와 달을 상징하고, 3은 3재(三才)로 천, 지, 인을 상징하며, 4는 4상(四象)으로 태양(太陽), 태음(太陰), 소양(小陽), 소음(小陰)이니 춘하추동의 네 철과 동서남북의 사방을 상징하며, 5는 오행의 금목수화토로 인의예지신의 5상의 덕성을 상징하며, 6은 6효(六爻)로 조직 구성의 여섯 가지 등급과 구조를 상징하며, 7은 7요(七曜)로 일주일을 상징하며, 8은 팔괘(八卦)로 건(乾), 태(兌), 리(離), 진(震), 손(巽), 감(坎), 간(艮), 곤(坤)을 상징하며, 9는 9주(九疇)로 정전법(井田法)의 논리요, 10은 10진법(十進法)의 논리이다.

낙서(洛書)는 우(禹)가 홍수를 다스릴 때에 낙수(洛水)에서 신귀(神龜)를 얻었는데 그 거북의 등에 나타난 무늬로 9가 앞에 있고 1이 뒤에 있으며 3이 왼쪽에 있고 7이 오른쪽에 있으며 2와 4를 어깨로 하고 6과 8을 발로 하며 5가 가운데 있어 가로나 세로나 측면으로나 그 수를 합치면 모두 15씩으로 그 합이 똑같은 까닭에 질량적으로 균등하게 화합하는 조화이기 때문에 이것을 9궁도(九宮圖)라고 명명하고 사회통합의 모범으로 삼는다.

4	9	2
3	5	7
8	1	6

(낙서의 9궁도)

하도의 선천적인 자연의 질서체계가 있음에도 낙서의 후천적 화합체계가 필요한 까닭은 인간은 만물의 영장이므로 단지 자연의 주어진 조건에 만족하지 않고 한 사람의 낙오자나 차별을 받는 이가 없이 전체가 다함께 안락하게 사는 사회를 만들려는 인간애의 정신을 예절에 담았기 때문이다.

그러므로 예절의 문장(文章)과 도수(度數)도 크게 차이가 나지 않게 해서 약간의 차이만 두어 사람들이 보고 분별할 수 있는 정도에 그쳤으니 질서를 세우면서도 위화감이 생기지 않도록 세심하게 배려하였다. 또한 상하의 귀하고 천함도 균등하게 배분하여 정신적 가치는 윗사람에게 후하게 주고, 물질적 가치는 아랫사람에게 후하게 분배하였으니 각각 소원을 성취시키려는 노력이다.

많은 것으로 귀(貴)함을 삼는 것은 소목(昭穆), 제기(祭器), 장일(葬日), 좌석(座席)이요, 적은 것으로 귀함을 삼는 것은 천자의 제천(祭天), 아랫사람이 바치는 선물, 음식상이요, 큰 것으로 귀함을 삼는 것은 궁실, 그릇, 관곽(棺槨), 무덤이요, 작은 것으로 귀함을 삼는 것은 술잔이요, 높은 것으로 귀함을 삼는 것으로 당대(堂臺), 문루(門樓)요, 낮은 것으로 귀함을 삼는 것은 제단(祭壇)이요, 문채 나는 것으로 귀함을 삼는 것은 의상(衣裳), 관면(冠冕)이요, 질박한 것으로 귀함을 삼는 것은 규(圭)와 갱(羹)이니 예절의 도수는 극치에 이르면 본바탕으로 돌아간다.

그러므로 장례(葬禮)는 죽은 사람의 작위를 쓰고, 제례(祭禮)는 살아 있는 제주의 신분을 쓰는 것이며, 가례(嘉禮)와 길례(吉禮)는 왼쪽을 숭상하고, 흉례(凶禮)는 오른쪽을 숭상하며, 전진할 때에는 앞을 귀하게 여기고, 후퇴할 때에는 뒤를 귀하게 여긴다.

8. 예절부흥으로 새 시대를 열자

착한 인간성과 아름다운 예법은 사람답게 사는 세상을 만드는 기본요건이다. 성선설에 바탕한 도덕심을 개발하지 않고 훌륭한 인격을 기르기는 어려운 일이고, 보편적 가치에 충실한 예절을 보급하지 않고 화합사회를 건설하기는 쉽지 않은 일이다.

그러므로 인성개발과 예도부흥을 문명세계 건설의 가장 중요한 사업으로 인식하여 인격수양과 예절교육을 병행해야 소기의 성과를 거둘 수 있다. 단지 인간성 함양에만 힘쓰고 예절을 가르치지 않으면 아름다운 사회기풍이 일어나지 못할 것이요, 오로지 예절만 강조하고 인간성을 계발하지 않으면 인류문명이 향상 발전하지 못할 것이다.

맹자(孟子)가 말하기를 "요순(堯舜)의 도(道)로도 인정(仁政)으로 하지 않으면 천하를 평화롭게 다스릴 수 없는 것이지만 오늘날 인심(仁心)과 인(仁)하다는 소문이 있음에도 인민이 그 혜택을 입지 못하며 후세에 본보기가 되지 못하는 것은 선왕(先王)의 도를 행하지 않았기 때문이다. 그러므로 한갓 착한 마음씨가 만족한 정치를 하지 못하고, 한갓 법이 저절로 잘 행할 수는 없다."고 하여 인심(仁心)과 예법(禮法)을 함께 갖추어야만 사리사욕과 부정부패를 원천적으로 막고 아첨과 음란, 그리고 사기와 폭력이 사라져서 문명한 도덕사회를 건설할 수 있다고 변증하였다.

지난 20세기에 기독교와 불교가 극성하여 앉으면 박애를 담론하고 서면 자비를 설법하여 사랑의 소리가 세상을 덮었어도 세상이 날로 어지러워진 것은 유교의 예절을 철저히 배척하는 감각적 사랑, 분별이 없는 사랑이었기 때문이라고 할 것이다. 이제는 이러한 편벽된 사랑이 아니라 인류의 보편적인 사랑인 인(仁)을 재인식하여 예(禮)를 존중해서 지식과 인격이 높을수록 더욱 예의염치(禮義廉恥)를 지켜 사회에 모범이 되는 시대를 개척해야 하는 것이다.

또한 어떤 사람들은 서구의 시민도덕을 일으키면 좋은 세상을 만들 수 있다고 주장하고 있지만 서구의 시민도덕은 오직 법을 존중하여 개인의 이익을 보호하고 남에게 피해를 주지 않는 지극히 소극적이고 부분적인 장치로서 이미 서구문화의 한계가 여실히 나타나고 있는 것이다.

백여 년 전에 우리나라의 선유(先儒)들은 동서문화의 충돌시기에 이미 동양의 도덕문화와 서구의 물질문명의 조화를 주장하였으니 바로 동도서기론(東道西器論)이다. 우리나라는 동방예의지국으로서 현대세계에서 가장 많은 전통예절을 보유하고 있는 유교예절의 상징국으로 주목을 받고 있다. 이제 새 시대를 맞이하여 우리의 정열을 하나로 모아 도덕학을 계승 발전시키고, 예절문화를 일제히 부흥한다면 2천년대 우리나라는 세계 제일의 도덕국이 되어 문명세계 건설의 중심으로 인류의 행복을 길이 보장하고 세계역사 발전에 크게 기여해서 이 땅에 선비는 천하에서 제일 공덕이 많은 유현(儒賢)으로 길이 추앙받을 것이다.

유교의 도덕체계와 가치관

1. 일류문화의 창조력

유교의 도덕은 천리를 밝히고 인심을 바로잡아 지선(至善)의 세계를 건설하는 논리와 체계로 일관한다. 따라서 유교의 도덕은 바로 천지의 도덕이고, 가장 규모가 크면서도 정밀한 조리체계를 가지고 있으며, 현실을 통하여 이상을 실현해서 지선의 가치를 창조하는 최고의 행동규범이다.

대우주의 영원한 진리를 모두 밝혀서 천리(天理)를 깨닫고 물리(物理)와 사리(事理)에 통달하여 자연과학적 합리주의에 철저하고, 인간의 고유한 성리(性理)를 함양하여 사리사욕을 억제해서 심리(心理)와 정리(情理)에 밝아 인문과학적 합리주의에 철저하며, 사회의 통일적 화합질서를 존중하여 윤리(倫理)를 지켜서 자기의 도리(道理)와 의리(義理)를 다하여 소우주의 사명을 완수함으로써 사회과학적 합리주의에 철저한 것이 곧 유교의 도덕원리이다.

그러므로 유교의 도덕체계는 천리가 대원칙이고 성리가 중심체이며 윤리가 그 강령으로서 천지의 모든 이치를 통일하여 주체한 태극(太極)의 원리와 사람이 하늘에서 받은 고유한 성리를 온전히 함양한 인극(人極)의 주체와 스스로 인류 전체사회를 대화합 대통일하는 지선의 모범을 세운 황극(皇極)의 표준이 그 기본구성 골격으로서 이러한 삼극(三極)의 도덕체계는 그 규모에 있어서 개인도덕, 가정도덕, 국가도덕, 천하도덕을 망라하고, 그 절도에 있어서 민중의 도덕, 선비의 도덕, 군자의 도덕, 성현의 도덕을 포괄하며, 그 상황에 있어서 평상적 도덕인 상도(常道)와 임시적 도덕인 권도(權道)를 구비하여 언제 어디서나 누구든지 도덕의 길에서 삶의 가치를 창출할 수 있는 완벽한 체계이다.

만물은 각각 정해진 자리가 있어서 전체적인 조화 속에 개체가 안정하는 공동분수의 유기적인 연대구조를 정밀하게 밝혀서 공동체의 목적과 구성체의 책임을 명확히 규정하여 튼튼한 유대관계를 유지하도록 기강을 세우고, 만물은 스스로 끊임없이 발전하는 변화가 있어서 개체가 성장함에 따라서 전체가 발전하고, 전체가 변화함에 따라 개체가 진화하는 자연변화의 법칙을 뚜렷이 밝혀서 시간의 변화에 따른 알맞은 활동을 하도록 예법을 제정하고, 만물은 모두 다양한 성능과 소질이 있어서 음양(陰陽)을 배합하고 오행(五行)을 교류하며 유무(有無)를 상통하여 새로운 것을 생산하는 만물생성의 구조를 정확하게 해명하여 누구나 쉽고 간단하게 생산하도록 제도를 설치하였다.

이것은 모두 하늘과 땅의 자연현상을 관찰하여 형이상(形而上)의 보편적 진리를 발명한 것으로 유교도덕이 출현하는 근원이다. 상고시대의 복희(伏犧)는 천문(天文)과 지리(地理)를 관찰하여 천지인삼재(天地人三才)가 만물이 생성 발전하는 기본틀임을 밝혔고, 요(堯)는 천덕(天德)이 이 세상에서 가장 큰 준덕(峻德)임을 실증하였고, 순(舜)은 천심(天心)이 도심(道心)임을 변증하였고, 우(禹)는 천도(天道)가 탕탕평평(蕩蕩平平)하여 공명정대함을 홍범(洪範)으로 논증하였고, 탕(湯)은 천도(天道)의 운행이 일일신(日日新)하여 그침이 없는 것을 확인하였고, 문왕(文王)과 무왕(武王)은 건도(乾道)는 원형리정(元亨利貞)하여 지선의 원리임을 해설하였고, 주공(周公)은 천지자연의 질서가 예법제도의 준거틀이고 만물의 합동변화가 음악의 기본가락임을 증명하였고, 공자(孔子)는 건곤(乾坤)의 변역(變易)에 태극(太極)이 있음을 발명하였고, 맹자(孟

子)는 순천자(順天者)는 생존하고 역천자(逆天者)는 멸망한다고 설
파하였으니 한결같이 도통(道統)의 시원(始源)이 하늘에서 나왔음
을 증언하고 있는 것이다.

이에 나는 천지의 자연현상을 사실적으로 분석 규명해서 유교
도덕의 기본원리를 과학적으로 정리하여 인간의 가장 위대한 행
동규범을 새 시대에 뚜렷이 밝히고자 한다.

2. 사회구조 정상화의 틀

태초에 하나의 맑고 깨끗한 기운이 처음 나누어져서 이 세상이
열릴 때에 가볍고 맑은 기운은 위로 올라가 하늘이 되고, 무겁고
흐린 기운은 아래로 내려와서 땅이 되니 맑은 기운으로 가득한
하늘은 무거운 형질로 엉긴 땅과 서로 짝을 지어서 음양(陰陽)을
교류하며 하늘은 땅에 의지하고 땅은 하늘에 붙어서 조금도 떨어
지거나 어그러짐이 없이 일정한 자리에서 옮기지 않으므로 그 사
이에 만물이 흩어져서 각각 제자리를 얻게 되었다.

하늘은 높으니 해와 달이 밝고, 땅은 낮으니 풀과 나무가 우거
지며, 하늘은 땅을 감싸니 비와 이슬이 내리고, 땅은 하늘을 반기
니 꽃을 피우고 열매를 맺는다. 높고 밝은 하늘과 넓고 두터운 땅
이 유구(悠久)하게 제자리를 지키면서 단짝이 되니 천지(天地)의
경위(經緯)가 뚜렷하고 만물의 실상이 확실하여 건곤(乾坤)의 정
리(定理)가 드러나고 인간의 예법이 생긴다.

하늘과 땅이 하나이면서 둘이고 둘이면서 하나인 상대적 통일
관계는 현상세계의 만물이 존재하는 대원칙이다. 가장 밀접하면
서도 가장 자연스러운 쌍전일통(雙全一統)의 배합원리이다. 양쪽
이 모두 십분 온전하면서도 하나로 통일하는 쌍전일통의 체계는
천연의 배합관계로서 영원한 안정과 발전을 보장한다.

그러므로 하늘과 땅 사이에 존재하는 사물은 모두 쌍전일통의
정위치를 지킴으로써 존재가치를 찾는 것이요, 만일 정처가 없이

떠돌거나 분수를 벗어나서 고립하고 변질하면 그 존재가치를 상
실하여 천지간에 용납할 곳이 없는 것이다.

아버지가 아버지의 자리를 지키고 아들이 아들의 자리를 지켜
야 근본이 서고 지엽이 무성하여 집안이 화목하고 번창하며, 대
통령이 대통령의 권위를 지키고 공무원이 공무원의 직분을 지켜
야 위아래의 기강이 서고 법이 살아 나라가 다스려지고 정의가
드날리며, 남편이 남편의 구실을 하고 아내가 아내의 소임을 하
여야 신바람이 나고 재미가 있어서 안팎으로 살림살이가 분별이
나고 활기가 넘치며, 어른은 어른의 행실을 하고 어린이는 어린
이의 절도를 지켜야 앞뒤로 질서가 있고 조화가 있어서 사회풍속
이 아름다우며, 벗이 정직하고 동무가 어질어야 좌우로 친밀하고
믿어서 삶의 질을 높이는 것이다.

이것은 모두 상대적 세계를 하나로 묶어주는 태극의 절대원리
를 통하여 대일통(大一統)의 위대한 통일세계를 실현하는 지극히
성실하고 지극히 명확하고 지극히 신성하여 서로 난잡하지 않은
쌍전일통의 도덕이다.

3. 사회발전의 지표

하늘과 땅은 음양의 동정(動靜)원리에 따라 끊임없이 변화발전
을 거듭한다. 하늘의 양기는 발동하여 스스로 변(變)을 주도하고,
땅의 음기는 정지하여 저절로 화(化)를 이룩하니 하늘과 땅은 합
동변화(合同變化)하여 계속 새로운 세계를 경영한다. 변은 새로운
발전을 모색하여 착수하는 공정이고, 화는 새로운 발전을 완성하
여 굳히는 공정으로 하늘의 양기가 아니면 새로운 발전을 시도할
수 없고, 땅의 음기가 아니면 새로운 발전을 완성할 수 없기 때문
에 하늘과 땅은 서로 헤어지지 않은 천연의 화합체로서 영원히
자연변화를 계속한다.

천지가 합동한 자연변화는 한 순간도 멈춤이 없나니 밤낮 추위

와 더위가 차례로 바뀌어 일월(日月)이 교대하고 세시(歲時)가 순환해서 봄 여름 가을 겨울이 돌아가니 날이 차면 달이 되고 달이 차면 해가 되어 끝나면 다시 시작하므로 시간이 흐르고 세월이 돌고 돌아 영원히 변화하며 무궁하게 발전한다.

천지의 운행은 한 번 음(陰)하면 한 번 양(陽)하여 자연변화를 계속하므로 사물이 자체본성을 발휘해서 착하고 아름다운 진리의 세계를 이룩한다. 그러므로 천지의 합동변화를 본받아 인류사회의 대동발전(大同發展)을 추구하는 것이 바로 성왕(聖王)의 예악문장(禮樂文章)이다. 천연의 운행도수는 후퇴가 없고 다시 반복함이 없으며 겸사겸사함이 없으며 급작스러움이 없으며 생략함이 없나니 인간사의 예법절도도 빠짐없이 모두 갖추어야 하고, 시작과 끝이 분명하여 절도가 있어 때맞게 거행해서 어그러짐이 없어야 하는 것이다.

지나간 것을 쫓지 않고 오는 것을 막지 아니하여 깨끗하게 끝내고 새롭게 시작하는 유교의 관례(冠禮), 혼례(婚禮), 상례(喪禮), 제례(祭禮), 사상견례(士相見禮), 향음주례(鄕飮酒禮)를 비롯하여 유교도덕의 모든 행동의 절차와 도수(度數)는 착하고 아름다운 진리의 규범으로 공동체사회 문화의 꽃이다.

이것은 인생사에 있어서 궁극에 이르면 변화하고 변화하면 형통하고 만사형통하면 오래가는 자연변화법칙을 본받아 원형리정(元亨利貞)의 원리원칙으로 변화 발전함에 있어서 어제는 오늘의 역사이고 내일은 오늘의 미래임으로 과거를 넘어서 현재를 개척하고 현재를 토대로 미래를 창조하는 진리를 확인하여 역사의 거울과 현재의 영광 및 미래의 희망을 가지고 무한한 변화발전을 추구하는 것인즉 가장 안전하고 가장 능률적인 변화의 철학이다.

대저 천운(天運)은 일세(一世)인 30년이 소변(小變)이요 100년이 중변(中變)이며 500년이 대변(大變)이니 3대변인 1,500년이 1기(紀)이고 3기인 4,500년이 되면 하나의 단원이 갖추어진다. 이것은 천명(天命)이 무상하고 인심도 무상하여 천하국가의 흥망성쇠가 돌고 돌아 세대를 바꾸고 기원(紀元)을 고쳐가면서 계속 발전하는 역사법칙이니 서로 분리하지 않은 합동변화의 극치이다.

4. 협동생산의 규범

하늘땅의 조물능력(造物能力)은 무진장(無盡藏)이다. 천지개벽 이래로 하늘과 땅이 만물을 창조하니 무궁무진한 만유(萬有)의 현상세계로 진화 발전하였다. 대저 태극의 진리와 음양오행의 정기가 신묘하게 배합하여 엉겨서 건도(乾道)는 남(男)을 생성하고 곤도(坤道)는 여(女)를 생성하나니 남녀의 두 기운이 교감하여 만물이 형체를 달리해서 새로 생겨나는 것이다. 무한히 큰 건(乾)의 원기를 만물이 받아서 생기기 시작하고 지극한 곤(坤)의 원기를 만물이 받아서 생장하므로 하늘은 만물의 거룩한 아버지라고 할 수 있고 땅은 만물의 거룩한 어머니라고 할 수 있다.

하늘과 땅이 만물을 생산하기를 좋아하는 심덕(心德)은 가이 없어서 포용하여 덮어주지 않은 것이 없고, 담아서 실어주지 않은 것이 없으며, 길이 보존하여 조금도 해침이 없나니 그러므로 하늘과 땅이 만물을 생산하는 원리는 참으로 성대한 덕이요 위대한 사업이다.

유교의 도덕은 이러한 천지생물(天地生物)의 공덕을 본받아 인생의 지표를 세웠으니 인간의 생산성을 개발하여 재주와 솜씨를 갈고 닦아 학문에 힘써서 재덕(才德)을 갖추어 만물을 사랑하고 부존자원을 이용해서 넉넉하게 사는 길을 뚜렷이 밝혔다. 모든 사람은 사농공상의 일정한 직업이 있어서 생산사업에 종사하여 사회발전에 나름대로 기여하는 것이 인간의 덕을 높이고 인생의 사업을 넓히는 길임을 명시하여 하는 일이 없이 놀고 먹거나 남을 돕지 않고 도리어 해치거나 물자를 낭비하면서 사치 방종하는 것은 악으로 규정하여 부도덕한 짓으로 치부하였다.

아버지와 아들은 가업을 지켜서 가족을 부양할 책임이 있고, 대통령과 공무원은 국가사업을 경영하여 민생을 보장할 의무가 있으며, 남편과 아내는 아기를 낳아서 세대계승발전을 공고히 할 사명이 있는 것이다.

그러나 또한 하늘과 땅은 만물을 생성함에 있어서 분업협동의 구조가 있으니 바로 이간(易簡)의 원리에 철저함이다. 하늘은 전체사업을 처음부터 끝까지 정확하게 헤아려서 그 시작만을 주재하고 나머지는 땅이 주관하여 모든 사업을 완성한다. 하늘이 정기(正氣)를 발동하여 봄 여름 가을 겨울의 네 철을 운행하기 시작하면 땅이 정기(精氣)를 발로하여 초목으로 하여금 봄에는 움돋아 꽃피게 하고, 여름에는 가지가 뻗어 잎이 우거지게 하고, 가을에는 열매를 맺어 씨앗이 익게 하고, 겨울에는 잎과 열매가 떨어지고 뿌리가 영글게 하여 한 해의 일을 완성한다.

하늘의 동정(動靜)은 전일(專一)하고 정직(正直)하여 스스로 시작하고 끝내는 절도가 분명해서 하루, 한 달, 한 철, 한 해로 순환발전하니 아주 쉽게 주재하고, 땅의 동정은 흡수(翕受)하고 개벽(開闢)하여 저절로 열리고 닫히는 체계가 명확해서 낮과 밤, 보름과 그믐, 추위와 더위, 비와 바람에 따라 조건변화하니 아주 간단하게 주관한다.

유교의 도덕은 천지의 이간(易簡)원리를 발명하여 공동체사회를 경영함에 반드시 분업협동하게 하였으니 내가 역설한 공동분수주의(共同分數主義)이다. 모든 집단의 최고지도자는 모름지기 깊이 생각하고 연구해서 가장 평이하고 합리적인 방향으로 사업을 지휘해야만 지도력을 충분히 발휘하여 주재하기가 용이하고, 모든 집단의 책임자와 구성원은 반드시 힘써 재능을 갈고 닦아 가장 간단하고 합리적인 방법으로 사업을 추진해야만 능력을 십분 발휘하여 주관하기가 간편한 것이다.

일이 쉬우면 쉽게 주재하고 일이 간단하면 쉽게 따르나니 지도자가 쉽게 주재하면 친화력이 생기고 구성원이 쉽게 따르면 사업을 성공한다. 친화력이 있으면 공동체가 오래가고, 사업을 성공하면 공동체가 번창하여 위대한 역사를 창조한다. 그러므로 유교의 도덕은 공동분수주의에 철저하여 개인이기주의나 집단획일주의

를 배척할 뿐만 아니라 또한 난해한 현학(玄學)이나 세속적 난잡
과 억지를 용납하지 않는다.

5. 복지사회의 건설능력

유교의 도덕은 천지자연의 진리를 망라하여 국가사회를 경륜
(經綸)하는 대통일의 화합질서이기 때문에 마침내 천지가 감응하
여 반드시 길흉화복이 따르는 것이다.
인간의 고유한 천성(天性)인 인의예지(仁義禮智)를 함양하여 인
간으로서의 성분을 지키고 자기의 직분을 다하여 착하게 살면 마
침내 천복(天福)을 받아서 길이 영광을 누리고, 만일 도덕적 삶이
가시적인 이익이 없다고 해서 불인(不仁) 불의(不義) 무례(無禮)
무지(無智)하게 교만방종하면서 불효(不孝) 불충(不忠)하여 역천패
륜(逆天悖倫)의 죄악을 저지르면 끝내 천벌(天罰)을 받아서 멸망
하는 것이다.
천지신명(天地神明)은 지극히 공명정대하여 사사롭게 굽힘이
없으므로 천지도덕(天地道德)을 어기면 천벌을 면할 방법이 없는
것이니 기도하여 빌 데도 없고 도망하여 숨을 곳도 없다. 그러므
로 사람은 언제나 성실하고 경건한 자세로 예의도덕(禮義道德)을
지켜야 하는 것이니 안정한 자리에 있으면서도 위험을 잊지 말아
야 하고, 순리로 변화하면서도 멸망을 잊지 말아야 하고, 부지런
히 생산하면서도 파멸을 잊지 말아야 한다.
현재 안정한 자리를 확보했다고 해서 얄팍한 덕으로 높은 벼슬
을 탐하고 작은 지혜로 큰 일을 도모하며 적은 힘으로 무거운 책
임을 맡으면 반드시 실패하여 위태롭게 될 것이고, 현재 변화발
전하여 새로운 세상이 되었다고 해서 지나간 역사를 망각하고 다
가오는 미래상을 예측하지 못하면 반드시 미혹(迷惑)해서 정체하
여 쇠퇴하게 될 것이고, 현재 생산활동이 왕성하여 풍족한 생활
을 누린다고 해서 분수를 잃고 사치와 방종을 일삼으면 반드시

방탕하고 타락하여 몰락하게 될 것이다.

그러므로 유교의 도덕은 언제나 기미(幾微)를 살펴서 합리적으로 대처하여 천지정위(天地定位), 천지변화(天地變化), 천지생물(天地生物)의 도덕원리에서 멀어지지 않도록 극기하고 도덕심을 회복해서 개과천선(改過遷善)의 노력으로 일관하는 것이요, 위로 하늘에 아첨하여 기도해서 요행을 바라거나 아래로 민중을 현혹하여 변명해서 구차하게 회피하는 술책을 쓰지 않는 것이다.

하늘땅 사이에서 가장 바른 자리에 안정하고 하늘땅의 변화에 따라 함께 발전하며 하늘땅이 만물을 살리는 일에 동참하여 사람을 살리고 만물을 기르면 일만 가지 선(善)을 구비한 떳떳한 행실이므로 반드시 하늘이 보우(保佑)하여 길이 창성(昌盛)할지며, 나아가 천하의 정의(正義)를 주체하여 혼란을 뿌리뽑고 문명세계를 건설해서 천지도덕을 바로 세우고 인류의 역사를 바로잡아 모든 민중이 각각 제자리를 얻고 만물이 생육하게 하여 활발하게 약동하는 기풍을 조성하면 또한 반드시 천지가 감응(感應)하여 천재지변(天災地變)이 멀리 소멸하고 상서로운 기운이 하늘땅에 가득하여 봉황이 노래하고 용이 날며 기린이 나오고 시초(蓍草)가 돋아나는 거북이 있어서 천하가 태평한 복지낙원(福祉樂園)을 장차 다시 볼 수 있는 희망으로 가득 찰 것이니, 이것이 바로 유교의 도덕체계이고 위대한 가치관이다.

조선양반고(朝鮮兩班考)
― 산림학자양반(山林學者兩班)을 중심으로 ―

1. 관료양반(官僚兩班)과 향촌양반(鄕村兩班)

근세조선에 아름다운 가정문화가 있었으니 지체가 반듯하고 행실이 높은 양반집안의 가풍으로 동방예의의 나라를 건설하는 바탕이었다.

양반(兩班)이란 본래 동반(東班)의 문관(文官)과 서반(西班)의 무관(武官)을 합친 관료계급을 지칭한 말이었으나 조선왕조 중엽이후에 이르러 관료계급과는 상관없이 향촌에서 훌륭한 가문을 지칭하는 말로 그 의미가 전화하였는데 이른바 있는 힘을 다하여 부지런히 임금과 어버이를 섬기는 것을 두 가지 행실이라고 하고, 마음을 다하여 절실하게 충(忠)과 효(孝)를 생각하는 것을 똑같이 분명하게 한다는 의미였으니 바로 "갈력근사군친왈량(竭力勤事君親曰兩)이요 진심절지충효왈반(盡心切志忠孝曰班)이라"로서 우리나라의 독창적인 양반개념이었다.

조정의 관료적 양반계급과 향촌의 민간적 양반계층의 구분이 생긴 것은 시대의 변화와 문화의 발전에 따라 나타난 사회적 현상이었다. 고려는 무치(武治)를 국시(國是)로 정한 귀족사회로서 문무양반의 호구(戶口)를 관청에 등재하여 산직(散職)을 더하고 전시(田柴)를 내려서 특대할 뿐만 아니라 공상업인(工商業人)의 자손은 유공시(有功時)에도 관직등용을 금지하였고 또한 과거제도(科擧制度)까지 불완전하여 평민이 양반에 오르기가 매우 어려웠다. 따라서 고려의 양반은 정치, 경제, 사회, 문화적으로 대단한 권위를 누리면서 지배계층의 신분을 유지할 수 있었던 것이다.

그러나 조선왕조는 문치(文治)를 국시로 정한 평민사회로서 과거제도를 정착하여 문무관료를 과거시험을 통하여 등용하였고 평민은 누구나 과거에 응시할 자격이 있었을 뿐만 아니라 제도적으로는 세종 13년에 신백정(新白丁)의 자제도 향학(鄕學)에 입학을 허가하고 평민과 서로 혼인하며 군역에도 복무하게 하였으며 이미 평민들과 섞여서 함께 살도록 하여 일부 노예를 제외하고는 평등기회가 주어졌다. 더욱이 관제에 있어서 조선왕조에서도 동반과 서반의 구분은 있었지만 모든 관료에 있어서 4품 이상을 대부(大夫), 5품 이하를 사(士)로 부르도록 국법으로 정하니 사회적 관심이 양반보다는 사대부(士大夫)로 옮겨가게 되었다.

고려의 양반집안은 법적인 세습권위를 누렸으나 조선의 사대부집안은 관작(官爵)의 세습을 법적으로 인정하지 않았기 때문에 자손의 계속적인 영달(榮達)이 없이는 가문의 권위를 유지하기 어렵게 되었다.

이러한 법적 제도적 상황에서 조선왕조시대에는 상류계층의 양반집안이나 사대부집안의 권위와 전통을 자랑하는 계급집단이 형성될 수 없었고 또한 잦은 정변과 사화와 반정과 당쟁으로 가운의 흥망성쇠가 거듭했기 때문에 명문집안의 역사와 기풍을 자손대대로 유지하기가 매우 어려워서 세간의 인심이 문무양반이나 사대부보다는 오히려 초야에서 유교의 윤리도덕과 학문예술을 숭상하여 지체가 반듯하고 행실이 높은 가문을 더욱 흠모하는 시대조류가 활발하게 일어났으니 바로 일반서민에게 새 가정의 희망을 주었던 산림학자양반들에 의한 소중화사상(小中華思想)의 진작이었다.

2. 조선시대 향촌양반의 출현배경

조선왕조는 유교를 국교로 정하고 문치를 숭상하면서 학문과 교육을 적극 장려하여 수신(修身), 제가(齊家), 치국(治國), 평천하(平天下)의 대인(大人)에 의한 도덕정치를 통치강령으로 삼았다. 이리하여 수신과 제가는 모든 관료의 기본덕목이고, 치국과 평천하는 모든 정치인의 중심과제가 되었다. 그러나 조선왕조는 이러한 높은 혁명의 이상에도 불구하고 군사정변으로 나라를 창업한 현실적 한계가 있었기 때문에 개국 초부터 유림세력이 현실정치 참여파와 현실정치 비판파로 나누어져서 대립하였다.

그러나 비록 불완전한 정권이라도 국가를 통일하여 5세(世)가 되면 정통성과 주체성을 인정하는 춘추사관(春秋史觀)에 의하여 조선왕조 문종(文宗)에 이르러서는 정권의 합법성을 획득하였지만 이어 세조(世祖)가 정권을 찬탈함에 이르자 또다시 현실정치 참여파와 현실정치 비판파로 갈라져서 투쟁하게 되었으니 이러한 시대상황에서 현실정치 참여파들의 유림(儒林)세력에 대항하는 현실정치 비판파들이 사림(士林)세력으로 분화 발전하였다.

연산주(燕山主)의 사화를 거쳐 중종반정(中宗反正)에 이르러 신진사림세력이 대거 진출하여 대대적인 개혁정치를 도모하였으나 수구세력의 모함으로 좌절되었고 병자호란(丙子胡亂)에 인조(仁祖)가 삼전도(三田渡)에서 오랑캐 추장에게 항복함에 이르러서는 사림세력이 청나라에 종속한 굴욕을 피하여 산림으로 숨어버리니 이후 사림세력은 산림세력으로 발전하여 오로지 윤리도덕을 지키고 학문예술을 연마하면서 춘추대의(春秋大義)를 선양하며 예의염치(禮義廉恥)를 고취하고 충효절의(忠孝節義)를 숭상하여 동방예의(東方禮義)를 수호하는 세력으로 부활하였다.

이후 관료양반이나 사대부계급에 대한 대중적 관심은 더욱더 급격히 떨어져버렸고 산림학자에 대한 존모감(尊慕感)이 맹렬하게 일어나서 서로 다투어 산림으로 찾아가니 관학인 성균관(成均館)이나 향교(鄕校)는 간혹 텅텅 비게 되었고 사학인 서원(書院)이나 서당(書堂)은 방방곡곡에 항상 가득히 넘쳐서 다 수용할 수 없는 현상이 나타났다.

일반대중의 학문적 관심이 과거를 위한 시문(詩文)의 공거문자(公車文字)에서 수신을 위한 경전의 도덕사상으로 옮겨갔기 때문에 지식인의 행동거지가 매우 단정하여 사회의 모범이 됨으로써 능히 집안사람을 감화하고 이웃을 교화하여 의리를 지키고 인정을 두텁게 하는 학풍이 널리 일어났다.

이러한 학풍이 이미 과거제가 완전히 폐지된 왜정시대까지 구학(舊學)으로 남아서 이어졌으니 향촌의 산림에서 벼슬을 단념하고 오로지 평생을 도덕학문과 예의법도를 지키면서 가문의 명예를 이어온 세월이 장장 300여 년이었다. 그리하여 향촌에 자연적으로 양반가(兩班家)라는 이름이 전파하여 외세에 종속한 현실정치 참여자를 호로(胡虜 또는 胡奴)라고 지칭하면서 구별하였으니 관료양반의 대칭은 상민(常民)이었지만 향촌양반의 대칭은 호로로 민족을 배반하고 오랑캐의 포로가 되었다는 뜻이다.

관료양반과 사대부는 관료제도를 구비한 나라에는 모두 공통적으로 있는 것이므로 특별한 의미를 부여할 필요가 없지만 산림학자를 중심으로 형성된 향촌양반은 오직 조선왕조시대에 나타난 특별한 사회계층으로 우리나라의 독창적 가정문화의 규범이기 때문에 나는 향촌양반을 조선양반으로 규정하는 바이다.

3. 조선양반의 가풍

오랑캐의 지배하에 국가개혁의 길이 막히자 산림학자양반은 가정개혁을 통한 사회개혁의 길을 추구하였으니 향촌(鄕村)에 서원(書院)을 창건하고 서당(書堂)을 열어서 훈장(訓長)이나 접장(接長)을 자임하여 서민의 자제를 교육하였을 뿐만 아니라 사창(社倉)을 만들고 대동계(大同契)를 조직하여 대중과 더불어 살면서 가정윤리(家庭倫理)를 강조하고 가풍쇄신(家風刷新)을 선도했기 때문에 향토문화발전의 중심으로 떠올랐다. 이리하여 부귀권세를 외면하고 청풍고절을 지키는 조선학자양반 집안의 명예로운 가풍은 세상사람들의 주목을 받게 되었으므로 높은 도덕문화로 가정을 개혁하는 하나의 커다란 전환의 바람이 일어났다.

국가가 어지러운 시대에 가정이 부귀한 것은 부끄러운 일이다. 그러므로 잘사는 가정보다는 바르게 사는 가정을 경영하여 오로지 수신제가(修身齊家)에 힘쓰면서 효제(孝悌)의 가정윤리를 세우고 관혼상제(冠婚喪祭)의 가례(家禮)를 지키는 것을 명예롭게 생각하였으니 온 집안사람이 모두 예(禮)가 아니면 보지 않고, 예가 아니면 듣지 않고, 예가 아니면 말하지 않고, 예가 아니면 움직이지 아니 하는 가법(家法)을 확립하였다.

그리하여 집안사람의 사치와 방탕을 엄금하고 검소질박한 생활 속에서 단아한 선비의 행실이나 고결한 군자의 품격을 갖추려고 노력하였으니 그러한 노력의 결실은 결국 모범가정으로 드러나서 가례가 크게 흥행하여 동방예의의 나라로 발전하는 모태가 되었다.

본래 유교의 예법제도는 대단히 높은 이상사회의 희망을 담았기 때문에 예는 서민을 낮추지 않고 법은 대부를 높이지 않으므로 일반서민이라도 선비의 예를 쓰도록 주례(周禮)에서 규정하였다. 따라서 모든 서민대중이 관혼상제의 예식에 선비의 예를 공통으로 사용하였기 때문에 가정의 중대사에 있어서 예를 갖추기만 하면 선비집이나 일반대중의 집이나 똑같았기로 마침내 가례를 사용한 집안은 당당한 선비집으로 행세하여 향촌의 양반가로 인정하는 데 하등의 손색이 없었다.

관례를 거행하여 성인(成人)이 되어서 자(字)가 있고, 출입에 의관을 갖추어 행동범절이 당당하여 어린이를 능히 훈계하고 노인을 공경하며, 두 성씨가 결합하여 혼례를 거행하여 부부가 되어서 사랑하고 공경하는 분별이 있고, 내외가 가지런하여 금슬 좋고 화목해서 부부간의 신의와 지조를 길이 지키며, 부모가 돌아가심에 장례식을 엄숙히 거행하여 상복을 입고 슬퍼하면서 3년의 상기를 마치며, 부모와 조상의 제사에 정성을 다하여 제수(祭需)를 장만해서 제사를 지내면 바로 당당한 양반집으로 인식하면서 높이 존경하여 마지않았던 것이다.

더욱이 조선양반이 사용하던 관혼상제의 예법은 주공(周公)이 제정한 삼대(三代)의 예법이었기 때문에 성인(聖人)의 예법이 수천 년을 지나서 해외로 건너와 꽃을 피운 것으로 고례(古禮)의 부흥을 다시 본 것인즉 그 지고지순한 가치는 세상에 어떤 것과도 바꿀 수 없는 가장 아름다운 문화적 가치로서 자타가 공인하였다.

그리하여 일반대중이 국가제도적 신분의 제약을 가례를 통하여 스스로 벗어나서 높은 도덕문화가정을 건설하여 양반집안의 명예와 전통을 지키는 것으로 긍지를 가지게 되었으니 고려시대의 양반이 상류지배계급으로서 부귀권세를 누리는 소비적 가풍을 일으킨 데 비하여 조선시대의 향촌양반은 비록 부귀권세로부터는 소외되었지만 상류예법문화계층으로서 언어, 의관, 음식, 주거, 행실에 엄격한 절제가 있어서 털끝만치도 분수를 벗어나거나 윤리도덕을 어김이 없었다.

이것은 조선양반이 가정을 바로잡아 혼란사회를 바로잡고, 나아가 어지러운 국가를 바로잡고, 암흑세계를 바로잡으려는 춘추정신(春秋精神)에서 비롯하였기 때문에 정치 경제 사회적으로 자주자립의식이 투철하여 그 양반정신이 대단히 드높고 활기찼으며, 그 양반가풍이 매우 창조적이고 생산적이었으며, 그 양반의 생활이 지극히 학문적이고 교육적이었다.

4. 조선양반과 국풍(國風)

조선양반에게 있어서 최고의 가치관은 춘추대의로 집약되어서 충효의 의리를 지키는 명예가 생명보다도 소중한 것으로 여기는 국풍이 활기차게 일어났다. 부모에게 효도함에는 빈부귀천이 따로 없으므로 누구나 효성을 다하여 양반행실을 하려고 노력했고, 임금에게 충성을 함에는 조야(朝野)가 따로 없으므로 누구나 어른을 존경하고 민중을 사랑하여 양반의 구실을 하려고 앞장섰다.

그리하여 집에서는 처자와 형제를 단속하여 불효불목(不孝不睦)을 크게 경계해서 형제간에 우애하고 이웃과 정답게 사는 온순공손한 사람이 되고, 나라에서는 현실에 영합하여 곡학아세(曲學阿世)해서 출세하는 불충불의의 아첨배를 엄중히 비판하여 청렴강직한 도덕군자가 되었으니 국가의 풍기가 대단히 기걸 차고 씩씩해서 방방곡곡에 충신효자(忠臣孝子)와 의사열녀(義士烈女)가 가득하였다.

그리하여 송자(宋子)와 효종대왕(孝宗大王)이 밀모한 복수설치(復讐雪恥) 멸청복명(滅淸復明)의 북벌사상(北伐思想)이 춘추정신의 표본으로 인식되어서 배청정책(排淸政策)을 묵시적으로 지지하여 청나라에 유학생을 전혀 보내지 않고 민간교류도 거의 단절상태에 이르렀던 것이다. 이것은 청나라의 야만적 무력지배에 대한 도덕문명의 우월감에서 나온 자존심의 표출이었던 것이니 도통(道統)이 우리 동방(東方)으로 건너왔다는 확신을 표명한 일대 사건이었다.

따라서 춘추대의에 의한 문화국을 높이고 야만국을 천시하는 도덕국가 건설의 의지가 조선양반의 기본자세였고, 다음은 효도가문을 계승하는 열망이었으니 그것은 거상범절(居喪凡節)로 증거하였다.

살았을 때의 효도는 일상사에 지나지 않은 것이고, 돌아간 뒤에 효도가 정말 큰 일이므로 사람마다 부모의 초상에 3년을 한결같이 굴건제복(屈巾制服)을 벗지 않고 남녀의 상차(喪次)가 분명해서 부부가 한 방에 거처하지 않으며 죄인으로 자처하여 하늘을 보지 않았던 것이다. 따라서 모든 사람이 이러한 상제(喪制)를 보면 저절로 존경하고 사모하여 길을 비켜주고 먼저 대접하여 도우며 공경하는 풍속이 널리 유행하였다.

또한 그 다음으로 양반가문의 중요한 가치는 대인군자(大人君

子)의 지조(志操)와 부인여사(夫人女士)의 정절(貞節)이었다. 무릇 양반가문의 체통은 소인배들처럼 달면 삼키고 쓰면 뱉는 사욕의 포로가 되거나 물질의 노예가 되거나 모리배로 전락해서는 결코 유지할 수 없는 것이므로 난잡하고 문란한 외래풍조를 멀리 쫓아 깨끗한 양심과 삼강오상(三綱五常)의 윤리도덕에 철저하였다. 그리하여 양반가문에 오랑캐가 출입하거나 매국노가 나오거나 역적이나 변절자가 있다면 반드시 그 가문에서 축출해야 하고, 또한 양반집의 자녀가 동성혼(同姓婚)을 하거나 그 며느리나 딸이 음란하여 간통을 하거나 홀로 되어 수절(守節)을 못하고 개가(改嫁)를 하면 반드시 절연(絶緣)해야만 양반의 명예와 전통을 보전할 수 있었던 것이다.

우리나라의 3년의 상기(喪期)는 본래 고려 공민왕(恭愍王) 16년에 이색(李穡)의 건의로 3년상을 입으라는 명을 내렸으나 일반백성은 여전히 100일 상을 지켰으며 조선왕조 중종(中宗) 11년에 조정암(趙靜菴) 선생의 개혁정치에 의하여 위아래 없이 3년상을 지키라는 명이 있어서 차츰 변화의 기미가 있었지만 곧 좌절하였는데 조선양반의 예의정신에 의하여 모든 사람이 스스로 3년복을 갖추어 입게 되었으니 양반문화의 위력이었다.

그리고 갑오경장(甲午更張) 이후에는 서민도 사대부와 똑같이 부모제사뿐만 아니라 조상의 제사를 자유롭게 지내게 되어서 모두 양반으로 자처하였으니 그 문화의 저력이 더욱 확산하여 남녀의 분별을 엄중히 해서 남편은 가장(家長)으로서 바깥주인으로 행세하며 사랑채에 거처하고, 아내는 내상(內相)으로서 집안의 안주인이 되어 안방에 거처하며, 길에서도 남녀가 길을 달리하여 서로 외면하고 항상 존경어를 사용하는 관습을 정착하였으며, 세상을 보는 눈은 정확하지만 말은 느리게 하고, 이해에는 어리숙하지만 의리에는 정통한 계층을 형성하였다.

이와 같이 정치적으로 국가의 정통성과 주체성을 수호하는 춘추정신과 가정적으로 부모가 돌아가심에 삼년거상(三年居喪)하는 예법정신과 사회적으로 인간의 신뢰관계를 공고히 하는 정조관념은 조선양반의 가장 거룩한 인격규범임과 동시에 근대세계에서 찾아볼 수 없는 세계 최고의 가법이요 국풍이었다.

결론적으로 난세에 가정윤리를 굳건히 지켰던 조선후기에 산림학자양반(山林學者兩班)의 국풍변화운동(國風變化運動)은 사림(士林)의 지치주의운동(至治主義運動), 산림(山林)의 도통수호운동(道統守護運動)과 더불어 조선유도의 3대 위업임과 동시에 자주자립적 문화창조의 일대 성공적 사례라고 할 것이다.

안자(安子)의 도학(道學) 수입과 한국문화

한 지역이 외래문화를 수용함에는 그 문화의 성격에 따라 능동적으로 자발하여 수입함과 피동적으로 강요당한 이식(移植)으로 나누어진다.

능동적으로 자진하여 수입한 것은 그 문화의 성격과 구조가 보편적인 세계성과 구체적인 인간성을 갖출 뿐만 아니라 그 지역의 고유한 전통문화와 잘 조화 배합할 수 있는 고급문화일 때에 이루어지는 데 반하여 피동적으로 강요당하여 이식된 것은 그 지역의 고유한 전통의식과 모순될 뿐더러 궁극적으로 인간의 의식을 일깨우려는 것이 아니라 관념의 노예로 속박하려 하고, 자연의 공리를 밝히는 것이 아니라 물질에 현혹시켜 양심을 마비시키는 저열한 문화일 때에 이루어진다.

문화의 흘러 퍼짐은 물과 같아서 높은 데서 낮은 곳으로 흘러가는 것이니 자연스럽게 접근하는 것이 순리요 억지로 강요하여 마침내 투쟁 속에 희생자가 나오거나 또는 무력전쟁이 일어난다면 이는 하늘과 땅이 뒤바뀐 것이요 사람과 짐승을 분별할 수 없는 것이다. 고려조(高麗朝)는 초기부터 고구려의 '날랜 사나이' 선랑(仙郎)이나 '앞선 사나이' 선인(先人) 그리고 신라의 화랑도(花郎道) 등의 정신을 이어받고 유도(儒道)의 선비사상을 배합하여 날래고 지혜롭고 인정미가 넘치는 자주문화를 이룩하였던바 저 오랑캐 원(元)나라가 침입하여 오랑캐의 날고기를 뜯어먹고 겁탈하는 습속을 강요할 때에 회헌(晦軒) 안유(安裕) 선생은 나라의 교육이 무너진 것을 안타까이 여기어 홀로 감상(感傷)한 노래를 지어 한탄하였다.

　　향등(香燈)은 곳곳마다 부처에게 빌고
　　피리젓대는 집집마다 귀신을 섬기는데
　　두어간 부자묘(夫子廟)에는
　　봄 풀만 가득하고 사람은 없네

　바른 학풍은 사라지고 무속폐습(巫俗弊習)만 횡행하는 목불인견(目不忍見)의 세태에 홀로 우국애족(憂國愛族)의 정열을 간직하였으므로 그 걱정이 이와 같았던 것이라고 하겠다.
　그러므로 그 13년 뒤에 즉 충열왕(忠烈王) 16년 왕이 원나라와 합병(合兵)하여 왜구를 토벌하기 위하여 정동행성(征東行省)을 설치하고 원나라에 가서 머물 때 함께 따라간 안유 선생은 주자의 글을 처음보고 곧 유학이 정통학문임을 깨닫고 좋아하여 마침내 그 글을 손수 쓰고 공자와 주자의 진상(眞像)을 모사하여 와서 주자학(朱子學)을 연구하였던 것이다.
　외래문화를 수입함에도 먼저 물질문명의 생활도구가 도입되고 다음에야 문학예술의 생활문화가 도입되는 것이며 맨 나중에야 정신문화의 학술 철학이 도입되는 것인바 송나라의 문화가 고려 사회에 도입됨에 이르러서도 도학의 도입이 맨 나중이었으니 당송8대가(唐宋八大家)의 시문학은 이미 도입되어 고려의 시문학을 일으킨 지 오래되었던 것이다.
　안유 선생은 정자(程子)가 졸(卒)한 지 200여 년이 되었고 주자가 졸한 지 100여 년 만에 홀로 그 학문이 인생의 지리(至理)임을 알고 수입하였을 뿐만 아니라 충열왕 23년 곧 선생 55세 때에는 집 뒤에 정사(精祠)를 짓고 공자와 주자의 진상을 봉안하여 아침 저녁으로 첨알(瞻謁)하면서 경모(景慕)하였고 이어 호를 주자의 회암(晦庵)에서 회(晦)자를 따 회헌(晦軒)이라고 하였으니 그 마음 속의 간절함이 어느 정도였는지 알 수 있다.

선생은 마침내 집까지 조정에 헌납하여 새 학교를 짓게 하고 또한 국학(國學)에다 봉전(俸錢)과 노비를 바쳤으며 충열왕 29년에는 백관(百官)으로 하여금 각각 은(銀)이나 포(布)를 내게 하여 양현고(養賢庫)에 보내서 교육비로 쓸 것을 청함과 동시에 박사(博士) 김문정(金文鼎)을 송나라 문물이 아직 남아 있는 남경(南京)에 보내 선성(先聖)과 72자(子)의 소상(塑像)을 모시게 하고 또한 제기(祭器), 악기(樂器)와 육경(六經), 제자(諸子) 사(史)와 주자신서(朱子新書)를 구입해 오게 하였다.

충열왕 30년에 백관이 낸 은과 포로 섬학전(贍學錢)을 설치하고 대성전(大成殿)을 낙성하니 선성상(先聖像)을 봉안하며, 교수를 추천하여 학생 수100인을 가르치게 되니 유제생문(諭諸生文)을 지었다.

충열왕 32년에 졸하니 시(諡)를 문성(文成)이라 하고 장단부(長湍府) 송림현(松林縣) 대덕산(大德山)에 장사하고 충숙왕(忠肅王) 6년에 문묘에 종사(從祀)하였으며 조선 중종(中宗) 37년(서기 1542년)에 풍기군수(豊其郡守) 주세붕(周世鵬)이 순흥(順興) 백운동(白雲洞)에 서원을 건립하고 선생의 진상을 봉안하였으며 뒤에 퇴계(退溪) 선생의 상소에 의하여 소수서원(紹修書院)이라 편액(扁額)하고 경적(經籍)을 하사받았다.

선생은 유제생문에서 말하기를 "성인(聖人)의 도(道)는 일상윤리에 지나지 아니하니 아들은 마땅히 효도하고 신하는 마땅히 충성하며 예로서 가정을 제도하고 신으로서 벗을 사귀며 몸을 닦음에 반드시 공경하고 일을 함에 반드시 성실할 따름인데 저 불자(佛者)는 어버이를 버리고 집을 나아가 인륜을 저버리며 의리를 그르치니 곧 이적(夷狄)과 동류(同類)이다. 근년에 병화(兵禍)를 만나 학교가 무너져 선비가 학문을 알지 못하고 학생들은 불서(佛書) 읽기를 즐겨 그 아련한 공적(空寂)의 요지를 숭상하여 믿으니 내가 매우 통탄하노라.

나는 일찍이 중국에서 주회암(朱晦菴)의 저술을 읽어보니 성인(聖人)의 도를 발명하고 선불(禪佛)의 학을 물리쳐 공덕이 족히 중니(仲尼)에 짝하는지라 중니(仲尼)의 도를 배우고자 할진대 먼저 회암을 배우는 것 같음이 없을지니 제생(諸生)은 새로운 글을 읽고 실천하여 마땅히 학문에 힘써 소홀함이 없게 하라.”고 하였다.

주자의 학문은 소아(小我)의 사욕(私慾)을 억제하고 대아(大我)의 공리(公理)를 준수하는 것으로 자기주체 능력을 홍대(洪大)하게 확립함으로써 하늘땅 사람과 사물 사이에 마땅히 사랑이 흘러나오는 원천이 되어야 하며, 하늘땅 사람과 사물의 사이에 마땅히 정의를 실현하는 모범이 되어야 하며, 하늘땅 사람과 사물을 모두 공경하는 제주(祭主)가 되어야 하며, 하늘땅 사람과 사물의 실정을 모두 알아주는 선각(先覺) 선지자(先知者)가 되어야 하는 것이니 하늘땅이 이 진리가 있음으로써 제자리를 찾고 사람이 이 진리가 있음으로써 희망을 갖는 바이다.

회헌 선생은 이 진리가 한 민족을 구원할 수 있는 정도임을 인식하고 이를 자발적으로 도입하여 북쪽 오랑캐의 호속(胡俗)을 물리치고 민족정기를 배양하는 이념으로 승화시켰으니 그 뒤의 학도가 한결같이 모두 배원절교(排元絶交)를 주장하고 민족 자주성을 회복하는 데 앞장선 사실에서 증명되는 것이다.

나라가 위기에 처하였을 때 대중의 의식을 일깨우고 민족의 정기를 떨칠 수 있는 학문사상을 선택하여 도입한 것은 회헌 선생의 높은 문화의식의 발로라고 아니할 수 없고 우리 민족의 전통문화형성에 다행이라고 할 것이다.

주자학은 밖으로 위민봉공(爲民奉公)의 성실뿐만 아니라 안으로 근근검약(謹勤儉約)하여 자신을 위함에는 매우 검소하고 남을 위하여는 매우 관대하며 스스로 일을 함에는 매우 철저하고 남에게 일을 맡김에는 매우 간략하여 그 인간미가 대단히 따뜻하고 그 관후한 도량이 만인을 포용하여 자애하니 비단 살아서 의지할 때만이 아니라 죽은 뒤에도 자못 잊지 못하는 인격을 이룩한다.

사람의 한평생 하는 바가 후세 사람이 잊지 못하는 데에 이른

다면 이것이야말로 하늘땅의 진리요 인류의 양심이라고 아니할
수 없을 것이다.

풍천지탄(風泉之歎)과 곤복지심(坤復之心)

　현실사회의 혼란이 극도에 이르면 사람은 누구나 도덕을 그리워하므로 『시경(詩經)』에 비풍(匪風)과 하천(下泉)의 시가 있고, 『주역(周易)』에 곤괘(坤卦)와 복괘(復卦)의 도가 있다.

　이것은 세상이 아무리 무도불의한 암흑시대가 되었다고 하여도 결코 윤리도덕은 멸절하지 않고 반드시 문명한 시대가 돌아와서 정의사회가 구현된다는 역사변화의 철칙을 변증한 내용이다.

　바람도 없고, 수레도 달리지 않지만, 서울 가는 길 바라보니, 마음도 애닯어라.

　바람도 나부끼지 않고, 수레도 뛰지 않지만, 서울 가는 길 바라보니, 마음이 쓰라리네.

　그 누가 고기를 삶으려는가, 가마솥을 씻어주리, 그 누가 서녘으로 가려는가, 좋은 소식 전해 주소서.

　위의 시는 『시경』 비풍 편으로 어지러운 세상에 정의로운 혁명이 일어나면 적극 돕겠다는 의지를 표명한 내용이니 『주역』의 정(鼎)괘와 혁(革)괘의 뜻을 담고 있는 것이다.

　차가워라 흐르는 샘물이여, 저 강아지 풀 뿌리 적시도다. 감개하여 일어나 탄식하고 저 멀리 서울을 생각하네.

차가워라 흐르는 샘물이여, 저 쑥 뿌리 적시도다. 감개하여 일어나 탄식하고 저 멀리 서울을 생각하네.

차가워라 흐르는 샘물이여, 저 톱풀 뿌리 적시도다. 감개하여 일어나 탄식하고 저 멀리 서울을 생각하네.

파릇파릇 기장 싹, 장마 비에 자라도다. 사방의 나라 위에 왕이 있나니 순백(郇伯)이 수고했었다네.

위의 시는 『시경』 하천 편으로 어지러운 세상을 탄식하면서 밝은 새 세상이 빨리 오도록 훌륭한 인물이 나오기를 기다림이 마치 가뭄에 비오기를 기다리는 심정과 같다는 뜻이다. 이상 두 시의 희망적 탄식을 풍천지탄(風泉之歎)이라고 한다.

세상이 어지럽고 사회가 혼란스러우면 어떤 사람들은 시운을 한탄하고 앞날을 비관하여 만사를 포기하고 두문불출하면서 조용히 은둔하려고 한다. 그러나 진리를 사랑하고 도덕을 숭상하는 사람은 오히려 혼란의 극치에서 천리를 밝히고 인심을 바로잡아 문명한 국가를 건설하기 위하여 진력하는 것이다.

그것은 『주역』의 곤복지도(坤復之道)를 확신하기 때문이다. 곤(坤)은 순음(純陰)의 10월에 해당하는 괘이고, 복(復)은 1양(陽)이 비롯하여 생기는 동짓달에 해당하는 괘이다. 하지에 양기가 극성한 가운데 1음(陰)이 처음 생겨서 점점 자라남에 따라 양기가 차차 소멸해서 10월이 되면 완전히 양기가 멸절한 순음의 달이 되지만 그러나 양기는 여기에서 소멸하지 않고 다시 돌아와서 11월에는 새 봄의 발전을 약속하는 것이니 이것이 양기불멸(陽氣不滅)의 곤복지도(坤復之道)이고 천지지심(天地之心)이다.

선비는 곤복지도를 확신하고 천지지심을 체인하는 사람이므로 어떠한 역경에 처하고 어떠한 시련에 신음할지라도 결코 사태를 비관하거나 앞날을 절망하지 않고, 오히려 궁박할 때에 뜻을 더욱 단단히 지켜서 송죽금석(松竹金石) 같은 기개로 끝까지 매진해서 영원불후한 공을 세우고, 청사에 길이 빛나는 이름을 얻어서 천추에 향화(香火)를 받는 길을 선택하는 것이다.

바야흐로 우리 유도(儒道)가 오래 침잠하고 성균관과 유도회와 재단의 위상이 뚜렷하지 못하여 자못 기대에 미치지 못한 점이 많았었지만 그러나 이것은 발전하기 위한 몸부림이고 정상화하기 위한 과정에 지나지 않은 것이지 낙담하고 비관하고 절망할 일이 절대로 아니다.

현시점에서 가장 큰 문제는 유림이 실망하여 방관자로 전락해서 사건해결에 무관심하게 되는 것이다. 아직 우리는 이러한 심각한 단계에까지는 이르지 않았으므로 희망이 있고 또 슬기롭게 문제를 해결하려는 노력들이 사방에서 일어나고 있기 때문에 사심 없이 협조 노력하면 문제를 해결할 수 있는 길은 얼마든지 있다.

특히 전 세계의 지도자들이 21세기의 경영철학으로 우리 유학을 선택하여 집중적으로 연구하면서 근세유교의 종주국인 한국의 유도 발전을 조명하고 있으니 조만간에 한국유학은 천하학(天下學)으로 떠오를 것인즉 이제는 작은 명리(名利)에 연연하지 말고 대인군자의 법도를 지켜서 천하제일의 유림으로 당당하게 현신해서 모두 지난 잘못을 반성하고 새로운 발전의 길을 스스로 모색한다면 우리는 다가오는 21세기를 낙관해도 될 것이다.

공부자탄강일(孔夫子誕降日)을
국가공휴일로 제정하자

　금년의 공부자탄강일은 음력 8월 27일과 양력 9월 28일이 같은 날이고 또 일요일이다. 이와 같이 뜻깊은 성탄일(聖誕日)을 맞이함에 감회가 자못 크지 않을 수 없다.

　나는 평생 공자를 배우고 연구하여 그 도덕과 학문에 경탄해서 인류의 역사상 공자보다 위대한 인물은 있지 않음을 확인하고 공자의 생애와 사상을 널리 보급하기 위하여 전기소설『공자(孔子)』를 씀에 꿈속에서 세 번이나 성인(聖人)을 뵈는 감격을 맛보았거니와 탈고하고 출간한 뒤에도 남은 감격을 이기지 못하여 공부자찬송가(孔夫子讚頌歌)를 지었으니 다음과 같다.

　① 위대하신 공부자님, 여러 성인(聖人)을 집대성하셨네. 도덕은 인애(仁愛)로 일관하시고, 경륜은 명분을 똑바로 하시도다. 사람마다 효도와 우애를 알고, 나라마다 충의와 정절을 두텁게, 3강5상(三綱五常)의 윤리를 가르치시니, 모두가 변화해서 덕을 칭송합니다.

　② 배움과 생각에 사특한 망녕 없이, 예절과 음악에 형식과 내용 있게, 넓은 지식 실천에 명절숭상하고, 극기(克己)함에 시청언동(視聽言動) 조심하여라. 정밀하고 한결같아야 하늘 통하나니, 마음이 성실하고 정직해야지. 사랑과 공경에 분수 살피고, 앎과

행동을 일치하도록.

③ 대우주의 변역(變易)에 태극(太極)세우시고, 춘추의 난세에 곧은 붓 잡으셨네. 『상서(尙書)』는 요임금의 해와 달이요, 『시경(詩經)』은 문왕의 금슬(琴瑟)이로세. 의전(儀典)은 순임금과 무왕의 노래, 문장은 용과 봉의 그림이요, 사업은 인민을 위하는 방책이로다.

④ 중도재(中都宰)가 되시니 안락한 고을, 대사구(大司寇)가 되시니 태평한 나라, 사공(司空)을 하시니 민중사랑 앞장, 사구(司寇)를 하시니 송사(訟事) 없는 게 제일, 협곡(夾谷)의 회맹(會盟)에 높은 업적 세우시고, 3도(三都)를 평정한 공 크기도 하셔라. 제(齊)나라가 가무단을 보내 방해할 제 번육(膰肉)이 안 와서 노나라 떠나셨네.

⑤ 중용(中庸)의 대동(大同)하는 마음으로 온 세상을 두루 달리는 궤도 놓았네[轍環天下]. 세상을 깨우쳐 분열상 고발하시고, 목탁을 쳐서 장벽 허물려 하셨네. 환퇴가 죽이려고 하니 '하늘이 나를 보호한다.' 광(匡) 땅에서 구금되니 '성인의 문화가 여기 있노라.' 유세(遊說) 14년에 당시 제후들, 자기와 다르다고 쫓아내누나.

⑥ 3천제자 마음으로 열복하고, 70에 하고 싶은 대로 해도 법도에 맞아, 의롭지 않은 부귀야 뜬구름인 것을, 한가롭게 산과 물을 즐기시도다. 정신을 밝혀서 변화 아는 묘체, 옛 성인을 이어 후세 사람에게 전했네. 양양하게 넘치도다 거룩한 명성이여, 우뚝하게 높고 높아 하늘에 짝했도다.

이 세상에 공자님보다 위대한 스승은 없다. 그렇기 때문에 동양사회에서는 이후 2천 여 년 동안 소위 진시왕의 분서갱유(焚書坑儒)와 모택동 주석의 문화대혁명의 시기를 제외하고는 언제나 만세종사(萬世宗師)로 받들어 태학(太學)과 향교(鄕校)에서 석전대제(釋奠大祭)를 거행하여 인류의 사표로 숭앙했던 것이다.

우리나라는 3국시대부터 태학을 설립하여 『논어(論語)』를 비롯해서 『시경(詩經)』, 『서경(書經)』, 『예기(禮記)』, 『주역(周易)』, 『춘추(春秋)』 등을 가르쳐서 인재를 양성하고, 정치 사회 교육 문화를 크게 발전시켰으니 조선왕조시대에는 동방예의의 나라를 건설하여 문풍(文風)을 세계에 자랑하는 경지에까지 이르러서 오늘날에도 우리의 의식관념과 생활문화전반에 걸쳐서 깊숙이 자리잡고 있다. 사실이 이러함에도 크리스마스와 불탄일은 이미 국가공휴일로 제정된 지가 오래 되었으나 공부자탄강일인 성탄일은 오히려 잊혀져 가고 있는 현실을 보노라면 시대적 모순을 절감하지 않을 수 없다. 특히 우리나라는 남북통일의 역사적 과제를 앞두고 있는바 남북의 상이한 사상체제에도 불구하고 다행히 남북통일의 두터운 기반으로 남아 있는 것은 유교문화일진데 통일시대를 준비하는 차원에서라도 정부는 하루속히 성탄일을 국가공휴일로 제정해서 온 국민이 우리 민족문화의 위대한 역사전통을 재인식하여 한국의 유도를 세계문화의 중심적 위치에 확고하게 세우는 작업을 더 이상 늦추어서는 안 될 것이다.

유교는 평화통일의 철학

　　만물은 화합하여야 창성하고 만사는 통일하여야 형통한다. 분열과 대립은 끝내 혼란만 초래하기 쉽고, 모순과 갈등은 마침내 파국에 이르기 쉽기 때문에 지혜로운 사람은 혼란을 조기에 수습하고 파국을 미연에 방지하기 위하여 헌신 노력하는 것이다.

　　혼란을 수습하고 파국을 막는 방법은 다양하지만 우리 유교는 평화통일의 길을 가장 귀중하게 생각하여 왔으니 평화통일의 길만이 파국을 완전히 막고 혼란을 근본적으로 수습할 수 있는 까닭이었다.

　　공자(孔子)는 춘추시대(春秋時代)에 대일통주의(大一統主義)를 설파하고 맹자(孟子)는 전국시대(戰國時代)에 평화통일사상(平和統一思想)을 역설하였으니 모두 천하대란을 근본적으로 수습하여 천하국가의 안정과 발전을 보장하는 유교의 핵심철학이다.

　　공자의 대일통주의는 대인(大人)이 하나로 통일하여 다스리는 구조를 만들어야 된다는 대통일사상(大統一思想)이다. 이것은 춘추시대의 혼란의 원인이 바로 야욕충족을 위한 소인배들이 패권을 다투면서 분열을 확대하고 모순을 증폭시킨 결과에서 파생했기 때문에 이것을 수습하기 위해서는 투명한 덕성을 함양한 대인군자를 최고 지도자로 세워야만 화합통일의 안정사회를 건설할 수 있다는 사상이다.

그러므로 정이천(程伊川) 선생은 『춘추전서(春秋傳序)』에서 말하기를 "하늘이 인민을 냄에 반드시 뛰어난 인재가 있나니 일으켜 세워서 군장(君長)으로 삼아서 다스림으로써 쟁탈이 그치고, 이끌음으로써 생양(生養)이 성취하고, 가르침으로써 윤리가 밝혀지나니 그러한 뒤에 인도(人道)가 확립하고 천도(天道)가 완성하고 지도(地道)가 화평한 것이다."라고 하여 성현이 나와서 정치와 경제 그리고 교육을 담당하여야만 천하국가가 안정하게 되는 것임을 해명하고, 공자가 『춘추』에서 주장한 대일통주의가 춘추대의의 첫째 항목임을 논증하였다.

맹자(孟子)의 평화통일사상은 민중의 절대적인 지지와 호응을 얻음으로써 무적의 통일역량을 획득한다는 것이다. 『맹자(孟子)』에 다음과 같은 통일론이 있다. "맹자가 양양왕(梁襄王)을 만나보고 나와서 사람에게 말하기를 바라보니 임금 같지 않고 가까이 가도 두려워할 바가 보이지 않더니 갑자기 묻기를 천하는 어떻게 안정되리까? 하거늘 내가 말하기를 통일이 되어야 안정할 것이라고 대답하니 누가 능히 통일을 하겠소? 하기에 말하기를 사람 죽이기를 좋아하지 아니하는 이가 능히 통일할 것이라고 대답한즉 누가 능히 따르리까? 하거늘 대답하여 말하기를 천하에 따르지 않음이 없으리니 왕은 저 싹을 압니까? 7·8월 사이에 가물면 싹이 말라 시들다가 하늘에서 뭉게뭉게 구름이 일어나 주룩주룩 비가 내리면 싹이 꼿꼿하게 일어나나니 그 이와 같으면 누가 능히 막으리요. 오늘날 저 천하의 임금들이 사람 죽이기를 좋아하지 않은 이가 있지 않으니 만약 사람 죽이기를 좋아하지 않은 임금이 있다면 천하의 민중이 모두 목을 빼고 바라보리니 진실로 이와 같다면 민중이 돌아감이 물이 아래로 흐르듯이 하리니 질펀함을 누가 능히 막으리요라고 하였노라."(『맹자』, 양혜왕상)

사람 죽이기를 좋아하지 않은 사람은 인자(仁者)로서 평화를 애호하고 인간을 사랑하는 지각을 가진 지도자이다.

인간의 도덕적 지각은 천하무적의 힘으로 나타날 수 있다는 것이 공자와 맹자의 한결같은 주장인데 이것은 무력이나 외교력 또는 경제력을 앞세우는 것이 아니라 사람답게 사는 인생의 본의를 발견하는 것이 천하국가의 기본이 되어야 한다는 사상이다.

그러므로 도덕성을 상실하고 인륜을 파괴하는 살벌한 통일정책은 공자와 맹자가 엄중히 비판하였으니 공자의 문하에는 비록 5척 동자라도 오패(五覇)를 일컫는 것을 부끄럽게 여겼으며 맹자는 말하기를 "전쟁을 잘하는 자는 극형에 처하고, 제후를 연합하여 동맹하는 자는 그 다음에 형벌에 처하고, 황무지를 개간하여 농지를 위탁한 자는 그 다음 형벌에 처해야 하니라."(『맹자』, 이루상)라고 하여 전쟁통일론(孫臏·吳起의 兵法家) 외교통일론(蘇秦·張儀의 합종연형책), 경제통일론(李悝·商鞅의 토지개간책) 등을 엄중히 규탄하였으니 모두 예의도덕을 무시하고 민중을 학대하면서 힘과 술수로 패업(霸業)을 달성하려고 기도했기 때문이다.

진정한 통일은 개인적 야망을 극복한 도덕적 양심의 통일이다. 그러므로 『대학(大學)』에서 명덕(明德)을 천하에 밝혀야 천하가 평화롭게 된다고 하였고, 『중용(中庸)』에서 중화(中和)를 이루면 천지가 바로 서고 만물이 생육한다고 하였으니 유교의 협화만방(協和萬邦)하는 화합통일철학이 여기에 있다.

유교인의 품격

　유교인은 공자를 배우는 사람이다. 공자는 도관백왕(道冠百王)하시어 만세종사(萬世宗師)이시니 이 세상에서 가장 위대한 학문도덕을 밝히신 인류의 사표이다.

　따라서 공자를 배우는 유교인은 그 품격이 매우 고상하고 학덕이 높아서 성인(聖人)이 되기를 기약하는 사람인 즉 비록 성인의 경지에 이르지 못했다고 하여도 현인(賢人)이 되고 군자(君子)가 되려는 선비의식을 가지고 있는 것이다.

　그러므로 선비는 그 뜻을 숭상하나니 지혜와 인애와 용기를 갈고 닦아서 오륜의 도덕을 바르게 실천하는 아름다운 인격완성에 전념하는 것이다.

　공자는 15세에 학문에 뜻을 두었고 30에 입신(立身)하였으며 40에 불혹(不惑)하고 50에 지천명(知天命)하고 60에 이순(耳順)하고 70에 마음에 하고자 한 바를 따라도 법도에 벗어남이 없다고 하였으니 공자를 배운 유교인은 이것을 표준으로 하여 학문수양의 과정으로 삼아야 할 것이다.

　공자는 15세에 무슨 학문을 하였는가? 그것은 대인(大人)의 학문이었으니 수기치인(修己治人)의 도(道)를 연구하여 성인(聖人)의 윤집궐중(允執厥中)의 도통(道統)을 계승하는 것이었다. 그러므로 『중용(中庸)』에서 중니(仲尼)는 요순(堯舜)을 근본으로 계승하시고 문무(文武)를 헌장(憲章)으로 하시며 위로 천시(天時)를 본받고 아래로 수토(水土)를 따르시다라고 하였다.

30에 입신하였다는 것은 독립적 인격을 갖추어서 뚜렷한 인생관을 정립하여 능동적으로 사회에 동참해서 사업을 경영함에 문행충신(文行忠信)이 반듯한 것이며, 40에 불혹은 물리(物理)와 인정(人情)에 밝아 사사로운 생각이 없고 기필함이 없고 고집함이 없고 사사로움이 없어[毋意, 毋必, 毋固, 毋我](『논어』, 자한)서 만사를 합리적으로 공명정대하게 처리하였다는 것이다.

50에 지천명은 천하를 자임하여 하늘이 준 사명을 알아서 오로지 주장하는 것도 없고 결단코 하지 않을 것도 없어서 의리(義理)로 보아 하여야 될 일이면 가능하지 않더라도 하고, 의리에 어긋나면 할 수 있어도 하지 않은 것이며, 60에 이순은 온량공검양(溫良恭儉讓)하시어 성덕광휘(盛德光輝)가 넘쳐 사람의 말을 들음에 모두 통달함이요, 70에 마음에 하고자 한 바를 따라도 법도에 넘어가지 않은 것은 힘써 노력하지 않아도 자연히 중용의 도에 적중하여 낙천열명(樂天悅命)의 경지에 들었다는 것이다.

유교인이 이러한 학문수양의 과정을 표준으로 하여 닦아야 할 인격은 첫째 인간성을 함양하는 것이고, 둘째는 사회성을 배양하는 것이다.

공자는 인(仁)을 인간성이라고 하였고, 맹자는 인의예지(仁義禮智)를 인간의 고유한 선성(善性)이라고 하였다. 인간의 사사로운 욕심을 막고 천리(天理)의 본성을 온전히 간직하여 인간미가 넘친 품격을 유지하는 것이 유교인의 기본덕목이니 만일 인간성을 상실하면 절대로 유교인이 될 수 없는 것을 알아야 한다.

또한 공자는 효도를 설파하고 맹자는 오륜의 도덕을 역설하였으니 모두 유교인의 사회성을 강조한 내용이다. 인간성이 아무리 아름다워도 교만하고 인색하여 사람들과 더불어 화합할 수 없다면 어디에다 쓰겠는가? 집에서 효도하고 나라에 충성하는 사회성이 있어야만 유교인이 될 수 있다는 것이다.

그러나 또한 인간성과 사회성이 있다고 하여도 그것을 말미암

음에 있어서 자연적 절도와 문화적 품격이 없어서는 안 된다. 교
언영색으로 다정한 척하고, 분별 없이 부화뇌동하는 것은 천박하
고 속되어서 취할 것이 못된다. 반드시 예법을 지켜서 자연스러
운 절도가 있어야 되고, 지식이 있어서 합리적인 문채를 갖추어
야 된다.

"자공(子貢)이 묻기를 향인(鄕人)이 모두 좋아하면 어떠합니까?
공자가 말하기를 옳지 못하다. 향인이 모두 싫어하면 어떠합니
까? 공자가 말하기를 옳지 못하니라. 향인의 착한 사람이 좋아하
고 그 착하지 못한 사람이 싫어하는 것만 같지 못하니라."(『논
어』, 자로)

여기에서 우리가 음미해야 될 내용은 유교인의 인간교제는 무
차별 무분별한 사귐이 아니라 각각 절도가 있고 분별이 있어서
착한 사람을 좋아하고 착하지 못한 사람을 싫어한다는 사실이다.
사람이 절도가 없고 분별이 없으면 고상한 품격을 확립할 수 없
기 때문에 비록 인정이 많고 붙임성이 좋다고 하여도 또한 절제
력과 지각이 있을 것을 요구하는 것이다.

그리하여 유교인이 있는 곳에는 학문도덕이 일어나고 문화예술
이 발달하여 문명한 사회를 건설하는 중심처가 되어야 하는 것인
즉 한갓 세속과 동화하여 호인(好人)이라는 소리를 들으면서 난잡
하고 무례하게 더불며 시비선악(是非善惡)을 가리지 아니하는 사
람은 결단코 유교인이 될 수 없을 뿐만 아니라 급기야 인격을 상
실한 향원(鄕原)으로 전락할 것이다.

『주역(周易)』의 진리
― 선덕(善德) 자각과 공리(公理) 확신 ―

1. 인간의 실존과 우주의 구조

『주역(周易)』의 진리는 인간의 고유한 선덕(善德)의 실체를 지각하여 하늘땅의 보편적인 공리(公理)의 구조에 완전히 합일하는 도(道)를 밝힌 까닭에 자고로 『주역』을 『세심경(洗心經)』이라고 하였다. 형이하(形而下)의 현상세계는 상대적인 조화의 관계를 유지하며 자연적인 질서 속에서 체계적으로 발전한다. 이러한 자연의 현상은 곧 형이상(形而上)의 본체계(本體界)에 절대불변의 정리(定理)가 있음을 증명한다.

우주를 통일주재하는 최고의 원리를 태극(太極)이라고 하였는데 태극이란 지존(至尊)의 절대자이며, 지성(至誠)의 진실체이며, 지신(至神)의 주재력(主宰力)이며, 지명(至明)의 지각력(知覺力)으로 곧 최고의 선덕이요 완전한 공리이다.

하늘땅에 하나의 태극이 있어서 우주전체를 통일주재하고 만물도 또한 각각 하나의 태극을 갖추고 있어서 자체를 자율(自律)주재한다. 그러나 이 하늘땅을 주재하는 태극이나 저 만물을 자율하는 태극이 전혀 다름이 없는 동일한 태극인 까닭에 만물개체의 도(道)와 하늘땅 전체의 도가 함께 진행하여도 서로 어그러짐이 없다. 따라서 개체의 자율주재하는 태극의 원리가 최고의 선덕이 되는 것이요, 하늘땅의 통일주재하는 태극의 원리가 완전한 공리가 되는 것이다.

2. 선덕(善德)의 실존

『주역』의 건도(乾道)는 강건(剛健)·중정(中正)·순수(純粹)한 정성(精誠)의 영원 불식(不息)함을 가장 고귀한 것으로 교시하였다. 정성이란 자기 스스로 양성하는 것인데 그것은 지(知)와 인(仁)과 용(勇)을 종합한 실체의 이름이다. 천도(天道)는 자강불식(自强不息)하는데 그것은 강건한 용기, 중정(中正)한 인애(仁愛), 순수한 지각을 갖춘 정성이 있기 때문이다. 이에 성인(聖人)은 인류로 하여금 이와 같은 선덕(善德)을 계발하여 누구나 완전한 인격을 갖추도록 가르치고 있다.

사람은 나면서부터 태극의 진리를 타고났기 때문에 그 성품이 본래 선하고 음양오행(陰陽五行)의 청수(淸粹)한 기질을 받아서 사람의 형색이 되었으므로 만물 가운데서 가장 신령한 존재다. 그러므로 『주역』에서는 천지인(天地人) 삼극(三極)의 도(道)를 밝힌다. 태초에 사람은 하늘땅에 의하여 창조되었으나 현세의 하늘땅은 오히려 인류에 의하여 경영된다. 만일 사람이 본성에 고유한 절대의 선덕을 남김없이 길러 지극한 정성을 이룩하면 이에 사람들을 감격시킬 수 있음은 물론, 나아가 하늘땅 귀신까지도 감동시킬 수가 있는 것이다.

『주역』에서는 순천(順天)·승천(承天)의 길만을 말하지 않고 통천(統天)·어천(御天)의 길까지도 제시하고 있다. 『중용(中庸)』에서도 선(善)을 밝혀 한 몸이 성실하여 성정(性情)의 중화(中和)를 이룩하면 사람이 하늘땅의 변화생육을 도와주는 데 그치지 않고 마침내 하늘땅과 더불어 나란히 삼립(三立)할 수 있음을 말하였다.

인간은 참으로 자기자신의 실존(實存)인 고유한 선덕을 남김없이 자각할 때에만이 우주공간에서 가장 위대한 본래의 자기의 자리를 찾을 수 있는 것이다.

3. 공리(公理)의 구조

하늘땅의 진리는 하나일 뿐이다. 이 하나의 보편적인 대원리는 시간의 변화에 따른 동정(動靜)의 구조와 공간의 위치에 따른 강유(剛柔)의 구조와 개체의 능력에 따른 소장(消長)의 구조 등에서 특수한 원리로 나누어진다. 그러므로 『주역』에서 건도(乾道)는 원형리정(元亨利貞)한다고 하였는바 한 개체가 존재·생성·진화·발전하는 길은 시간차와 공간차 및 능력차의 여러 구조를 관찰하여야만 비로소 흉(凶)함을 피하고 길(吉)함을 추구할 수 있게 된다. 전체와 개체가 함께 길한 것을 대길(大吉)이라고 하는데 따라서 대길할 수 있는 원리를 공리(公理)라고 한다.

공리는 때와 장소와 능력에 알맞은 원리인데, 때에는 춘하추동(春夏秋冬)이 있고 장소에는 동서남북(東西南北)이 있으며 능력에는 태양(太陽), 소음(少陰), 소양(少陽), 태음(太陰)이 있는바 이것을 분별하여 상황변화에 따른 그 정리(定理)를 인식하여 처지를 고수하거나 능력을 발휘하거나 또는 운명에 순응하거나 하여야만 그 정도(正道)를 확립할 수 있다.

한 개체가 가야 할 일정불변의 정리(定理)는 주체적 최선을 다하는 길이요, 객관적인 적당함을 얻은 길로서 개체와 전체가 합일 조화하는 천하공공(天下公共)의 정도(正道)이다. 『중용』에서는 이 도를 중용(中庸)의 도(道)라고 하였다.

이 도는 시간의 변화에 따라 바뀜으로 변역(變易)의 도라고 하였으며, 현재의 처지에서는 일정함으로 불역(不易)의 도라고 하며, 자기의 실력에 따라 발휘함으로 이간(易簡)의 도라고 하였다.

사람은 누구나 현재상황의 구조 속에 있는 절대공리(絶對公理)를 명확히 인식하였을 때에만 하느님의 뜻에 따라 자기가 가야 할 가장 떳떳한 길을 살아갈 수 있는 것이다.

화합의 윤리

하늘땅은 도덕으로 화합하고, 귀신은 정신으로 화합하며, 사람은 신의로 화합한다. 어리석은 사람은 눈앞의 이익으로 결합하여 이해득실(利害得失)에 따라서 아침저녁으로 이리저리 이합집산(離合集散)하는바, 어찌 그 윤리를 따질 수 있으랴만 선비는 예양(禮讓)으로 만나고 절의(節義)로 끊어버리는 뚜렷한 윤리가 있다.

하늘은 도덕으로 화합하니 지성(至誠)이 아니면 감동할 수 없고, 귀신은 정신으로 화합하니 경신(敬愼)이 아니면 감응할 수 없으며, 사람은 예의로 화합하니 신의(信義)가 아니면 교제할 수 없다. 신의는 인간교제의 바탕으로서 누구나 스스로 신의가 있어야만 사람과 더불어 함께 살 수 가 있는 것이다. 아버지와 아들 사이의 친밀함, 국민과 정부의 정의로움, 남편과 부인의 분별함, 늙은이와 어린이의 차례 있음, 벗 사이에 믿음이 모두 신의를 바탕하여 아름답게 화합한 것이다. 사람은 먼저 이와 같은 사람의 사회에서 믿음 있고 화합한 다음에야 나아가 귀신을 공경할 수 있는 것이요 마침내 하늘을 지성으로 섬길 수 있는 것이다.

사람은 누구나 나면서부터 하늘이 준 착한 인간성을 받아가지고 사는 까닭에 인(仁)·예(禮)·지(智)·신(信)의 고유한 선덕(善德)을 가지고 있으니 이 사람의 선덕을 자각한 사람은 스스로 신의가 있거니와 이것을 자각하지 못한 이는 사심이 앞을 가리고 물욕에 이끌리어 한 몸에 믿음이 없을 뿐만 아니라 드디어 사망(邪妄)하게 된다.

신의는 스스로 밝음이요 확신이다. 자기의 선덕을 크게 깨닫고 천하의 공리(公理)를 확신함이다. 충만한 선덕이 나에게 고유함을 깨달으면 자신이 넘칠 것이요,‘ 명백한 공리가 영원히 불변하는 진리임을 확신하면 대도(大道)를 말미암을 것이니 본디 자신이 넘치면 어디선들 정직(正直)하지 아니할 것이며, 일찍 대도(大道)를 말미암으면 언제인들 공명(公明)하지 아니할 것인가!

어디서나 정직하고 언제나 공명함이 곧 화합의 길인데 이것이 인류의 사회생활을 참되고 보람 있게 하여준다. 따라서 천하국가에 있어서 예악형정(禮樂刑政) 같은 큰 일로부터 한 몸에 있어서 출처어묵(出處語默) 같은 적은 일에 이르기까지 유도(儒道)에서는 정직과 공명을 바탕으로 윤리를 세워서 널리는 천하만방의 화평을 이룩하도록 하였다.

그러므로 관(冠)·혼(婚)·상(喪)·제(祭)·상견(相見)·향음주(鄕飮酒)와 같은 예식에서도 사곡(邪曲)을 거부하고 비밀을 배격하여 이 예식을 거행함에는 언제나 내외대소(內外大小)의 친척과 이웃 원근(遠近)의 지우(知友)에게 알림과 동시에 행사의 제반업무를 반드시 집례(執禮)와 유사(有司)에게 분담 위임하여 처음부터 끝까지 철저하게 공개적으로 진행하게 하였고 심지어 음식의 분배와 회계의 지출과 수입까지도 집사(執事)의 책임 아래 공정 명확하게 처리하도록 하였으니 털끝만치도 화합을 저해하는 불평과 의혹을 해소하는 방법이었던 것이다.

이것은 한 개인이나 한 가정의 일로 인하여 공동사회의 조화생활(調和生活)을 무너뜨리지 아니하려 함이다. 비록 한 개인이나 한 가정의 주인은 길례(吉禮)의 즐거운 자리에서나 흉사(凶事)의 급박한 때에라도 정신을 수습하여 정직을 잊어서는 안 되는 것이며 의례(儀禮)를 집행하는 집례(執禮)는 부귀하여 풍족한 집에서나 빈천(貧賤)하여 곤궁한 집에서나 정성을 다하여 공명(公明)을 잃어서는 아니 되는 것이다.

　정직 명확하지 아니하면 불신이 일어나고 불신을 당하면 고독 감이 생기어 백 가지 행동에 자신이 없게 되고, 공명정대하지 못 하면 부정의 의혹이 싹트고 부정의 의혹이 일게 되면 불안감이 생기어 만 가지 일에 원칙이 없게 된다. 이처럼 행실에 자신이 없 고 사물에 원칙이 없다면 이에 곧 자포자기하여 사망(邪妄)을 꺼 리지 않게 되고 혼란을 두려워하지 아니하게 되는바 사회가 여기 에 이르면 화합이 도리어 허탈한 것이며, 윤리가 오히려 무의미 하게 되어서 마침내 추억이 없는 시대가 되어버린다.

　성인(聖人)은 이를 두려워하여『주역』중부(中孚)괘에서 신부(信 孚)의 상황윤리를 교시하였다. 개인은 스스로 결심하여 영원히 바 뀌지 아니하는 일편단심(一片丹心)을 간직할 것. 집단의 구성원은 서로 존중하고 널리 대동단결하여 끝까지 신의를 지킬 것. 집단 의 지도자는 공리(公理)를 확신하고 때에 맞추어 도(道)를 따라서 공명정대하게 임무를 완수할 것이니 인류의 사회생활이 이렇게 된 뒤에야 아름답게 화합하여 즐겁고 보람 있는 역사를 이룩할 수 있는 것이다.

붕우(朋友)의 도(道)

　붕우(朋友)는 인륜(人倫)의 하나이다. 사람이 세상에 살면서 벗이 없을 수는 없는바 공경과 믿음을 엮어 보람 있는 인생을 이룩하여 주는 까닭이다.

　벗이란 그 마음을 벗하는 것이니 믿음이 바탕이 된바 마음속에서 우러나오는 사랑과 공경이 없이는 오래도록 좋아하는 사이가 될 수 없는 것이다.

　세속의 벗이란 나이가 서로 비슷하고 처지가 서로 같아서 의기(意氣)가 맞으면 벗으로 사귈 것을 약소한 다음 슬픈 일이나 경사스러운 일에 서로 터놓고 하소연하고 도와줌에 사양하고 받으며, 근심스럽거나 어려운 때에는 찾아가 의논하고 구원하며, 만일 잘못한 행실이 있을 것 같으면 바르게 충고하여 고치게 하는 사이인 것이다.

　선비의 벗은 이에서 더 나아가 덕(德)을 벗하는 것이다. 학문을 강습(講習)하고 사물을 토론하여 도덕을 밝히고 의리를 드러내며 마침내 인격을 높이고 선덕(善德)을 쌓아가는 사이인 것이다. 그러므로 벗이 도(道)를 잘 지키고 도량이 있으면 나라에 추천하여 벼슬길에 오르게 하여 지도자를 바르게 받들고 국민을 살찌게 하도록 하며, 만일 덕을 허물고 도를 떠나게 되면 엄중히 충고하고 교제를 끊어버리는 것이다.

대체로 마을에서 나이를 존중하는 것은 세상에 공통된 윤리이지만 선비가 벗을 사귐에는 그 나이에 상관이 없는 것이요, 조정(朝廷)에서 직위를 존중하는 것은 천하에 공통된 윤리이지만 선비가 벗을 사귐에는 그 작위(爵位)에 상관이 없는 것이다. 하물며 문벌이나 세력 따위야 볼 것이 없다. 옛사람들은 망년(忘年)의 교우(交友)를 트고 또 천자(天子)가 필부(匹夫)와 교제를 하였는바 선비가 벗함은 오직 그 덕을 벗할 뿐인 까닭에 도의만이 교제의 길이요 예절만이 교우의 문(門)이다.

따라서 선비는 문채(文彩)로서 벗을 모으는바 자기와 같지 못한 이와는 벗하지 아니한다. 한 고을의 선비이어야만 한 고을의 선비와 벗할 수 있고, 한 나라의 선비이어야만 한 나라의 선비와 벗할 수 있으며, 천하의 선비이어야만 천하의 선비와 벗할 수 있는 것이다. 선비에게 있어서 붕우(朋友)의 도(道)가 이와 같이 고상하고 엄격한 까닭에 벗을 맺음에는 반드시 사상견례(士相見禮)를 거행하여 그 기상(氣象)을 보고, 그 말을 들으며, 그 뜻을 깨달아 큰 도량에 감격하고, 큰 덕을 사모하며, 큰 도를 존중할 수 있는 다음에야 벗이 될 수 있게 하였는바, 이와 같은 의례절차를 거쳐서 벗으로 사귀게 한 것은 붕우에게는 뚜렷한 윤리가 있는 만큼 길거리에서 만나 막연히 아는 사람과는 달리 두터운 정의(情誼)와 각별한 의리가 있기 때문이다.

천자(天子)나 제후(諸侯)가 벗을 사귀는 도리는 더욱 높다. 천자는 천하의 현인(賢人)과 벗을 사귀어야 되는 사명이 있고, 제후는 나라의 현인과 벗을 사귀어야 하는 책무가 있다. 천하국가의 발전과 인류 생민(生民)의 번영을 위하여 최고 통치자는 반드시 어진 사람과 벗을 사귀어야 된다. 필부필부(匹夫匹婦)는 당시에 벗할 만한 사람이 있으면 벗하지만 만일 당대에 벗할 만한 사람이 없으면 가만히 옛날의 고인(故人) 가운데서 벗할 이를 찾아 그 책을 읽고 그 역사를 이야기하면서 사숙(私淑)하며 벗할 수도 있지만 천자나 제후는 국가와 인민을 위하여 반드시 당시 사람 가운데서 가장 어진 이로 벗을 사귀어야만 되는 사명이 있고, 또한 벗을 사귀되 범연히 왕래하며 서로 보는 데만 그치지 아니하고 항상 그 인현(仁賢)을 존중하여 정치를 의논하여야 하며, 반드시 그 현능(賢能)을 임명하여 행정을 위임하여야 되며, 어디서나 그 어진 인재를 길러 국민을 교화(敎化)시키도록 하여야 된다.

천자나 제후의 벗하는 도(道)가 이와 같은 까닭에 군자에게 벼슬하는 길도 한결같지 아니한바 임금의 잘못을 바로잡고 정치를 주재하여 그 도(道)를 펴기 위함도 있으며, 다만 교제만을 통하여 임금에게 바른 길을 권려(勸勵)하기 위함도 있으며, 나라의 인재를 기르고 어진 이를 공양(供養)하기 위한 시책에 따라서 학문을 계속하기 위함도 있다. 그러나 모두 사양하고 나아가야 한바 사양하고 받는 것이 평교(平交)의 도(道)이다. 만일 무도불의(無道不義)로서 부르면 군자는 모두 거절하여 물리치고 오직 벗의 예의로서 교분을 맺은 다음에야 부득이 나아가는 것이며, 비록 나아가더라도 오랫동안 보직을 주지 않거나 간(諫)해도 듣지 않으면 모두 물러가는 것이다.

그런 까닭에 선비는 스스로 자진하여 임금과 교분을 틀 수 있는 의리가 없으며, 다만 부모를 공양하고 처자를 양육하는데 그 호구지책(糊口之策)이 절박할 때에는 선비라 하여도 자진하여 벼슬자리를 구할 수는 있으나 이 때에는 그 직급이 가장 낮고, 그 봉급이 가장 적은 말단의 벼슬자리만을 골라서 나아가야 한다. 그러나 비록 녹사(祿仕)로서 하는 일이 시시하고, 타는 봉급이 보잘 것이 없다고 하여도 불성실하게 근무하여서는 절대로 안 되는 것이다.

선비가 숭상하는 것은 도(道)이다. 사업에는 비록 대소(大小)가 있지만 도리(道理)에는 본래 대소가 없다. 공직은 누구나 한결같이 정직하고 책임 있게 수행해야 하는 윤리가 있고, 군자는 언제나 명확하게 사는 신의가 있는 까닭에 맡은 일에 태만한 것은 모두 죄악이다. 비록 곤궁하지만 몸소 부지런히 일하고 스스로 벌어먹는 것은 떳떳한 일이지만 국가사회에 아무런 공헌도 없이 최고 통치자와 특별한 교분에 의하여 홀로 구원을 받는 것은 염치없는 일이다. 옛날 어진 이는 차라리 떳떳하게 녹사(祿仕)를 할지언정 임금에게는 절대로 자기의 처지를 하소연한 일이 없을 뿐만 아니라 만약 임금이 그 궁박함을 알고 식량을 보내주더라도 이를 단호히 거절하였다. 다만 국가가 일반 빈민에게 배급하는 구호양곡만은 말없이 받아먹어도 무방하지만 이것도 또한 한없이 계속하여 받아먹기만 하는 것은 인간의 본의(本義)가 아니다.

천자나 제후가 전후좌우에 참으로 당세의 어진 벗이 없다면 이는 무덕(無德)한 용군(庸君)이요, 무도(無道)한 패주(覇主)일 뿐이다. 임금이 어리석게도 간(諫)하는 말을 듣지 않고 전제독재(專制獨裁)를 좋아하여 인민을 학살하고 천도(天道)를 거역하는 데 이르면 가장 친근한 경대신(卿大臣)은 이 임금을 갈아치워야 된다. 착하도록 책망(責望)하는 것은 붕우(朋友)의 도(道)인데 사(士)·서인(庶人)은 세 번 간하여도 듣지 아니하면 물러나와 교제를 끊어버리는 것이나, 임금과 가장 친근한 경대신(卿大臣)은 마침내 국가 민족의 안녕을 외면할 수 없고 임금의 잔악(殘惡)을 더 이상 조장(助長)시킬 수 없는 까닭에 붕우의 도로서 포학한 임금을 갈아치워야만 된다.

절제(節制)의 도수(度數)

사물은 가지런하지 아니하다. 이치에 조리가 있으므로 형기(形氣)에 분수(分數)가 있다. 만물에는 본말(本末), 상하(上下), 내외(內外), 전후(前後), 좌우(左右)의 문리(文理)가 있고 만사에는 대소(大小), 다소(多少), 경중(輕重), 장단(長短), 강약(强弱)의 도수(度數)가 있는바, 조리를 찾아서 절도를 따르는 것은 성분(性分)의 자연이요 분수를 지켜 문채를 드러낸 것은 직분(職分)의 당연이다.

아버지와 자식 사이에는 본말(本末)의 도리(道理)가 있으며, 국민과 정부 사이에는 상하(上下)의 의리가 있으며, 남편과 아내 사이에는 내외(內外)의 의리가 있으며, 어른과 어린이 사이에는 선후(先後)의 도리가 있으며, 붕우(朋友) 사이에는 좌우(左右)의 의리가 있으니 이 윤리를 깨달아서 그 절도를 지키는 것은 바로 천도(天道)의 자연이요, 어진 사람과 어리석은 사람 사이에는 대소(大小)의 분수가 있으며, 넉넉한 사람과 가난한 사이에는 경중(輕重)의 분수가 있으며, 늙은이와 젊은이 사이에는 장단(長短)의 분수가 있으며, 건강한 사람과 병약한 사람 사이에는 강약의 분수가 있으니 이 분수를 지켜 그 문채를 드러낸 것은 또한 인도(人道)의 당연이다.

그러므로 임금은 의롭고 신하는 곧으며, 아버지는 자애(慈愛)하고 아들은 효도(孝道)하며, 형은 우애하고 아우는 공경하는 것을

6순(六順)이라고 하였으며, 천한 것이 귀한 것을 방해하고, 젊은이가 어른을 모욕하며, 소원(疎遠)한 이가 친근한 이를 이간질하며, 새로운 것이 옛것을 틈내며, 소인(小人)이 대인(大人)을 능멸하며, 음란한 것이 예의를 파괴하는 것을 6역(六逆)이라고 하였던 것인바 6순을 저버리고 6역을 저지르면 재앙을 재촉할 뿐이다.

사람이 자기의 도리와 분수에 적중하면 스스로 즐겁고 널리 조화하여 성실하게 발전할 수 있지만 만일 도리를 저버리고 분수를 벗어나면 스스로 괴롭고 홀로 고립하여 사망(邪妄)에 빠지고 만다. 그러므로 사람은 마땅히 먼저 절문(節文)의 도(道)를 인식하고 절제의 도수에 밝아야만 감히 천하의 공리(公理)를 범하지 아니하고, 또한 감히 한 사람의 사욕(私欲)을 따르지 아니하게 된다.

절문(節文)의 도(道)는 천연의 질서요, 절제의 덕(德)은 인정(人情)의 조화인바, 천연의 질서는 현상세계의 청결무구한 사물의 원상(原象)이며, 인정의 조화는 인류심성(人類心性)의 순선무악한 사람의 본심이다. 청결무구한 사물의 원상은 물 뿌리고 쓸며 닦은 뒤에야 그 절도와 문채가 드러나고, 순선무악한 사람의 본심은 욕망을 줄이고 감정을 통제하여 양심(良心)을 간직한 다음에야 그 착하고 아름다움이 나타난다.

그러므로 어린이에게 쇄소(灑掃), 응대(應對), 진퇴(進退)의 절도와 예(禮)·악(樂)·사(射)·어(御)·서(書)·수(數)의 문리(文理)를 먼저 가르쳐서 거처를 청결하게 정돈하고, 언사(言辭)를 분명하게 다듬으며, 행동을 방정(方正)하게 익히며, 예악(禮樂)의 문학과 사어(射御)의 무술과 서수(書數)의 기예(技藝)를 배워 마침내 거처의 절도, 언어의 절도, 행동의 절도, 생활의 절도를 인식하게 하는 것으로 소학교육(小學校育)의 과정을 삼았다.

어린이가 이와 같은 절도를 배워 익혀서 성공하면 대인(大人)의 학문을 가르치는바 바야흐로 성리(性理)를 깨달아 도덕을 밝히는 것이다. 인간의 성리는 인의예지(仁義禮智)의 고유한 성분(性分)이 있어서 이것을 기르면 마침내 인정(人情)이 순연(純然)하여 사랑하는 절차가 스스로 있고, 공경하는 등급이 스스로 있어서 그 희노애락(喜怒哀樂)의 품절등차(品節等次)가 조리정연하므로 마침내 사물의 표리정조(表裏精粗)에 달통하여 현재상태에서 절중(節中)하여 중정(中正)하게 감응하니 모두 조화하게 되는 것이다.

이와 같은 선덕(善德)을 밝히기 위하여서는 먼저 자기의 감정을 통제하여 희노애락애오욕(喜怒哀樂愛惡欲)을 절제하고, 생각을 성실하게 가져 악의를 꺽고 선단(先端)을 골라내어 바르게 길러서 확충하여야 한다.

천하의 일은 변화무상하여 때와 장소와 신분에 따라 궤도가 다르고 범절이 틀려서 문장(文章)과 위의(威儀)를 하나 하나 갖추어 가지런히 하기가 어렵다. 한 생각이 일어나고 손발이 움직임에 털끝만치라도 어그러짐이 있으면 시비선악(是非善惡)에 천양(天壤)의 차이가 있게 되는바, 만일 하루아침 하루저녁 일이라도 막힌 바가 있다면 기회를 놓쳐 실절(失節)하고 만다.

그러므로 『대학(大學)』에서는 나의 지성이 모르는 것이 없게 하고 천하의 물리를 통하지 아니함이 없게 하여 나의 허령(虛靈)한 지각(知覺)이 여러 가지 이치를 모두 갖추어서 만사에 직접 감응하는 심법(心法)을 통달하도록 하였다.

인정(人情)의 선단(善端)을 확충하여 측은한 마음의 자발력(自發力)과 수오(羞惡)하는 마음의 자제력(自制力)과 사양하는 마음의 자주력(自主力)과 시비(是非)하는 마음의 분별력(分別力)을 온전히 길러서 빠짐없이 갖추면 사의편견(私意偏見)이 나올 데가 없고, 혼암방종(昏暗放縱)이 들어갈 곳이 없게 되어 심신이 가다듬어지고 정신이 맑아져서 희노애락(喜怒哀樂)이 미발(未發)할 때에는 성성(惺惺)하고, 이발(已發)할 때에는 명명(明明)해서 날마다 눈앞에 접하는 품물참치(品物參差)의 천변만태에 절도가 자연히 기미(機微)와 더불어 합당하여 크고 작고 가늘고 성근 것 없이 그 본말종시 선후완급이 하나 하나 뚜렷하게 드러나 다시는 희미하고 의심나는 것이 없게 된다.

그러므로 성인(聖人)은 기쁨을 당해서 기뻐하고, 성냄을 당해서 성내고, 슬픔을 당해서 슬퍼하고, 즐거움을 당해서 즐거워하여 그

장단고저(長短高低) 경중강약(輕重强弱)의 크고 작은 절도가 정정
료료(井井了了)하여 완연히 성장(成章)하고, 혼연히 천성(天成)하
여 한 터럭 끝만큼도 어긋남이 없는 것이다.

만물의 진리와 내 마음의 실존이 일치관통하지 못하면 혹 기미
(幾微)에 어두워 기회를 놓쳐버리거나, 혹 의리에 서툴러 정신이
흩어지고 기력(氣力)이 떨어지면 착각 오판하게 되어 묶을 것을
풀어주며 줄 것을 빼앗으며 나아갈 것을 물러나며 감출 것을 들
어내게 되나니, 어쩌다가 한두 가지 적중한 것도 귀중하게 여길
수가 없게 되고 만다.

군자(君子)의 학문은 자득(自得)보다 먼저 할 것이 없나니 천지
인물(天地人物)의 여러 가지 이치를 자득하면 의리의 분수를 스스
로 자각하여 언제나 편안할 것이며, 만물의 체계를 스스로 자각
하여 언제나 정당할 것이며, 동정(動靜)의 계기를 스스로 자각하
여 언제나 공순(恭順)할 것이며, 시비(是非)의 척도를 스스로 자각
하여 언제나 공정(公正)할 것이며, 처사(處事)의 권형(權衡)을 스스
로 자각하여 언제나 성취할 것이다. 그러므로 성인(聖人)은 달절
(達節)하고, 그 다음은 수절(守節)하고, 이것을 모르는 이는 실절
(失節)하고 만다.

학자는 먼저 절제의 도수를 인식하여야 되는바, 자기의 감정을
나타내기 전에 자기의 감정을 통제하여 그 폭발의 위험을 미리
제거하고, 생각을 스스로 정돈하여야 되며, 이미 이성을 회복하였
으면 사물의 절도를 인식하여 피차 내외관계에 과부족(過不足)이
없도록 사업을 조절하여야 된다. 이 때에 항상 유의할 것은 과도
하게 피동적으로 절제를 받아 인내의 한계를 넘어서는 아니 되
고, 지나치게 능동적으로 강제를 하여 고수(固守)의 근기(根基)를
빼앗아도 아니 된다. 인내의 한계를 넘어서는 무서운 절제를 받
는 것은 인간성의 상실이요, 고수의 근기를 빼앗는 사나운 강제
를 하는 것은 천리(天理)의 거역이다. 인간성을 상실하거나 천리
를 거역하는 것은 이미 인도(人道)가 아니므로 사람은 감당할 수
없는 것이다.

  그러므로 조절이란 유순하게 자제(自制)하는 능력이 앞서야 되고, 시의적중(時宜的中)할 수 있는 식견이 뒤따를 때에만 현실을 원만히 조절할 수가 있을 뿐만 아니라 또한 고고(孤高)한 충신의 절의와 열녀의 절개도 마침내 아름답게 이룰 수가 있는 것이다. 만일 젊은이가 절도를 모르고 곤궁을 도피하며, 늙은이가 절조(節操)를 잊고 만절(晩節)을 버리며, 소인이 고수하여 절제를 아니하고 분수를 모르며, 군자가 적극적으로 조절을 아니하여 위난을 회피하면 마침내 어려운 운명 앞에 분연히 활로를 개척하고 숨은 능력을 발휘하여 현실을 조절하고 안녕을 강구하며 이상을 추구하는 인간의 위대한 정신을 찾을 데가 없게 될 것이다. 선비는 궁할수록 더욱 굳어지고, 군자는 늙을수록 더욱 씩씩하여 지는 데서 인간의지의 위대함이 또한 나타나는 것이다.

유교(儒敎)의 진리는 빈틈이 없어

인간중심의 합리적 실용주의를 추구하는 유교의 진리관(眞理觀)은 매우 철저하여 털끝만치의 오류도 용납하지 않는다.

유교의 이상은 진리를 완전히 현실화하고 인간의 현실적 삶을 철저히 진리화하는 데 있는 까닭에 현실질서의 다양한 구조를 낱낱이 밝혀서 그 존재원리를 밝히고 자연변화의 역동적 관계를 속속들이 꿰뚫어 그 변화의 체계를 규명해서 가장 분명하고 떳떳한 진리를 발명한다.

사실에 대한 편견이나 망상을 엄금하고 양심에 대한 위증이나 의혹을 추호도 용납하지 않은 유교의 진리는 일찍부터 투철한 인간관과 자연관 그리고 사회관이 있어서 과학적 합리주의를 지향하여 왔다.

인간의 독립적 존재가치를 규명하는 성리(性理)를 탐구하여 심리(心理)와 정리(情理)를 밝히는 인문과학적 합리주의와 자연의 천연적 질서를 규범하는 천리(天理)를 연구하여 물리(物理)와 사리(事理)를 밝히는 자연과학적 합리주의 그리고 사회의 화합적 관계를 규정하는 윤리(倫理)를 관찰하여 도리(道理)의 의리(義理)를 밝히는 사회과학적 합리주의가 유교적인 진리관의 골격을 형성하고 있는 것이다. 『중용(中庸)』에서 이러한 합리적인 진리의 기준을 명쾌하게 밝혔으니 말하기를 "군자(君子)의 진리는 자기자신이 진리라고 인식하여 서민대중이 인정하며, 지난 성왕(聖王)의 역사에 고증하여도 오류가 없으며, 천지의 자연사물에 적용해도 어긋나지 아니하며, 귀신에게 물어보아도 의심이 없으며, 먼 미래의 성인(聖人)을 기다려도 의혹이 없는 것."이라고 하였다.

이것은 진리의 조건이 인간의 모든 현실문제를 완전히 그리고 바르게 해결하는 힘이 있어야만 된다는 것을 밝힌 것으로 인간의 현실적 삶과 맞닥뜨리는 몇 가지 필수적 요건에 충족되어야 함을 설파한 것이다.

첫째는 자기자신의 경험적 사실과 이성적 논리에 의하여 구체적 사실로 확인할 수 있어야 하는 것이고, 둘째는 일반서민대중이 그것을 현실적인 사실로 변증하여 공론(公論)으로 확인하여 주어야 된다. 이렇게 되면 일단 진리의 인간성과 사회성은 확보된 것이니, 인간의 지혜가 진리를 밝히는 주체요, 대중의 변증이 진리를 검증하는 방법임을 분명히 확인함으로써 진리의 비인간성 반사회성을 결단코 부정하여 하늘의 계시라던가 신령의 암시 및 유아독존적인 깨달음이나 특수한 인연에 의한 논리의 사이비성과 허구성을 모두 배척하는 것이다. 셋째는 오랜 인류역사의 문명에 비추어 보아도 전혀 오류가 없는 역사적 사실과 부합됨으로써 진리의 역사성을 확보할 것이며, 넷째는 현대자연과학으로 직접 실험하여 확인을 얻는 것이니 현재까지 발견·발명한 제반 자연법칙과 각종 학술분야의 공식과 원리에 일치하여 어긋나지 아니하는 과학성을 확보하는 것이다. 다섯째는 오늘날까지 인간의 능력으로 파악할 수 없는 신비로운 자연현상이나 죽음, 저승, 귀신의 문제도 모두 원만하게 해결할 수 있는 절대성이 있는 것이고, 여섯째는 어떤 일시적인 특수상황에서만 합의되고 증명되는 것이 아니라 어떠한 시대 어떠한 곳에서도 모두 진리로 파악되는 영원한 생명력을 가지는 것이어야 한다.

유교의 진리가 오랜 세월 동안 동방사회의 주류사상으로 자리를 굳힌 원인은 이와 같이 그 진리가 어떤 사상보다도 가장 인간적이고 사회적이고 역사적이고 과학적이고 절대적이고 영구적인 조건을 충족하였기 때문에 도저히 다른 사상이 충족할 수 없는 위대한 저력을 가지고 있었던 까닭이다.

이러한 진리에 사는 유학자는 세파에 흔들리지 않고 꿋꿋하게 사는 자주자립적 독립정신이 있고, 민중과 더불어 대동화합하는 민주적 소양이 있고, 역사정신을 계승하여 정통성을 수호하는 사명감이 있고, 사물을 합리적으로 조절하고 능률적으로 이용하여 사업을 성공하는 경영능력이 있고, 삶과 죽음, 이승과 저승을 통달하여 귀신을 바르게 알고 섬기는 지극한 정성이 있고, 영원한 미래의 발전을 확신하는 불변의 신념이 있는 것이다. 유림사회의 이와 같은 학풍은 현실경영에 있어서 확고부동한 자신감으로 충만하는 완벽한 체계를 스스로 가지고 있는 까닭에 이 세상에 유교의 진리로 공명정대하게 해결하지 못할 문제는 없다.

주자학(朱子學)과 합리주의

   춘추시대(春秋時代)에 공자(孔子)가 천지도덕(天地道德)을 바로 세우기 위하여 요(堯), 순(舜), 우(禹), 탕(湯), 문무(文武)의 도통을 계승해서 『주역(周易)』을 해설하고, 『서경(書經)』을 서술하고, 『시경(詩經)』을 간추리고, 『춘추(春秋)』를 엮고, 『예기(禮記)』와 『악기(樂記)』를 정리하여 인사상(仁思想)을 천하에 선포하니 남송시대(南宋時代)에 주자(朱子)가 강상윤리(綱常倫理)를 뚜렷이 밝히기 위하여 공안증사맹정(孔顏曾思孟程朱)의 도통(道統)을 계승해서 『주역(周易)』과 『시경(詩經)』을 해설하고 『논어(論語)』, 『대학(大學)』, 『중용(中庸)』, 『맹자(孟子)』를 집주(集註)하며 『소학(小學)』과 『가례(家禮)』를 편집하여 인사상(仁思想)을 천하에 선양하였다. 이리하여 공자의 도(道)가 주자에 이르러 완연히 세상에 다시 밝혀졌으니 주자학(朱子學)은 바로 공자학(孔子學)과 똑같은 내용으로서 그 학문의 궁극적인 목적은 천지의 도덕(道德)을 바로 세워서 천하인류를 구제하며 위대한 성왕(聖王)의 역사와 전통을 계승 발전시켜서 만세에 태평성대(太平聖代)를 개척하는 것이다.

   그러므로 주자학은 유도(儒道)를 대흥(大興)하여 천지도덕(天地道德)을 정립하고 강상윤리(綱常倫理)를 확립하는 것으로 학자의 사명을 삼고, 거경궁리(居敬窮理), 반궁실천(反躬實踐)의 공부로 천리(天理)와 인욕(人欲)을 엄격히 변별하여서 유교(儒教)와 불교

(佛敎)의 실(實)과 공(空)의 차이를 분별하며, 도학(道學)과 속학(俗學)의 의(義)와 이(利)의 차이를 구별해서 실용성이 없는 공리(公利)주의적 사회관을 단호히 배척하고 현실사회에서 진리를 구현하는 정덕(正德), 이용(利用), 후생(厚生)의 도덕과 일상적인 생활에서 질서와 조화를 추구하는 부자유친(父子有親), 군신유의(君臣有義), 부부유별(夫婦有別), 장유유서(長幼有序), 붕우유신(朋友有信)의 윤리를 천하에 밝히는 일에 오로지 힘쓰는 것이다.

이것은 현실 속에서 진리를 추구하는 실학(實學)이고 범사구시(凡事求是)의 철학인바, 주자는 일생동안 육경(六經)의 뜻을 밝혀서 유도(儒道)의 대경대법(大經大法)을 갖추지 않은 것이 없고 사서(四書)를 집주하여 육경의 입문서(入門書)로 삼았으며 『가례(家禮)』와 『소학(小學)』을 편집하여 선비의 모범행실을 제시하였으니 그 국가를 경영하는 대책과 인민을 구제하는 정사와 인격을 수양하는 방법과 사람을 교육하는 과정을 모두 체계적으로 정리하여 완벽하게 갖추지 않은 것이 없다.

위로 올라가면 천도(天道)의 오묘한 태극(太極)의 원리가 있고, 아래로 내려가면 물리의 신비한 법칙이 있으며, 밝은 이 세상에 나타나면 예악(禮樂)의 문장(文章)이 찬란하고, 어두운 저 세상에 들어가면 귀신(鬼神)의 조화(造化)가 무궁하며, 크게 경영하면 협화만방(協和萬邦)의 대동태평세계(大同太平世界)를 이룩하고, 작게 경영하면 독서수신(讀書修身)하여 인격을 완성하나니 그 학문의 규모가 크면서도 닦아나가는 데 차례가 있으며 그 강령의 요체는 간단하면서도 그 절목은 자상하고 세밀하니 체(體)와 용(用)을 아울러 포괄하고 본(本)과 말(末)을 모두 종합하여 진실로 성인(聖人)이 되는 사다리이고 도덕으로 들어가는 문호이다.

주자학은 스스로 근사록(近思錄)을 편집한 내용에서 보여준 것처럼 도체(道體), 위학지대요(爲學之大要), 치지(致知), 존양(存養), 극기(克己), 가도(家道), 출처의리(出處義利), 치체(治體), 치법(治法), 정사(政事), 교학(敎學), 경계(警戒), 변이단(辨異端), 관성현(觀聖賢) 등의 구단용력(求端用力)과 처기치인(處己治人)의 문제로 학문적 관심이 집중하는바, 정자(程子)의 『역전(易傳)』과 『춘추전(春秋傳)』 및 『논어(論語)』, 『대학(大學)』, 『중용(中庸)』, 『맹자(孟子)』의 학설을 계승 발전시켰기 때문에 정주학(程朱學)이라고 일컬으며, 주렴계(周濂溪)의 태극도설(太極圖說)과 『통서(通書)』, 정명도(程明道)의 정성서(定性書), 정이천(程伊川)의 역전서(易傳序)와 춘추전서(春秋傳序), 소강절(邵康節)의 『황극경세(皇極經世)』, 장횡거(張橫渠)의 서명(西銘)과 『정몽(正蒙)』 등의 실천도덕철학을 집대성했기 때문에 도학(道學)이라고 하며, 또한 우주와 인생과 사회를 합리적으로 해석하여 천리(天理)와 물리(物理)와 사리(事理)를 세밀하게 분석하고 성리(性理)와 심리(心理)와 정리(情理)를 엄밀하게 밝히며 윤리(倫理)와 도리(道理)와 의리(義理)를 뚜렷하게 세우는 과학적 합리주의를 학문의 목표로 삼았기 때문에 이학(理學)이라고 하였다. 그리고 이러한 학문수양의 구경목적(究竟目的)은 천인합일(天人合一), 물아일체(物我一體)가 되어 일신이 광화(光化)하고 천지가 돈화(敦化)하는 성기성물(成己成物)의 중화세계(中和世界), 이성사회(理性社會)를 건설하는 데 있기 때문에 성리학(性理學)이라고 하며, 만일 난세를 만날지라도 독선기신(獨善其身)하여 천하의 정의를 홀로 주체하여 충효절의(忠孝節義)를 지키기 때문에 의리학(義理學)이라고 부른다.

그리고 오늘날에 와서는 신유학이라고 서구인들이 지칭하면서 대단한 관심을 보이고 있다. 그러나 주자학은 외적의 침략에 불타 협적 복수론(復讎論)을 주장하며 『자치통감강목(資治通鑑綱目)』을 편집했기 때문에 제국주의 침략자들로부터 혹독한 탄압과 배척을 받아왔으니 우리나라의 근세유학사가 그 실증이라고 할 것이다. 병자호란 이후로 우리나라의 송자(宋子)는 공자의 춘추대의(春秋大義)와 주자의 강목정신(綱目精神)을 고취하여 효종(孝宗)과 북벌(北伐)을 계획하고 멸청복명(滅淸復明)을 주장함으로써 도통동래(道統東來)의 위업을 이룩해서 호로(胡虜)를 배척하는 산림학자양반문화(山林學者兩班文化)를 창조하여 동방예의지국(東方禮義之國)을 건설했으니 주자학을 꽃피운 정화(精華)라고 할 것이다.

도학(道學)으로 들어가는 길

유교(儒敎)는 언어문자로만 습득하는 공부가 아니고 심성(心性)으로 깨닫는 학문이기 때문에 진수를 파악하기가 쉽지 않으며 더욱이 지식으로 알고있는데 그치지 않고 행동으로 실천하는 도덕이기 때문에 단시일에 완성할 수 있는 학문이 아니다. 그리하여 유학(儒學)을 배우는 사람은 우모(牛毛)처럼 많아도 도덕을 완성한 성현군자(聖賢君子)는 인각(麟角)처럼 드무니 모두 정학(正學)으로 들어가는 문을 찾지 못하여 시간만 허비하다가 중도에 탈락하기 때문이다.

유학은 물론 사서오경(四書五經)을 기초로 해서 인간생활의 전 분야에 걸쳐 빠짐없이 연구하는 학문이다. 그러므로 그 규모가 방대하고 그 깊이가 매우 심오하여 핵심을 파악하기가 쉽지 않다.

우주만상을 대통일(大統一)하여 천지만물의 생성변화를 주재하는 태극(太極)의 원리와 음양오행(陰陽五行)의 기(氣)가 운행하는 도수를 연구하여 천리(天理)와 물리(物理)와 사리(事理)를 밝히는 자연과학도 있고, 천명(天命)의 본성(本性)인 인의예지(仁義禮智)를 함양하며 인심(人心)과 도심(道心)을 성찰해서 인욕(人欲)을 극복하고 천덕(天德)을 길러 성리(性理)와 심리(心理)와 정리(情理)에 철저한 인격을 다듬는 인문과학도 있으며, 천하국가에 기강을 세

우는 효제충신(孝悌忠信)의 풍속을 진작하여 분수를 지키고 명절
(名節)을 숭상하는 윤리(倫理)와 도리(道理)와 의리(義理)를 밝혀서
자연스럽고 평화로운 사회를 건설하는 사회과학도 있는 것이다.
학문의 영역을 넓히면 넓힐수록 더욱 방대하여 천지의 도덕을 모
두 경영하고, 학문의 연구가 깊으면 깊을수록 더욱 심오하여 형
이상(形而上)과 형이하(形而下)를 모두 통달하여 진리의 주체가
되고 인류의 사표가 되며 천하의 선각자가 되는 것이다.
　이와 같이 방대하고 심오한 유교의 진리를 처음 공부하는 사람
은 어디서부터 착수해야 되는지를 몰라서 주저하는 까닭에 일찍
이 주자(朱子)는 백록강회차복장운(白鹿講會次卜丈韻)과 차운사십
숙부백록지작(次韻四十叔父白鹿之作)의 시(詩)를 지어 도학(道學)
으로 들어가는 길을 열어주었으니 다음과 같다.

　집과 담장터에 잡초만 무성한 지 몇 년이 되었나?
　단지 찬 노을만 있어 골짜기 샘물을 지켰네.
　집을 지으니 다행히 모양새는 옛 경관을 추상하거니와
　서원의 명칭은 아직 옛 전통을 계승하도록 허락받지 못해라.
　푸른 구름, 하얀 돌은 애오라지 똑같은 취향인데
　비가 갠 날의 달, 화창한 바람이 다시금 특별히 이었도다.
　진귀하고 소중한 벗이 많이 있는 가운데 무한히 즐거우니
　이 곳의 학생은 출세의 가도를 달리는 사람을 부러워하여 고
민하지 말라.

　띠 풀을 베어 집을 짓고 옛날 어진 이 생각하니
　천 년 전에 남긴 자취 아직도 완연하구나.
　짐짓 추녀 끝에 낸 창문이 푸른빛을 끌어들이거니
　애오라지 거문고를 타며 노래하여 졸졸 흐르는 물소리에 화
답하노라.
　이 곳의 학생이 뜻을 세우고 모름지기 학문에 정진할진댄
　늙은 선생은 능력이 없어 단지 졸기만 하리로다.

많은 벗이 모여 있는 가운데 세상에 유명한 유교의 진리가
즐겁나니
　불교의 공의 논리를 말하지 말고, 도교의 신선도 찾지 말라.

　이 두 편의 시에서 주자가 당부한 내용은 옛날의 어진 이를 본
받아 세속적인 야망을 버리고 신성한 인간의 덕성을 길러서 여러
동지와 더불어 세상에 윤리도덕을 밝히는 즐거움을 맛볼 것이요,
부질없이 부귀영화를 탐하거나 현실을 도피해서 이단(異端)에 빠
지지 말라는 것이다.
　그리하여 주자는 성현(聖賢)을 배우고 도리(道理)를 익힘에 평
생동안 일관해서 경전(經傳)을 공부하도록 강조하였으니 "옛날에
배운 것을 되풀이하여 사색하면 더욱 치밀해지고, 새로운 지식을
배양하면 학문이 더욱 나아가 깊어진다.(舊學商量加邃密　新知培
養轉深沈)"라고 하였다.
　공자는 성학(聖學)을 집대성하였고, 주자는 도학(道學)을 집대성
하였으니 도학(道學)을 통해야 유교(儒敎)의 성역(聖域)에 올라갈
수 있는 것인즉 천덕(天德)을 밝혀서 왕도(王道)를 확립하는 유교
의 거대한 사상체계를 인식하기 위해서는 반드시 인심(人心)을 절
제하고 도심(道心)을 한결같이 지켜 모든 일에 성실하고 경건하고
정직하게 사는 도학(道學)의 길로 들어가야 한다.

수역(壽域)과 성역(聖域)

세상에 늙은이는 많은데 어른이 없다고 한다. 석양의 붉은 노을 속에 찬연히 빛나는 낙조(落照)의 아름다운 장관처럼 거룩하고 신성하게 인생을 마무리하는 늙은이가 없기 때문이란다.

우리 성학(聖學)에서는 수역(壽域)과 성역(聖域)이 본래 같은 경계에 있었다. 그래서 늙을 노(老)자는 생로병사(生老病死)의 의미와 함께 노성(老成), 노숙(老熟)의 뜻이 있는 것이니 늙어도 인격이 성숙하지 못하고 도리어 탐욕스럽고 교활하고 망령되게 날뛰는 것은 늙음의 가치를 완전히 망각한 추태로 치부했다.

인간의 5복(福) 가운데 첫째가 수(壽)요 인생의 극단적인 불행인 6극(極) 가운데 첫째가 흉단절(凶短折)인즉 사람이 오래 살아 수역(壽域)에 들어갔다면 이미 그것만으로도 인간 5복의 첫째를 누린 것이므로 인격도 성숙해서 더욱 원만해져야 하는 것이다. 그래서 시간상의 수명을 말할 때에 60을 하수(下壽), 80을 중수(中壽), 100을 상수(上壽)라고 통칭하거니와 이것은 초로(初老), 중로(中老), 상로(上老)의 연치(年齒)로써 분별하는 것으로 사회에서 존대하는 서열의 기준으로 삼는 것이다.

그리고 인격적인 성숙도로 구분할 때에는 향로(鄕老), 국로(國老), 대로(大老)의 호칭이 있으니, 향로는 한 고을에서 인격이 탁월한 장로(長老)이며, 국로는 나라에서 존경을 받는 원로(元老)이며, 대로는 천하에서 제일 거룩하고 위대한 노사(老師)이다.

사람이 수명값을 제대로 하면 적어도 초로기(初老期)에는 향로가 되고, 중로기(中老期)에는 국로가 되고, 상로기(上老期)에는 대로가 되어야 하는 것인데 만일 유문(儒門)에 들어왔어도 고상하게 늙지 못하고 세속의 천박한 늙은이와 다름이 없다면 어찌 안타까운 일이 아니겠는가?

우리 유도(儒道)의 사군자(士君子)는 물리적 시간상의 장생불사(長生不死)나 불생불멸(不生不滅)이나 부활영생(復活永生)을 탐하기 전에 먼저 도덕적 인격완성에 더욱 힘쓰는 것이다. 참으로 위대한 인격을 완성하면 영원한 진리의 성역(聖域)에 들어간 것인즉 곧 세속적 가치의 수역(壽域)을 초월하게 되는 것이다.

이러한 까닭에 공자는 아침에 도(道)를 들으면 저녁에 죽어도 괜찮다고 설파하였으며 스스로 도덕학문의 수양에 분발 노력하여 밥 먹는 것도 잊었고 늙음이 장차 이르러 오는 것도 알지 못했다고 하였다.

오늘날 사람들은 스스로 성역(聖域)에 들어가는 성학공부(聖學工夫)는 외면하고 수역(壽域)으로 들어가는 양생(養生)에만 열중하니 노인답지 못한 늙은이가 될 뿐이고 어떤 사람은 아예 늙음을 거부하고 만년청춘을 과시하며 철없는 아이처럼 행세하니 목불인견의 가관이라고 하겠다.

고물차에게 가장 중요한 것은 언제든지 정지할 수 있는 제동장치이지 초고속을 과시하는 강력한 발동기가 아니다. 고물차가 잘 달리지는 못해도 제동장치가 완전하면 사람은 다치지 않으려니와 만일 제동력을 잃고 초고속으로 달린다면 위험하기 짝이 없는 것이므로 주공(周公)은 『주역(周易)』의 건상구(乾上九)에서 항룡(亢龍)이니 유회(有悔)라고 하였고, 공자는 진퇴존망(進退存亡)에 그 정도(正道)를 잃지 않은 사람은 오직 성인(聖人)이라고 해설하여 노욕(老欲)을 크게 경계하였다.

그러므로 동방사회에서는 은일노인(隱逸老人)을 지극히 존경하였으니 이미 거룩한 성역에 들어가서 우주가 쾌활하고 만물과 일체가 되어 만인이 우러러보는 어른이 되었기 때문이다.

그러나 70에 치사(致仕)라는 예문(禮文)을 무시하고 노인의 권위를 앞세워 젊은 청년을 배척하고 기득권을 내세워 약자를 비웃으며 자존망대하여 야망을 불태우는 늙은이는 시대착오적인 추물로 천시하였으니 때에 따라 세대를 교체하여 순환 발전하는 역사의 법칙을 거역하였기 때문이다.

하물며 오늘날은 권위주의와 획일주의 그리고 유일사상 및 흑백논리를 극복하고 합리주의와 중용사상 그리고 양주쌍전주의(兩主雙全主義)에 의한 복합사회 공동분수주의(共同分數主義)를 이념으로 추구하는 새 시대가 되었으므로 독재나 독주는 더 이상 통할 수 없는 것임에도 아직 자율자치의 화합규범을 거부한 기성세대가 있다니 걱정스러운 일이다.

늙은이가 신바람이 나면 걷잡을 수 없는 것이다. 그러나 유한한 인생에 무한한 욕망이 통할 이치는 없으므로 결국 자기자신이 파멸할 뿐만 아니라 집단전체의 앞날까지 어둡게 만들어버린다. 그러므로 공자가 말하기를 덕(德)은 얄팍하면서 벼슬은 높고 지식은 적으면서 도모하는 일은 크고 능력은 적으면서 책임이 무거우면 성공하기가 어렵다고 경고하였다.

새 천년은 노령인구가 급격히 증가하여 모두 만수무강(萬壽無疆)의 행복을 누리게 될 것이라고 한다. 그러나 노인이 성역(聖域)에서 놀면서 젊은이를 사랑하고 격려하여 활발하게 발전하도록 너그럽게 양보하면 젊은이들이 믿고 의지하여 어른으로 높이 받들 것이고, 만일 노인들이 속물로 타락하여 아집(我執)을 가지고 젊은이의 뜻을 꺾으려고 기필한다면 또한 서양의 노인들처럼 공원이나 거닐면서 천대받는 신세로 머지않아 전락하게 될 것이다.

욕되게 사는 장수가 무슨 의미가 있겠는가? 이제 수역(壽域)을 성역화하는 작업을 시급히 서둘러서 요순삼대(堯舜三代)처럼 젊은이가 마음속으로 어른을 공경하여 줄줄이 따르며 배우는 노인 세상을 건설하는 것이 이 시대 우리 노유(老儒)들의 급무라고 하겠다.

동양정치사상과 충효정신

1. 서론

하늘이 이성(理性)을 부여하여 인간이 탄생하였으니, 만인의 덕(德)을 합일(合一)하지 아니하면, 만선(萬善)을 모두 갖출 수가 없다. 인류의 만선을 종합하기 위해서는 정치의 방법보다 더 좋은 것이 없고, 인간의 생활은 정치보다 민감한 것이 없는 까닭에, 인류는 상고(上古)로부터 정치사회를 건설하여 진정한 인간의 삶은 보장하고, 선량한 사회의 틀을 이룩하였다.

동양은 태초로부터 성왕(聖王)이 이어 나와 위로 천지자연의 질서를 본받고, 아래로 산천조목의 형태를 본받으며, 안으로 사람의 본심에서 우러나오고, 밖으로 금수곤충(禽獸昆虫)의 생리에 근거하여, 인류역사에서 가장 아름다운 정치사회를 건설하였다.

요순(堯舜)은 천하의 덕을 한 마음에 갖추어 남면(南面)의 정(政), 무위(無爲)의 치(治)를 하였고, 탕무(湯武)는 천하의 선(善)을 한 몸에 갖추어 솔선(率先)의 정, 유위(有爲)의 치를 하였다.

천유은 돌아가는지라 한때 잘 다스려지면 한때 어지러워지나니, 근고(近古)에 와서 오패(五霸)는 술수로 인민을 속이고, 진(秦)은 무력으로 백성을 압박하며, 한(漢)은 지략으로 국민을 달래니 이에 성왕(聖王)의 정치가 사라져 버렸다.

비록 송(宋), 명(明)시대에 왕도정치(王道政治)를 실현하려는 노력이 있었으나, 원(元), 청(淸)시대의 패도정치(覇道政治)로 말미암아 그 사업이 무너져버리고, 오직 조선조(朝鮮朝)에만 최후까지 그 예악(禮樂)을 보존하였을 뿐이다.

공부자(孔夫子)는 요순(堯舜)을 조술(祖述)하고, 탕무(湯武)를 헌장(憲章)하여 왕고(往古)의 정치사상을 집대성하였는바, 비록 진시왕의 분서갱유(焚書坑儒)의 변을 당하기도 하였으나, 후세의 수범(垂範)이 되어 한(漢) 이후 2천여 년 간 동양 각국의 정치에 기본사상이 되었다.

공부자는 대체로 『주역(周易)』에서 정치의 철학과 행정의 원칙을 밝히고, 『서경(書經)』에서 정치의 자세와 행정의 요체를 나타내고, 『시경(詩經)』에서 정치의 작용과 행정의 효과를 보이고, 『춘추(春秋)』에서 정치의 대의와 행정의 절도를 말하며, 『예기(禮記)』에서 정치의 이상과 행정의 실무를 가르쳤는데, 그 철학은 천리(天理)를 받들어 정의(正義)를 밝히는 것이요, 그 자세는 중화(中和)를 이룩하여 천명(天命)을 받드는 것이며, 그 작용은 명덕(明德)을 밝혀 유신(維新)하는 것이요, 그 대의(大義)는 인류를 높이고 금수(禽獸)를 물리치는 것이며, 그 이상(理想)은 인의(仁義)를 밝혀 대동사회(大同社會)를 이룩하는 것이다.

그러므로 그 원칙이 중정(中正)한 도(道)로서 민심에 화응(和應)하는 것이요, 그 기구가 홍범구주(洪範九疇)요, 그 효과는 백성을 홍기(興起)하여 아름다운 풍속을 이루는 것이요, 그 절도는 분수(分數)를 지켜 질서를 세우는 것이요, 그 실무는 예악(禮樂)을 갖추어 상벌(賞罰)을 시행하는 것이다.

이와 같은 광대한 정치의 도(道)와, 정미(精微)한 행정의 법을 모두 망라하였는바, 시공(時空)을 초월하여 변하지 아니하는 정도(正道)와 시공(時空)에 따라 변하는 권도(權道)가 있어서 의리(義理)에 편안케 하였으며, 정신의 무한성과 물질의 유한성을 조화시켜서 문질(文質)을 적중케 하였으며, 시운의 홍쇠(興衰)와 형세의 순역(順逆)을 살펴 관맹(寬猛)을 적의(適宜)케 하였으며, 천하의 공론(公論)과 일인(一人)의 사의(私議)를 들어내 시비(是非)를 공평케 하였으니, 이에 정사(政事)를 제재(制裁)하는 권형(權衡)이요, 도덕을 세우는 모범이다.

무릇 후대의 정치가 이 도(道)를 계승하지 못하니 한갓 공언(空言)이 되었으나, 때에 따라 현성명철(賢聖明哲)한 왕공(王公)과 영웅준걸(英雄俊傑)한 장상(將相)이 일어나 우주를 씻어 광명을 새롭게 하고 인민을 깨우쳐 생기를 진작하였던 것은 모두가 이 도(道)에서 한두 가지를 얻어 쓴 결과였다.

그러므로 이 도(道)는 만세의 인류이상(人類理想)이 되어 비록 치세(治世)의 군신(君臣)이라 하여도 교만하지 아니하였고, 난세(亂世)의 궁민(窮民)이라 하여도 비굴하지 아니하였던 것이다.

토지(土地)와 인민(人民)과 제도(制度)는 국가의 성립요소인데, 상고(上古)에 부족국가가 일어나 중고(中古)에 봉건국가로 통일되었다가 근고(近古)로부터 중앙집권국가로 발전하여 다양한 국가체를 거쳐 오늘에 이르렀으니, 시세(時勢)의 현상이라 할 것이요, 상세(上世)에는 천명(天命)에 따른 성인(聖人)이 천덕(天德)으로 다스렸고, 중세(中世)에는 왕통(王統)을 받은 현인이 왕법(王法)으로 다스렸으며, 근세에는 민심을 얻은 철인이 민권(民權)으로 다스렸으니, 성인(聖人)은 황천후토(皇天后土)를 섬겨 교사(郊社)를 가장 존엄히 하고, 현인(賢人)은 성조신부(聖祖神父)를 섬겨 종묘(宗廟)를 가장 융숭(隆崇)히 하며, 철인은 만민생활을 섬겨 학교를 가장 장중(莊重)히 하였는바, 인정(人情)의 필연이라 할 것이다.

무릇 절대의 도(道)는 시공(時空)을 초월하나니 시세(時勢)에 거침이 없고, 순수한 덕은 물질을 초절(超絶)하나니 인정에 꺼림이 없다. 그러므로 덕을 밝혀 도를 닦는 곳에는 언제나 신명(神明)에 통달한 충효(忠孝)가 나오는 것이다.

2. 정치사상

우주에 태극(太極)이 있으니 사시(四時)가 순환하며 팔굉(八紘)이 안정하고, 사람에게 인극(人極)이 있으니 사지(四枝)가 굴신(屈伸)하며 백체(百體)가 안녕한바, 따라서 국가에도 황극(皇極)을 세워야만 사민(四民)이 왕래하고 만인이 안락할 수 있는 것이다.

정치는 만선(萬善)의 지극함을 세우는 데 있는 까닭에, 성왕(聖王)의 정치사상은 도덕사상, 문화사상, 민본사상이었다.

천리(天理)자연의 도덕을 닦아 위대한 정치를 베풀고, 인륜당연(人倫當然)의 문화를 밝혀 숭고한 교육을 갖추며, 국가본연의 사명을 세워 공평한 경제를 이루어, 양심의 자유, 풍속의 통일, 생활의 균등을 실현하여 만민(萬民)으로 하여금 인권의 평등, 인격의 독립, 인생의 자유를 누리게 하려는 것이었다.

그러므로 성경정직(誠敬正直)을 근본으로 하고, 정형법술(政刑法術)을 지엽(枝葉)으로 하였으며, 효제충신(孝悌忠信)을 높이고, 작록권세(爵祿權勢)를 낮추었으며, 예의염치(禮義廉恥)를 앞으로 하고, 공리성예(功利聲譽)를 뒤로하였다.

제왕(帝王)은 비록 정치의 주체이나 지선(至善)의 극(極)을 세운 까닭에 중정(中正)의 자세를 갖추어 항상 사기종천(捨己從天)하는 것이 본분이요, 행정을 함에는 반드시 천하의 현인(賢人)을 뽑아 위임하였다.

총재(冢宰: 丞相, 宰相)는 비록 제왕의 명령을 받아 행정을 주재하나, 내각(內閣)의 수반(首班)으로 독립하여 국무를 주관하는 까닭에, 항상 사기종인(捨己從人)하는 것으로 직분을 삼아, 위로 군심(君心)을 보필하는 사명과 아래로 생민(生民)을 보호하는 책무를 가진다.

정치의 본의는 천하의 지선(至善)을 종합 통일하는 데 있고, 행정의 본질은 지방의 현실을 관찰 조절하는 데 있는바, 옛날로부터 행정의 원칙은 정덕주의(正德主義), 이용주의(利用主義), 후생주의(厚生主義)인데, 정덕(正德)은 국민의 덕성을 바르게 하는 것이며, 이용(利用)은 국민의 사업을 편리하게 하고 동시에 서로 통용(通用)하도록 하는 것이며, 후생(厚生)은 국민의 생활을 풍부하게 하는 것이다.

이것이 곧 위민(爲民), 이민(利民), 양민(養民)의 정신인바, 행정은 실제의 능률과 효과가 가장 중요하고, 정치는 의리(義理)의 공평하고 명확함이 가장 중대하다.

서민은 행정의 실효(實效)에 민감하면서도 정치의 의리에 밝고, 사군자(士君子)는 정치의 의리에 분명하면서도 행정의 실무에 명철한바, 이것이 옛날로부터 현인(賢人)이 정치에 참여하고, 사류(士類)가 행정에 임용되었던 까닭이다.

정치는 원리를 기초로 하고, 행정은 현실을 근거로 하니, 궁중(宮中)과 부중(府中)의 분수가 있게 되어, 조의(朝議)는 천의(天意)의 소재를 밝히고, 정론(廷論)은 민심(民心)의 소재를 살피는바, 민심이 곧 천의라 민심이 있는 곳에 천의도 있어, 정치와 행정이 일치하는 원리가 있는 것이며, 왕실(王室)과 내각(內閣)이 분립하면서도 정치와 행정이 조화하는 아름다움이 있는 것이다. 따라서 상의(上意)가 하달(下達)하고, 하의(下意)가 상달(上達)하여 서로 보익(補益)함으로써 천하의 만선(萬善)을 모두 종합 통일하여 시정할 수 있게 되었다.

국가의 시정방책(施政方策)은 족식정책(足食政策), 족병정책(足兵政策), 신의정책(信義政策)인바, 그 실시하는 선후(先後)로 말하면 첫째가 국민생활대책, 둘째가 국토방위대책, 셋째가 국법신봉대책인데, 그 중요성으로 말하면 첫째가 국법신봉대책, 둘째가 국민생활대책, 셋째가 국토방위대책이었다.

그러므로 언제나 정상모리(政商謀利)를 엄금하고, 적구간귀(賊寇姦宄)를 엄징하며, 패역범란(悖逆犯亂)을 엄벌하였다.

선내정(先內政) 후외교(後外交)였던 만큼 외교문제는 중시하였으나 문화와 물질의 교류를 위하여 약소국가는 지혜로써 강대국을 섬기고, 강대국은 인애(仁愛)로써 약소국을 섬기며, 강약(强弱)이 같고 대소(大小)가 비등하면 교린(交隣)하여 근친원교(近親遠交)를 원칙으로 하였으니, 마침내 대동세계(大同世界)를 지향하는 노력이었던 것이다.

이와 같이 아름다운 외교원리를 버리고 최초로 원교근공책(遠交近攻策)을 써서 이웃 나라가 오히려 원수의 나라가 되게 한 원흉은 진(秦)나라로 천세(千世)에 만국의 성토를 받는다.

동양의 역사에서 볼 때 우리나라는 단군조선으로부터 오늘날까지 일관하여 근친원교정책을 써왔는바, 그럼에도 불구하고 우리 강토를 침입한 나라는 반드시 원교근공책을 썼던 야만국가(野蠻國家)였다. 고려에 침입하였던 원(元)이나, 조선에 침입하였던 청(淸), 왜(倭)는 모두 북쪽의 호적(胡狄)이요, 남쪽의 만이(蛮夷)들이었던 것이다.

예의(禮義)의 국가는 이와 같이 비열한 도적국(盜賊國)과는 다르니, 대송(大宋)은 고려의 문화에 기여하고 대명(大明)은 조선의 위급을 구원하여 주었으니, 저 나라와 이 나라의 차이를 어찌 척촌(尺寸)으로 가름할 수 있겠는가?

3. 충효정신(忠孝精神)

사람과 사람이 만남에는 반드시 결합요소가 있어야 된다. 결합요소가 있어야 인간관계가 성립하고 인간관계가 성립되어야 인간다운 사회가 이루어진다.

인의(仁義)는 인간사회의 기본 결합요소인바, 인(仁)은 마음의 덕성이요 사랑의 원리이며, 의(義)는 마음의 제재(制裁)요 수오(羞惡)의 원리인데, 이것이 있으므로 적게는 가족생활, 크게는 국가활동이 있을 수 있는 것이다.

인의(仁義)는 사람의 본성이며 애오(愛惡)는 사람의 본심이니, 인의를 확충하고 애오를 보존하지 아니하면, 가정을 유지하고 국가를 보전할 수 가 없는 것이다. 사랑하는 마음에는 분별이 있고 공경하는 마음에는 등급이 있으니, 인류를 사랑하여야 되지만 어버이를 사랑함이 급하고, 만사를 공경하여야 되지만 나라일을 공경함이 급한 것이다.

사물은 가지런하지 못하여 본말종시(本末終始)가 있으니, 사랑하고 공경함에도 또한 후박선후(厚薄先後)가 없을 수 없다.

어버이는 나를 낳으시고, 국가는 나를 먹였으며, 스승은 나를 가르쳤으니, 마땅히 먼저 사랑하고, 두터이 공경하여야 할 일이라, 옛사람들은 어버이에게 효도하고, 나라에 충성하는 것이 사람의 도리라고 가르쳤는바, 도(道)에는 고금(古今)이 없고, 이(理)에는 대소가 없으니, 오늘날이라고 해서 다를 것이 없는 것이다.

요사이 지각없는 사람들은 사랑만이 지극히 숭고한 것으로 알면서도 공경은 지배복종의 차별도덕이라고 하여 악덕(惡德)으로 규정하기를 꺼리지 않으나, 이것은 물리와 인정(人情)을 모르는 소치다.

사람을 공경하지 아니한 것은 금수(禽獸)요, 어른을 공경하지 아니한 것은 이적(夷狄)이니, 사랑할 줄만 알고 공경할 줄 모르는 것은 이적(夷狄) 금수(禽獸)의 도(道)인 것이다.

조정(朝廷)에는 상하(上下)의 위계가 있고, 사회에는 노소(老少)의 연치(年齒)가 있으며, 천하에는 대소(大小)의 덕품(德品)이 있으니, 공경하는 마음이 없다면 어떻게 관계를 맺을 것인가?

본연의 인권은 모두 평등하니 간쟁(諫諍)할 수가 있으며, 자수(自修)의 인격은 모두 다르니 순종할 수가 있는바, 사랑하는 마음으로 간쟁하여야만 인간다운 관계가 맺어지는 것이다.

이와 같은 사랑과 공경을 집안에서 다 하는 것이 효(孝)요, 국가에 나아가 다하는 것이 충(忠)이라, 효는 만인의 도(道)요, 충은 만민의 도인데, 모든 아들은 효도(孝道)를 하여야 되지만 장자(長子)의 책무가 가장 무거운 것이요, 모든 국민이 충성을 하여야 되지만 관리(官吏)의 책임이 가장 큰 것이다.

그러므로 야인(野人)은 선효후충(先孝後忠)이요, 조관(朝官)은 선충후효(先忠後孝)인데, 충효(忠孝)의 정성이 모두 인의(仁義)에서 말미암은 까닭에 충효를 겸전(兼全)하게 된다.

어리석은 사람들은 효(孝)는 사덕(私德)이요, 충(忠)은 공덕(公德)이니, 충효를 겸전할 수 없다고 하며, 충성은 국가를 발전케 하지만, 효도는 종파(宗派)를 형성하여 사회를 폐쇄(閉鎖)한다고 주장하는데, 이것은 천리(天理)와 본심(本心)을 모르는 까닭이다.

인의는 천리(天理)의 공정(公正)이니, 효도가 비록 자기의 아버지를 섬기는 것이나 사욕(私慾)으로 섬기면 비효(非孝)이며, 애경(愛敬)은 본심의 고유(固有)이니, 충성이 비록 국가를 위하는 것이나 스스로 우러난 것이 아니면 고귀하지 못한 것이다.

종파를 형성하여 사회를 폐쇄하는 것은 세인의 이욕(利慾) 때문이지 효도 때문이 아닌 것으로, 천하에 불효한 충신의사(忠臣義士)가 없고 불충한 효자열부(孝子烈婦)가 없는 것이다.

그런 까닭에 왕공(王公)의 효(孝)는 사직(社稷)을 보존하는 것이요, 경대부(卿大夫)의 효는 국민을 보호하는 것이요, 사서인(士庶人)의 효는 제도를 준수하는 것이며, 국가를 수호하기 위하여 죽는 것은 왕공의 충(忠)이요, 국민을 보호하기 위하여 죽는 것은 경대부의 충이며, 국법을 지키기 위하여 죽는 것은 사서인의 충이다.

군자(君子)는 그 벼슬자리에 있으면 그 관직에서 죽을 것을 생각하나니, 지사(志士)는 구학(溝壑)에서 살 것을 잊지 아니하고, 용사(勇士)는 머리가 잘려질 것을 잊지 아니한다. 그러므로 맹자(孟子)는 말하기를 죄 없이 서민을 죽이면 선비는 물러가고, 죄 없이 대부(大夫)를 죽이면 현인(賢人)은 숨어버린다고 하였다.

사대부(士大夫)의 출처거취(出處去就)엔 충효(忠孝)의 대절(大節)이 매어 있나니, 참으로 물욕에 흔들리지 아니하는 지성과 명성에 흐르지 아니하는 인덕(仁德)과 생사에 꺼리지 아니하는 용기를 갖추어 부귀(富貴)에도 물들지 아니하고, 빈천(貧賤)에도 변하지 아니하며, 위무(威武)에도 꺾이지 아니한 사람이어야만, 신명(神明)에 통하는 효도(孝道), 금석(金石)에 꿰뚫는 충절(忠節)을 이루어, 가문을 백세(百世)에 들어내고, 국가를 만세에 빛나게 할 것이다.

4. 결론

아름다운 제도가 있어도 선량(善良)한 사람이 없으면 기능을 발휘할 수가 없고, 준걸(俊傑)한 사람이 있어도 법전이 없으면 공덕을 세울 수 없다.

신성한 법전은 성인(聖人)으로부터 나오고, 영명준걸(英明俊傑)한 사람은 하늘로부터 나오니, 비록 성왕(聖王)의 법전이 천고에 있다 하여도 하늘이 영웅을 내지 아니한 바에야 먼지 속에 묻혀 있는 신법성전(神法聖典)인들 어찌 하겠는가?

이제 우리나라 정부에서 이단사설(異端邪說)을 쓸어버리고, 이 도(道)를 찾아 펴면 바야흐로 온 나라의 노인들이 즐거워하고, 온 나라의 노인들이 즐거워하면 그 자식들이 어디로 갈 것인가.

이 때를 당하여 사군자(士君子)는 인생의 도리를 바르게 이해하고, 예절에 어긋남이 없는 모범을 보여야 할 것이다.

공부자(孔夫子)는 정명사상(正名思想)을 밝히고, 맹자(孟子)는 천형사상(踐形思想)을 밝혔다.

정명(正名)은 분수(分數)를 다하는 것이요, 천형(踐形)은 본분을 다하는 것인바, 때를 따라 분수를 넘지 아니한 것이 시중(時中)의 도(道)요, 어느 곳에서나 본분을 망각하지 아니한 것이 혈구(絜矩)의 도(道)인데, 인인(仁人)은 당시에 조화하니 시중(時中)하고, 의사(義士)는 처지에 독립하니 혈구(絜矩)하여, 마침내 중용(中庸)의 지선(至善)에 이르나니, 인격이 이미 여기에 도달하였다면 치세(治世)에는 양민(良民)이 될 것이요, 난세(亂世)에는 충신(忠臣)이 될 것이며, 초야에 있으면 수도수의(修道守義)하고, 조정에 나아가선 진충달절(盡忠達節)하리니 어느 때 어느 곳인들 덕(德)을 세우지 못하랴!

하늘을 원망하고 사람을 허물한 것은 군자(君子)의 금도가 아니요, 마땅히 자기의 무능을 병통으로 여길 것이며, 자기의 병통을 알면 뜻을 세워 정학(正學)을 강론(講論)할 것이요, 정학(正學)을 강론하면 천리(天理)를 알 것이니, 천리를 알아 중화(中和)의 이(理)와 호연(浩然)한 기(氣)를 체득하면 어찌 즐겁지 아니하랴!

이 즐거운 마음이 있는 곳에 곧 충효(忠孝)가 있고, 천하의 선(善)이 있으며, 인간의 아름다움이 있다.

반유교적 현대화 활성화 방안을 반박함

유교(儒教)의 현대화 활성화 방안을 제시한 양재혁(梁再赫) 교수의 노력에 삼가 경의를 표하면서 이 문제의 중대성에 비추어 그 논지가 유학의 본의에서 벗어나고 있는 느낌이 있으므로 먼저 유교의 성격을 뚜렷이 하기 위하여 그 오류와 피상적인 견해를 지적하고 반박하는 바이다.

현대의 창조적인 유학이론(儒學理論)은 고전(古典)유학의 대체(大體)와 정의(正義)를 올바르게 이해한 다음에야 새롭게 발전할 수 있는 길을 찾아낼 것이다. 만일 막연히 공맹(孔孟)의 학설(學說)을 현실에 적용하는 데 급급하여 한두 마디의 글귀를 이끌어다가 새로운 이론을 만들어서 실행조목으로 강요한다면 부분을 전체로 오인하며, 뿌리를 버리고 가지만 취하는 폐단이 있을 것이다.

양재혁 교수의 유학설(儒學說)은 기존의 전통적인 유교사상을 대체로 부정하였을 뿐만 아니라, 동양상고사(東洋上古史)의 인식도 춘추사관(春秋史觀)에서 완전히 벗어났고, 심지어 경전(經傳)의 해석까지도 정자(程子)나 주자(朱子)의 정통적인 주석(註釋)을 외면하며 자의로 해석하였으니 현대 구미인(歐美人)의 피상적인 견해와 중국인의 오도적인 주장을 그대로 수용한 느낌이 없지 않은 바, 이것은 이미 유학의 범주에서 벗어난 것이다.

씨는 말하기를 "공자 당시(춘추시대)의 사회상은 인류사의 초기 발달과정인 원시단순사회(노예사회)체제였던 주왕실(周王室)의 제도가 붕괴되면서 복수사회(봉건사회)체제로의 전환과정인 전국시대(戰國時代)로서 한편에서는 일반대중(그 당시 노예)들의 자기 권리투쟁과 다른 한편으로 기성의 귀족계층과 새로 형성된 신흥봉건지주 계층간의 권리(가치관)투쟁이 날로 심각해 가는 대립적 정치형태였다."라고 하였는데, 이 말은 마치 춘추전국시대의 혼란이 민중의 자각에 의한 인권투쟁 때문에 일어난 것 같은 인상을 준다. 그러나 춘추시대의 혼란은 일반대중의 자기 권리투쟁 때문이 아니라, 부정부패한 군주와 불의 간사한 관료 즉 난신적자(亂臣賊子)들의 권력쟁탈에 지나지 아니하였던 것인바, 맹자가 말하기를 "군주가 인정(仁政)을 행하지 아니하고 부강(富强)하면 모두 공자에게 버림을 받을 것이니, 하물며 그것을 위하여 전쟁을 강행하여 토지를 다투어 싸움에 시체가 성에 가득함이랴! 이것을 일컬어 토지 때문에 사람을 죽인다고 하는 것이니, 그 죄를 용서할 수 없다. 그러므로 전쟁을 잘하는 사람은 극형에 처하고, 외교로 압박하여 이권(利權)을 빼앗는 사람은 그 다음이요, 토지를 나누어주고 소작제(小作制)를 하는 사람은 그 다음이라." [(이루상(離婁上)]고 하여 춘추에 의전(義戰)이 없다고 단정하였던 것이다. 그 당시 일반대중은 오히려 이와 같은 세력집단의 야욕충족 아래에서 희생의 제물이 되었던 것이니, 민권투쟁이란 전혀 얼토당토 않은 상상 논리에 불과할 따름이요, 기성의 귀족과 신흥봉건지주 간의 대립이 아니라, 제후(諸侯)들의 영토병합과 권신(權臣)들의 시군탈위(弑君奪位)의 현상이었던 것이다.

더욱이 씨는 주(周)나라 당시의 일반대중을 노예라고 하였는데 고대 성왕(聖王)의 제도는 사농공상(士農工商)의 사민제도(四民制度)에 의하여 모두 평등한 인격을 인정하였을 뿐만 아니라 언론집회의 자유, 거주이전의 자유, 직업전공의 자유 등등이 있었고, 또한 교육을 받을 권리, 공직을 맡을 권리 등이 있어서 죄인이나 포로를 제외하고는 모두 자유롭고 평등한 삶을 보장받았으나 오히려 춘추전국시대에 이르러 도덕이 무너지고 힘의 통치가 일어나므로 토지겸병(土地兼倂)과 약육강식(弱肉强食)의 결과 인권을 유린하여 사람을 사유(私有)하는 노예제가 발생하게 되었던 것이다. 씨의 노예라고 하는 것은 어떤 기준이며 그 개념은 무엇인가?

씨는 이어 말하기를 "이러한 정치형세하에서 공자의 기본입장을 보면 욱욱호문재(郁郁乎文哉)라 오종주(吾從周)하리라는 확고한 신념이다. 다시 말해 이 뜻은 문명이 창성하니 나는 주(周)나라를 존경하겠다는 것이다. 이는 붕괴되어 없어져 가는 주나라의 단순정치(노예제)체제를 새로 회복하겠다는 입장으로서 그 당시 변화 발전되어 가는 사회상황을 천하무도(天下無道)라 규정하여 비금사상(非今思想) 즉 복고사상(復古思想)을 그의 기본정치이념으로 삼았었다는 것을 유학자 중 인정하지 않는 사람은 없을 것이다."라고 하였으니 여기에 이르면 언어도단(言語道斷)이다. 대저 요순(堯舜) 우(禹) 탕(湯) 문무(文武) 주공(周公)의 삼대(三代)에 걸친 도덕문명(道德文明)정치는 인류의 영원한 이상이요, 대동지치(大同至治)의 표본이거늘, 삼강오륜(三綱五倫)이 무너지고 난신적자(亂臣賊子)가 접종하여 신하가 그 임금을 죽이며 아들이 그 아비를 죽이는 패도난륜(悖道亂倫)의 암흑금수(暗黑禽獸)사회로 전락한 것을 어찌 변화발전으로 볼 수 있다는 말이가? "변화발전"이 진보의 뜻인가 반동(反動)의 뜻인가.

공자가 주공(周公)이 제정한 주례(周禮)를 숭상함은 그 예법정신이 천리(天理)의 자연스러운 절도와 아름다운 문채를 바탕하였고, 그 예법절차가 인사(人事)의 참다운 모범과 바른 법도를 갖추었기 때문이니, 곧 자연의 공리(公理)와 인간의 선덕(善德)을 아울러 체계화한 까닭이다. 이것은 사람을 지극히 공경하는 예절이요, 사람을 천대하는 것을 엄금하는 규율이다. 더욱이 공자가 주례를 숭상하는 것과 그의 정치이념과는 엄격히 분별하여야 된다. 공자는 현실적으로 주나라 사람인 까닭에 주례를 지키지 않을 수 없는 것이나, 공자의 정치이상은 대동지치(大同至治)였으니 곧 덕치인정(德治仁政)이다. 민중의 공론(公論)이 바로 하늘의 뜻으로서 민본(民本)의 대도(大道)를 이념으로 하였거늘 어디에 노예제를 찬성하는 말이 있는가! 공자가 노예제를 회복하려고 하였다는 말은 천만부당한 것이다. 씨는 해명하기 바라며, 근거가 없는 말로 성인(聖人)을 오해하도록 유도하는 것은 학자의 정당한 태도가 아니니 앞으로는 삼갈지어다.

씨는 또 말하기를 "문제를 구체화하기 위하여 공자의 몇 가지 기본철학을 인용 분석하여 보면 첫째 그의 철학 중 가장 핵심이 되는 '인(仁)'의 문제를 논하지 않을 수 없겠다. …… 도대체 공자가 논한 인이란 무엇인가? 자왈극기복례위인(子曰克己復禮爲仁)이라 한 것은 공자의 인에 대한 총괄적인 것이라고 생각한다. 다시 말해 자기욕구를 제한해서 일거일동(一擧一動) 일언일행(一言一行)을 주(周)나라의 예법대로 따르는 것이 인이란 말이다."라고 하였다. 씨는 극기복례위인(克己復禮爲仁)에 대한 주자(朱子)의 주(註)인 인(仁)은 본심(本心)의 전덕(全德)이요, 기(己)는 사욕(私欲)이며, 예(禮)는 천리(天理)의 절문(節文)이라는 전통적인 해석을 어찌하여 외면하고, 임의로 주례(周禮)라고 단정하였으니, 인이 인간의 고유한 내재적인 본성이 되지 못하고 한갓 수식가공 끝에 얻는 외재적인 연마물(練磨物)로 규정되어 버렸다.

공자의 인(仁)은 사람이 타고나는 고유한 인간성이므로, 스스로 사욕을 극복하고, 양심을 간직하면 저절로 부모에게 효성이 생기며, 형제간에 우애하며, 사람을 사랑하는 의식이 나오는 것이라고 밝혔을 뿐이다. 만일 씨의 말처럼 인이 주례(周禮)를 복고(復古)하는 뜻이라면 주례가 제정되기 이전이나 주나라가 멸망한 뒤에는 사람을 사랑할 수 없다는 것인가? 공자의 철학은 영원한 인도(人道)를 밝히는 원리요, 천하의 왕법(王法)을 바로잡는 원칙이었다.

씨는 이어 "둘째 공자의 정명사상(正名思想)을 좀더 고찰해 보기로 하자. 어느 날 공자의 제자 자로(子路)가 선생께 질문하기를 만약 선생님께서 정치를 하시게 된다면 제일 먼저 무엇을 하시겠습니까? 자왈필야정명호(子曰必也正名乎)라 했다. 이것은 그 당시 극도로 혼란했던 명분(名分)을 제일 먼저 옛과 같이 다시 정리하

겠다는 뜻이다 …… 이것은 지금까지 전해 내려오던 단순사회의
가부장적 도덕질서가 무너졌다는 것을 알 수 있다. 이러한 역사
적 측면에서 볼 때 공자의 정명(正名)이란 곧 복례(復禮)를 뜻하는
것이다. 복례란 다른 뜻이 아니다 소멸되어 없어져 가는 주왕실
(周王室)의 가부장적 원시사회를 회복하겠다는 의지임이 명백하
다.”라고 하였는데 공자의 정명사상은 당시의 권력귀족이 인의(仁
義)를 가장하여 속임수로 민중을 학대하며 우롱하므로 이를 방지
하기 위하여 대의명분과 실제행사가 상부(相符)함으로써 공명정
직한 사회질서를 세우기 위한 방법으로 제창된 것이다.

당시의 제후들이 말로는 중민족식(重民足食)정책을 표방하면서
도 실제로는 공권력을 남용하여 사리사욕을 채우는 데 열중하므
로 맹자가 말하기를 성인(聖人)의 도(道)가 쇠퇴하여 폭군이 이어
나와 민가(民家)를 헐고 유원지를 만드니 민중이 편안히 살 곳이
없고, 전원(田園)을 공원으로 만드니 민중이 의식(衣食)을 얻을 데
가 없게 되었다고 하였고, 공명의가 말하기를 귀족의 주방에는 살
찐 고기가 있으며 그 마구간에는 살찐 말이 있는데 민중은 주린
빛이 있으며 들에는 굶어죽은 시체가 있으니, 이것은 사람이 짐승
만치도 대접을 받지 못한 것이라고 하였다.〔등문공하(滕文公下)〕

대저 폭군오리(暴君汚吏)가 부국강병책이라는 미명(美名)으로
민중의 법적 지위를 빼앗아버리고, 토호열신(土豪劣紳)이 합법을
가장하여 힘으로 민중의 재산을 수탈한 결과 그와 같은 혼탁한
세상이 되었던 것이다. 그러므로 공자는 요순(堯舜)의 공명정대한
법을 밝히어 도량형기(度量衡器)를 바로잡고, 법도를 세우며, 정
체(政體)를 다듬어 중민균부(重民均富)의 실체와 애인후생(愛人厚
生)의 원칙을 뚜렷이 하기 위하여 주장한 것이거늘 어찌 부질없
이 가부장적인 원시사회를 회복하려는 것이라고 말하겠는가?

씨는 이어 말하기를 “공자의 복례(復禮)와 연결된 극기(克己)의
문제도 간단히 넘길 수 없는 중요한 문제점이다. 왜냐하면 옛 제
도 주례(周禮)를 회복하기 위하여 마지막 새로 등장한 새로운 지
주(地主), 상인(商人) 나아가서 일반대중들에게 그들이 지금까지

쌓아온 권리를 포기하고 참으라는(극기) 말이니 옛날 권리를 회복하게 되는 소수의 귀족층에게는 바람직한 것일는지 모르나 어찌 그 밖의 사람들에게 설득력이 있겠는가 말이다.”라고 하였으니, 마치 공자가 타락한 귀족층을 옹호하는 것처럼 지목하였다.

맹자가 말하기를 요순(堯舜)은 덕성(德性)으로 다스렸고, 탕(湯)무(武)는 책임정치를 하였고, 오패(五霸)는 위선(僞善)으로 다스렸던 까닭에 오패(五霸)는 삼왕(三王)의 죄인(罪人)이라고 하였으니, 저들이 속으로는 야욕추구에 여념이 없으면서도 겉으로는 예의염치를 내세우는 것은 그들이 물질의 노예가 되어 인간성을 상실한 소치이므로 외물(外物)의 유혹을 멀리하여 내심(內心)의 동요를 막아 떳떳한 인간심성(人間心性)을 보존하는 길을 가르친 것이다.

공자의 애인정신(愛人精神)은 민중의 낙리욕망(樂利欲望)을 충족시켜 주어야 된다고 강조하여 말하였으니, 민중이 이로워하는 것을 이롭게 하여주고, 민중이 수고할 가치가 있는 것을 골라서 일하게 하고, 민중이 사랑하고자 하는 것을 사랑하도록 하여야 된다[요왈(堯曰)]라고 하였을 뿐만 아니라『대학(大學)』에서도 민중으로 하여금 그 즐거움과 이로움을 길이 간직하게 함이 지선(至善)에 멈추는 것이라고 하지 않았는가! 공자의 평생의 뜻이 제세구민(濟世救民)하여 태평세계를 건설하는 데 있었다는 것은 삼척동자도 아는 바이요, 공문지하(孔門之下)에 오척동자(五尺童子)도 오패(五霸)를 입에 담는 것을 부끄럽게 여겼다.

마지막으로 씨는 시중사상(時中思想)과 관련하여 현대 구미(歐美)의 이론인 변동기에 가장 불평하는 청년의 가치관이 대세의 조류를 형성한다고 규정하고 말하기를 “그러므로 전시대의 눈에는 현재가 타락된 난세로 보일 수도 있지만 그것은 보수(복고)적 측면의 관점이란 것을 인식하여 수정하고 현재를 시인해서 새로운 미래의 가치관을 향하여 적극적으로 실천할 때 우리 유림의 활기는 되살아나서 미래의 주체적 담당자가 될 것이라 생각된다.”라고 하였으니 씨가 말한 현재는 천도(天道)의 운행과 역사의 발달과정에서 보는 현재인가? 아니면 세태의 변천과 인심(人心)이

유행하는 추세에서 보는 현재인가?

시중의 시는 세(勢)와 구별하여야 된다. 때와 장소에 알맞는 것은 중용(中庸)의 도(道)요, 세태에 동화하고 형세에 추종하는 것은 향원(鄕原)의 설(說)이니 한갓 사이비에 지나지 못한 것이다. 예를 들어 천하에 도덕이 없을 때에 도(道)를 지키기 위하여 순도(殉道)하는 것은 살신성인(殺身成仁)이며 사생취의(捨生取義)이지만, 천하에 도덕이 없다고 하여 스스로 시류(時流)에 영합하며 같이 날뛰는 것은 자포자기(自暴自棄)에 지나지 않는 것이다. 그러므로 부유곡사(腐儒曲士)는 시대의 오욕을 함께 뒤집어쓰고, 정인단사(正人端士)는 창랑(滄浪)의 물이 맑으면 머리를 감고 창랑의 물이 흐리면 발을 씻는 것이니, 씨는 어느 쪽인가? 더욱이 정치인과 행정관료는 가장 곤궁한 홀아비, 과부, 고아, 자식 없는 늙은이 등 사궁민(四窮民)의 욕구해결에 최우선으로 노력하여야 될 것이나, 선비가 어찌 세속적인 가치추구에 앞장서겠는가? 참다운 선비는 도의(道義)를 찾고 공명(功名)이나 부귀(富貴)를 취하지 않는 것이다.

정통유교의 비판을 통박함

유도(儒道)는 시대와 더불어 운명을 함께 하는데 천운(天運)의 평피왕래(平陂往來)에 따라서 사문(斯文)이 흥망성쇠하는 까닭이다. 오늘날 경서(經書)가 비록 먼지 속에 있으나 우리의 학문은 스스로 풍족하여 수신(修身), 제가(齊家), 치국(治國), 평천하(平天下)의 도(道)를 다른 데서 찾을 필요가 없는 것이다. 바야흐로 백가중론(百家衆論)이 길거리에 넘쳐 도도히 흐르고 있어도 우리에게는 위대한 성인(聖人)의 전범(典範)이 갖추어 있어, 우주의 원상(原象)에 바탕한 인류의 철칙이 가장 합리적이고 완전하며 또한 아름답게 빛나고 있다.

양 교수의 두 번에 걸친 진지한 논설을 요약하면 춘추사관(春秋史觀)은 민중사관(民衆史觀)이 아니라는 것과 왕도정치(王道政治 : 王은 大의 뜻임)는 민주주의(民主主義)가 아니라는 주장인데, 이것은 억설(臆說)이다. 참으로 성인(聖人)이 다시 나온다고 하여도 분명히 춘추사관은 민중의 희망이요, 대도정치(大道政治)는 민주주의의 이상(理想)임을 반드시 증언할 것이니, 이제는 선입견을 버리고 지혜의 문을 활짝 열어 밝게 나의 말을 경청해야 될 것이다. 천고의 진리는 영원히 멸망하지 않는 것이요, 때가 오면 우뚝 일어나는 것인데, 다만 학자의 지극한 노력이 앞서야 되는 것이니 성급히 속단하지 말기를 바란다. 우리는 이미 가는 곳은 하나인데 길이 다를 뿐이며, 하는 일은 같으면서 생각만 틀릴 뿐이다.
『춘추(春秋)』는 공자가 만세(萬世)의 공론(公論)으로 역사를 직
필(直筆)하여 어떠한 사람도 바꾸지 못하는 대법(大法)을 확립한
것이니, 그 큰 뜻은 해와 달처럼 뚜렷한 것으로 곧 난신적자(亂臣
賊子)를 징계하고, 충신의사를 표창하는 상선벌악(賞善罰惡)의 엄
정한 대권(大權)을 세우며, 인류문화를 존중하고, 이적(夷狄)의 야
만(野蠻)을 물리치는 내하외이(內夏外夷)의 엄중한 대의(大義)를
밝히며, 민중을 중시하여 어진 이를 존경하는 공론정치(公論政治)
를 높이고, 한 사람의 전제정치(專制政治)를 낮추는 존왕천패(尊
王踐覇)의 엄숙한 대법(大法)을 밝힌 것이며, 그 깊은 내용은 한마
디 말이나 한 가지 일에도 반드시 공평한 판단기준과 모범적인
법도를 가지고, 모든 사람이 다 같이 편안할 수 있는 의리를 밝히
며, 가장 어진 사람이 일을 반듯하게 처리하는 솜씨를 보이며, 사
람이 하는 일에 하늘이 감응하여 길흉화복(吉凶禍福)을 내리는 본
을 보인 것이니, 무릇 천리(天理)를 밝히고, 인심(人心)을 바로잡아
지치(至治)를 이룩하는 천왕(天王)의 일을 밝힌 것이다. 공자의 위
대함이 여기에 있는 까닭에 스스로 말하기를 나를 알 수 있는 것
도 춘추요, 나를 허물할 것도 오직 춘추라고 하였고, 정자(程子)는
후세의 사람이 그 글월을 통하여 그 뜻을 찾으며, 그 생각을 깨달
아 그 법을 본받으면, 삼대(三代)의 이상세계를 다시 만들 수 있다
고 하였다.
　대저 왕후장상(王侯將相)이 씨가 없는 것이며, 사농공상(士農工
商)이 타고난 것이 아니므로, 다 같은 천자(天子)라고 하여도 지덕
(至德)을 행하는 천왕(天王)이 있고, 선정(善政)을 베푸는 왕(王)이
있고, 힘으로 통치하는 군(君)이 있고, 용열한 주(主)가 있으며, 다
같은 민중이라고 하여도 인류의 양민(良民)이 있고, 이적(夷狄)의
천민(賤民)이 있고, 금수(禽獸)같은 우민(愚民)이 있는 까닭에 누구
나 힘이 있으면 사회발전의 주동자가 될 수 있는 것이다. 그러므
로 역사를 추진하는 주체는 민권(民權 : 천왕 또는 대통령도 포함
됨)일 수도 있으며, 관권(官權 : 왕과 수상을 포함)일 수도 있으며,

군권(君權 : 주와 독재를 포함)일 수도 있는데, 다만 그것이 자연의 순리에 합당하고, 사람의 정의(情意)에 적합하였느냐가 문제일 뿐인 것이다.

춘추사관은 본래 민중사관을 수용하고 있으므로 민중사관이 춘추필법(春秋筆法) 앞에 절대로 새로운 의미를 가질 수 없다. 춘추는 처음부터 이해득실(利害得失)과 시비선악(是非善惡)의 판단기준을 천하의 공론(公論)에 두고 있는 까닭에 저 폭군오리(暴君汚吏)는 그 관작(官爵)을 쓰지 않고 이름을 써서 민중으로부터 버림을 받은 사실을 밝혔고, 반정(反正)이나 의거(義擧)는 그 주체를 인(人)이라고 써서 민중의 공의(公議)임을 나타냈을 뿐만 아니라, 노(魯)와 송(宋)이 다 같이 역신(逆臣)의 전횡(專橫)으로 국위(國威)가 떨어졌을 때에 송나라는 민중이 봉기(蜂起)하여 참주(僭主)를 추방하였으나, 노나라는 말없이 추종하므로 송(宋)을 문화국으로 높이어 앞에 쓰고, 노(魯)를 야만국으로 낮추어 뒤에 놓았던 것이다. 공자는 노나라 사람인데도 불구하고 이와 같이 도덕정신과 문화의식과 민본사상에 철저했던 까닭에 마침내 인류의 성인(聖人)이 되어 만세(萬世)의 종사(宗師)로 추앙될 수 있었던 것이다.

무릇 인류사회에 영원토록 불후(不朽)한 것이 세 가지 있으니, 요순(堯舜)이 이룩한 천하의 만선(萬善)을 한 몸에 모아서 중도(中道)를 행하는 덕성(德性)과, 탕무(湯武)가 세운 천하만민의 뜻을 받들어 권도(權道)로 포악(暴惡)을 제거하고 신음하는 생령(生靈)을 구원한 혁명공업과, 공맹(孔孟)이 가르친 사람은 누구나 대아(大我)의 공덕(公德)을 자각하여 인의(仁義)의 인도(人道)를 실천하는 학문교육이다.

대도정치(大道政治)는 이 세 가지가 헌장이니, 훌륭한 지도자를 세우고, 밝은 정치를 하며, 바른 교육을 하여 힘을 길러서 천하무적(無敵)의 나라를 만들고, 윤리를 지켜 사해동포가 모두 안락하게 하며, 사람마다 지식과 인애(仁愛)와 용기를 갈고 닦아 떳떳한 인격자로 성취시키는 것이다.

민본(民本)의 이념이 이와 같이 사람의 자율정신을 바탕으로 하는 까닭에 사람이 비록 하늘의 피조물이지만 인생을 경영함에는 사람이 오히려 우주의 주인임을 인정한다. 따라서 지방은 주민의 것이요, 나라는 국민의 것이며, 천하는 천하사람의 것이므로 지역의 주민자치는 당연한 것이고, 촌장(村長)이나 부족장(部族長)을 자체적으로 뽑아서 공화협동(共和協同)하는 것은 아무도 간섭하지 못하는 것이며, 그 부족장(部族長)들이 모여서 군장(君長)을 세우고, 제후(諸侯)가 연합하여 천자(天子)를 추대하는 것은 곧 국가조직의 기원이요, 정치생활의 시작이다.

천자(天子)가 이미 세워지면 제후(諸侯)는 천자에게 신임을 물어야 되며, 경(卿)은 제후에게, 대부(大夫)는 정승에게 차례로 그 신임을 묻는 것이니, 맹자가 말하기를 민중이 가장 귀중하고, 나라가 그 다음이며, 임금이 가장 가벼운 것이다. 이런 까닭에 평민에게 신망을 얻어야 천자가 되고, 천자에게 신임을 얻어야 제후가 되며, 제후에게 신임을 얻어야 대부가 되나니, 제후가 나라를 위태롭게 하면 임금을 바꾸고, 정부가 법도를 지키며 국민이 부지런히 일을 하여도 한재(旱災)나 수해(水害)가 계속되면 혁명을 하여 새 나라를 세운다[진심하(盡心下)]라고 하였고, 실제로 순(舜)·우(禹)·탕(湯)·무(武)가 모두 당시 제후들이 옹립하여 천자로 추대되었던 것이니, 후세의 자칭 천자들과는 근본적으로 다른 것이다.

천자는 또한 민의(民意)에 의하여 지도자가 되었지만 그 직위를 길이 보장받는 것이 아니라, 만일 잘못이 있으면 언제든지 소환(召還)되는 것이다. 걸주(桀紂)는 제후들에 의하여 축출되었으며, 태갑(太甲)은 정승에 의하여 징계를 당했던 것이다. 『서전(書傳)』에 말하기를 하늘은 친함이 없고, 잘 공경하는 사람을 친하며, 민중은 항상 그리워하지 아니하고, 인(仁)할 때에 그리워하며, 귀신은 항상 흠향하지 아니하고, 정성이 있는 곳에 강림하나니, 천자의 자리는 어려운저! [태갑하(太甲下)]라고 하였으며, 『대학(大學)』에서는 민중을 얻으면 나라를 얻고 민심을 잃으면 나라를 잃은다고 하여 민중을 잃은 임금은 독부(獨夫)임을 밝혔다.

더욱이 왕위의 세습이나 사유화를 절대로 인정하지 아니하고,

오로지 민의에 의하여 옮겨가는 것임을 맹자는 밝혔으니, 천자도 그 자리를 후임자에게 임의로 넘겨줄 수 없다. 천자는 다만 후임 자를 골라 천하에 추천할 뿐이요, 그 선거권은 제후들에게 있을 따름이다. 그러므로 필부(匹夫)로서 천자가 되는 사람은 덕(德)이 순우(舜禹)처럼 높고, 또한 천자의 공천이 있어야 되는 것이니, 그 래서 중니(仲尼)는 천자가 되지 못하였다〔만장상(萬章上)〕라고 하 였는바, 오늘날의 공명선거제도가 여기에서 연원한 것이라고 하겠 다. 덕치인정(德治仁政)의 본질이 현재 민중공화정치보다도 더욱 우월한 것은 모름지기 천자는 스스로 황극(皇極)을 세워서 정치인 의 모범이 되고, 교육자의 사표(師表)가 되어야 하며, 마땅히 천하 만세의 공론(公論)을 받들어 대동지치(大同至治)를 이룩하여야 되 는 천왕(天王)의 의무를 두고 있다는 점이다. 민주공화정치는 다수 결 원칙만으로 민의를 수렴한 여론을 최선으로 삼지만, 대도홍범 (大道洪範)정치는 사람이 모두 일치하는 공론을 표준으로 하는바, 그 공론(公論)도 일시적인 공론은 완전 지선(至善)이 아닐 수가 있 는 까닭에 다수결 원칙에다가 대인결(大人決)원칙을 보태고, 나아 가 복서(卜筮)로 천지신명(天地神明)의 뜻까지 확인하여 만세의 정 론(定論)으로 행정하는 천왕(天王)의 지덕(至德)을 요구한다.

　그러므로 주자(朱子)는 공론형성(公論形成)에 방해가 되는 국 시(國是)의 제정을 반대하였고, 정암(靜庵)은 언론의 완전자유를 주장하였으며, 율곡(栗谷)은 유언비어(流言蜚語)의 발설자를 색출 하여 처벌하는 것을 중지시켰으며, 송자(宋子)는 말 못한 사람이 나 귀신의 억울함을 대변하여 주었다.

　대동(大同)은 천자(天子)가 동의하고, 공경대부사(公卿大夫士)가 동의하며, 서인(庶人)이 동의하며, 천지신명(天地神明)이 동의한 것인데, 이것은 위정자로 하여금 반드시 자연법(自然法)으로 다스 리게 하고, 실정법(實定法)으로 강제하지 못하게 하는 원리이다. 따라서 지도자의 독주도 인정하지 않는 것이다. 『주역(周易)』에서 말하기를 천왕(天王)의 지덕(至德)은 머리가 없으니, 성인(聖人)이 나옴에 만물의 실상(實相)이 여여(如如)하게 나타나서 하늘에 근본한 것은 위로 친하고 땅에 뿌리한 것은 아래로 친하여 각각 저희들끼리 모여 사는 것이라[건문언(乾文言)] 하여 인물(人物)의 성명(性命)을 어기지 못하게 하였고, 그렇게 다스리는 대체의 요강은 『예기(禮記)』에서 밝혔는데 대도(大道)가 행함에 천하가 공평(公平)하니 어진 이를 선거하여 지도자로 삼고 유능한 사람을 고시(考試)하여 책임자로 써서 믿음의 정치로 화목한 사회를 만들어 사람들이 남의 부모도 공경하고, 남의 아이도 사랑하며, 늙은이는 마칠 곳이 있고, 젊은이는 쓸모가 있으며, 어린이는 배울 데가 있으며, 사나이는 직업이 있고, 아가씨는 시집갈 데가 있으며, 재화(財貨)를 아끼지만 자기 집에 사장(死藏)하지는 않으며, 힘을 아끼지만 자기의 일만 하지는 않으니, 이런 까닭으로 지력사술(智力邪術)이 사라지고 도절난적(盜竊亂賊)이 나오지 아니하여 대문이 있어도 닫지 않고 사는 것인데, 이것이 대동세계(大同世界)다[예운(禮運)]라고 하여 인생의 대의와 본질의 극치를 이와 같이 정립하였는데 그 구체적인 사업과 절도는 경사(經史)에 두루 갖추어 있다.

지나간 역사를 통론하면 요순(堯舜)은 순천응인(順天應人)으로 정치의 이념으로 삼았고, 탕무(湯武)는 구세제민(救世濟民)으로 행정의 원칙을 삼았고, 오패(五覇)와 한당(漢唐)은 지력사술(智力邪術)로 통치의 강령을 삼았으니, 이제(二帝)는 민권(民權)의 시대요, 삼대(三代)는 관권(官權)의 시대요, 전국(戰國) 이후는 군권(君權)의 시대였던 것이다. 그러나 맹자(孟子)가 단언하였으니, 곧 유도(儒道)는 원칙을 주장할 뿐이다. 경위(經緯)가 반듯하면, 서민이 좋아하고, 서민이 신바람나서 일어나면 민권을 도로 찾을 것이라는 말이 적중하여 마침내 인지(人智)가 발달하고, 천운(天運)이 돌아옴으로써 군주(君主)의 시대는 물러가고 민주(民主)의 시대가 돌아왔으니, 현재 민주주의를 바탕으로 태고의 대동지치(大同至治)를 이룩하기가 지극히 쉬운 일이다. 유림(儒林)은 마땅히 춘추사상(春秋思想)을 분명하게 밝히고 정통유학(正統儒學)을 교본(敎本)으로 연구하고, 실천하는 데 일로 매진하여야 될 것이다.

성리학(性理學)과 문치(文治)

1. 송대(宋代) 성리학 출현의 역사적 배경

대저 어떤 학문이나 사상의 개요를 파악하려면 먼저 그 시대적 배경을 알아야 한다. 특히 송대(宋代)의 성리학(性理學)은 춘추전 국시대 이래로 천여 년에 걸친 혼란의 역사를 비판하고 정치사회 의 모순을 극복하기 위한 학문사상이므로 그 역사적 배경을 알아 야만 그 본질을 명확히 파악할 수 있다.

요순(堯舜)의 지치주의(至治主義)에서 비롯한 유교의 도덕정치 사상은 하(夏)·은(殷)·주(周) 3대에 걸쳐 계승 발전하였으나 춘 추전국시대에 이르러 마침내 왕도정치(王道政治)가 무너지고 패 도정치(覇道政治)가 일어났다. 이에 공자(孔子)는 인(仁)사상을 고 취하여 예법질서를 확립해서 인도문명(人道文明)을 부흥하려고 노력하였으며, 맹자(孟子)는 성선설(性善說)을 주장하여 덕치인정 (德治仁政)의 민본정치를 구현하여 천하를 다시 안정시키려고 진 력하였다.

그러나 이후 천하를 통일한 소위 진시왕은 유교의 도덕정치 이 념을 배척하여 분서갱유(焚書坑儒)의 포악한 정치를 하였고, 한 (漢)나라 환제(桓帝)는 환관(宦官)의 횡포에 당파를 결성하여 투쟁 하였던 진번(陳蕃)과 이응(李膺)등 200여 명의 유림(儒林)을 하옥

하여 종신금고에 처하여 관리임관권을 박탈하였다. 당(唐)나라 한
퇴지(韓退之)는 원도(原道), 원인(原人), 원성(原性)을 지어서 유도
부흥을 자임(自任)하였으나 도리어 좌천되어 유배를 갔으며, 5계
(五季)의 난(亂)에는 53년 동안에 무인(武人)의 반역으로 인한 정
권찬탈이 다섯 번이나 반복되었으니 역사 혼란의 극치였다.

송(宋)나라를 세운 조광윤(趙匡胤)은 군벌통치의 폐해를 바로잡
기 위하여 춘추오패(春秋五覇) 이래로 진, 한, 당, 5계에 이르기까
지 무치(武治)를 국시(國是)로 정했던 것을 과감히 버리고 획기적
으로 문치(文治)를 국시로 삼아 유교정치를 함으로써 무인의 난을
마감하였다.

송대(宋代) 성리학은 이상과 같은 중고시대의 무인정변(武人政
變)으로 어지러웠던 무단독재(武斷獨裁)의 역사를 깨끗이 청산하
고 문덕정치(文德政治)를 실현하여 왕도정치(王道政治)의 끊어진
역사를 다시 계승하고 충요절의(忠孝節義)의 윤리를 밝혀 인간의
존엄성을 되찾기 위하여 출현한 학문사상이다. 그러므로 어떻게
하면 천리(天理)의 공명정대한 진리를 밝혀서 패역무도한 난세를
바로잡을 것이며, 어떻게 하면 사악하고 간교하기 그지없는 관료
들을 깨우쳐서 인간의 착한 본성을 회복하고 예의염치를 알게 할
것이며, 어떻게 하면 천명(天命)을 받들고 민심에 순응하여 덕치
인정(德治仁政)을 확립하고 문명세계를 건설할 것인가 등의 문제
가 성리학의 기본과제였던 것이다.

성리학에 있어서 이러한 역사적 대전제를 망각하고 한갓 성리
학의 학설내용만을 사변적으로 논술하는 것은 비단 성리학의 근
본의미를 간과할 가능성이 있을 뿐만 아니라 또한 공리공담에 떨
어질 위험이 있는 것이다.

무치(武治)는 본래 힘으로 강권을 발동하여 인민을 국가사업에
동원하는 것이 그 본색이고, 차선책으로 술수(術數)를 써서 유혹
하거나 상벌(賞罰)의 권위를 이용하여 국민단결을 도모하는 것이
다. 그러나 문치(文治)는 지도자의 도덕성과 통치력에 의하여 국
가목표를 달성하는 것이므로 지선(至善)의 덕(德)을 구비하여야

되고, 민심을 얻어야 되며, 충직(忠直)한 신임이 있어야 되는 것이다.

그러므로 송유(宋儒)는 처음부터 사회의 현실문제를 주제로 삼아 합리적이고 실용적인 논리를 전개하였으니, 한대(漢代)의 훈고학(訓詁學)이나 위진(魏晉)의 현학(玄學)을 비판함과 동시에 도가(道家)의 자연주의와 불가(佛家)의 적멸사상(寂滅思想)을 배척하여 학계(學界)에 있어서 출세주의와 허무주의 및 신비주의를 부정하고 또한 세상을 백안시하며 일신(一身)의 고고한 취향과 안일만을 탐하는 쾌락주의를 징치하였다.

이것은 성리학이 인간의 도덕과 사회의 윤리를 확립하는 일에 지식인들로 하여금 떨쳐 일어나게 해서 국가사회의 교육문화발전에 적극 기여하는 학풍을 조성하려는 것이었으니, 정치가 위에서 문명하고 풍속이 아래에서 아름다움으로써 위대한 문치(文治)를 이룩하는 기능과 역할을 담당하는 사회사상에서 출발했기 때문이다.

그러므로 성리학은 사물을 직접 연구하여 현실문제를 실제로 해결할 수 있는 지혜와 지식을 존중하고, 국가사회에 헌신 봉사하여 말없이 효도하고 충성하며, 세계평화와 인류안녕에 크게 이바지하는 공덕을 높이 평가하며, 일상적인 사회생활에서 그 배운 바의 진리를 실천하는 것을 생명으로 여기게 되었다.

2. 정주학(程朱學)의 근본사상

성리학은 정자(程子)와 주자(朱子)에 의하여 학문적 체계를 완벽하게 갖추었기 때문에 정주학(程朱學)이라고 한다. 정자(程子 : 서기 1033~1107)는 이적금수(夷狄禽獸)들의 권력횡포를 저지하고 사이비학자들의 곡학아세(曲學阿世)를 방지하기 위하여 『역전(易傳)』과 『춘추전(春秋傳)』을 저술함과 동시에 『대학(大學)』과 『중용(中庸)』의 논리체계를 해설하여 시비(是非)와 선악(善惡)을 명쾌하게 분석하여 인욕(人欲)을 막고 천리(天理)를 보존해서 군자(君子)의 품격을 갖춘 다음에 정치를 하는 것이 문치(文治)의 대도(大道)임을 역설하였고, 주자(朱子 : 서기 1130~1200)는 홍수맹수(洪水猛獸)와 같은 정치폭력을 추방하고 혹세무민(惑世誣民)하는 이단사설(異端邪說)을 근절하기 위하여『주역본의(周易本義)』와『사서집주(四書集註)』및『소학(小學)』을 저술하고 편집하여 진리와 몽상(夢想), 정의와 불의(不義)를 선명하게 분석하여 언제 어디서나 역적이 되지 않고 충의(忠義)의 화신(化身)이 되는 길을 설파하였다.

따라서 정주학의 근본사상은 선비의 집단이 스스로 진리의 세계를 구현하는 것이며, 착한 인간성을 회복하는 것이며, 사회정의를 실현하는 것이다. 그것은 곧 인간이 천리(天理)의 존엄성을 발견하여 물리(物理)와 사리(事理)에 경건함이며, 성리(性理)의 고유성을 깨달아 심리(心理)와 정리(情理)에 성실함이며, 윤리(倫理)의 당연성을 인정하여 도리(道理)와 의리(義理)에 정직함이다.

정주학은 그 학문의 범위가 대단히 넓어서 인생의 범사를 모두 포괄하지만 그 학설을 전개하는 핵심근거가 성즉리(性卽理)임을 선언하는 논리체계를 그 대원칙으로 하므로 성리학이라고 하는 것이며, 또한 성리학의 궁극적 목적은 윤리도덕사회를 실현하는 것이므로 도학(道學)이라고 하며, 이것은 모두 성인(聖人)의 도통(道統)을 계승하는 학문이기 때문에 성학(聖學)이라고 한다.

권력자나 외세에 아부하여 둥글둥글 사귀면서 능란하게 사리사욕을 탐하고 한 몸의 영달만을 꾀하는 탐관모리배가 되지 말고, 나라의 주권을 사수하는 수호신이 되고, 민심의 소재를 밝히는 대변자가 됨에 있어서 한 몸의 안위나 화복(禍福)을 돌아보지 않는 선지선각의 사명을 다하는 것이 바로 정주학의 본령이다.

따라서 정주학은 첫째 입지(立志)가 강건하여야 되며 기상이 호연(浩然)하여야 되며 정신이 투철하여야 되는 것이고, 둘째는 책임감이 강하고 의욕이 왕성하여 정의감이 넘쳐야 하는 것이며, 셋째는 넓은 도량이 있어서 널리 선비를 모으고 군자(君子)를 추천하여 사업을 원만하게 완성하는 지도력을 갖추는 것이다.

이러한 품격은 결국 격물(格物), 치지(致知)의 궁리독서(窮理讀書)와 성의(誠意), 정심(正心)의 인격함양을 통해서 대인(大人)의 실천력을 수양한 다음에 가정과 사회, 그리고 국가와 천하에서 대아(大我)의 공덕(公德)을 밝히는 학문인즉 이것은 곧 하늘이 대우주의 자연질서를 주재하듯이 학자도 천하국가사회의 예법질서를 구현하는 것이 바로 소우주(小宇宙)의 사명임을 천명한 것이다.

그러므로 송대의 도학자(道學者)들은 예운편(禮運篇)의 대동사상(大同思想)과 『주역(周易)』의 개물성무(開物成務)하는 사명과 『춘추(春秋)』의 대의정신(大義精神)를 이론상으로 자세히 설명하여서 인생의 진정한 의의를 뚜렷이 밝혔을 뿐만 아니라 도덕심과 공명심의 차이와 의기(義氣)와 야욕(野慾)의 구별을 해와 달이 하늘에 뜨고 강하(江河)가 땅위에 흐르는 것처럼 확실히 밝혔으니, 주렴계(珠簾溪)는 무극(無極), 태극(太極)의 진리와 이간(易簡)의 음양원리(陰陽原理)에 바탕하여 말없이 행동으로 인의중정(仁義中正)의 도덕을 실천할 것을 주장하였고, 정명도(程明道)는 충신(忠信)의 대덕(大德)을 확립하고 언사(言辭)를 다듬어 정성을 축적하라고 하였으며, 정이천(程伊川)은 학문으로 지성을 높이고 성경(誠敬)으로 인간성을 함양하라고 설파하였으며, 소강절(邵康節)은 『황극경세(皇極經世)』를 지어 정치지도력을 확립할 것을 논설하였으며, 장횡거(張橫渠)는 서명(西銘)에서 하늘은 아버지 땅은 어머니이고 인류는 나의 동포형제이며 만물은 나의 더부살이이므로 천지를 위하는 것으로 뜻을 세우고 인류를 보살피는 것으로 사명을 삼아서 성현의 학문을 계승하고 만세에 태평한 길을 열어주어야 한다고 역설하였으며, 주자(朱子)는 군현(群賢)의 학설을 집대성하여 학자에게 가르치기를 먼저 큰 뜻을 세워서 대인(大人)의 기본자세를 확고하게 정립하고, 다음으로 두루 사물의 이치를 연구하고 모든 사상을 통달하여 학문적 지식을 넓히며, 끝으로 힘써 노력하여 적극적으로 실천하라고 강조하였다. 그러므로 정주학의 근본정신은 충효절의(忠孝節義)로 일관하여 도덕세계를 건설하고 문명세계를 창조하여 길이 문치(文治)를 발전시키고 무치(武治)의 대두를 원천적으로 방지하는 것이라고 단언하는 바이니 송대(宋代) 도학자(道學者)가 다시 살아난다고 하여도 나의 이 말은 바꿀 수 없을 것이다.

3. 성리학의 연구주제들

성리학이 무치(武治)를 단절하고 문치(文治)를 일으켜서 천하문명을 건설하기 위해서는 가장 합리적이고 과학적인 우주론(宇宙論), 인생론(人生論), 정치론(政治論), 역사론(歷史論) 등이 필요했다. 왜냐하면 문치에 있어서 세계지도이념이 철저하지 못했을 때에 인민을 화합통일할 수 있는 다른 방안이 없기 때문이다. 문치(文治)는 인민의 자율자치를 숭상하고 자력근면(自力勤勉)과 자발적인 권려(勸勵)을 존중하므로 인민대중이 공감할 수 있는 합리적인 이론체제가 필요불가결하기 때문이다.

그리하여 성리학에서는 이러한 과제들을 해결하기 위하여 연구한 결과 고도로 발달한 우주관, 인생관, 정치관, 역사관을 다투어 제시하였으니 그 대체를 종합하여 요약하면 다음과 같다.

⑴ 성리학의 우주론

성리학에 있어서 우주론의 핵심과제는 하늘을 아는 것이다. 우주만상을 창조변화하는 근원적 실체인 하늘의 이치를 규명하여 천지만물을 화합통일하는 자연질서를 탐구하는 작업이다. 인생은 천시(天時)와 지리(地利)의 조건에 의하여 삶의 질과 양이 결정되는 것이므로 천지만물의 본질적 구조를 해명하여야만 가장 진실하고 이상적인 인간사회를 길이 보장할 수 있는 까닭이다. 그리하여 도학자(道學者)들이 도달한 결론은 우주만물의 근원적 실체는 태극(太極)이고, 그 존재의 구조는 이(理)와 기(氣)이며, 그 변화의 추동력은 음양(陰陽)의 상생(相生)과 상극(相剋)의 관계에서 나온다고 논증하였다.

태극(太極)은 본래 공자(孔子)가 『주역(周易)』의 계사(繫辭)에서 처음 말한 것으로 곧 우주에는 본체가 있고 만물에는 근원이 있음을 지적한 것인데, 주렴계(周濂溪)가 태극도설(太極圖說)에서 무극(無極)을 더하고 음양(陰陽), 오행(五行)을 배합하여 태극은 우주만물의 본체이며 만물이 생성변화하는 근저(根底)임을 밝히고 천도(天道)의 원형리정(元亨利貞)하는 자연변화는 영원무궁한 것임을 해명하였다. 정명도(程明道)는 도기론(道器論)을 제시하여 도(道)는 형이상(形而上)의 본체적 진리요 기(器)는 형이하(形而下)의 현상적 사물인데 도세계(道世界)가 곧 기세계(器世界)이고 기세계(器世界)가 곧 도세계(道世界)임을 역설하여 현상세계를 도덕세계로 발전시킬 가능성을 제시하였고, 정이천(程伊川)은 우주만물의 존재원리는 이(理)이고 존재의 형체는 상(象)이니 본체의 원리는 은미(隱微)하고 현상의 작용은 현저(顯著)하지만 그것은 공간적 간격이나 시간적 차이가 전혀 없는 하나의 세계임을 강조하여 현실과 이상(理想)을 분리하지 못하게 하였다. 주자(朱子)는 태극을 이(理)라고 하고 음양을 기(氣)라고 하여 이기불상리(理氣不相離)나 또한 이기불상잡(理氣不相雜)임을 변론함과 동시에 천지에는 만물을 통일하는 하나의 태극이 있고 또한 사물마다 각각 하나의 태극이 있으니 통체(通體)의 태극이나 각구(各具)의 태극이 전혀 다름이 없는 것을 논증하여 현상만물의 존재가치의 신성성을 고취하였다.

도학자(道學者)들의 이러한 우주론은 지극히 과학적인 학술체계를 가진 논리로서 가장 진실하고 장엄한 세계였기 때문에 그 이전의 도교나 불교에서 말하는 황당무계한 몽상적 세계관을 모두 추방해서 지극히 과학적이고 합리적인 새로운 세상을 열었으니 이로부터 인간이 스스로 하늘을 본받아 활발한 활동영역을 누구나 확보할 수 있게 되었던 것이다.

(2) 성리학의 인생론

성리학에 있어서 인생론의 핵심과제는 사람을 아는 것이다. 인간의 천성(天性)을 규명하고 인류의 선덕(善德)을 종합해서 지혜와 사랑과 용기를 갈고 닦아 행복하고 보람 있는 인생의 길을 자체적으로 개척하는 것이다. 문치(文治)는 도덕정치이므로 인간의 성분(性分)과 직분(職分)을 스스로 완수할 수 있는 자질이 필요불가결한 요소이다. 그러므로 도학자들은 인간의 본성의 구조를 해명하여 하늘땅 사이의 만물 가운데 가장 고귀한 것이 사람임을 검증하였는데, 그것은 현명한 지혜와 착한 덕성이 있기 때문이다. 공자는 인(仁)의 본성을 인격수양의 근본이라고 하였고, 맹자는 인의예지(仁義禮智)의 인간고유성을 검증하여 성선설을 주장하였다.

이에 도학자들은 이러한 사상에 근거하여 심성론(心性論)을 정립하였으니, 주렴계(周濂溪)는 태극도설에서 무극(無極)의 진리와 음양오행의 정기(精氣)가 엉겨서 만물을 화생(化生)함에 인간은 가장 우수한 것을 타고났기 때문에 그 정신과 지각(知覺)이 가장 높다고 하여 인간의 존엄성을 강조하였고, 정자(程子)는 이기론(理氣論)으로 본연지성(本然之性)과 기질지성(氣質之性)을 분류하고 심성론(心性論)을 정리하여 말하기를 "천(天)에서는 명(命)이고 물(物)에서는 이(理)이며 사람에 있어서는 성(性)이고 신(身)에 있어서는 심(心)인데 그것은 모두 한 가지이다."라고 하고 결론적으로 말하기를 "일인(一人)의 심(心)은 천지(天地)의 심(心)이며 일물(一物)의 이(理)는 만물의 이(理)이다."라고 하여 천인합일(天人合一), 물아일체(物我一體)의 쾌활한 인생관을 제시하였다. 다만 기질지성(氣質之性)은 한계가 있지만 그러나 그것도 격물치지(格物致知)의 학문과 성의정심(誠意正心)의 함양(涵養)을 통하여 탁박한 기질을 순수한 기질로 변화할 수 있다고 하여 그 방법으로 성경론(誠敬論)을 주장하였다.

이러한 사상에 근거하여 장횡거(張橫渠)는 인간의 정신을 모두 발휘하고 사물의 생성변화의 원리를 알면 인간은 자체적으로 위대한 인생의 길을 개척할 수 있다고 하였으며, 주자(朱子)는 이러한 심성론(心性論)을 종합정리하여 모든 사람은 허령지각(虛靈知覺)한 마음과 모든 이치를 구비한 성(性)과 만사에 정확하게 감응하는 정(情)을 천부적으로 본유하고 있으니 기질이 편벽하고 인욕(人欲)이 가리우면 때로 혼미하지만 그러나 그 본체의 밝음은 일찍이 그치지 않는다고 하여 인심(人心)을 절제하고 도심(道心)을 기르면 절대독립할 수 있는 완전한 인격을 구비할 수 있다고 하였다.

도학자(道學者)들의 이러한 인생론은 지극히 체험적이고 실천성을 가진 논리로서 가장 착하고 유능하고 현명한 인간이었기 때문에 그 이전의 세속에 찌들고 미망(迷妄) 속에 자포자기(自暴自棄)하는 허망한 인생관을 모두 추방해서 활발한 새로운 인생을 발견하였으니, 이로부터 인생이 스스로 행복하고 보람이 있는 자치생활(自治生活)의 길을 누구나 개척할 수 있게 되었다.

(3) 성리학의 정치론

성리학에 있어서 정치론의 핵심과제는 하(夏)·은(殷)·주(周) 3대의 문덕정치(文德政治)를 다시 복원하여 인민이 태평성대를 구가하는 문화사회를 제도적으로 정착시키는 일이었다. 따라서 도학자들의 정치론은 『서경(書經)』 홍범구주(洪範九疇)를 헌장으로 하면서 『예기(禮記)』의 대동사상(大同思想)과 『춘추(春秋)』의 대통일주의(大統一主義)를 재조명하여 정치에 있어서는 명분과 의리를 제일로 하고 행정에 있어서는 화합과 책임을 중시하였으니, 모두 공(公)의 정치사상으로 일관한 논리에 기초한 것이다.

정명도(程明道)는 정치에 있어서 10대 사업을 논하였으니, 첫째는 천자(天子)에게 사부(師傅)가 있을 것, 둘째는 6부장관(六部長官)을 두어 행정권을 위임할 것, 셋째는 토지소유 상한선을 정하고 농지를 균등하게 분배할 것, 넷째는 지방자치제도를 실시하여 교육을 장려할 것, 다섯째 과거제도를 실시하여 인재를 학교에서 양성할 것, 여섯째 병농일치(兵農一致)제도를 실시하여 평상시에 훈련할 것, 일곱째 산업정책을 개발하고 식량증산에 진력할 것,

여덟째 사농공상(士農工商)의 직업에 종사하게 하여 유랑민이나 실업자가 없게 할 것, 아홉째 산택(山澤)의 출입을 통제하고 치산치수(治山治水)를 미리 하여 재난을 방지할 것, 열째 관혼상제(冠婚喪祭)의 풍속을 절도 있게 일으킬 것 등이었다.

정이천(程伊川)은 『춘추전(春秋傳)』을 지어서 병력으로 인민을 제압하는 무치(武治)를 통렬히 비판하고 인의도덕(仁義道德)으로 애민활인(愛民活人)하여 민심을 얻어야 문치(文治)를 성공할 수 있다고 역설하였으며, 주자(朱子)는 문치는 공론정치(公論政治)이므로 언로(言路)를 광개(廣開)하기 위하여 국시(國是)를 제정해서는 안 된다고 설파하였다. 그리하여 주자는 여조겸(呂祖謙)과 함께 『근사록(近思錄)』을 편집하여 공인(公人)으로서의 인격수양방법과 출처(出處)의 대의와 정치의 체제, 정치의 예법, 정치의 사업 그리고 교육학제에 대한 도학자의 학설을 체계적으로 정리하여 문치의 규범으로 삼도록 하였다.

이것은 모두 국가를 다스림에 있어서 지식인으로 하여금 위민봉공(爲民奉公)의 사명을 스스로 다하게 하는 것으로 치세에는 정성을 다하여 문명세계건설에 진력하고, 난세에는 충절(忠節)을 다하여 도덕과 정의를 사수(死守)하는 것인즉, 그 이전에 정권을 찬탈했던 반란의 역적들과 인민을 착취했던 탐관오리들을 역사에서 엄중히 심판함으로써 정계를 청백리(淸白吏)와 충의지사(忠義之士)로 가득차게 하여서 관기를 크게 숙정하였다.

(4) 성리학의 역사론

성리학의 역사론적 과제는 춘추사관(春秋史觀)의 재조명이었다. 이해득실(利害得失)에 집착하는 왕조사관(王朝史觀)으로는 정의(正義)의 심판이 불가능하므로 도학자들은 시비선악(是非善惡)을 엄격히 판단하는 춘추사관에 의하여 천하의 대통(大統)을 세워서 정통성과 주체성을 확립한 진정한 정부와 패륜역적(悖倫逆賊)들이 권력을 찬탈한 허위정권(虛僞政權)을 엄절히 분별하여 허위정권에서 부귀(富貴)한 자들의 죄악을 폭로하였으니, 주자(朱子)는 난신(亂臣 : 반란을 일으켜 국법질서를 파괴한 자)과 적자(賊子 : 반인륜적 범죄자)는 누구든지 잡아서 처형〔人人이 得以誅之〕할 수 있다는 춘추대의(春秋大義)를 밝히고, 『자치통감강목(資治通鑑綱目)』을 지어서 위(魏)나라의 정통을 박탈하였다. 그리하여 이후에 외적(外敵)인 원(元)나라와 청(淸)나라에서 출세하여 부귀(富貴)한 자들이 스스로 부끄러운 줄을 알게 하였던 것이 바로 정주학(程朱學)의 춘추사관이었으므로 그 파렴치한 부유곡사(腐儒曲士)들이 자기의 치욕을 감추기 위하여 주자학(朱子學)을 배척하고 양명학(陽明學)과 실학(實學)을 내세워 무치(武治)시대에 영합했던 죄악을 포장해서 도리어 개혁적인 인간으로 둔갑하였던 것이다.

성리학은 이상과 같이 정치·교육적으로 엄정한 기풍과 절조(節操)가 있는 학문사상이다. 항상 천하도덕을 자임(自任)하여 군자당(君子黨)의 영수(領袖)가 되고 난세에는 민중의 대변자가 되며 만일 외적의 침략을 당하면 저항의 최선봉이 되어 끝까지 의병항쟁(義兵抗爭)을 계속한다. 그리하여 지식인의 기개를 천하에 드날리는 것인즉 성리학의 흥망과 문치(文治)의 성쇠가 그 운명을 같이했던 까닭이 바로 여기에 있었던 것이다.

민중유교혁명의 역사적 배경

1. 서론

20세기에 있어서의 유교의 도덕주의는 제국주의의 식민지 지배 정책에 강타를 당하여 역사의 후면으로 밀려났고, 이어 예의염치(禮義廉恥)를 숭상하는 유풍(儒風)은 자본주의의 무한경쟁의 논리 앞에 외면당했으며, 온고이지신(溫故而知新)하는 사서오경(四書五經)의 유학(儒學)은 사회주의의 문화혁명의 기치 아래 여지없이 파괴되었다. 그러나 수천 년에 걸쳐 동방사상의 주류로 이어왔던 유교의 정신문화를 인위적으로 멸절시킨다는 것은 애당초 불가능한 일임을 늦게야 깨닫고 21세기를 준비하는 이 시점에서는 오히려 유교의 장점을 발굴하여 수용하려는 움직임을 보이고 있으니 인류의 장래를 위하여 매우 다행한 일이라고 하겠다.

민중유교(民衆儒敎)는 유교부흥을 위하여 대중화, 현대화, 과학화 등의 작업을 통해 대동태평(大同太平) 협화만방(協和萬邦)의 이상세계(理想世界)를 건설하는 이념을 재정립하여 유교혁명을 추진하는 새 시대의 유교이다. 이러한 목적을 이룩하기 위하여 재야(在野)에 있는 청년유림(靑年儒林)이 주축이 되어서 1988년 8월 28일 서울에서 민중유교연합이 결성되었고, 내가 『민중유교사상』(조선문화, 1990 ; 살림터, 1997)을 저술하여 발간하였다. 이미

이 책 가운데는 민중유교혁명의 역사적 배경이 하나의 절(節)로 간략하게 서술되어 있지만 이 논문에서 더욱 세밀하게 논증하여 정치사적 측면과 사상사적 측면을 깊이 탐구함으로써 민중유교의 시대사적 의미를 뚜렷이 하고 유교발전의 지표를 선명하게 정립하고자 하는 바이다.

현대 동아시아 여러 나라에서는 유교의 전통적 토양을 기초로 해서 현대문화와 접합시키려는 다양한 노력이 있다. 이러한 노력은 물론 유교혁명의 단계에까지 미쳤다고는 볼 수 없고 또한 적극적인 유교개혁의 수준도 아니지만 그러나 부분적으로 전통문화를 현대문명이라는 그릇에 담아보려는 의지만은 높이 평가해야 할 것이다.

왜냐하면 그것은 유교가 그 동안 겪었던 무수한 도전과 시련을 극복하고 재생(再生)의 발판을 만들었다는 것을 의미하기 때문이다. 적어도 일본은 자본주의에 유교의 인간친화력(人間親和力)을 가미하여 경제적 선진국으로 진입하였고, 동아시아의 한국, 대만, 홍콩, 싱가포르, 말레이시아 등은 자본주의에 유교의 근면절약정신을 고취하여 경제적 중진국이 되었으며, 중국은 사회주의에 유교의 실용주의를 대입하여 경제개발을 시작했고, 북한은 공산주의에 유교의 충효(忠孝)윤리를 선양하여 사회적 안정을 유지하고 있다. 이러한 현상은 얼마 전까지만 해도 유교를 타도의 대상으로 지목했던 사실에 비추어 본다면 실로 격세의 감을 금할 수 없는 것이다. 그러나 이상의 노력들은 결코 유교의 재건을 위한 것이라기보다는 자본주의 및 사회주의와 공산주의를 발전시키기 위한 수단이나 도구로서 유교라는 토양을 잠정적으로 활용하려는 데 지나지 못한 것이다.

따라서 민중유교는 이러한 보조적 보완적 기여에 만족하지 않고, 주체적 전체적 위상을 재정립해서 새 세상을 열고자 하므로 유교자본주의나 유교사회주의 그리고 유교공산주의와 같은 현실 영합의 수준이 아니며 유교를 중심으로 현대문명을 수용하는 혁명적 성격을 가지는 것이다.

　민중유교의 이러한 노력은 동방문화(東方文化)의 재건을 의미
하며 21세기 인류문명의 비약적 발전을 기약하는 것으로 제국주
의 군사문화를 종식시키고 인도주의의 도덕문명을 창조하는 시대
사적 의미와 가치를 가진다고 하겠다.

2. 유교의 핵심사상

　유교(儒敎)의 핵심사상은 대인(大人)의 경륜을 이 세상에 펼쳐
서 천하를 태평하게 경영하여 만방이 서로 협력하고 화합하는 사
회를 건설하는 것으로 모아진다. 그러므로 유학(儒學)은 소인(小
人)이 되지 말고 대인(大人)이 되라고 역설하며 역적이 되지 말고
성왕(聖王)이 되라고 강조하는 것이다. 이러한 핵심논리에 의하여
유교사상의 기원을 요(堯)·순(舜)의 성왕(聖王)으로 보는데는 아
무런 이의가 없으며 재론의 여지가 없는 것이다. 그렇다면 요·
순의 사상은 무엇인가? 우리는 요·순의 핵심사상을 간추리고 그
사상들이 변천하는 과정을 탐구함으로써 유교의 핵심사상을 발굴
할 수 있을 것이다.

(1) 대통사상(大統思想)의 출현
　요(堯)·순(舜)의 정치는 동방 5천년의 역사에 가장 빛나는 모범
정치로 기록되어 왔다.『서경(書經)』과『맹자(孟子)』그리고『사기
(史記)』에서 모두 요·순의 정치를 극찬하여 마지않았으니, 태평
성대(太平聖代)에 어린이는 강구가(康衢歌)를 노래하고 늙은이는
격양가(擊壤歌)를 부르는 천하태평의 시대를 건설하였는데 그 구
체적인 내용은 인간의 위대한 덕성을 개발하여 요와 같은 성군
(聖君)과 순과 같은 성신(聖臣)이 있어서 효도(孝道)의 윤리로 천
하를 다스리니 모든 사람이 성민(聖民)이 되었다는 것이다. 성군
이 나와도 성신을 얻기가 쉽지 않고 성군과 성신이 있어도 성민
을 만들기는 어려운 일이거늘 요·순의 군(君)과 민(民)은 모두 성

인(聖人)이었으니 인류의 역사상 전무후무(前無後無)한 정치업적으로 기리지 않을 수 없었기 때문에 동방정치사의 가장 위대한 모범으로 기록되었던 것이다. 최초에 기록한 요임금의 정치내용은 다음과 같다.

"요임금을 살피건대 훈로(勳勞)를 본받을 만하니, 공경하고 밝고 문채 나고 생각하심이 편안하고 자연스러우시며 어여쁘게 공손하고 잘 사양하여 빛을 사방의 지역에 미치게 하고 위아래에 이르게 하시니라. 큰 덕을 잘 밝혀서 아홉 겨레가 친하게 하고 아홉 겨레가 이미 친하거늘 백성을 평등하고 아름답게 하신대 백성이 밝고 명랑하므로 만방(萬邦)이 협력하고 화합하게 하신대 모든 인류가 이에 변화하여 화락하니라.(克明俊德하야 以親九族하고 九族旣睦이어늘 平章百姓하신대 百姓이 昭明하니 協和萬邦하신대 黎民이 於變時雍하니라)"(『서경』 요전)

이러한 이상정치(理想政治)는 시대와 국가와 인종을 초월하여 흠모(欽慕)의 대상이었기 때문에 천하에서 가장 위대한 오직 하나의 전통으로 인식하여 이로부터 천하의 대통(大統)사상이 기원하였다. 따라서 대통은 정치적으로 천하를 통일하여 만방이 협력하고 화합하는 평천하(平天下)를 이룩한 나라가 계승하는 것인데 물론 시대와 지역과 인종을 초월해서 대동태평세계(大同太平世界)를 건설한 나라로 전수(傳授)되는 것이다.

이것은 인류문명을 길이 보전코자 하는 의식과 세계평화를 영원히 보장해서 인류의 안녕과 행복을 담보하려는 지혜의 산물로서 스스로 왕통(王統)과 구별된다. 왕통은 하나의 왕조(王朝)에 있어서 왕위를 계승하는 정통성(正統性)과 주체성(主體性)을 확보하는 의미이다. 그러므로 왕통은 국내적인 통치권의 계승문제지만 대통은 국제적인 인류문명의 계승문제이다.

(2) 도통사상(道統思想)의 출현

요(堯)·순(舜)·우(禹)가 이룩한 화평세계는 인류문화를 창조하여 인간의 본의(本義)를 밝히고 인간의 정신을 드날리는 인도주의

(人道主義)에 기초해서 문덕정치(文德政治)를 통하여 문명세계를 개척한 것이었다. 그러므로 요·순이 세계를 지도하는 이념은 매우 고상하면서도 지극히 인간적이고 지극히 합리적이었기 때문에 천하를 경영하는 모범적 도덕으로 인정하였다.

요·순이 세계를 경영하여 위대한 정치력을 발휘해서 모든 대립과 갈등과 모순을 깨끗이 해결하고 세계만방이 화평하게 다스렸던 도덕률(道德律)은 중(中)이었다. 중(中)은 마음의 본바탕으로서 사물을 밝고 성실하게 살펴서 정직 명확하게 해결하는 이성적(理性的)인 경영원리이다. 요임금은 순임금에게 왕위(王位)를 선양(禪讓)하면서 당부하기를 "어여쁘게 그 중(中)을 잡아라.(允執厥中하라)"(『논어』)고 하였고, 순임금은 우임금에게 왕위를 선양하면서 말하기를 "인심(人心)은 오직 위태하고 도심(道心)은 오직 은미(隱微)하니 오직 정밀(精密)하게 살피고, 오직 한결같이 지켜야만 그 중(中)을 잡으리라.(人心은 惟危하고 道心은 惟微하니 惟精惟一이라사 允執厥中하리라)"(『서경』 대우모)고 경계하였다.

인심(人心)은 인간의 자의적(恣意的)인 욕구이다. 따라서 인심은 쉽게 사욕으로 흘러서 폭발할 위험이 있기 때문에 대립과 갈등과 모순을 해결하기보다는 오히려 증폭시킬 위험이 따른다는 사실을 확인하고 도심(道心)으로 사물을 처리하라고 강조했다. 도심은 도덕적 양심(良心)이다. 도덕적 양심은 이성(理性)으로 통찰하기 때문에 떳떳하고 공정한 것이지만 은미(隱微)하게 숨어 있어서 찾아내기가 어려운 점이 있는 것이다.

그러므로 천하국가를 경영하고 지도하는 사람은 마땅히 정밀하게 성리(性理)를 살피고 한결같이 양심(良心)을 간직하여야만 천하국가를 화합 통일할 수 있는 정치력을 발휘하고 세계를 지도하는 위대한 이념(理念)을 정립할 수 있다고 한 것이다. 이로부터 지도자의 덕목을 계승하여 지키는 도덕적 전통이 기원하였는바 이것을 바로 도통(道統)이라고 하는 것이다.

이러한 도통은 학통(學統)과는 다르다. 학통은 학문을 하는 사제간(師弟間)의 전수계통(傳授系統)으로 학문의 수준과는 관계없

이 이어지는 연결고리이다. 그러나 도통은 사승(師承)의 관계에
상관없이 중(中)의 심법(心法)을 계승하여 반드시 성인(聖人)의 경
지에 도달해야만 바야흐로 도통을 이어받을 수 있는 것이다. 따
라서 도통의 계승도 시대와 국가와 인종을 초월하는 것이다.

　(3) 홍범(洪範)의 황극사상(皇極思想)
　홍범(洪範)은 요(堯)·순(舜)·우(禹)가 지치(至治 : 완전정치)를
이룩한 정치의 대헌장(大憲章)이다. 이것은『서경(書經)』의 기록에
의하면 은(殷)나라가 망하고 주(周)나라가 혁명을 성공한 시기에
은나라의 기자(箕子)가 주나라의 무왕(武王)에게 전해 준 것인데
그 내용은 아홉 조항으로 되어 있다. 그 아홉 조항 가운데 다섯
번째 조항이 황극(皇極)으로서 국가의 최고 지도자의 덕목(德目)
으로 하였으니 곧 대통(大統)과 도통(道統)을 아울러 확립해야 함
을 주장하였다. 따라서 황극의 개념은 대통과 도통을 합한 내성
외왕(內聖外王)의 뜻으로 곧 성왕(聖王)이 되는 길이다.
　황(皇)은 대(大)의 뜻이니 천하대통(天下大統)이라는 의미를 가
지고, 극(極)은 극치(極致)라는 뜻이니 중(中)의 극치에 이르러 성
인(聖人)의 도통(道統)을 계승했다는 의미를 가진다. 그러므로 홍
범(洪範)에서 정치의 최고 지도자는 마땅히 세계의 지도이념을
"황극(皇極)으로 세워야 한다.(五曰建用皇極이오)"(『서경』홍범)고
하였다.
　대통(大統)이 도통(道統)을 계승하면 위대한 문화정치를 이룩하
고, 도통이 대통을 이어받으면 위대한 문명세계를 창조한다. 이리
하여 황극(皇極)으로 건립한 사회는 문화와 문명이 고도로 발전하
는 진보성과 안정성을 동시에 확보하는 것이다. 이와 같은 황극
의 이념으로 천하국가를 다스리는 구체적인 정치도덕을 홍범(洪
範)에서는 다음과 같이 서술하였다.
　"치우침이 없으며 기울어짐이 없어야 최고 지도자의 의무를 지
키고, 좋아함을 두지 말아야 최고 지도자의 도를 지키며, 미워함
을 두지 말아야 최고 지도자의 길을 지키리라. 치우침이 없으며

당파가 없어야 왕도(王道)가 탕탕(蕩蕩)하고, 당파가 없고 치우침이 없어야 왕도가 평평(平平)하며 반대가 없고, 기울어진 쪽이 없어야만 왕도가 정직(正直)하리니 그 극(極)이 있음을 모아서 그 극이 있는 데로 돌아가리라.(無偏無陂하야 遵王之義하며 無有作好하야 遵王之道하며 無有作惡하야 遵王之路하라. 無偏無黨하면 王道蕩蕩하고 無黨無偏하면 王道平平하며 無反無側하면 王道正直하리니 會其有極하야 歸其有極하리라)"(『서경』 홍범)

이것은 최고 지도자가 공명정대한 문명세계를 건설하여 대통(大統)을 확립하기 위해서는 천하를 평화롭게 건설하는 주체가 되어야 하고, 탕탕평평한 대도(大道)로 대동화합(大同和合)하는 사회통합의 기능을 스스로 확보해서 도통(道統)까지 아울러 정립해야만 비로소 황극(皇極)의 대의(大義)를 세울 수 있다는 말이다. 대통이 지역을 통일하고 시대를 통일하며 제도를 통일하는 정치사적 의미를 가지고 있다면 도통은 인심을 통일하고 사회를 통일하며, 문명을 통일하는 문화사적 의미를 가지고 있다. 그러므로 대통과 도통을 하나로 합친 황극의 이념은 가장 넓은 세계이며 가장 높은 문명이며 가장 영원한 진리이다.

(4) 공자(孔子)의 유교사상

유교(儒敎)의 핵심사상은 공자에 의하여 정립되었다. 공자는 "요(堯)·순(舜)의 도덕을 근본으로 서술하여 밝히고 문(文)·무(武)를 헌장(憲章)으로 하며 위로 천시(天時)를 본받고 아래로 지역적 조건에 의거하여(仲尼는 祖述堯舜하시고 憲章文武하여 上律天時하시고 下襲水土하시니라)"(『중용』) 성인(聖人)의 도(道)를 집대성하였다.

공자가 정리한 육경(六經)은 바로 유교사상의 핵심을 밝힌 내용으로 가득한데, 이미 논술한 요(堯)·순(舜)·우(禹)·탕(湯)·문(文)·무(武)의 도덕정치는『서경(書經)』의 핵심내용이고,『시경(詩經)』에서는 나타내지 아니한 문왕(文王)의 덕(德)을 최고로 칭송하여 대화합의 자연질서는 지도자의 순수성에서 이룩된다는 사실을 강조했고, 『주역(周易)』에서는 건원(乾元)의 천하대통일(天下大統一) 역량을 다음과 같이 설파하였다.

"대재(大哉)라 건원(乾元)이여 만물이 바탕하여 비롯하나니 이에 하늘을 통어(統御)하도다. 구름이 일어 비를 내리니 온갖 사물이 제모양을 내도다. 처음부터 끝까지의 의미를 크게 밝히어 여섯 자리를 때에 따라 이루나니 때로 여섯 용(龍)을 타고 하늘을 거느리느니라. 건도(乾道)가 변화함에 각각 성명(性命)을 바르게 하나니 대우주의 질서에 그대로 합하여 이에 널리 이롭고 바르게 지키느니라. 온갖 만물에 으뜸이 나옴에 만국(萬國)이 다 같이 안녕하느니라.(象曰大哉라 乾元이여 萬物이 資始하니 乃統天이로다 …… 乾道變化에 各正性命하나니 保合大和하야 乃利貞하니라 首出庶物에 萬國이 咸寧하느니라)"(『주역』 건만전)

그리고 『예기(禮記)』에서는 대동사상(大同思想)을 고취하였으니 이것은 천하의 인류가 다함께 공존공영(共存共榮)하는 대동사회를 건설해서 천하의 대도(大道)를 밝히고 공덕심(公德心)을 발휘하여 자치적으로 합심협력하는 이상사회(理想社會)를 건설하는 것으로 다음과 같이 말하였다.

"대도(大道)가 행함에 천하가 공평하나니 어진 이를 선거하여 지도자를 삼고 능력자에게 행정을 맡겨서 믿음의 사회 화목한 세상을 만든다.…….(大道之行也에 天下爲公하나니 選賢與能하야 講信修睦하니라…)"(『예기』 예운)

『춘추(春秋)』에서는 인류역사 건설의 위대한 전범(典範)을 밝혔으니 요약하면 도덕으로 다스리는 왕도정치(王道政治)를 높이고 무력(武力)을 앞세우는 패도정치(覇道政治)를 천시하는 것이며 문화국가를 중심으로 하고 야만국가를 종속(從屬)으로 하는 것이며 충의효열(忠義孝烈)을 표창(表彰)하고 난신적자(亂臣賊子)를 징계하는 것이다. 이것은 모두 인류의 도덕문화를 일으켜서 안락태평(安樂太平)한 평화세계를 건설하는 이념(理念)이다.

공자는 이상과 같은 육경(六經)의 사업과 도덕을 계승 발전시키는 것으로 일생동안 노력했지만 평천하(平天下)의 사업은 이룩하지 못하였다. 때문에 대통(大統)의 계승은 실패로 돌아갔고 오직 성인(聖人)의 도덕을 계승하여 크게 발전시켰으므로 도통(道統)만은 계승했던 것이다.

따라서 증자(曾子)는 『대학(大學)』을 지어서 공자의 대통(大統)사상을 정리하였으니 말하기를 "대인(大人)의 학문은 밝은 덕(德)을 밝히고 인민을 새롭게 하고 지극히 선(善)한 경지에 멈춤이 있다.(大學之道는 在明明德하고 在親民하며 在止於至善이니라)"(『대학』경1장)라고 하였으며, 자사(子思)는 『중용(中庸)』을 지어서 공자의 도통(道統)사상을 정리하였는데 말하기를 "희노애락이 감발(感發)하기 이전을 중(中)이라고 하고 감발(感發)하여 모두 절도에 적중한 것을 화(和)라고 하나니 중화(中和)를 이룩하면 하늘땅이 바로 서고 만물이 생육(生育)한다.(喜怒哀樂이 未發을 謂之中이요 發而皆中節을 謂之和니 致中和면 天地位焉하며 萬物이 育焉이니라)"(『중용』제일장)라고 하였다.

그리고 공자는 인(仁)사상을 정치와 도덕의 중심으로 가르치면서 인자(仁者)는 무적(無敵)임을 밝혀서 인정(仁政)의 대통성(大統性)을 논함과 동시에 인자(仁者)는 불우(不憂)함을 말하여 성인(成仁)의 도통성(道統性)을 논하였으니 안연(顏淵)에게 가르쳐 주었던 말에서 보면 인(仁)의 황극적(皇極的) 실체를 분명히 확인할 수 있다.

"안연(顏淵)이 인(仁)을 물은대 공자가 말하기를 극기(克己)하여 예(禮)로 돌아가는 것이 인(仁)함이니 하루라도 극기복례(克己復禮)하면 천하가 인(仁)으로 돌아간다.(顏淵이 問仁한대 子曰克己復禮 爲仁이니 一日克己復禮면 天下歸仁焉하나니)"(『논어』안연)라고 하였다.

여기에서 천하가 인(仁)으로 돌아간 것은 황극(皇極)을 세운 지도력의 산물이고, 극기(克己)는 도통(道統)을 계승하는 자세이며, 복례(復禮)는 대통(大統)을 확립한 사회질서이다.

맹자(孟子)는 이러한 사상을 더욱 발전시켜서 인의예지(仁義禮智)를 함양(涵養)하여야만 도통(道統)을 계승할 수 있고, 천하왕(天

下王)이 되어야 대통(大統)을 확립할 수 있음을 역설하였다. 따라서 유교의 핵심사상은 공자와 맹자에 의하여 뚜렷이 세상에 밝혀졌으며, 그 내용은 평화로운 세상을 만들고 문명한 정치사회를 건설하는 것이라고 할 것이다.

3. 유교이념의 구현방법 변천사

유교의 인간본의주의(人間本義主義)는 인간의 본래적 의미를 찾아서 인도주의(人道主義)를 구현하고 인류문명을 고도로 발전시켜서 사람답게 사는 인문주의(人文主義)를 실현하는 것이다. 유교인은 이와 같은 이념(理念)을 구체적으로 실현해서 위로 밝은 정치문화를 건설하고 아래로 인류의 행복을 보장하려는 정열적인 노력을 경주해 왔다. 그것은 수천 년에 걸친 역사에 뚜렷한 자취가 남아 있는바 인지(人智)의 발달과 사회의 발전에 따라서 몇 가지의 전형(典刑)으로 분류할 수 있다.

태고(太古)의 요(堯)·순(舜)시대에는 지도자의 탁월한 영도력에 의존하였다. 내성외왕(內聖外王)의 신성(神聖)한 도덕력(道德力)에 기초한 신비로운 정치력은 사람의 마음을 열복(悅服)케 하여 착하고 아름답고 신선한 바람을 일으켜서 화평세계를 건설하는 것인데, 나는 이러한 성왕(聖王)의 지극한 정치사상을 제왕유도(帝王儒道)라고 규정하였다.

그러나 역사가 발전하면서 한 사람의 지도력에 의존하는 것은 영원한 발전을 기약할 수 없다는 사실을 깨달았다. 왜냐하면 성왕(聖王)은 시대마다 나오는 것이 아니기 때문이다. 그리고 가장 위험한 것은 폭군의 출현이다. 만일 포악한 임금이 나와서 소인배와 결탁하여 도덕정치를 파괴하고 인민을 학대한다면 이것을 막을 장치가 없다는 사실에 주목하여 정치와 행정을 분리해서 임금은 정치를 주체(主體)하고 관료(官僚)는 행정을 주관(主管)하여 포악한 독재의 악행을 제도적으로 방지함과 동시에 군신(君臣)이

정의로운 정부를 구성하는 데 서로 책임을 분담토록 하는 것이다. 나는 이렇게 정부조직을 통하여 선정(善政)을 베풀어 선덕(善德)을 보급하는 것을 관료유도(官僚儒道)라고 규정하였다.

그러나 관료유도도 인류의 문명을 길이 보장하는 장치가 아님을 역사가 증명했다. 왜냐하면 군신이 모두 소인배로 채워졌을 때에는 오로지 야망을 충족하는 데 혈안이 되어서 암흑시대의 혼란사회가 되어버리는 것이다. 이러한 파렴치(破廉恥)한 쟁탈전쟁이 벌어질 때에는 부득이 초야의 성현(聖賢)이 일어나서 세상을 깨우치고 광명세계로 가는 길을 열어주어야 한다. 나는 초야에서 성현이 평민의 신분으로 일어나서 천리(天理)를 밝히고 인심을 바로잡아 성왕(聖王)의 정치를 갈파하는 것을 성현유도(聖賢儒道)라고 규정하였다.

그러나 성현유도도 인류를 행복의 문으로 영접하지는 못했다. 왜냐하면 암흑사회의 미망(迷妄)에 빠진 사람들이 그것을 전폭적으로 따르지도 않았을 뿐만 아니라 부정부패한 군신들이 성현을 배척하였기 때문이다. 그리고 더욱 커다란 한계는 성현이 시대마다 나오지 않는다는 사실이다. 이리하여 이제는 성현이 나오기를 더 이상 기다릴 것 없이 초급지식인인 선비가 모두 단결해서 당파(黨派)를 만들어 부정부패한 무리들과 싸워서 이김으로써 정의사회를 만들자는 사림(士林)의 세력이 등장했다. 나는 이러한 용기 있는 지식인을 선비유도(儒道)라고 규정하였다. 그러나 용기 있는 지식인도 시대마다 나오는 것이 아니었다. 비록 소수의 지식인이 단결을 한다고 하여도 다수의 소인배와 싸워서 이긴다는 보장도 없다. 그러므로 나는 주권(主權)이 국민에게 있는 시대에 부응하여 민중(民衆)이 스스로 자치(自治)해서 정의사회, 문명세계를 건설하는 주역(主役)이 되는 길을 열어야 된다고 역설하면서 그것을 민중유교(民衆儒敎)라고 명명(命名)하였다. 따라서 민중유교는 역사변천에 있어서 필연적 산물이라고 할 것이다.

(1) 제왕유도(帝王儒道)

제왕유도는 유도사상의 기원이다. 고대동방사회에서 가족단위의 생활집단으로 구성된 씨족(氏族), 부족(部族), 민족(民族) 등의 공동체사회가 출현함으로부터 비롯한 사상이다. 유교경전(儒敎經傳)의 대부분이 상고시대의 전설적 인물인 복희(伏犧)·신농(紳農)·황제(黃帝)·요(堯)·순(舜)·우(禹) 등의 임금으로부터 유교사상이 발원하였음을 밝히고 있을 뿐만 아니라 또한 유교의 궁극적 이상이 거기에 있음을 말하고 있는 것이다.

원시공동체사회의 착한 인간성, 화목한 가정, 평화로운 사회, 자연스러운 정치, 풍요로운 삶, 두터운 풍속 등등의 환상적인 매력은 유교사상의 원류가 되는데 부족함이 없었으므로 후세의 유학자는 누구나 그 시대를 동경하여 찬미하였다. 그리하여 유교가 일종의 상고주의(尙古主義)로까지 비치게 되었던 것이다.

제왕유도는 반드시 두 가지의 필수적 조건을 갖추어야만 실현이 가능하다. 하나는 당대에 성인(聖人)이 나와야 하며 또 하나는 그 성인을 인민이 임금으로 추대해서 최고 지도자로 받들어야 하는 것이다. 천하국가의 정치가 이렇게만 된다면 민심은 즉각 안정되고 정부를 신임할 뿐만 아니라 임금을 하늘처럼 존경하여 말하지 않아도 믿고, 움직이지 않아도 변화하고, 인위적으로 안 해도 모든 것이 이루어지는 태평시대를 맞이하는 것이다.

제왕유도의 극치점은 태평한 시운을 개척하는 것이다. 성왕(聖王)의 성실하고도 통명(通明)한 지혜에 의하여 천재지변(天災地變)을 예방하고 우풍순조(雨風順調)한 지평천성(地平天成)의 시절을 활짝 열어서 천지인(天地人)의 삼극(三極)이 하나로 통일하는 안락태평시대를 보장하는 것이다. 따라서 그 공적은 하늘땅과 같고 그 덕화(德化)는 길이 인류를 감동시키는 것이다.

(2) 관료유도(官僚儒道)

제왕유도(帝王儒道)의 신성불가침한 절대적 권위는 상당히 오랫동안 유지되었으나 끝내 하(夏)나라 마지막 임금인 걸(桀)에 이르러 포악한 독재로 전락하고 말았다. 천하국가의 인민과 토지와

법을 장악(掌握)한 제왕의 타락은 곧 국가의 재난(災難)이요 인민
의 불행임을 통감한 결과, 임금의 방종과 타락을 방지하기 위하
여 정치와 행정을 분리하고 내각(內閣)을 관장하는 대신(大臣)의
행정권을 독립함으로써 왕권(王權)과 관권(官權)이 병립하여 권력
집중을 막으려고 하였다.

그러므로 혁명전쟁을 통하여 걸(桀)을 추방하고 은(殷)나라를
세운 탕(湯)임금은 이윤(伊尹)을 총재(冢宰)로 임명하여 내각을 관
장하게 하였으니, 순(舜)이나 우(禹)가 처음에 대리섭정(代理攝政)
하던 것과는 전혀 다른 정부조직편제였던 것이다. 정치의결기관
으로서의 조의(朝議)는 임금이 주재하고 행정토론기관으로서의
정론(廷論)은 총리가 관장하여 항상 권력의 균형을 유지함으로써
관권이 급속도로 신장되어서 마침내 이윤(伊尹)은 총리의 권력으
로 직접 받들던 임금인 태갑(太甲)을 징계하여 동(桐) 땅으로 유배
까지 보내는 힘을 가지게 되었던 것이다.

이와 같이 막강한 관권은 민권(民權)을 보호하는 역할을 담당하
면서 은(殷)나라뿐만 아니라 주(周)나라에까지 이어왔는바, 주공
(周公)은 수상(首相)으로서 주나라의 예악(禮樂)을 제정하는 데 이
르렀던 것이다.

관료유도(官僚儒道)의 장점은 왕권과 민권의 사이에서 조화를
이룩하여 법률과 제도를 엄격하게 지키고 통일적 질서와 전문적
인 기능을 발휘하여 국가목표를 완벽하게 달성할 수 있는 역량을
확보하는 것이다. 그러나 관료들이 이와 같은 기능과 책임을 망
각하고 도리어 왕권과 밀착하여 민권을 박탈하거나 법률과 제도
의 규정을 악용하면서 권세를 탐하고 사리사욕을 채우게 되면 아
첨배나 권신(權臣)이 발호할 위험이 있다.

(3) 성현유도(聖賢儒道)

춘추전국시대에 이르러 관료유도의 단점이 모두 드러났다. 주
(周)나라의 왕권이 권위를 잃어버리자 지방의 제후(諸侯)들은 아
첨을 일삼는 관료들과 결탁하여 인민을 학대하면서 부국강병(富

國强兵)의 패권전쟁(覇權戰爭)을 242년간이나 전개하였다. 이 시대에 있어서 가장 강성했던 춘추오패(春秋五覇)의 관료는 모두 제후들의 야욕을 충족시키는 일에 맹종하는 충견(忠犬)으로 복무했다. 제(齊)나라의 관중(管仲)과 안영(晏嬰)이 그 대표적인 인물인데, 허위와 술수와 무력으로 제후의 야망을 그럴듯하게 포장해 주는 명수(名手)였다. 그리고 일부 신료는 권신으로 발호하여 군권(君權)을 능가하는 정계의 실력자가 되었으니, 노(魯)나라의 맹손(孟孫), 숙손(叔孫), 계손(季孫) 등의 삼가(三家)가 그들이다.

공자는 이러한 무도무례(無道無禮)의 암흑시대에 분연히 일어나서 14년간 철환천하(轍環天下)하면서 인정(仁政)을 설파하고 인민(仁民)을 주장하여 사회에 경종을 울리는 목탁(木鐸)의 역할을 수행하였던 것이다. 평민으로서 천하도덕을 걱정하고 당시의 정치득실(政治得失)을 비판하며 현실을 개혁하려는 것은 모두 분수에 어긋나고 또한 부질없는 일이라는 비난과 수모를 겪으면서도 시종일관 학문과 도덕을 밝히는 노력을 그치지 아니하였다.

맹자(孟子)는 공자를 사숙(私淑)하여 인의예지(仁義禮智)의 인간성을 밝히고 정직(正直)으로 기른 호연지기(浩然之氣)를 드날리며 제(齊)·양(梁)의 군주들에게 도덕정치로 인민애물(仁民愛物)할 것을 역설함과 아울러 양주(楊朱)의 극단적 이기주의와 묵자(墨子)의 극단적 박애주의를 무군무부(無君無父)의 금수(禽獸)의 도(道)로 규정하고 사회정의에 철저한 원리원칙으로 돌아가야 된다고 주장하였다. 성현유도(聖賢儒道)의 장점은 그 뛰어난 인격과 전문적 지식으로 천자(天子)의 벗이 되고 제후의 스승이 되어서 천하국가를 광명(光明)으로 인도하고 민중을 계몽하여 시대적 사명을 깨닫게 하는 것이다.

(4) 선비유도

왕권(王權)을 극도로 강화한 진(秦)·한(漢)·당(唐)의 권도정치(權道政治)는 지식인을 은자(隱者)나 기인(奇人)으로만 존재하게 만들었다. 이와 같이 무기력한 지식인은 결국 현학(玄學)이나 방술(方術)에 함몰(陷沒)하여 마치 세외지인(世外之人)이나 이방인처럼 세상을 백안시(白眼視)하였다.

정자(程子)와 주자(朱子)는 이러한 지식인의 사회적 무관심을 질타하고 모든 지식은 원래의 위치로 환원하여 본래의 임무에 충실하라고 호령하였다. 집에서 효도하고 나라에 충성함으로써 선비가 국가발전과 사회개혁에 앞장설 것을 요구하였다. 이러한 요구는 사농공상(士農工商)의 신분제도하에서 선비계급은 역사발전의 추동력이 되어야 한다는 사상에 기초한 논리이다.

선비는 국가의 원기(元氣)로서 하늘땅의 정의(正義)를 받들고 민중의 공론(公論)에 따라서 행동하여 나라의 기둥이 되고 민중의 희망이 되어 일반 환신(宦臣)과는 색다른 유신(儒臣)으로 복무하는 것이다. 환신은 유교를 실천하는 사람이 아니고 시문(詩文)이나 논설(論說)로 과거에 올라 정치행정에 종사하는 일반공무원을 지칭하지만 유신은 공자와 맹자의 가르침을 끝까지 실천하는 관료이다. 따라서 환신은 왕권을 옹호하는 현실주의자들이고 유신은 민권을 대변하는 이상주의자들이다.

정주학(程朱學)의 성리학(性理學)은 역사상 일찍이 유례가 없는 유신을 대량 배출하여 정계에 신선한 충격을 주면서 공직자 윤리를 정립할 뿐만 아니라 초야의 선비도 민권을 대변 또는 대필(代筆)해야함을 지적했다. 이리하여 관학(官學)보다도 사학(私學)인 서원(書院)의 급속적인 발전을 가져오게 되었던 것이다.

학문과 지식을 통하여 민중을 보호하고 사회를 구원하는 선비 유도사상은 마침내 학문지상 교육만능의 사조를 일으켜 학문이 크게 발달하고 교육이 대단히 번창하게 되었지만 또한 학술의 분열과 학파의 대립으로 부질없는 이론투쟁만 몰두해서 민중의 현실적 삶과 괴리하여 아주 비생산적인 부류로 전락하게 되었다.

(5) 민중유교(民衆儒敎)

민중유교는 민중이 주체가 되어 도덕사회를 건설하는 이념이다. 이 사상은 시대가 발전함에 따라서 인민대중의 민주유교(民主

儒敎)로 성장해서 합리주의(合理主義)와 중용사상(中庸思想)에 의한 대동세계(大同世界)를 건설하는 것을 목적으로 한다. 따라서 현대유교사상 발전의 새로운 길이며 문명한 평등사회를 건설하는 가장 완벽한 사상이다.

민중유교사상은 지식인의 개인적 역량을 민중의 집단적 역량으로 대체하여 항구적인 믿음과 공동선(共同善)에 주목하면서 구시대 유학의 연역적(演繹的) 추론(推論)을 전환하여 현실에 기초한 귀납적(歸納的) 논리로 재구성한다. 그러므로 민중의 집단적 요구에 충실할수록 더욱 진실한 선덕(善德)이며 민중과 함께 공유(共有)하면 할수록 더욱 철저한 공리(公理)이다.

민주자치의 시대에 인민의 도덕적 인격은 필수과제이고, 복합산업사회에 있어서 인민의 윤리적 품격은 전제조건이다. 도덕적으로 타락한 국민이 건전한 민주국가를 세울 수 없는 것이며, 윤리적으로 난잡한 국민이 건실한 산업사회를 만들 수 없는 것이다. 그러므로 민중유교는 유교를 민중화하여 윤리도덕을 부흥하고 또한 인류의 안전과 행복을 찾는 지혜를 유교의 진리에서 깨닫게 한다.

따라서 윤리도덕은 소수의 지식인만이 지키는 전유물이 아니고 일반대중사회의 보편적 생활규범으로 정착하면서 풍속문화를 일으키고, 예의염치(禮義廉恥)를 정치와 교육의 덕목으로 살려서 공명정대한 기풍을 진작하여 공론(公論)에 따르는 공도정치(公道政治)를 하여서 민중의 정치생활의 영역을 크게 넓히는 것이다. 따라서 공민민주주의(公民民主主義)를 새 시대의 세계지도이념으로 제시함과 동시에 대동공화정체(大同共和政體)와 공동분수주의(共同分數主義)를 새롭게 주장하였다.

공민민주주의는 패권주의의 정치이념을 극복한 것이고, 대동공화정체는 당파성을 극복한 것이며, 공동분수주의는 모든 대립과 갈등과 모순을 극복한 것이다. 이것은 민중유교사상이 지금까지 없었던 천하문명을 개척한 세계이고, 따라서 지금까지 민중이 누려보지 못한 가장 안락태평한 삶을 보장하는 것으로 결국 인지

(人智)의 개명(開明)과 사회의 진보에 발맞추어 인류가 창조한 역사발전의 필연적 귀결이라고 할 것이다.

4. 결론

시대가 바뀌면 사상도 바뀌어야 한다. 그리고 사상이 바뀌면 행동이 달라져야 한다. 그렇기 때문에 유교사상은 동방 5,000년 역사와 더불어 수없이 변천을 거듭했다. 가족, 씨족, 부족 등의 사회에서 천연(天然)의 힘에 의존하여 살던 때에는 오로지 하늘에다가 길흉화복(吉凶禍福)의 운명을 걸었다. 나는 이 시대의 원시사회를 자연사회라고 하고 그렇게 사는 사람을 천민(天民)으로 규정하였다. 그러나 인류는 자체적으로 천하국가를 건설하여 위대한 성왕(聖王)의 영도력으로 자연의 재난을 극복하고자 하였으니 요(堯)·순(舜)의 출현이 그것이다. 이것은 인간의 힘으로 새로운 운명을 개척하려는 역동적인 의지력의 산물이다. 그러므로 나는 이 시대의 사회를 정치사회라고 하고 이 시대의 사람을 인민(人民)으로 규정하였다.

인류가 위대한 인간을 발견하자 이제는 개별적인 역량을 한 데로 모아서 국가적인 커다란 조직을 통하여 삶의 질을 높이고자 하는 노력이 일어났으니 곧 모든 사람은 오로지 국가의 목표를 달성하는 일에 있는 힘을 다하고 나서 그 대가로 안전한 삶을 보장받았다. 나는 이러한 국가의 백성을 신민(臣民)이라고 규정하였는바, 신민의 삶은 나라의 흥망성쇠와 그 운명을 함께 한 것이다.

또다시 나라의 산업이 발달하고 국가의 조직이 커짐에 따라 점점 직업이 분화하고 기술이 전문화하게 되어서 한 가지의 일에만 평생 종사하는 인생살이가 시작되었으니, 곧 사농공상(士農工商)의 직업인이다. 직업인의 운명은 국가사회의 제도와 기술의 숙련도에 따라서 결정되는 것인즉, 나는 이러한 사람을 사민(四民)이라고 규정하였다.

　현대문명인은 인권을 완전히 되찾아 스스로 생명권과 재산권 및 행복권을 가지고 있어서 어떠한 간섭이나 강요 또는 불평등을 받지 아니하는 독립인격을 확보하였고, 또한 나라의 주권을 스스로 가지고 있어서 국가경영에 능동적으로 참여하는 까닭에 자기의 운명을 자체적으로 개척하는 것이다. 이와 같이 자유롭고 평등하고 정의로운 인생살이는 현대인의 행복이요 새 시대의 광명(光明)인즉, 나는 이렇게 사는 사람을 공민(公民)으로 규정하였다. 민중유교의 인간성은 바로 공민이다.

　공민(公民)은 천민(天民)처럼 하늘에다 운명을 걸지 않고, 인민(人民)처럼 성왕(聖王)의 구세주가 나오기를 기다리지도 않으며, 신민(臣民)처럼 국가지상의 기치 아래 맹종하지도 않으며, 사민(四民)처럼 하나의 일을 천직(天職)으로 생각하지 않는다. 인간은 만물의 영장(靈長)으로서 우주의 경영자이고 세계역사의 창조자이다. 따라서 공민은 양주쌍전주의(兩主雙全主義)를 체득하여 합리주의적으로 사물을 경영하고 중용사상으로 사회를 통일화합한다. 대동세계를 건설하여 만방이 협력하고 화해하는 이상세계를 만들어 나가는 공민이야말로 가장 위대한 인간상이다.

　제왕유도가 성왕(聖王)을 목표로 하고, 관료유도가 현신(賢臣)을 목표로 하며, 성현유도가 성현(聖賢)을 공부하고, 선비유도가 선비를 공부하였다. 이제 민중유교는 공민이 되도록 노력한다. 왜냐하면 현대는 만민평등의 문명사회이므로 모든 사람은 자체적으로 인간의 각종 권리를 향유하기 때문이다.

　우리나라의 국가사회발달사로 보더라도 고구려, 백제, 신라는 왕족사회이고 고려는 귀족사회이며 조선은 선비사회이니, 당연히 오늘날은 민중중심의 공민사회로 발전하는 것이 올바른 역사진행 순서라고 할 것이다.

　비록 정치사적 배경에서 그러할 뿐만 아니라 또한 교육사적 배경에서도 민중유교혁명은 필연적 귀결이다. 고대에서는 국가가 지식을 독점하였다. 지식인도 매우 드물었고 서적도 희귀했으며 고급지식은 국학(國學)과 태학(太學)에서 가르치긴 했으나 입학자격이 수재(秀才)나 왕공귀족(王公貴族)의 자제로 한정되었다.

공자에 의하여 관학(官學)에서 사학(私學)으로 확대 보급되어 3,000의 제사를 길렀으나 시대와 학문이 괴리하여 당시 현실주의 자들로부터 이상주의자로 지목되고 배척을 당함으로써 교육의 실효를 거두지 못했다. 정주학(程朱學)의 선비유도는 선비를 대량생산했으나 정치적 결사(結社)의 자유를 쟁취하지 못함으로써 정치혁명의 주도권을 잡지 못하고 도리어 사화(士禍)와 학파의 분열로 인한 심각한 타격만 입고 말았다.

유교는 본래 천하를 구원하는 윤집궐중(允執厥中), 협화만방의 평천하(平天下)를 학문의 궁극적 목표로 하는 천하학(天下學)이다. 따라서 선비가 대동단결하여 평천하를 위한 정치단체를 결성하지 못한 상태에서는 선비유도는 한갓 국학(國學)이나 가학(家學)의 수준을 벗어날 수 없는 한계를 가지고 태어난 것이다.

따라서 선비유도가 그 동안의 사색당쟁(四色黨爭)이나 반상관념(班常觀念)을 불식하고 대동단결하여 치국(治國), 평천하(平天下)를 위한 정치투쟁을 한다면 선비유도의 소생 가능성은 아직 남아 있다고 할 것이다. 더욱이 현대국제사회에서 국제적으로 유학자(儒學者)들이 연대하여 세계평화를 주도한다면 상당한 효과도 기대할 수 있을 것이다.

그러나 오늘날은 인민이 주인인 민주사회이다. 모든 지식은 만인이 공유해야 되고 권력은 국민으로부터 나온다. 민중과 더불어 대중학문, 사회교육으로 전환하지 않고는 결코 완벽성을 기할 수 없을 뿐더러 진보적인 사회발전을 보장하지 못하는 것이다. 왜냐하면 선비유도가 추구하는 보수적 가치를 인정한다고 하더라도 그것은 민중유교에서 추구하는 진보적 가치와는 현격한 차이가 있기 때문이다.

시대가 바뀌면 사물의 가치가 변하고 사물의 가치가 변하면 의식과 행동 그리고 제도도 달라져야 한다. 사민평등(四民平等)의 사회에서 지식인의 독주는 달갑지 않고 지식을 독점한 권위는 민중에게 오히려 위협적 공포의 대상물이다. 그러므로 지식을 공유하고 삶의 지혜를 민중과 더불어 나누는 민중유교의 출현은 교육사적 배경에서도 충분한 당위성을 가지고 있는 것이다.

우리나라는 효종(孝宗) 원년(元年)부터 현재까지 유교의 도통(道統)을 계승한 근대유교(近代儒敎)의 종주국이다. 청(淸)나라의 반유교국가(反儒敎國家)가 유교국가인 명(明)나라를 중원(中原)에서 멸망시킨 이후로 공맹정주(孔孟程朱)의 유학은 중국에서 도통이 끊어져 버렸다. 이에 우리나라의 송자(宋子)가 분연히 일어나서 효종과 함께 북벌(北伐)을 준비하여 멸청복명(滅淸復明)을 선언하고 설치복수(雪恥復讎)의 대의(大義)를 석명(釋明)하였다. 그것은 공자(孔子)의 춘추대의(春秋大義)를 선양한 것이며 주자(朱子)의 강목정신(綱目精神)을 고취한 것이다. 이에 공자와 주자의 도통이 조선으로 건너와서 송자가 계승함으로로써 이 도(道)를 동도(東道)라 이름하고 산림(山林)에서 300여 년을 지켜왔던 것이다.

중국은 신해혁명으로 청나라를 멸망시켰으나 모택동(毛澤東)이 문화대혁명을 추진하면서 유교의 서적을 불태우고 유교의 유적을 모두 파괴하였다. 이에 중국은 유교를 폐기처분하였으므로 유교의 도통은 아직도 한국에만 있다고 할진대 민중유교가 그 도통을 계승하여 21세기의 세계지도이념으로 복원하는 것은 사필귀정(事必歸正)이라고 할 것이다.

진리는 영원하고 정의는 반드시 승리한다. 요(堯)·순(舜)·우(禹)·탕(湯)·문(文)·무(武)의 제왕유도의 이념이 저와 같이 아름답고 이윤(伊尹)·주공(周公)·공자(孔子)·맹자(孟子)·정자(程子)·주자(朱子)·송자(宋子)의 노력이 저와 같이 정성스러울진대 어찌 천하의 대도(大道)가 영원히 멸절할 이치가 있겠는가? 민중유교에 의하여 다시 빛날 것임을 확신하는 바이다.

끝으로 유교의 의례제도는 시대성이 가장 귀중하고, 정통성이 그 다음이며, 주체성이 또 그 다음이고, 문화성이 그 다음이며, 물질성이 그 다음이다. 어떠한 경우에도 시대성을 망각한 학술사상은 재생력이 없는 것이다. 그러므로 인지(人智)가 개발되자 요·순에 의하여 제왕유도가 나왔고, 제왕이 타락하자 이윤과 주공에

의하여 관료유도가 출현했고, 천하가 대란(大亂)하여 암흑시대가
되자 공자와 맹자에 의하여 성현유도가 탄생하였고, 지식인이 현
실문제를 외면하고 방관자로 전락하자 정자와 주자에 의하여 선
비유도가 출현했고, 중국에서 도통이 끊어지자 조선조의 송자가
계승하여 동방유도를 건설했으니, 이제 민주시대의 산업사회에
즈음하여 유교인이 나갈 새로운 이념을 정립하는 것은 유교변천
사로 볼 때에 시의적절한 작업이 아닐 수 없다. 이상의 논리적 변
증으로 민중유교는 이미 시대성과 정통성과 주체성을 확립하였다
고 할 것이며, 문화성과 물질성은 앞으로 계속 보안작업이 뒤따
라야만 진선진미(盡善盡美)한 사상으로 발전할 것으로 믿는다.

도덕성회복과 새사람운동

1. 전문

자연의 성실성을 인간의 삶 속에 투영하여 날마다 새롭게 변화하는 사회를 지향하는 유교진흥대책위원회의 새사람운동은 인간의 고유한 도덕성을 발견하는 인간회귀로부터 출발한다.

인간이하의 사건으로 얼룩진 차마 눈뜨고 볼 수 없는 혼탁한 사회병리현상은 한갓 제도적 개혁이나 논하고 있을 여유가 없으며, 이러한 시대의 인간구원을 낡은 운명론이나 위협적인 종말론 따위로 시도할 상황이 아니다.

우리 민족은 오늘날 100년의 역사적 한계상황을 헤쳐 나오면서 극도의 긴장감과 허탈감으로 얼룩진 고달픈 길을 걸어왔다. 그렇게 불안한 가운데서도 한 가닥 희망은 민족재건, 새나라건설 그리고 새마을운동, 새질서·새생활운동으로 이어지는 삶의 양적·질적 향상에 대한 기대와 노력이 있어 왔다는 것이다.

그러나 인간사회의 근본문제는 삶의 외연적 조건을 충족하는 것만으로는 해결되지 않고 궁극적으로 인간의 변화가 있어야만 완벽한 사회발전의 이상을 실현할 수 있는 것이다.

새사람이 새바람을 일으키고 새세상을 만드는 것이라면, 새사람의 명제는 모든 사람에게 있어서 인생경영의 대명제가 되는 것이다. 따라서 자기의 인간성을 회복하여 날로 새사람이 되고, 또 날로 새사람이 되고, 나날이 새사람이 되는 노력이야말로 자기자신이 새사람이 되어서 국가사회에 새바람을 일으키는 노력의 주체로 등장하는 인생론적 의미를 가진다.

더욱이 안으로 극단적 흑백논리를 배제하면서 민주화의 문을 열고, 밖으로 동서의 냉전논리를 극복하여 통일의 길을 닦는 현시점에서 지난날에 오염되었던 인간이하의 여러 죄과를 깨끗이 씻어버리고 새사람이 되어야 하는 역사적 책무는 바로 우리 사회의 당면과제가 아닐 수 없는 것이다.

지금까지 여러 가지 어지러웠던 악몽에서 깨어나 자기자신의 존재를 직시하는 깨달음이 이제는 중요하고, 어제까지 고뇌와 갈등을 겪었던 아수라장에서 탈출하여 화해와 협동의 광장을 개척하는 사랑이 절실히 요구되는 역사적 시간이다.

그리하여 우리 유교진흥대책위원회에서는 새해부터 거국적으로 새사람운동을 전개하여 오늘날 오로지 신분상승만을 노리고 인격향상에는 전혀 관심이 없는 폐습을 깨끗이 불식하면서 제 몸을 소중히 아는 사람, 윤리와 도덕을 의식하는 사람, 부지런히 배우고 일하는 사람으로 거듭 태어나도록 새사람운동을 적극 추진하기로 한다.

2. 역사적 배경

이상적인 사회를 건설하는 주체는 사람이고, 법률과 제도는 객관적 조건이다. 따라서 사회발전의 추동력은 인간의 자기변화능력과 국가사회의 법률제도 개혁역량에서 나온다.

인간과 사회제도는 역사를 이끌어가는 수레바퀴의 두 축이기에 인간이 발달하면 제도를 발전시키고, 사회제도가 발전하면 인간을 발달시킨다.

그러므로 우리나라는 매우 일찍부터 이상세계건설에 주목하여 인간수양의 문제와 제도개혁의 문제에 대한 투철한 이념을 가지고 있었다. 단군은 개국이념으로 홍익인간(弘益人間), 접화군생(接化群生), 이화세계(理化世界)의 3대 사상을 정립하였다. 이것은 크게 유익한 인간이 되어 공동체문화생활을 통하여 이상세계를 건설하라는 뜻이다.

따라서 우리 민족은 크게 유익한 사람이 되고자 하는 노력으로 유교의 학문과 도교, 불교 등의 종교를 수용하였으며, 공동체문화생활에 충실한 국가사회제도를 발전시키려는 노력으로 기자(箕子)의 정전법(井田法)과 당나라의 정치제도 등을 수입하였다.

그리하여 상고시대에는 신선국(神仙國)을 건설하였고, 중고에는 군자국(君子國)을 건설하였으며, 근세에는 예의국(禮義國)을 건설하는 빛나는 전통을 세웠다.

이러한 민족사적 맥박은 오늘날까지도 끊임없이 고동쳐서 독립운동시기의 민족개조론, 광복해방시기의 새나라건설운동, 4월혁명의 자주·민주·통일정신, 5·16 이후의 새마을운동 그리고 6·29 이후의 새질서·새생활운동으로 이어 나왔다. 이것은 모두 역사변천의 시대적 과제를 축약한 명제들인데 운동의 흐름이 구체화, 현실화 과정을 거치면서 일정정도의 성공을 거두었다고 할 것이다.

그러므로 생활의 기본요건이 충족된 시점에서 이제는 인간자체에 눈을 돌려서 사회구성의 개체를 변화시킴으로써 획기적으로 사회발전의 계기를 마련하여 또다시 도덕국가를 건설해야 되는 역사적 단계에 이르렀다고 하겠다.

3. 현실적 조건

지난 세기까지만 해도 우리 민족은 세계에서 가장 어질고 착한 심성을 가지고 있어서 예의염치를 숭상하고 윤리도덕에 철저하여 음식 의복을 비롯하여 관혼상제에 이르기까지 생활전반에 걸쳐서 아름다운 의식규범을 자랑했다.

그러나 왜정시대에 노예근성강요와 6·25전란의 동족상잔 그리고 동서냉전에 함몰한 종속성과 독재정치의 기만성 등으로 착종한 근 100년의 세월은 우리 민족의 심성을 완전히 파괴하여 전통적 인간관을 해체해 버렸다.

사랑과 미움, 정의와 불의의 가치관이 전도된 결과 애국과 매국, 충신과 역적이 혼재하여 국민은 정신적 동요를 넘어 정신분열증을 앓게 하는 정도로 현실은 끝내 인간실종, 인간성상실의 위기에 처하고 말았다.

이러한 한계상황에서 사회모순을 극복하기 위하여 자주 헌법을 개정하고, 정화운동을 펼치고, 시민·종교인·재야·학생이 저항운동을 추진하였으나 아직도 부정과 부패는 근절되지 않았고, 사치와 방종은 사라지지 않았으며, 사기와 폭력은 없어지지 아니하여 정부에서 범죄와의 전쟁을 선포하고 있는 현실에 놓여 있다.

이제 21세기 화해와 협력의 세계가 열려가고 남북고위회담에서 평화교류의 합의문이 채택되어 조국통일의 전망이 그 어느 때보다도 밝은 이 마당에 지난 세월에 파괴되었던 인간성을 회복하고 새사람으로 거듭나야 되는 명제는 새역사 창조의 시대적 과제가 아닐 수 없는 것이다.

4. 학술적 논구

유교는 처음부터 끝까지 인격수양으로 일관한다. 그리하여 가능한 한 배움에 한계를 두지 않고 스승을 존경하며 벗을 사귀어 인격수양의 실마리를 만드는 것은 대단히 현실적이고 합리적인 방법이다.

그렇다면 오늘날의 타락한 현실문제를 근본적으로 해결하기 위해서는 유교의 이념에 대한 재조명이 절실히 필요하다고 하겠다.

유학의 핵심적 요강은 『대학(大學)』의 3강령이다. 즉, 밝은 덕을

밝히고(明明德) 백성을 새롭게 하며(親民) 지극히 착한 경지에 멈
추는(至於至善) 세 가지 과제는 바로 도덕성회복과 새사람과 이상
세계건설의 논리로 귀결한다.

　『대학』에서는 이 세 가지 강령을 이룩하는 길로 8조목을 제시
하였는데, 그것은 격물(格物 : 사물의 이치를 연구하는 것), 치지
(致知 : 총명한 지혜를 개발하는 것), 성의(誠意 : 성실한 생각을 가
지는 것), 정심(正心 : 마음을 바르게 간직하는 것), 수신(修身 : 몸
을 닦아서 떳떳하게 사는 것), 제가(齊家 : 집안을 가지런히 하는
것), 치국(治國 : 나라를 다스리는 것), 평천하(平天下 : 천하를 화평
케 하는 것)이다.

　이 8조목 가운데서 격물, 치지, 성의, 정심, 수신은 도덕성회복
의 길이요, 제가, 치국, 평천하는 새사람의 일이다. 결국 도덕성을
회복하는 길은 합리적인 과학적 지식에 철저하고, 인간의 착한
마음씨를 발굴하여 열심히 노력하여 자기의 직분을 다하는 것이
다.

　자기의 직분을 용기 있게 실천할 때에 그 인격은 날로 향상·
발전하여 자기를 새로운 사람으로 거듭나게 하고 또한 다른 사람
을 감화하여 새롭게 만드는 감화력을 가지는 것이다.

　여기에서 새사람은 제가, 치국, 평천하의 일을 자주적으로 그리
고 민주적으로 추진할 수 있는 무한한 역량을 확보하는 것이다.
그리하여 작게는 화목한 가정에서 출발하여 크게는 대동평화세계
를 건설하는 논리체계를 유학은 완벽하게 갖고 있다. 그것은 4서
5경으로 증명한다.

5. 새사람의 정의

　사람이 건전한 인격으로 새롭게 바뀔 때에 우리는 새사람이라
고 일컫는다. 따라서 누구든지 생각이 바뀌었거나 말이 바뀌었거
나 행동이 바뀌어서 주위 사람들에게 신선한 충격을 준다면 바로

새사람인 것이다.

늙은이도 구태의연한 모습을 청산하면 새사람이고, 타락한 사람도 정신을 차려 바르게 살면 새사람이다. 그러므로 새사람은 세대간의 갈등을 해소할 수 있고, 계층간의 대립도 해결할 수 있는 자체역량을 획득한다.

새사람은 인간자체의 변화이기 때문에 눈을 돌려 자기자신을 성찰하는 사람이다. 인간의 고귀한 존재를 인식하여 자포자기했던 관념을 버리고 떨쳐 일어나야 하며, 인간관계의 소중함을 깨달아 배타 고립했던 자세를 버리고 옷깃을 여미고 찾아가 왕래 교류하여야 하며, 인생의 의미가 무한함을 알아서 교만 방자한 작태를 중지하고 겸허한 자세로 끊임없이 배우고 일하여야 되는 것이다.

하늘땅 사이에 오직 사람이 가장 고귀한 존재이므로 자애자중하여 몸을 온전히 보존하고 이름을 더럽히지 않는 것이 인간에게 있어서 제1의 가치이다. 그리고 인간존재에 있어서 현재적 관계인 본말관계, 상하관계, 내외관계, 선후관계, 좌우관계는 공동체사회의 실존형식이다. 그러므로 이 5륜(五倫)의 관계가 양주쌍전주의(兩主雙全主義)임을 깨달아 우호적 관계로 유지하면 상부상조하는 행복의 길로 인도하고 적대적 관계로 만들면 자기모순에 떨어져 불행의 늪으로 침몰하기 때문에 인생에 있어서 윤리와 도덕을 의식하는 것이 제2의 가치가 되는 것이다.

끝으로 새사람은 중단 없이 일하는 것이다. 사람이 제 몸을 소중히 알고 인간관계가 좋다고 해서, 모든 소망을 이루고 보람 있는 것은 아니다. 인생은 관뚜껑을 덮어야 끝나는 것이므로 죽을 때까지 배우고 일하여 이 세상에서의 모든 소망을 성취하고 공덕을 세워서 한 세상 쌓았던 보람을 알알이 거두어야 하는 것이 인생에 있어서 제3의 가치가 되는 것이다.

인생의 의미가 이러한 것이라면 새사람은 자기의 존재를 자각하여 사람을 사랑하며 열심히 배우고 일하는 사람으로 정의할 수 있을 것이다. 이것은 곧 천하에 보편적인 가치인 지혜, 사랑, 용기

와 일치한 것이며 단군의 홍익인간, 접화군생, 이화세계의 개국이
념과도 일치하는 것이므로 21세기를 지향하는 민족적 고유한 인
간상과 세계적 인간상을 모두 구현하는 내용이라고 하겠다.

6. 새사람운동의 전개방향

　새사람운동은 인간자체를 변화하는 운동이다. 그러므로 구체적
인 개인의 문제이고 또한 시간적으로 장구한 일생의 문제이다.
따라서 외형적 집단적 그리고 일시적인 운동이 아니라 심리적 자
연적 그리고 문화적으로 운동을 전개해야 된다.
　사람의 마음은 신령하다. 정성이 아니면 감동하지 않고 분명하
지 못하면 따르지 않는다. 더욱이 강요하면 반발하고 거짓으로
하면 비웃는 것이므로 새사람운동을 전개함에는 지극한 자체정성
과 분명한 인생철학이 있어야 한다.
　21세기는 문명이 고도로 발달한 과학세기가 될 것이므로 가장
합리적인 사회도덕을 정립하여 제시해야 될 것이고, 또한 인간의
지혜도 고도로 발달하는 국제사회가 될 것이므로 가장 아름다운
행동규범을 요구할 것이다.
　유교의 합리주의는 자연과학의 원리를 전부 수용하는 우주론을
정립하였기 때문에 이용후생의 측면에서 과학문명을 존중하고,
유교의 중용사상은 대동공화의 사회를 추구하여 인생론을 정립하
였기 때문에 양극의 극단을 배제하는 것이 아니라 보수와 진보를
모두 통합하는 조화통일의 측면에서 모든 사상과 학문에 대하여
관심을 가진다.
　그리하여 공동체사회의 합리적인 구조 속에서 자기의 분수에
알맞은 역할을 수행하는 공동분수주의를 확립하여 전체와 개인을
함께 완성하는 길을 개척하였다. 여기에서 중용사상은 인간다움
으로 개인과 가정 그리고 국가와 세계를 하나로 꿰뚫어서 완성하
는 논리를 밝혔는데, 이것은 인류역사상 가장 문명한 사회사상으

로 자리매김해 왔던 것이다.

　이제 이러한 문명한 사상에 기초하여 새사람운동을 전개함에 있어서는 지난날의 과오를 반성하여 반드시 낮은 단계로부터 높은 단계로 올라가고 가까운 곳으로부터 먼 곳으로 나아가 각 부문의 사회운동으로 승화해야 하되, 고집하거나 기필(期必)하거나 개인적 의욕으로 하여 교각살우하는 어리석음을 범하지 말아야 할 것이다.

동도부흥(東道復興)

1. 성인(聖人)의 도덕과 사업

오늘 송자각하(宋子脚下) 재경종친회 정기총회에 특별강연의 연사로 초청해 주셔서 한편으로 반갑고 또 한편으로는 송구스러운 감회를 금할 길 없습니다.

이 자리에는 봉사손(奉祀孫) 송영달(宋永達) 선생과 종회장 송정헌(宋政憲) 선생 그리고 괴산(槐山)의 송인호(宋仁鎬) 선생이 계시는데, 이 분들은 제가 평소 존경하여 받들면서 유교진흥대책위원회 창립 이래로 많은 지도와 편달을 받고 있습니다.

그 동안 송자(宋子)를 사숙(私淑)하여 그 도덕과 학문을 배우려고 노력한 지는 어느덧 20여 년이 되었습니다만 그 결실은 미미하여 논문 몇 편을 발표한 데 불과합니다. 그러나 송자를 우러러 사모하는 마음은 더욱 간절하여 가슴 벅찬 사명감으로 충만합니다.

송자는 우리나라가 배출한 가장 위대한 성인(聖人)입니다. 그 거룩한 인간상을 어떻게 표현할 수 있을까? 그 순수한 기상은 건곤(乾坤)의 원기(元氣)가 모인 기운덩어리라고 할 것이고, 그 광명정대한 마음은 청천백일(靑天白日)과 같이 뚜렷하다고 할 것입니다.

그 굳건한 뜻은 무슨 말로 표현할까? 보통 선비는 대쪽 같은 절개나 송백(松栢) 같은 지조라고 합니다만 송자의 천하에 우뚝한 뜻은 그런 말로는 표현이 부족합니다. 천하가 모두 오랑캐 세상이 되었는데도 이에 정면으로 도전하여 독립해방구(獨立解放區)를 쟁취한 것은 강건특립(剛健特立)이란 말로나 설명할 수 있을 것입니다.

그 무한한 경영능력은 어떻게 표현할까? 일반적으로 학문과 도덕은 높아도 현실세계를 경영하는 식견이 없거나 약간의 재능이 있어도 도량이 협소한 사람이 있습니다. 그러나 송자는 학문에 있어서 군유(群儒)를 집대성했고, 도덕에 있어서 천하를 자임(自任)했고, 효종(孝宗)과 멸청복명(滅淸復明)의 북벌(北伐)을 준비했고, 춘추대의(春秋大義)를 밝혀 도의문화(道義文化)를 부식(扶植)하여 이 땅에 동방예의지국(東方禮義之國)을 건설하였으니, 음과 양의 진리를 하나로 통일하고, 하늘과 사람의 길을 하나로 통일하고, 조선과 명(明)나라의 도덕을 하나로 통일한 것인즉, 곧 포양통일(包兩統一)이란 말로 표현할 수 있겠습니다.

송자의 거룩한 인격은 독서를 통한 학문적 수양과 정직명확을 바탕으로 기른 호연지기(浩然之氣)로써 다듬어진 결정체입니다. 이와 같이 신성한 인격체를 완성하여 공자(孔子)와 주자(朱子)의 도통(道統)을 직접 계승하고 당시 중국의 유도(儒道)를 조선으로 옮겨오는 역사적 위업을 이룩하였습니다. 유교에는 도통이 있습니다. 요(堯)·순(舜)의 도덕정치에서 비롯하여 우(禹)·탕(湯)·문(文)·무(武)·주공(周公)·공(孔)·맹(孟)·정(程)·주(朱)로 이어지는 도통이 있습니다. 이러한 도통은 어떠한 전달의 형식이 있는 것이 아닙니다. 그것은 시대도 초월하고 국경도 초월하며 인종도 초월합니다. 오직 마음의 자세와 학문과 사업의 추진도에 따라서 도통이 이어지는 것입니다.

마음은 성인(聖人)의 마음을 간직하고 학문은 성인의 학문을 배우고 사업은 성인의 사업을 추진해야 도통이 이어지는 것입니다. 따라서 성인의 마음을 간직하고 성인의 학문을 배웠다고 하여도 성인의 사업을 추진하지 않았다면 도통을 계승할 수 없습니다. 아무리 연구를 많이 해서 글을 세상에 남겼어도 성인의 사업을 추진한 실천적 업적이 없으면 성인의 학도는 될지언정 도통은 주어지지 않는 것입니다.

그렇다면 성인(聖人)의 사업은 무엇입니까? 그것은 수기안인(修己安人)의 극치인 치국(治國), 평천하(平天下)의 지선(至善)의 세계를 경영하는 일로 요약됩니다. 그것은 유교의 이상세계를 경영하는 사업이며 명덕(明德)을 천하에 밝히고 인민을 새로운 문명사회로 인도하여 지선(至善)의 낙토(樂土)를 건설하는 것입니다.

실제로 요·순·우는 효도(孝道)로써 천하를 경영하여 지치(至治)를 이룩해서 안락태평한 이상세계를 건설했고, 탕·무는 혁명을 하여 포악한 독재자를 제거하고 윤리도덕을 숭상하는 새 나라를 건설했으며, 주공은 성왕(成王)을 도우며 예악(禮樂)을 제작하여 인류문명을 크게 발전시켰습니다.

그리고 공자는 인(仁)을 역설하면서 『춘추(春秋)』를 편수하여 천하대의를 고취하고, 맹자는 인의예지(仁義禮智)를 역설하여 인류를 해치는 이단사설(異端邪說)을 깨끗이 물리쳤으며, 정자는 『역전(易傳)』과 『춘추전(春秋傳)』을 지어서 정치의 대의를 밝혔고, 주자는 『자치통감강목(資治通鑑綱目)』을 지어서 천하대통(天下大統)을 밝히고 외적의 침략에 불타협적 복수론(復讐論)을 역설하였습니다.

특히 공(孔)·맹(孟)·정(程)·주(朱)는 조정에서나 초야에서나 한 몸의 안위를 돌아보지 않고 도덕이 없는 세상을 걱정하고, 인민의 고통을 근심하여 천하를 두루 다니면서 세상을 깨우치기도 하고, 또한 임금에게 직간하여 유배를 가기도 하였습니다. 이러한 사업은 모두 암흑시대의 등불이었으며, 유도가 사라지려고 할 때에 다시 일으켜 세운 원동력이었습니다.

유교의 이상세계는 무엇입니까? 그것은 명덕(明德)을 천하에 밝혀서 인민을 새롭게 변화하여 지선(至善)의 사회를 이룩하는 것입니다. 따라서 철저한 합리주의에 기초하여 중용(中庸)의 도덕으로 대동세계(大同世界)를 건설하는 것이 성인(聖人)이 추구한 이상세계였습니다.

유교의 철두철미한 합리주의는 사물의 이치를 광대하고도 정미(精微)하게 탐구하는 자연과학적 합리주의와 인간의 성리(性理)를 고명(高明)하고도 조화롭게 파악하는 인문과학적 합리주의 그리고 사회의 윤리를 창조 발전적이면서도 인정이 넘치고 예악(禮樂)을 숭상하는 사회과학적 합리주의를 모두 통합합니다.

『주역(周易)』에서는 천도(天道)의 원형리정(元亨利貞)하는 자연의 진리를 표제로 하였는데, 공자는 문언(文言)에서 인의예지(仁義禮智)의 인간덕성을 통한 효제충신(孝悌忠信)의 사회윤리를 역설하였습니다. 『중용(中庸)』에서도 하늘이 명(命)한 천부적인 원리를 성(性)이라고 하며, 인물(人物)이 자체본성을 따르는 것을 도(道)라고 하며, 도를 닦는 것을 교(敎)라고 한다고 제1장에서 밝혔습니다.

이것은 모두 물리(物理)와 덕성(德性)과 윤리(倫理)의 중요성을 설파한 것으로 유도(儒道)의 철두철미한 합리주의정신을 교시한 것입니다. 유교의 중용사상(中庸思想)은 인도정신(人道精神)의 극치입니다. 인간은 만물의 영장으로서 인류사회를 통합하고 천지만물을 통일 조화하는 천하중심(天下中心)의 정통주체(正統主體)가 되어야 한다는 사상입니다.

인간이 천하대공(天下大公)의 주체를 정립하여 강건(剛健), 중정(中正), 순수(純粹)한 정신으로 치우치거나 의지함이 없이 이상과 현실, 진보와 보수, 강경과 온건 등의 양극단을 모두 수용하여 배합통일해서 지나침도 모자람도 없이 혼연히 융회화합하는 새로운 발전의 길을 창조하는 원리입니다.

따라서 중용(中庸)은 양극단을 배제하는 중간주의(中間主義)나 타협을 통한 문제해결법이 아닙니다. 중간주의는 융통성이 없는 획일적인 논리로서 제3의 주장에 불과하고, 협상을 통한 해결방법은 당파주의를 완전히 해소하지 못하는 고식적(姑息的)인 계책입니다.

전체의 총화발전의 길을 창출하여 천지(天地)를 바로 세우고 만물을 발육시키는 중화(中和)의 이(理)는 성인(聖人)이 천하를 경영하는 도통심법(道統心法)으로 전해 왔습니다.

유교의 대동세계(大同世界)는 천지(天地)의 대도(大道)를 행하여 천하대공(天下大公)의 사회를 건설하는 것입니다. 모든 사람이 인격을 구비하여 집안이 화목하고 나라가 융평(隆平)하며 만방이 서로 협조화합하는 문명사회를 개척하는 것입니다.

이것은 『대학(大學)』에서 3강령(三綱領)과 8조목(八條目)으로 밝힌 치국(治國), 평천하(平天下)의 대업(大業)을 적극 추진하여 완수하는 일입니다. 천하의 정의를 자임(自任)하여 어진 정치와 유능한 행정으로 믿음의 사회, 화목한 가정을 건설하기 위하여 헌신 노력하는 것입니다.

이상에서 발한 것이 바로 성인(聖人)이 평생 추구한 도덕입니다. 합리주의는 성인의 진리관(眞理觀)이었고, 중용사상(中庸思想)은 성인의 경영논리였고, 대동세계(大同世界)는 성인의 사업목표였습니다. 그러므로 성인의 길은 한결같이 인류의 도덕과 천하의 사업으로 귀결하는 것이며, 이러한 세계주의(世界主義)가 바로 유교발전의 원동력이었기 때문에 도통론(道統論)이 기원하게 된 것입니다.

2. 도통동래(道統東來)

공(孔)·맹(孟)·정(程)·주(朱)의 도학(道學)을 계승한 송자(宋子 : 서기 1607~1689)의 사상과 사업은 천지(天地)가 만물을 생육하고 성인(聖人)이 만민을 양육하는 직사상(直思想)으로 천하대통(天下大統)을 세우는 성업(聖業)을 완수하는 것이었습니다.

청나라 오랑캐들이 야만적인 수단으로 조선왕조를 짓밟고 중국에 들어가서 명나라를 멸망시켰습니다. 이것은 문명사회에서 도저히 있을 수 없는 치욕적인 것이었습니다. 국제도덕이 엄연히 존재하거늘 청나라는 이를 무시하고 기습적 무력침공을 자행하여 남한산성을 포위공격하였으며, 항서(降書)를 받음에 있어서도 고금의 전사(戰史)에서 유례가 없는 임금의 고두(叩頭)를 강요했을 뿐만 아니라 두 왕자를 인질로 데려가고 척화신(斥和臣)을 잡아가는 만행을 저질렀고, 심지어 청나라가 명나라를 침략하면서 조선왕조의 군대출동을 강요하여 임진왜란에 조선을 구원해 주었던 명나라의 은혜를 원수로 갚게 하는 천하대악(天下大惡)를 범하게 했던 것입니다.

이러한 부도덕하고 반윤리적인 작태는 도저히 용납할 수 없는 일인데도 끝내 청나라가 명나라를 멸망시키고 중원(中原)을 지배하는 데 이르러서는 하늘땅이 뒤바뀌고 강상(綱常)이 무너져서 암흑세계가 되어버렸습니다.

불의가 정의를 박해하고 나그네가 주인을 지배하고 야만이 문명을 대체하는 비극적 현실은 윤리도덕이 빛을 잃어 유교의 종말을 재촉했습니다.

실제로 청나라는 정책적으로 정주학(程朱學)을 말살하기 위하여 다양한 작업을 추진했습니다. 첫째로 천하대의(天下大義)를 주장하는 정주학의 왕도정치이념서(王道政治理念書)를 회수하여 불태웠습니다. 그것은 사고전서(四庫全書)를 편찬하여 서적을 영구 보관한다는 명목으로 이루어졌는데, 천하의 책을 회수하는 과정에서 정주학의 의리(義理)관계 서적은 모두 가려서 불태웠고, 사고전서를 정리 복사하는 과정에서도 학자에게 그 일에만 전념케 하여 의리학(義理學)을 연구할 수 없도록 유도했으며, 과거(科擧)에서도 시험답안지를 채점할 때에 사상적 논리에 관계없이 오로지 글씨의 자획(字畫)과 시구(詩句)의 운율(韻律)만을 평가하여서 과거를 준비하는 학생들로 하여금 끝없는 글씨공부와 운율공부(韻律工夫)에만 정력을 소모케 만들었던 것입니다. 이러한 역사적 사실은 중국에서 청나라의 300년 동안에 문묘(文廟)에 종사(從祀)할 만한 거유(巨儒)가 한 사람도 나오지 않았다는 것으로 실증됩니다.

바야흐로 중국에서 천하도덕이 멸절해 가는 시대에 조선에서 송자가 분연히 일어나 천하정의를 자임하고 공자와 주자의 도맥

(道脈)을 뚜렷이 밝힘으로 해서 도통을 계승하고 동도를 진흥했습니다.

유학사(儒學史)에 있어서 이와 같이 위대한 일은 일찍이 역사에 없는 획기적인 것입니다. 대체로 유교는 중국에서만 흥망성쇠를 거듭하면서 발전했기 때문에 그 도통도 중국 내에서만 부침을 반복했을 뿐입니다.

그러므로 송자가 도통을 계승하고 유도의 정통주체를 조선으로 옮겨와서 천하정의를 장악한 것은 미증유의 사상사적 의미를 가집니다. 그것은 조선유학의 자신감에 넘친 주체정신의 표출이고 높은 도덕문화를 바탕으로 하는 문명중심국의 긍지에서 이룩한 산물입니다.

송자는 설치복수(雪恥復讐)의 의리를 밝혀 북벌(北伐)을 준비하면서 멸청복명(滅淸復明)의 성업(聖業)완수를 주장하였습니다. 이것은 정의를 수호하고 사악(邪惡)을 배척하는 도학(道學)정신으로 조선왕조 후기 300년간의 정통사상이 되었습니다. 그리하여 19세기 말 제국주의 침략에 대항하여 척양(斥洋), 척왜(斥倭)로 이어져서 척사위정(斥邪衛正)의 항일의병전쟁(抗日義兵戰爭)과 일제강점기의 항일독립운동으로 승화 발전되었던 것입니다.

청나라를 정벌하여 멸망시키고 명나라를 광복(光復)하는 사업은 천하의 불의를 타도하고 천하의 정통주체를 뚜렷이 확립하는 일입니다. 그것은 공자가 춘추대의(春秋大義)에서 밝힌 존주사상(尊周思想)을 직접 계승한 것이고, 주자가 강목정신(綱目精神)에서 밝힌 정통주체성을 분명하게 확립한 사상입니다.

존주사상(尊周思想)은 분열주의를 엄단하고 통일국가를 존중하는 공자의 사상입니다. 도덕으로 다스리는 왕도정치(王道政治)를 높이고 힘으로 다스리는 패권통치(覇權統治)를 천시함과 동시에 지역주민의 독립자치를 존중하고 외세의 침략이나 이민족의 지배를 반대하여 문명자치국에 대한 충성을 표창하고 공권력을 사유화하거나 외세에 부역(附逆)하여 국가민족을 배신하는 무리들을 징계하는 정의사상입니다.

공자는 춘추대의(春秋大義)로써 천하의 혼란을 바로잡으려고 했습니다. 사람이 인(仁)의 인간성을 되찾아 합리적인 사회질서인 예악(禮樂)을 회복해서 천하대통일의 정치문화를 이룩하여 인류의 안전과 행복을 보장하려고 평생 노력했습니다.

공자는 당시 주나라의 천자(天子)가 있었기 때문에 주나라를 중심으로 대통일을 역설했고, 송자는 당시에 명나라가 이미 멸망했기 때문에 야만국가인 청나라를 멸망시키고 문명국가인 명나라를 다시 세워야 한다고 주장했습니다. 이것은 모두 천하문명을 수호하려는 투철한 역사의식의 발로입니다.

주자의 『자치통감강목(資治通鑑綱目)』은 천하문명국가의 정통성과 주체성을 밝혀서 역사의 대통을 세우는 것입니다. 사마광(司馬光)의 『자치통감(資治通鑑)』에서는 3국시대에 조조(曹操)의 위(魏)나라를 정통으로 기술했습니다. 그러나 주자는 간신 조조에게 정통성을 부여한 것은 부당하므로 촉(蜀)의 유비(劉備)에게 정통을 인정하였습니다. 이것은 권력찬탈의 역적에게는 도저히 정통성을 인정할 수 없다는 사상입니다.

그리고 주자는 당시 금(金)나라의 침략으로 영토를 빼앗긴 남송(南宋)의 현실에서 금나라와 화친하는 것을 강력히 반대하고 정벌전쟁을 통해 고토수복(故土收復)을 주장했습니다. 문명국가의 주체정부는 불의와 타협해서는 안 되고 외세에 굴복해서는 안 되는 도학(道學)의 의리사상(義理思想)을 고취하여 끝까지 천하대통일을 주장했습니다.

이로 인하여 주자학은 위학(僞學)으로 몰리고 주자는 벼슬이 삭제되었으며 도학(道學)도 금지당하는 사태에 이르렀지만 주자는 금나라에 대한 복수토벌론을 조금도 굽히지 않았습니다.

천하문명의 정통수호의지와 주체정부의 자주독립체제를 기본으로 하는 주자의 강목정신(綱目精神)은 공자의 춘추사상(春秋思想)에서 연원한 것으로 천하국가의 정통성과 주체성의 위기에 사림(士林)을 비롯한 모든 인민이 총궐기하여 나라를 지키고 천하정의를 세워야 되는 생민(生民)의 의리를 밝힌 것입니다.

송자는 직접 주자의 강목정신(綱目精神)을 계승하여 나라의 치욕을 깨끗이 씻기 위하여 복수를 위한 북벌을 준비하였으니, 이것은 조선왕조의 훼손된 주체성을 다시 쟁취하기 위한 자주독립전쟁을 계획한 것이며, 청나라를 멸망시키고 명나라를 다시 세우기 위하여 북벌을 준비한 것은 천하문명의 대통을 바로잡기 위한 것으로 끊어진 역사와 정통을 복원하려는 작업이었습니다.

역적 김자점(金自點) 일미(一味)의 밀고(密告)로 1차 좌절당하고 효종의 승하로 재차 와해되었으나 송자의 북벌대의(北伐大義)는 공자의 존주사상(尊周思想)과 주자의 강목정신(綱目精神)을 직접 계승하여 천하무도(天下無道)의 시대에 인류의 도덕과 천하의 정의를 자임함으로써 공(孔)·맹(孟)·정(程)·주(朱)의 도통을 동방의 조선국으로 옮겨와서 동방예의지국(東方禮義之國)을 건설하고 동양에 있어서 문명중심국의 확고한 위치를 점유하였습니다. 조선왕조에 있어서 실제로 청나라의 지배를 거부했던 자취는 비원(秘苑)의 대보단(大報壇), 화양동(華陽洞)의 만동묘(萬東廟), 조종암(朝宗巖)의 대통행묘(大統行廟) 등에서 볼 수 있는데, 이것은 모두 외세를 타도하고 독립을 쟁취하며, 야만을 배척하고 문명을 지켰던 성지(聖地)입니다.

이것은 조선의 유학이 중국유학의 지류(支流)에서 완전히 탈피하여 성학(聖學)의 정통주체가 되어서 천하유도의 본류(本流)로 당당하게 일어선 위대한 역사적 의미를 가집니다. 퇴계학(退溪學)이나 율곡학(栗谷學)은 중국유도의 지류로서 발전시킨 한국유학이지만 송자학(宋子學)은 한국유학을 천하유도(天下儒道)의 본류(本流)로 우뚝 일으킨 천하문명의 중심체로서의 세계 속의 한국학입니다. 여기에 한국학의 세계적인 가치가 있는 것입니다.

3. 동도부흥(東道復興)의 사명

역사는 나선형(螺旋形)으로 순환발전(循環發展)합니다. 춘하추동이 돌아가면서 만물이 생성변화하듯이 역사도 흥망성쇠를 거듭하면서 발전합니다. 『주역(周易)』에서 원형리정(元亨利貞)하는 천도(天道)의 발전법칙을 말하였고, 맹자는 한 번 잘 다스려지면 한 번 어지러워지는 역사발전법칙을 지적하여 혼란의 극치에는 반드시 새로운 세상이 열린다고 설파했습니다.

『주역』의 64괘(卦) 가운데 박괘(剝卦)와 복괘(復卦)가 진리는 영원히 멸절하지 않고 정의는 반드시 승리한다는 역사적 사실을 증명하는 논리입니다. 그리하여 선유(先儒)들은 천하가 혼란기로 접어들면 박괘상구(剝卦上九)의 석과불식(碩果不食)의 논리에 의하여 마지막 진리의 수호자로서 절의를 곧게 지키고, 천하가 혼돈의 극치를 지나면 복괘초구(復卦初九)의 불원복(不遠復)의 논리에 의하여 새 시대 정의의 주동력(主動力)으로서 도덕부흥에 앞장섰던 것입니다.

송자에 의하여 조선으로 건너온 도통은 300년을 이어오면서 많은 문묘종사(文廟從祀)의 거유(巨儒)를 배출했습니다. 이것은 일찍이 우리나라의 유학사(儒學史)에서 볼 수 없었던 학문과 도덕의 전성기이었음을 증명한 것입니다.

그러나 일제의 강압에 의하여 서기 1905년 대한제국이 무너지자 동도(東道)도 박락기(剝落期)에 접어들어 20세기의 세계불행을 겪게 됩니다. 우리나라도 일제 40년의 압박을 받았습니다만 이 시기에 서구의 열강제국은 5대양 6대주를 도량하면서 약소국가를 도륙(屠戮)했던 것입니다. 두 번의 세계대전이라는 값비싼 대가를 치르고 식민지쟁탈전은 끝냈지만 미(美)·소(蘇)는 1950년 6·25 동족상잔을 기화로 동서냉전을 고착화해서 무력을 증강하고 대량살상의 핵무기를 경쟁적으로 개발하여 천하를 공포의 도가니로 몰아넣었습니다.

미·소의 냉전체제 속에 편입된 우리나라는 미국의 자본주의제도를 이식한 남한과 소련의 사회주의제도를 이식한 북한이 첨예하게 대립하여 민족동질성을 파괴하면서 사상적 갈등을 증폭하여 왔습니다. 더욱이 외세에 의존하는 장기독재정권의 등장으로 동도(東道)의 위대한 전통은 완전히 사라지고 현대화가 서구화라는 등식에 의하여 유교와 유림은 낡은 사상, 시대에 뒤떨어진 인물로 낙인받았습니다.

그러나 20세기의 인류불행을 마감하고 희망의 21세기를 경영하면서 현대사회는 급격하게 변화하고 있습니다. 미·소가 냉전체제를 청산하고 화해와 협력의 길을 모색하면서 소련을 비롯한 동구(東歐)의 사회주의가 몰락했고, 미국을 비롯한 서구(西歐)의 자본주의도 사치와 방종으로 인하여 사양길에 접어들었습니다. 과학기술의 발달로 전통농경사회를 해체하고 등장한 대량생산, 대량소비를 특징으로 하는 현대산업사회는 그 풍요로움과 편리함 속에 감추어진 모순을 해결하지 못하고 있습니다.

산업사회가 발달할수록 빈부의 격차가 더욱 심화되고, 기계문명이 발달할수록 인간소외현상이 더욱 가속화되며, 상업주의가 발달할수록 저질문화가 더욱 확산되고 있습니다.

오로지 이익만을 추구하는 국제경쟁사회에서 인간의 정신문화는 황폐화되었고 윤리와 도덕은 실종되었습니다.

이와 같은 혼돈사회를 정돈해서 21세기의 인류안녕을 보장할 수 있는 가장 확실한 대안은 동도(東道)를 부흥(復興)하는 길밖에 없습니다. 화평세계를 건설하여 경제정의를 실현하고 인간성을 회복해서 도덕사회완성을 이념으로 하는 동도만이 현대사회의 제 모순을 근본적으로 해결할 수 있는 힘이 있습니다.

바야흐로 강대국은 21세기를 경영함에 있어 다양한 노력을 하고 있습니다. 미국은 UR정책에 희망을 걸고, 유럽은 EC경제공동체의 건설에 주력하고, 일본은 재무장의 기회를 노리고, 소련과 중국은 경제회생에 박차를 가하고 있습니다. 그러나 이러한 노력들은 인류를 행복으로 인도하는 문이 아니고 새로운 패권주의형태에 다름아닙니다.

진정 인류의 안녕을 영원히 보장하는 길은 성인(聖人)이 이미 제시한 철저한 합리주의와 중용사상 그리고 대동세계의 이념을 바탕으로 천하대의의 정통성을 계승하고 천하문명중심의 주체성을 확립하는 것입니다. 그래야만 경제발전의 토대 위에서 인류의 도덕문명을 꽃피울 수 있습니다.

그렇다면 동도부흥(東道復興)의 사명을 완수할 책임은 누구에게 있겠습니까? 물론 그것은 성학(聖學)을 받드는 유교인에게 있을 것입니다. 그러나 중국은 문화대혁명 이후로 유도(儒道)가 완전히 멸절했고, 일본은 유교의 도통이 전수되지 못했습니다.

오직 근세 300여 년 간 도통을 수호한 우리나라의 유교인만이 동도를 부흥할 수 있는 능력과 책임이 있습니다. 선유(先儒)가 이룩한 도통동래(道統東來)의 위업을 후유(後有)들이 계승발전시켜야 하는 것은 당연합니다. 더욱이 우리나라는 금세기의 과제로 자주(自主), 민주(民主), 통일(統一)이라는 숙제를 안고 있습니다. 무슨 사상으로 이러한 숙제를 해결하겠습니까? 동도의 천하대의로 자주성을 되찾아야 되고, 동도의 천하문명으로 민주사회를 건설해야 되며, 동도의 중용사상으로 조국통일을 이룩해야 됩니다.

그 동안 유림은 6·25 동족상잔과 독재정권 아래에서 비극적 현실을 외면한 것이 사실입니다. 그것은 외래저질문화의 홍수 속에서 너무나도 낯뜨거운 작태였기 때문입니다. 그리하여 좌익과 우익으로부터 협공을 받아 회색분자니 기회주의자니 하는 지적을 당했습니다.

그러나 유교의 중용사상(中庸思想)은 중간주의가 아닙니다. 고명(高明)한 지성으로 확실한 중심체를 세우고 좌우의 극단을 포용하여 새로운 차원으로 통일 발전하는 논리입니다. 우리가 남북통일의 과제를 해결함에 있어 진정 민족동질성을 회복하여 획기적인 발전의 길을 찾으려면 반드시 동도를 부흥하는 시각에서 풀어나가야 할 것입니다.

현상을 고정시키지 말고 민족주체세력이 통일의 중심체가 되어 동도의 이념으로 자주적이고 민주적인 평화통일을 실현하는 길이 가장 완벽한 통일로 가는 길입니다.

현대유림이 이와 같은 동도부흥(東道復興)의 사명감을 지각하고 단결해서 송자의 동도를 국내외적으로 널리 선양한다면 다가 오는 21세기는 희망의 빛으로 가득한 세계가 될 수 있을 것입니다.

이제 유림은 분열주의와 폭력술수 그리고 외국군대의 주둔으로 인한 굴욕감과 천민자본주의에서 파생한 시기와 질투의 부정적 현실에 눈을 감지 말고 정면으로 도전해서 21세기 도덕사회건설의 발판을 능동적으로 마련해야 합니다.

이것은 21세기 국가와 민족의 지도이념을 재정립하는 일임과 동시에 최근세 300여 년의 유교 종주국으로서의 도통을 계승발전시키는 작업입니다.

송자 이전의 유교 종주국은 중국이었습니다. 그러나 송자가 도통을 계승하여 우리나라가 유교의 중심국이 됨으로 써 송자 이후로는 유교의 종주국이 중국의 청나라가 아니라 바로 우리나라이었습니다.

이 땅은 이제 미군의 주둔으로 기독교천국이 되었고 군사독재의 발흥으로 불교왕국이 되었다고 해도 과언이 아닙니다. 그러나 장차 미군이 물러가고 군사독재가 깨끗이 종식되면 반드시 유교가 크게 일어나서 문명사회를 건설할 것입니다.

왜냐하면 우리 민족은 송자의 동도를 300여 년 간 지켜오면서 정신문명의 중심지가 되었던 자랑스러운 긍지를 누구나 가슴속에서 그리워하고 있기 때문입니다.

비록 일제의 식민지교육에 의하여 우리의 역사가 대부분 비하(卑下) 왜곡되어서 굴절되었었지만 이제 새롭게 춘추사관(春秋史觀)이 밝혀지면서 민족의 정기가 되살아나고 있기 때문에 송자의 동도는 참세계를 발견하고 바른 사회를 건설하는 역사적 이정표가 될 것임을 확언하면서 이만 강연을 마치겠습니다.

날씨도 더운데 사문(斯文)의 원로(元老) 석유(碩儒)께서 장시간 경청해 주신 성의에 감사드립니다.

송자학(宋子學)과 도통(道統)의 동래(東來)

1. 군유(群儒)를 집대성한 송자학

송자학(宋子學)은 독서와 격물(格物)을 통하여 호연지기(浩然之氣)를 기르고 중화지리(中和之理)를 이룩해서 천지(天地)를 바로 세우고 만물이 생육할 수 있는 천하대의(天下大義)를 밝히는 것이다. 사물의 원리를 연구하여 지식을 이루고 생각을 성실히 하여 마음을 바로잡아 스스로 진리의 주체가 되어서 천하국가를 정의롭게 경영하는 학문이다.

이러한 학문사상은 물론 정통유학(正統儒學)을 재정립해서 새로운 시대의 정의사회건설을 목표로 한 것이므로 문인(門人) 권수암(權遂庵)은 일찍이 말하기를 "집군유이대성(集群儒而大成) 울연위백대지종사(蔚然爲百代之宗師)"(宋子眞像贊)라고 하여 송자학의 유학사적(儒學史的) 공적을 높이 규정했다.

군유(群儒)를 집대성한 송자학은 그 연구의 범위에 있어서나 사상의 폭에 있어서 대단히 넓어서 가학(家學)이나 국학(國學)의 수준을 초월하여 천하학(天下學)의 성격을 가질 뿐만 아니라 그 학문적 관심도 성인(聖人)의 도덕으로 천하를 화합하게 만들고 만방이 협력하고 화합하는 시대의 창조를 궁극적 목표로 삼은 것이 특징이다.

사서(四書)와 오경(五經)을 정밀하게 읽어서 도덕성명(道德性命)의 자연의 원리가 성실명확함과 인의예지(仁義禮智)의 인간성이 효제충신(孝悌忠信)으로 나타남과 심의정재(心意情才)를 신중히 하여 바르게 써야 함과 호연지기(浩然之氣)의 강대(剛大)함과 희노애락(喜怒哀樂)의 중화조절(中和調節)함과 중정공명(中正公明)의 대동태평(大同太平)함과 춘추대의(春秋大義)의 인류보존논리(人類保存論理)를 알고, 이어서 『소학(小學)』, 『심경(心經)』, 『근사록(近思錄)』, 염계(濂溪)의 태극도설(太極圖說) 및 『통서(通書)』, 명도(明道)의 정성설(定性說), 이천(伊川)의 『역전(易傳)』, 『춘추전(春秋傳)』, 『이정전서(二程全書)』, 횡거(橫渠)의 서명(西銘) 및 『정몽(正蒙)』, 강절(康節)의 『황극경세(皇極經世)』, 온공(溫公)의 『자치통감(資治通鑑)』, 주자(朱子)의 『역학계몽(易學啓蒙)』, 『본의(本義)』, 『대전(大全)』, 『어류(語類)』, 『가례(家禮)』 그리고 우리나라의 『포은집(圃隱集)』, 『정암집(靜庵集)』, 『화담집(花潭集)』, 『퇴계집(退溪集)』, 『율곡집(栗谷集)』, 『중봉집(重峯集)』, 『사계집(沙溪集)』 등을 빠짐없이 읽어서 천지(天地)의 무궁한 의리와 이기(理氣) 심성(心性)의 천 갈래 논변을 완전히 풀어 한치의 의혹이나 근심이나 두려움이 없는 인생의 대도(大道)를 뚜렷이 세우고, 마침내 제자백가(諸子百家)의 여러 가지 학설과 『초사(楚辭)』 그리고 한(韓)·구(歐)의 고문(古文) 및 『염락풍아(濂洛風雅)』와 기타 국내외의 명문(名文)을 두루 읽어서 문사(文辭)가 순아(淳雅)한 경지에 이르러 강의목눌(剛毅木訥)의 문법을 체득하는 것이 송자학의 연구범위이다.

그리고 현실생활의 실용적 측면에서 합리주의를 추구한 송자사상(宋子思想)의 특징은 바로 중용(中庸)의 도덕에 기초하여 불편불의(不偏不倚)한 자주자립적 중심체를 확립하여 서로 모순 대립하는 양극단(兩極端)을 모두 수용해서 지나침이나 미치지 못함이 없는 완전한 화합통일의 진실체를 찾아서 밝히는 것이다.

"이(理)와 기(氣)는 오직 하나이면서 둘이요, 둘이면서 하나이다. 이(理)를 중심으로 말할 수도 있고, 기(氣)를 중심으로 말할 수도 있으며, 본체론(本體論)으로 말할 수도 있고, 현상론(現象論)으로 말할 수도 있다. 이(理)와 기(氣)는 혼합융해하여 나눌 수 없지만 이(理)는 스스로 이(理)요, 기(氣)는 스스로 이(理)요, 기(氣)는 스스로 기(氣)이므로 서로 섞이지 아니한다. 그러므로 이(理)가 동(動)하고 정(靜)함이 있다고 말한 것은 이(理)가 기(氣)를 주재(主宰)하는 구조를 말함이요, 이(理)는 동정(動靜)함이 없다고 말한 것은 기(氣)가 이(理)를 운행(運行)하는 구조를 말함이며, 이(理)와 기(氣)는 선후(先後)가 있다고 말한 것은 본체론적 설명이요, 이(理)와 기(氣)는 선후(先後)가 없다고 말한 것은 현상론적 설명이다."(『송자대전』부록 권19기술 한원진기술)

송자는 사물의 구조를 개괄적으로 파악하지 않고 실제 사물의 본질적 구조를 전부 해명하여 그 보편적인 원리와 특수적인 현상을 모두 확인한다. 퇴계(退溪)의 이(理)는 동정(動靜)이 있다는 학설과 율곡(栗谷)의 이(理)는 동정(動靜)함이 없다는 학설을 모두 평가하고 또한 화담(花潭)의 이(理)와 기(氣)는 선후(先後)가 없다는 논리와 율곡(栗谷)의 이(理)와 기(氣)는 선후(先後)가 있다는 논리를 모두 인정해서 선유(先儒)들의 여러 가지 주의주장이 각각 조리가 있음을 승인하여 서로 배척하거나 공격할 이유가 없음을 증명했다.

모든 학설을 주체적으로 종합하여 넘친 것은 덜어내고 모자라는 것은 보태서 종래 유학계에서 우주론이 곧 인생론이라고 안일하게 생각하는 풍조를 바로잡아 우주론과 인생론은 함께 논할 수 없는 바가 있으므로 학자는 우주론을 정립했어도 다시 인생론을 확립할 것을 주장하여 천도(天道)가 흥망성쇠하는 이치를 깨달았다고 하여도 다시 인간은 우주를 경영하는 주체임을 자각해야 된다고 하였다.

이와 같이 송자학은 여러 학설을 집약 통일하고 정밀한 조직체계를 세워서 천하를 바르게 경영하는 도덕과 경륜을 한 마음에 모두 갖춤으로써 이 몸이 마침내 우주의 중심으로 우뚝 서서 대인(大人)의 사명을 완수하는 사도(斯道)의 대의(大義)를 크게 밝혔다. 그러므로 화서(華西)가 말하기를 "공자는 군성(群聖)을 집대성하였고, 주자는 군현(群賢)을 집대성하였고, 송자는 군유(群儒)를 집대성하였다."라고 인증했으니 송자학이 근세에 있어서 군유의 학문을 집대성했다는 사실은 재론의 여지가 없다고 하겠다.

2. 천하대의(天下大義)를 자임(自任)한 동도(東道)

유도(儒道)의 치국(治國) 평천하(平天下) 사상은 천하의 정의를 스스로 주체하여 문명의 중심국가를 건설하는 것을 최고의 이상으로 한다. 그러므로 문명국의 지도자는 도덕적으로 인류의 사표(師表)가 되고, 정치적으로 동방은 상고로부터 요(堯)·순(舜)의 윤집궐중(允執厥中)으로 비롯하는 도통(道統)과 협화만방(協和萬邦)으로 시작하는 대통(大統)의 이념이 홍범구주(洪範九疇)의 황극(皇極)사상으로 정립되어 우(禹)·탕(湯)·문무(文武)로 계승발전되면서 위대한 도덕정치의 문화전통이 수립되었다.

그러나 춘추시대(BC 722~481)에 이르러 도덕을 숭상하는 왕도정치(王道政治)가 무너지고 무력을 앞세운 패권정치(覇權政治)가 발흥하여 천하가 크게 어지러워진 까닭에 대통이 단절되었다. 그러나 도통만은 『춘추(春秋)』를 편수하여 당시의 정의를 밝힌 공자(孔子)가 계승하였다.

이로부터 전국시대 이후로는 홍범(洪範)의 대경대법(大經大法)을 정치의 헌장으로 받드는 국가가 천하에 다시 나오지 않으므로 도통(道統)과 대통(大統)은 완전히 분리되어서 도통은 유학(儒學)의 전유물이 되었고, 대통은 송(宋)·명(明)이 계승했으나 원(元)·청(淸)의 정복자가 지배하는 시대에 이르러서는 완전히 단절되고 말았다. 이러한 역사적 현실을 송자는 다음과 같이 말했다.

"삼대(三代) 이후에는 습속이 비루하여 도학(道學)은 비현실적이므로 시행하기에는 적절치 않다고 여기고, 정권을 유지하는 논리는 오로지 권모(權謀)와 지략(智略)과 무력(武力)뿐이므로 이에 도학(道學)과 정사(政事)가 분리하여 두 갈래의 길로 나누어져서

도학은 쓸모 없는 물건이 되었으니 지극히 통탄스럽도다.”(『송자대전』권7소, 辭召命兼論聖學疏)

공자가 계승한 도통(道統)은 춘추대의(春秋大義)를 통해 계승했으니 그것은 천하의 대의(大義)를 자임한 것이다. 본래 천하의 대의는 천자가 자임해야 한다. 왜냐하면 대통(大統)을 계승한 최고 통치권자가 천하대의를 자임해서 도통까지 아울러 계승해야만 황극(皇極)을 건립할 수 있기 때문이다. 그러나 춘추시대의 천자들이 천하의 정의를 외면하므로 부득이 공자가 천하정의를 자임하고 역사를 심판하면서 말하기를 “나를 아는 것도『춘추』이고, 나를 허물할 것도 오직 『춘추』이다.”(『맹자』)라고 하였다.

춘추대의(春秋大義)의 가장 큰 조목은 첫째 왕도정치(王道政治)를 높이고 패도정치(霸道政治)를 천하게 보는 존왕천패(尊王賤霸)이고, 둘째 선진국의 문명을 중심으로 하고 후진국의 문명을 종속으로 서술하는 내하외이(內夏外夷)이며, 셋째 충의효열(忠義孝烈)을 표창하고 난신적자(亂臣賊子)를 징계하는 포선폄악(褒善貶惡)이다. 이것은 모두 인도주의에 기초하여 사회정의를 자임하고 부도덕한 정치와 야만적인 정복전쟁과 반인륜적인 폭력을 물리치고 응징하는 노력이다.

맹자는 공자의 춘추정신(春秋精神)을 계승하여 인의예지(仁義禮智)를 역설하고 인류를 해치는 이단사설(異端邪說)을 깨끗이 물리쳤으며, 정자는 『역전(易傳)』과 『춘추전(春秋傳)』을 지어서 술수(術數)와 지력(智力)으로 다스렸던 진(秦)·한(漢)·당(唐)의 타락한 정치사를 고발하고 의리학(義理學)을 고취했으며, 주자는 『자치통감강목(資治通鑑綱目)』을 엮어서 천하대통(天下大統)을 뚜렷하게 밝히고 외적의 침략에 불타협적 복수론(復讐論)을 주장하였다.

송자는 청나라가 명나라를 멸망시키고 전통문화를 말살하는 도통단절(道統斷絶)의 위기에 분연히 일어나 천하정의(天下正義)를 자임하여 공자의 춘추대의를 선양하고 주자의 강목정신(綱目精神)을 고취하면서 효종에게 북벌을 권하여 청나라를 멸망시켜서 복수설치(復讐雪恥)함과 동시에 명나라를 광복시켜서 천하문명을 다시 복원할 것을 주장했다.

송자는 효종과 함께 북벌을 계획하고 준비하는 과정에서 두 번에 걸쳐 다음과 같이 강력하게 건의했다.

"이른바 정사(政事)를 닦아서 이적(夷狄)을 물리쳐야 한다는 것은 공자가 『춘추(春秋)』를 지어서 천하후세에 대통일의 정의를 밝혔으니 무릇 혈기가 있는 사람들은 문화중심국을 높이고 야만국의 침략이 추악함을 알며, 주자가 또한 인륜(人倫)을 논하고 천리(天理)를 밝혀서 설치(雪恥)를 주장하여 …… 국가와 집안의 원수는 하늘을 함께 이지 않는 것."(『송자대전』 권5 기축봉사)

"『춘추(春秋)』로부터 『강목(綱目)』에 이르기까지 한결같이 대통일사상을 주장했으니 대개 대통(大統)이 밝혀지지 않으면 인도(人道)가 어그러지고 인도가 어그러지면 나라가 따라서 망하는데 우리나라는 병자호란 이후로 인심이 점점 어두워져서 청나라의 허위정권을 진정한 국가로 착각하고 참칭한 역적을 정통(正統)으로 오해한 사람이 대부분이라."(『송자대전』 권5 정유봉사)

청나라의 침입으로 중원에 대통과 도통이 모두 단절된 시기에 송자는 조선조에서 천하대의를 밝혀 도학(道學)을 크게 진작했으니, 이것을 유학사(儒學史)에서는 높이 평가하여 특별히 동도(東道)라고 이름한다. 따라서 동도는 중국의 유학이 단절된 것을 조선조의 유학이 그 도통을 계승하였음을 뜻한다. 이것은 일찍이 역사에 유례가 없는 일이었기 때문에 조선조의 유학(儒學)이 세계의 중심적 위치를 점유한 역사요 중국유학(中國儒學)의 도통(道統)이 처음으로 해외로 건너간 사상사적 의미를 가진다. 그리하여 중암(重菴) 김평묵(金平默)은 말하기를 "대개 인류의 역사 이래로 도통(道統)이 천하에 전함에는 세 번 끊어짐이 있었다. 상고에는 도통이 임금에게 있었고, 중고에는 도통이 초야에 있어서 공(孔)·맹(孟)·정(程)·주(朱)가 계승했고, 하대(下代)에는 도통이 중국에서 끊어진 까닭에 도통이 외국으로 건너가서 조선조의 송자가 계승했다."(화서집 부록 권8 행장)

3. 도통(道統)을 계승한 조선왕조의 도학(道學)정신

도통(道統)을 계승한 조선왕조의 유학(儒學)은 효종(孝宗) 원년
(元年 : 서기 1650년)부터 천하정의의 주체로 등장하여 대단한 활
력으로 약진한다. 개인의 수신공부(修身功夫)를 천하도덕의 문제
와 연결하고, 국내의 정치현실을 국제적 시각에서 해결하려는 고
도의 문명사조(文明思潮)가 크게 일어났다. 중국유학(中國儒學)의
지류(支流)로서 면면히 이어왔던 학풍이 천하유도(天下儒道)의 본
류(本流)로 변하면서 학문적 자신감과 도덕적 긍지가 충만했다.

송자학(宋子學)이 한번에 일어나자 이를 존신(尊信)한 학자들은
질직홍의(質直弘毅)한 기상과 실천력행(實踐力行)하는 정신을 갖
추어 그 재능과 도량이 모두 천하를 경영할 만하고 그 기풍과 절
조(節操)는 모두 세상을 감동시킬 만하였는바, 비록 어렵고 괴로
운 일이 있다고 하여도 절대로 그 배운 바를 저버리지 아니하였
다. 언제나 민중의 대변자가 되어 천하의 도덕을 스스로 책임지
고 의논함에는 바른말을 서슴없이 하며 시비(是非)와 선악(善惡)
을 뚜렷이 나누어 사람들로 하여금 부끄러움을 알게 하였다.

동방예의지국(東方禮義之國)으로서 천하문명의 중심이 된 문화
사적 특질은 먼저 이 시대에 많은 거유(巨儒)를 배출하여 문묘(文
廟)에 종사(從祀)하고 또 곳곳에 서원(書院)을 세워서 문풍(文風)을
떨쳤다는 점이요, 다음으로는 송자(宋子)의 뜻에 의하여 가평(加
平)의 조종암(朝宗巖)에 사림(士林)의 불굴의 독립투지를 새기고
(서기 1684년) 이어 화양동(華陽洞)에 만동묘(萬東廟)를 세워서(서
기 1703년) 명나라의 신종(神宗)과 의종(毅宗)을 봉향(奉享)하여 배
청(排淸)의 의지를 확고하게 표출했으며 또한 조정(朝廷)에서도
금원(禁苑)에 대보단(大報壇)을 창건하여(서기 1704년) 임진왜란에
구원군을 파견하여 적극 도와주었던 명나라 신종(神宗)을 제향하
여 은덕을 보답함으로써 문화민족의 도리를 끝까지 지켰다는 점
이다.

이 시대에 있어서 송자학의 역사의식은 중국의 혁명으로 집중

한다. 그것은 곧 『시경(詩經)』의 비풍(匪風)과 하천(下泉) 편의 시
의(詩意)로 표현되었는데, 요약하여 풍천(風泉)의 탄식이다. 청나
라가 지배하는 암흑세계를 해방하기 위해서는 혁명 이외에 다른
길이 없다는 확고한 시대관이 있었다. 이러한 혁명사상은 중국의
신해혁명(서기 1911년)으로 성취되었으나 이어 일본제국주의의
발흥으로 다시 동양사회는 일본의 침략을 당하였으니 송자의 배
청(排淸)사상은 다시 의병의 항일독립전쟁(抗日獨立戰爭)의 정신
으로 승화발전했다. 유의암(柳毅菴)과 최면암(崔勉菴), 김석정(金
石井)의 항일독립전쟁이 바로 그것이다.

　도덕의 힘으로 역사의 정통성을 수호하고 천하통일로 국가의
주체성을 확립하려는 조선왕조의 도학정신은 근세 300여 년 동안
인문주의적 지성을 고도로 계발하여 의례(儀禮), 제도(制度), 문장
(文章)에 있어서 천하의 보편적인 규범을 완연히 갖춤으로써 유교
의 도덕, 학문, 예악, 풍류를 현대에 전해 주는 역할을 한 것이다.
이것은 세계 속의 한국문화의 가장 위대한 업적이며 근세유교의
종주국으로서의 사명을 완수한 것이니, 곧 송자학의 빛나는 공적
이다.

주자학(朱子學)의 연구방향

　　주자학(朱子學)은 학문과 도덕을 갖추어 선비가 되고 성현(聖賢)이 되는 것이다. 그 도덕이 우주의 실체를 기초로 하여 태극(太極)의 선천원리(先天原理)와 태허(太虛)의 후천원소(後天元素)를 규명한 다음에 형이상(形而上)의 진리와 형이하(形而下)의 사물을 모두 망라하여 체계적으로 정리한 것이요, 그 학문이 인간의 성리(性理)를 주체로 하여 양심(良心)을 간직하고 물리(物理)를 깨달아 현실 상황 속에서 천지(天地)의 공리(公理)를 남김없이 드러내는 것이므로 그 도덕이 높고, 학문이 방대하여 쉽게 넘볼 수 없는 바가 있다.

　　동양의 학술사에 있어서 공부자(孔夫子)는 상고(上古)의 인류사상을 집대성하여 경전(經典)을 정리하였고, 주자(朱子)는 근고의 선비정신을 종합 절충하여 경전(經傳)을 주석(註釋)하였으니 이로 말미암아 거대한 동양의 정통사상이 형성되어 내려오게 된 것이라고 할 수 있다. 그러므로 주자학은 그 형성의 과정이 장구할 뿐만 아니라 그 내용도 천(天)·지(地)·인(人)·물(物)을 전부 수렴하고 있는 까닭에 이를 연구하는 방법이 일정할 수 없을 것이다.

　　그 대개를 구분하면 첫째 생애의 업적(業績) 연구방법, 둘째 사상의 연원(淵源) 연구방법, 셋째 저술의 학설(學說) 연구방법이 있을 것이다. 만일 그 생애의 업적을 모르면 의지의 강건함과 실천의 용감함을 알 수 없을 것이며, 그 사상의 연원을 모르면 심성(心性)의 중정(中正)함과 도덕의 공명함을 알 수 없을 것이며, 그 저술의 학설을 모르면 사려(思慮)의 치밀함과 학문의 순수함을 알지 못할 것이다. 그러므로 주자학을 바르게 연구하려면 이 세 가지를 모두 살필 수 있는 자료를 먼저 갖추어야 한다.

　주자학의 연구자료는 매우 많은데 그 긴요한 것을 들면 다음과 같다. 먼저 주자년보(朱子年譜) 및 행장(行狀)을 읽고 『소학집주(小學集註)』, 『효경집주(孝經集註)』, 『대학집주(大學集註)』, 『논어집주(論語集註)』, 『맹자집주(孟子集註)』, 『중용집주(中庸集註)』, 『주역전의대전(周易傳義大全)』, 『서전대전(書傳大全)』, 『시전대전(詩傳大全)』, 『춘추삼전(春秋三傳)』 및 『정전(程傳)』, 『예기집설대전(禮記集說大全)』을 정독(精讀)하고 이어 『이정전서(二程全書)』, 『성리대전(性理大全)』, 『근사록(近思錄)』, 『심경(心經)』, 『문공가례(文公家禮)』, 『염락풍아(濂洛風雅)』, 『주자어류(朱子語類)』, 『통감강목(通鑑綱目)』, 『송명신언행록(宋名臣言行錄)』, 『사서혹문(四書或問)』, 『한문고이(韓文考異)』, 『초사집주(楚辭集註)』 등을 빠짐없이 읽은 다음 우리나라의 위대한 주자학자(朱子學者)의 문헌으로 『퇴계집(退溪集)』, 『율곡전서(栗谷全書)』, 『송자대전(宋子大全)』, 『화서집(華西集)』을 반드시 읽어야 할 것이다. 기타의 보조재료로는 『송사도학전(宋史道學傳)』, 『송원학안(宋元學案)』을 보고, 오늘날 사람들의 집필서로는 사무량(思无量)의 『중국철학사(中國哲學史)』, 풍우란(馮友蘭)의 『중국철학사(中國哲學史)』, 전목(錢穆)의 『송명이학개술(宋明理學槪述)』, 주대동(周大同)의 『주희(朱熹)』, 장맹륜(張孟倫)의 『송대흥망사(宋代興亡史)』, 서단보(胥端甫)의 『명청사수필(明淸史隨筆)』, 황공위(黃公偉)의 『송명이학체론사(宋明理學體論史)』 등을 참고하면 그 학문의 전체윤곽과 논리체계와 심법(心法)조리를 모두 요해(了解)할 수 있을 것이다.

　주자학이 인생의 진리를 현실의 사회생활 속에서 완전히 성취하려는 것이므로 일사일물(一事一物)도 소홀히 넘기지 아니하고 일순일식(一瞬一息)도 경망하게 지나가지 아니하는 거경궁리(居

敬窮理)의 지식(知識) 탐구노력과 범사구시(凡事求是)의 실학(實學) 실천의지가 있는 한 오늘날이라고 해서 그 진리와 가치가 조금도 변할 수 없을 것이며 오히려 그 사상을 깊이 연구하면 오늘의 인류를 구제할 수 있고 또한 앞으로의 세계를 안정시킬 수도 있을 것이다.

오늘날 우리 학계에서 해결되어야 할 몇 가지 연구과제를 추출하면 다음과 같다.

1. 우주론(宇宙論)
2. 인생론(人生論)
3. 수양론(修養論)
4. 실용주의(實用主義)
5. 의리사상(義理思想)
6. 세계주의(世界主義)
7. 정치론(政治論)
8. 역사관(歷史觀)
9. 교육론(敎育論)
10. 문학론(文學論)

주자학의 호대한 연구과제 가운데 이 열 가지는 너무 국부적이라고 말할 수도 있겠으나 또한 오늘날 학자들의 조급한 안목에는 이미 너무 많다고도 할 수 있을 것이다. 나의 생각에는 주자의 학문을 평생 연구하고도 이 열 문제를 확고하게 정립하지 못하면 주자의 학도가 되지 못할 것이며, 10년에 불과한 공부라 하더라도 이 열 문제를 명쾌하게 통달하여 주견을 세우면 그 학행이 모범이 될 것이므로 이를 주제로 선택하는 바이다.

우주론(宇宙論)을 규명함에 있어 우주를 주재하고 천지(天地)를 창조하며 만물을 생성하는 궁극적인 절대자는 있는가, 없는가! 주자는 그것을 무엇이라고 하였고 그 실체의 구조와 작용은 어떠하며 그것이 고대사상 가운데 건(乾)·태극(太極)·천(天)·상제(上帝)의 개념과는 어떻게 관계되는가를 밝혀야 한다. 절대지상의 도(道)는 영원불멸한 것인데 현상의 만물은 왜 시간과 공간 안에서 유한할 수밖에 없으며 모든 존재와 생성의 개체는 진실인가, 허위인가! 주자는 우주의 구조를 해명함에 있어 태극이기론(太極理氣論)과 음양오행설(陰陽五行說)로 종합 정리하였는데 그 형이상학의 논리와 형이하학의 실증이 무엇인가?

우주의 구성이 본체계의 태극지리(太極之理)와 현상계의 태허지기(太虛之氣)로 처음에 이루어진 것이라면 태초에 천지(天地)가 개벽할 때에 이 두 가지는 함께 있었는데 주자는 어찌하여 이선기후(理先氣後)를 주장하였으며 그 주장에는 무슨 의미가 있는가? 음양(陰陽)의 동정(動靜)은 왜 생기며 그 동정(動靜)하는 힘은 어디에서 나오는가? 오행(五行)은 어떻게 생기며 그 상생(相生)·상극(相剋)의 법칙과 작용은 어떠한가? 그리고 천도(天道)의 운행법칙과 지리(地理)의 변화법칙 및 만물의 생명(生命)은 무엇이라고 하였는가라는 등의 문제를 논구해야 될 것이다.

주자학에 있어서 인생론(人生論)은 저 우주론과 같은가, 다른가? 대개 노장(老莊)이나 불교(佛敎)에서는 그들이 말한 우주론이 곧 그들의 인생론이었다. 인간도 우주의 일부분인 만큼 우주의 진리를 따라 살면 그만이요, 특별히 자기의 주관을 따로 세울 필요가 없다는 것이다. 그러나 유학(儒學)은 인도주의(人道主義)·인문정신(人文精神)·인본사상(人本思想)을 강조하면서 사람 몸에 오관백체(五官百體)의 본래역할을 찾고 인심(人心)의 오성칠정(五性七情)의 고유성능(固有性能)을 깨달아 자기성명(自己成命)을 따르는 인생론이 있는데 주자는 어떻게 논리를 전개하였는가?

인(仁)·의(義)·예(禮)·지(智)는 사람마다 타고난 덕성(德性)이라고 하였는데 그 개념을 어떻게 규정하였으며, 그것은 인간의 행동에 어떻게 작용하는가? 그것을 자각하거나 의식할 수 있는 것인가, 없는 것인가? 자각할 수도 의식할 수도 없는 것이라면 덕성을 어떻게 간직하며 선행(善行)이 어떻게 나오는가? 측은(惻隱)·수오(羞惡)·사양(辭讓)·시비(是非)의 사단(四端)과 희노애락애오욕(喜怒哀樂愛惡欲)의 칠정(七情)을 어떻게 분별하여 확충 조절하라고 하였으며 인심(人心)과 도심(道心) 및 천리(天理)와 인욕

(人欲)을 어떻게 분석하였고 그 동기와 결과는 어떻게 다른가?

사람은 천지(天地)와 더불어 동등한 것이라고 하였는데 그 위대성은 무엇인가? 주자는 천지에 하나의 태극(太極)이 있지만 만물에도 각각 하나의 태극이 있다고 하여 모든 사람은 자기의 태극을 건립함으로써 우주의 사명과 인간의 성분과 자기의 직분을 수행해야 된다고 하였는데 그 분수(分數)는 구체적으로 무엇인가?

유한한 물질생활 위에서 무한한 천지정신(天地精神)을 발휘하여 빈부귀천(貧富貴賤)과 생사존몰(生死存沒)에 급급하지 않는 호연활발(浩然活潑)한 인생의 길을 개척함에 어떻게 내 마음이 천의(天意)와 일치할 수 있다고 하였는가 등을 실증해야 된다.

독서학습이 없이는 지각(知覺)이 발달하지 못하고 실천교육이 없이는 기질(氣質)이 순화(醇化)되지 않는다. 그러므로 지성을 고도로 개발하기 위하여 천하의 글을 모두 읽고 기력(氣力)을 강건하게 양성하기 위하여 세상의 일을 두루 해보아야 한다고 하였다. 이와 같은 수양방법은 인간을 계발하는 교육인가 아니면 인간을 개조하기 위한 주입식(注入式) 교육인가?

또한 공부자의 교육방법인 박문약례(博文約禮)와 극기복례(克己復禮)와는 어떠한 관계가 있는가? 주자는 학자가 수양을 함에 반드시 궁리(窮理)·치지(致知)·존양(存養)·성찰(省察)·역행(力行)의 방법을 밝혔는바 그 구체적인 방법이 무엇이며 왜 성(誠)·경(敬)·직(直)의 자세가 필요한가? 인간의 완전한 덕(德)은 인(仁)·지(知)·용(勇)을 갖추어 한 몸의 호연지기(浩然之氣)가 우주에 가득 차고, 한 마음의 중화지리(中和之理)가 천지(天地)를 바로잡을 것인바 주자는 사람이 여기에 도달하기 위하여 경험을 어떻게 이성화(理性化)하고, 의식을 어떻게 자연화(自然化)하였는가? 등을 살펴야 할 것이다.

주자학의 실용주의(實用主義)는 위로 허무적멸(虛無寂滅)의 설을 배격하고 아래로 공리술수(功利術數)의 법을 부정하였는바 그 논리는 무엇인가? 주자는 『소학(小學)』을 편집하면서 쇄소(灑掃)·응대(應對)·진퇴(進退)의 절도와 애친(愛親)·경장(敬長)·융사(隆師)·친우(親友)의 도(道)를 근간으로 하여 오륜(五倫)을 밝히고, 예(禮)·악(樂)·사(射)·어(御)·서(書)·수(數)의 문(文)과 관(冠)·혼(婚)·상(喪)·제(祭)의 예(禮)를 필수과목으로 정하였는데 그 까닭이 무엇인가? 또 주자는 철학(哲學)·정치(政治)·문학(文學)·사학(史學)의 학문을 연구하고 제가(齊家)·치국(治國)·평천하(平天下)의 사업을 주장하였는데 그것이 현실국가사회에 어떻게 실용되었는가?

주자는 또한 천인합일(天人合一)과 생사여일(生死如一)과 인귀일관(人鬼一貫)을 추구하였는데 이것이 관념에서 그쳤나 아니면 현실에 적용하였나? 주자학에 있어서 마침내 진(眞)과 망(忘), 몽(夢)과 각(覺), 허(虛)와 실(實), 유(有)와 무(無)의 판단근거는 무엇인가 등을 규명하여야 할 것이다.

의리사상(義理思想)은 주자학의 제일중추(第一中樞)라고 하여도 과언이 아니다. 의리란 당연히 해야만 될 의무이다. 이해득실(利害得失)을 돌아보지 아니하고 시비선악(是非善惡)을 밝히는 의리의 본질은 무엇이며, 내면의 성명(性命)에서 근원하는가 외면의 명분(名分)에서 성립하는가? 이 당위(當爲)의 의리는 일정불변한 것인가 아니면 수시변역(隨時變易)하는 것인가? 본말상하(本末上下)의 의리와 내외좌우(內外左右)의 의리의 체계는 어떻게 전개되며 각족의 의리와 사회의 의리에서 인간의 평등성과 애경(愛敬)의 차별성을 어떻게 조절하였는가? 주자의 일반적 의리의 상도(常道)와 특수적 의리의 권도(權道)에서 그 사명과 책무가 어떻게 달라지는가 등을 해명할 수 있어야 될 것이다.

주자학의 세계주의(世界主義)는 유학의 평천하(平天下) 이념과 대동사상(大同思想)에서 연원하고 공부자의 인도정신(人道精神)을 확충하여 그 뿌리를 더욱 튼튼히 한 것이다. 주자는 당시에 부국강병(富國强兵)을 주장하고 이민족의 침략에 대한 항쟁을 역설하였지만 이는 국가의 위기에 자강자활(自强自活)의 길을 찾음이요 절대로 배타적인 민족주의나 국수적(國粹的)인 패권주의(霸權主義)를 고집한 것이 아니다 오히려 국가의 자치(自治)와 교육의 평

등을 설파하고 경제·문화·풍속·예술의 교류를 적극 주장하였
다. 주자는 『춘추(春秋)』의 대일통주의(大一統主義)를 어떻게 설명
하였고 성인(聖人)의 왕도정치(王道政治)를 어떻게 구현시키려하
였으며 그 정책과 시정방침이 무엇인가 등을 논증하여야 될 것이
다.

　주자의 학문방법이 사물의 원리를 연구하여 자기의 지성을 높
일 것, 자기의 도리(道理)를 찾아 현실에서 실천할 것, 처음부터
끝까지 성경(誠敬)을 갖추어 인간성을 잃어버리지 말 것의 세 가
지이므로 곧 실사(實事)요 실증이요 실용이다 어찌 언어문자로만
담론하고 문득 자만하리오. 따라서 주자의 정치론·역사관·교육
론·문학론 등등의 거대하고도 심오한 세계를 연구하기 위해서는
먼저 큰 뜻을 세우고 끊임없이 정진하여야 마침내 대성할 수 있
을 것이니 조급하게 서두르면 중도에 폐지하는 걱정이 따를 것이
다.

공자(孔子)의 인사상(仁思想)과 효윤리(孝倫理)

1. 인사상(仁思想)

　공자의 인(仁)사상은 효(孝)윤리의 근본이념이고, 유교의 우주론과 인생론 및 수양론이 모두 이로부터 출발한다.

　인(仁)은 하늘땅 사람을 하나로 통일해서 대화합을 이룩하는 사람의 마음이다. 천도(天道)는 원형리정(元亨利貞)인데 원(元)의 대공리(大公理)가 형(亨)과 리(利)와 정(貞)을 통일하므로 춘하추동의 4계절이 변화하여 봄의 생기(生氣)가 여름과 가을과 겨울을 관통한다. 그러므로 원(元)의 공리(公理)는 봄의 생기(生氣)로 대우주의 천지만물을 하나로 통일해서 생성변화하는 대화합의 장엄세계를 펼치는 중심체(中心體)로서 이것이 곧 하늘땅의 마음이다.

　사람이 태어남에 이 하늘땅의 마음을 얻어서 사람의 마음이 되나니 인성(人性)은 인의예지(仁義禮智)인데 인(仁)의 지선(至善)한 덕(德)이 의(義)와 예(禮)와 지(智)를 통일하므로 효제충신(孝悌忠信)의 지각(知覺)이 밝혀져서 부자(父子)의 친애심(親愛心)이 민관(民官), 부부(夫婦), 장유(長幼), 붕우(朋友)를 관통한다. 그러므로 인(仁)의 선덕(善德)이 효(孝)의 친애심(親愛心)으로 인간관계에 있어서 종적(縱的)으로는 위로 조상과 아래로 자손을 통일하고, 횡적(橫的)으로는 가까운 가정과 사회로부터 멀리 천하국가를 하나로 통일해서 번영발전하는 화평세계를 건설하는 중심체(中心體)로서 곧 사람의 마음이다.

원(元)은 천지만물을 통일하여 무궁한 발전을 보증하는 하늘땅의 마음이고, 인(仁)은 천지인물을 통일하여 무한한 번영을 약속하는 사람의 마음이지만 이것은 곧 하나의 마음이다. 그 본질은 공(公)과 선(善)과 생(生)과 애(愛)의 실체로서 포괄적인 내용을 함축하고 있는 까닭에 매우 깊고 넓은 개념을 가지고 있으나 대개 공덕심(公德心)이고 공동선(共同善)이며 생명의 원기(元氣)이고 친애(親愛)의 주체이다. 그 구조는 정(情)으로 아직 발(發)하기 전에는 대공지선(大公至善)의 중심체이며 정(情)으로 발(發)한 이후에는 호생친애(好生親愛)의 지각(知覺)이다. 그것을 함양(涵養)하는 방법은 성실하고 경건하게 인간양심의 순수한 본체를 간직하여 그 지각(知覺)의 기능이 원활하도록 하는 것이다. 그러한 작용의 효과는 화합의 기상(氣象)이 충만하여 두루 통해서 조금도 막힘이나 걸림이 없는 열린 세상이 되는 것이다.

따라서 인(仁)은 인격을 수양하는 근본도덕이며 윤리사회를 건설하는 최고의 이념이다. 사람이 인(仁)으로 살면 어버이를 친히 공경하고 인민을 존중하며, 인민을 존중해서 만물을 사랑하여 마침내 천지만물과 일체가 되고, 불인(不仁)으로 살면 어버이의 은혜를 망각하고 사람에게 교만하며 물질에 인색하여 그 극단에 이르러서는 형제처자까지도 떠나고 마는 것이다. 그러므로 인(仁)은 사람의 길이요 불인(不仁)은 사람의 길이 아니니, 인(仁)은 삶의 길이고 불인(不仁)은 멸망의 길이기 때문이다.

인(仁)으로 살 것인가? 불인(不仁)으로 살 것인가? 길은 두 가지 뿐인즉, 인(仁)을 좋아하면 불인(不仁)을 미워하고 불인(不仁)하면 인(仁)을 싫어한다. 후덕한 군자(君子)라도 불인(不仁)한 사람이 있으려니와 각박(刻薄)한 소인배로서 인(仁)한 사람은 없다.

인(仁)을 인식함에 있어 측은(惻隱)한 느낌은 인(仁)의 실마리이고, 사랑은 그 작용이며, 서(恕)는 그 베풂이고, 효제(孝悌)는 그 기본행실이다. 그러므로 그 태도가 공손하고 일을 신중히 하여 사람과 더불음에 진실정직하나니, 자기가 서고자 하면 남을 세워 주고 자기가 싫은 것을 남에게 베풀지 않으므로 언제 어디서나 포근한 안정감과 끈끈한 친화력이 있고, 꾸준한 발전력과 밝은 판단력이 생겨서 처음에는 어렵지만 나중에는 쉽다.

선비는 아침에 도(道)를 들으면 저녁에 죽어도 좋다는 신념을 가지고 육신(肉身)을 죽여서 인(仁)을 완성하고 생명을 바쳐서 의(義)를 쟁취하므로 인자(仁者)는 천하에 무적(無敵)이다. 여기에서 인간의 본의를 찾을 수 있는 것인즉, 인의(仁義)는 인생의 최고 가치이며, 인(仁)을 절도 있게 하는 예(禮)는 인류의 최고 문화이며, 인(仁)을 깨달은 지(智)는 인문주의적 최고 지성이며, 인(仁)을 위한 용기는 탁월한 실천력이다.

인덕(仁德)은 강건(剛健), 중정(中正), 순수(純粹)한 주체적 통합 지도력이며, 인도(人道)는 자유(自由), 평등(平等), 번영(繁榮)을 추구하는 공동체사회의 이념이며, 인정(仁政)은 민주공화정치로 중용(中庸)의 대동세계(大同世界)를 건설하는 인간의 정치이며, 그 극치는 천지만물과 더불어 혼연일체가 되어 두루 융회관통(融會貫通)하고 모두 새롭게 변화해서 화락(和樂)한 가운데 은택이 금수곤충과 산천초목에게까지 흡족하게 미치는 것이다.

2. 효윤리(孝倫理)

효(孝)의 윤리(倫理)는 인(仁)사상을 실현하는 기본 준거틀이고, 평화세계를 건설하는 인간친화력의 기초단위를 구성하는 기강(紀綱)으로서 본래 요순(堯舜)의 도(道)이다. 그러므로 동방은 예로부터 효도(孝道)를 통하여 윤리사회를 건설하려고 하였으니, 효도를 잘하면 천하를 화합하고 불효하면 골육(骨肉)도 다투어 분열 대립 투쟁하는 시대가 되었다. 공자는 난신적자(亂臣賊子)가 횡행하는 춘추(春秋)의 난세(亂世)에 인(仁)사상을 밝혀 효(孝)의 윤리를 고취해서 혼란을 뿌리뽑고 도덕세계를 건설하려고 노력했다.

인(仁)은 공변되고 착한 사랑의 삶을 주장하고, 사람의 공변되고 착한 사랑의 삶은 효(孝)보다 위대한 것이 없다. 효도를 인간 최고의 덕목으로 삼는 유교는 그 실천방법이 대단히 다양하고 치밀해서 일률적으로 논할 수 없지만 큰 줄거리를 요약하면 부자간(父子間)에 친(親)함이 있어서 틈이 벌어지지 않음과 아버지의 뜻을 어기지 않은 순종(順從)함과, 어버이를 장수(長壽)하도록 섬기고 자손 번창하게 함과 어버이 생전에 걱정 없이 모셔서 즐겁게 인생의 말년을 보장하는 것이다.

부자(父子)는 천륜(天倫)이고 혈연관계로 맺은 골육(骨肉)의 친(親)이니 본래 일체이었기에 천하에 이보다 가까운 사이는 없다. 그러므로 부모가 자애하고 자녀가 효도하는 것은 천성(天性)인 까닭에 오륜에서 부자유친(父子有親)을 첫째로 삼았다. 부자의 친근한 정신이 위로는 조상에게 올라가 시조(始祖)를 받드는 데까지 이르고, 아래로는 만대(萬代)의 후손에게도 그 정신을 이어가게 하여서 부자 사이에서 나온 친근한 정신이 단지 당대에만 머무르지 않고 시간을 초월하여 조상과 후손을 일체로 묶는 숭고한 역할을 하는 것이다.

또한 부자(父子)의 친근한 사랑은 부자를 위하는 마음에서 가정을 사랑하고 고을을 사랑하고 나라를 사랑하고 세계를 사랑하는 마음으로 확산하면서 바야흐로 하늘과 사람이 하나로 합하고 저승과 이승이 하나로 통하는 무한한 친화력으로 승화하여 사람으로 하여금 대단한 안정감과 활발한 생활영역을 개척하게 하는 것이니 이것이 효(孝)의 윤리에 있어서 제1의 뜻이다.

효(孝)의 제2의(第2義)는 자녀가 부모의 뜻을 어기지 않고 받들어 순종함으로써 부자(父子) 사이에 기강(紀綱)을 세움이다. 부자의 관계는 세대를 계승하면서 역사를 발전시켜야 하는 사명을 가지고 있기 때문에 부모는 존엄한 위치에 있고 자손은 비천한 위치에 있으니 아버지는 자식의 벼리가 되는 것인즉, 이것이 삼강(三綱)의 둘째 항목이 된 까닭이다. 이에 부모는 가정교육을 통하여 자녀를 가르치고 자녀는 어버이를 배워서 닮아야 하는 부자의 도리가 있다.

나무가 뿌리를 배반하면 자라지 못하고 물이 근원을 떠나면 흐르지 못한다. 조상은 후손의 근원이고 부모는 자녀의 뿌리이다. 역대조상의 정신과 오랜 가풍(家風)의 전통을 보존하며 지켜온 어버이는 위대하다. 자식은 마땅히 이와 같이 위대한 어버이의 존엄한 뜻을 계승하여 받들고 그 사업을 계속하여 완성해야 할 직분이 있는 것이다. 만일 부자(父子) 사이에 친애심만 있고 기강(紀綱)이 없다면 어버이의 존엄성을 상실하여 급기야 부모에게 불순(不順)한 자식이 되고 말 것이다.

효(孝)의 제3의(第3義)는 어버이가 오래오래 살아서 장수(長壽)를 누리도록 함이다. 사람으로 태어나서 오복(五福)의 첫째가 수(壽)이다. 그러므로 어버이를 장수하도록 잘 모시고 섬기는 것은 자식의 도리이다. 사람이 살기를 좋아하고 죽기를 싫어하는 것은 하늘땅의 마음이고 사람의 뜻이다. 그리하여 사람은 오직 살아서 장수하고자 하는 마음이 있을 뿐만 아니라 또한 사후에도 자손이 번창해서 장구한 생명력을 발휘하고자 하는 것이다. 그러므로 맹자(孟子)는 말하기를 후사(後嗣)가 없는 것이 커다란 불효(不孝)라고 하였으니 종족이 이로써 멸절해서 조상의 제사(祭祀)가 폐지되기 때문이다.

끝으로 효(孝)의 제4의(第4義)는 어버이에게 근심걱정이 없게 해서 즐거운 인생말년(人生末年)을 보장하는 것이다. 이것은 어버이가 자식을 낳아서 길러준 은덕에 보답하는 것으로 부모의 구로(劬勞)는 하늘과 같아서 생전에 다 갚을 수 없는 것이지만 만 분의 일이라도 보답하는 것이 자식의 도리이다. 보답은 어떤 방법으로 해야 하는가? 고생 끝에 즐거움이 있는 것은 하늘땅의 대의(大義)이다. 겨울이 가면 봄이 오고, 밤이 가면 아침이 오듯이 자식을 기른 고생은 당연히 즐거운 공양(供養)으로 보답해야 하는 것이다.

그러나 어버이의 즐거움은 결국 자식의 즐거움을 통해서 얻어지는 것이므로 자녀들은 먼저 부모를 모시고 사는 것을 즐거워해야 한다. 그러므로 맹자는 부모가 모두 계시고 형제가 무고하면 첫째의 즐거움이라고 하였고, 『예기(禮記)』에서는 효자(孝子)가 깊이 부모를 사랑하면 화기(和氣)와 기쁜 얼굴색과 어여쁜 맵시가 있다고 하였으니, 늙은 부모는 자기만의 마음이 없고 자식의 마음으로 마음을 삼는 것인즉 자식도 또한 부모를 위하는 마음으로 자기의 마음을 써야하는 것이다. 이래서 인(仁)을 완성하면 반드시 효도를 잘하고, 효도를 잘하면 반드시 어질다고 흠모하여 마지않는 것인즉 공자의 인(仁)사상과 효(孝)윤리는 유교인의 출발점이자 귀착점으로서 동방의 아름다운 자연관과 착한 인생관 및 도덕수양론이 모두 여기에서 나온 것이다.

정암(靜庵) 조광조(趙光祖) 선생의 정치개혁

　우리나라 역사상 도덕국가를 건설하기 위하여 정치개혁을 시도했던 최초의 도학자(道學者)인 정암(靜庵) 조광조(趙光祖) 선생(서기 1482~1519)은 연산군(燕山君)의 폐정과 중종반정(中宗反正) 공신들의 전횡을 과감히 단절하고 국가를 유신하기 위하여 급진적 개혁정치를 주도했던 영수였다.

　임금 사랑하기를 아버지 사랑하듯이 하고 나라 걱정하기를 집 걱정하듯이 하면서 신진사림(新進士林)을 규합하여 도덕학을 숭상하며 인심을 바로잡아 성현의 도덕정치를 본받아서 최고의 정치문화를 창조하여 동방에 빛나는 도덕국가를 건설하려고 진력하였다.

　당시 연산군을 축출하고 등장한 중종시대의 문제점은 타락한 정치풍토를 개혁하고 국가의 기강을 확립하는 것이었다. 그러나 연산군이 무오사화(1948년), 갑자사화(1504년) 등을 일으켜서 사기(士氣)를 모두 꺾어 나라를 거의 위기로 몰아넣었기 때문에 중종반정을 한 이후에도 나라의 원기가 되살아나지 않고 사회에 정직한 기풍이 일어나지 않았다.

　그리하여 조야(朝野)를 가릴 것 없이 자기의 안전만을 도모하고 원활한 처세만을 제일로 생각하여 감히 직언으로 임금의 뜻을 거역하거나 윗사람의 원한을 사지 않고 머리를 굽혀 위 아래로 둥

글둥글 사귀면서 그 몸을 보존하고 처자를 온전하게 하려는 사람
이 대부분이었다. 더욱이 이러한 상황에서 반정공신에 오른 무인
(武人)들이 세력을 장악하여 사리사욕을 채우는 데 열중하므로 인
민대중의 새 정부에 대한 믿음과 기대가 무너져 버렸다.

이러한 상황에서 정암 선생은 중종에게 개혁의 당위성을 설파
하고 요순(堯舜)과 같은 성인(聖人)의 정치를 이상으로 해서 대대
적인 정치개혁을 단행하도록 건의하여 '언로(言路)를 넓히고' '인
재를 등용하고' '민생을 안정하고' '법제를 인민이 편리하도록 개
정하고' '임금의 통치권을 확립하고' '외교의 정도를 확립하고'
'풍속을 개량하고' '반정공신록을 재심사할 것' 등을 주도했다.

이러한 정암 선생의 개혁정치는 인민대중의 전폭적인 지지를
얻어서 단기간에 급속적인 성과를 올린 결과 정치를 유신하고 인
심을 변화하여 거국적으로 새로운 기풍이 일어나서 모든 사람이
살아서 이상세계를 볼 것처럼 생각했다. 정암 선생의 개혁정치가
신속하게 성공했던 가장 핵심적 요소는 바로 현량과(賢良科)를 새
로 설치해서 어질고 유능한 젊은 인재를 등용하여 애국심도 명예
심도 없는 무능한 관료를 도태하고 민족애와 정의심에 충만한 신
진사림을 정치개혁의 정예세력으로 충원하여 중·하위급 관료의
질적 변화를 이룩한 것이다.

정치개혁은 훌륭한 지도자와 착한 인민만 있어 가지고 되는
것이 아니고 반드시 어질고 유능한 관료가 있어야 정치사업을 실
질적으로 추진할 수 있는 것이다. 따라서 정치개혁을 성공적으로
이룩하기 위해서는 가장 핵심문제가 정치개혁을 진취적으로 현장
에서 선도할 실천적 양심세력이 필수인 것이다. 왜냐하면 지도자
가 아무리 정치개혁을 열망한다고 해도 그 사업을 적극적으로 추
진 할 수 있는 중·하위급 관료가 없다면 머리만 있고 손발이 없
는 것과 같아서 공허한 메아리만 남고 답답증만 더하기 때문이
다.

그러므로 정암 선생은 비록 짧은 4년간의 정치개혁을 추진하면
서도 가장 강조한 내용이 사기배양(士氣培養)이었다. 이것은 정치

개혁에 선행하여 교육개혁을 시도한 것이고, 그것은 또 사상개혁을 동반한 의식개혁으로 귀착했으니, 모두 관료의 기강확립을 위한 배려로서 다음과 같이 절박하게 역설했다.

"국가에 충성하는 사람은 오직 국가만을 위하여 일을 씩씩하게 하고 화환(禍患)을 계산하지 않은 사람이다. 예로부터 충의지사는 화환을 만나도 후회가 없는 것이니 어질고 착한 행실이 좋은 줄 알아서 차마 추악한 짓을 하지 못하기 때문이다. 이런 까닭으로 성인은 교육문화를 밝히는 것을 귀중히 여기나니 사람이 3강5륜(三綱五倫)을 알면 국가의 원기가 여기에 있는바, 만약 도덕을 교육하여 유학(儒學)을 숭상하고 예의에 힘쓰게 하면 평시에는 정치사업을 도와 문명국가를 건설하고 어려운 때를 만나면 절개를 바쳐 의리를 지키는 것이다.

이제 만일 선비의 기풍을 바로잡고 구습을 개혁하지 않으면 인심을 언제 변화시키고 이상세계를 어느 때에 볼 것인가? 천하의 형세는 전진하지 아니하면 후퇴하는 것이므로 이 기회를 당하여 공무원의 타락한 악습을 바로잡고 민생을 풍요롭게 해서 길이 확고한 기초를 세우지 아니한다면 후세자손이 어디에서 아름다운 정치규범을 본받겠는가?"

대저 관도(官道)를 숙정하지 않고 부정부패하여 사리사욕을 채우는 데 열중하거나 무능하여 진취적으로 사업을 추진할 역량이 모자란다면 도저히 정치개혁은 실현할 수 없는 것이다. 더욱이 지도자도 사람이기 때문에 때로 그 뜻이 흔들리거나 중대한 착각이 있을 수 있는데 이러한 중대한 순간에 최고 지도자의 과실을 지적하여 바로잡을 사람은 대인(大人)밖에 없는 것이다. 소인배는 그 아첨성으로 인하여 절대로 위에 거슬리는 말을 하지 아니하여 끝내 지도자를 그른 길에서 빠져나오지 못하게 하는 위험한 존재이다.

정부 내에 대인이 있어서 항상 지도자를 바른 길로 이끌고, 관료가 어질고 유능하여 진충보국(盡忠報國)해야만 나라의 정치가 날로 새로워지며, 민생이 날로 새로워지면 민생이 날로 향상되어서 정치목적을 가장 합리적으로 그리고 가장 능률적으로 구현하여 선진문명국가를 확실하게 창조할 수 있는 것이다. 그러므로 정암 선생은 대인과 현인(賢人)이 나올 수 있도록 사기를 크게 진작하고 선비를 널리 양성하여 집에서 효도하고 나라에 충성하는 인재가 나라에 가득하도록 육성하려고 진력했던 것이다.

현대사회와 유림(儒林)의 역할과 사명

1. 유교문화(儒敎文化)와 현대문명의 대변혁

과학화(科學化), 민주화(民主化)를 표방한 현대문명은 개방화(開放化), 세계화(世界化)의 세기적인 변화를 추구하면서 유교문화(儒敎文化)를 재인식하고 있다.

이러한 현상은 기존의 제국주의, 사회주의, 자본주의 및 제종교 사상들이 모두 한계에 봉착함으로써 대대적인 자체반성이 일어났고 또한 유교사상(儒敎思想)의 보급을 통해서 유교문화의 아름다움을 널리 이해하게 된 결과로 나타난 역사적 산물이다.

유교의 세계지도이념은 인의(仁義)의 도덕과 충효(忠孝)의 윤리를 기본으로 하는 합리주의(合理主義)와 중용사상(中庸思想) 그리고 대동세계정신(大同世界精神)이다. 이러한 이념은 모두 과학화를 촉진하고 민주화를 증진하는 중요한 사상이기 때문에 21세기의 세계역사를 비약적으로 발전시킬 수 있는 새로운 희망으로 떠올라서 세계는 지금 다투어 비인간적인 사상과 비과학적인 종교를 과감히 타파해서 유교의 인도주의적 도덕문화와 합리주의적 사회윤리를 개발하여 고도문명의 대동세계를 건설하기 위한 일대 변혁작업을 착수하고 있다.

그 동안 인간성을 저버린 타락한 사상들은 분열과 대립만 조장

함으로써 화합사회를 건설할 수 없었고, 윤리를 망각한 허황한 설교들은 불안과 공포만 가중하여 떳떳한 삶을 보장할 수 없다는 것을 몸소 체험한 결과 마침내 유교의 인문주의적(人文主義的) 지성(知性)에 세계가 마지막 희망을 걸게 된 것이다.

지난 세월에 저들이 그토록 철저하게 유교문화를 파괴하고 배척했던 세력들과 오늘날 이 사람들이 이처럼 간절하게 유교의 진리를 흠모하여 탐구하는 노력들을 비교하면 실로 천지번복의 변화라고 아니할 수 없는 것이다.

우선 국내적으로 작금에 일어난 새로운 풍조를 보면 유교의 사서오경(四書五經)을 연구하는 물결이 활발하게 일어나서 경전연구회(經傳硏究會)가 날로 늘어나고 있고, 천주교에서는 상제례토착화(喪祭禮土着化)연구특별위원회를 설치하여 이미 그 시안(試案)이 나와 있는 상태이며, 기독교계통에서도 제사는 우상숭배가 아니므로 전통제례(傳統祭禮)를 수용해야 된다는 주장이 나왔을 뿐만 아니라 일부 민중신학자(民衆神學者) 가운데는 동양사상의 심오한 진리로 신학(神學)을 풀어가야 한다고 주창하는 신문기사를 자주 접하는 상황이 되었다. 그리고 국제적으로는 중국정부가 1989년부터 유교 복원작업에 들어갔고, 미국정부는 이미 하버드대학에 공자학(孔子學)에 대한 연구과제를 국비로 위촉했으며, 독일정부는 앞으로 여자의 성씨(姓氏)를 결혼한 다음에도 남편의 성씨로 바꾸지 않고 계속 가질 수 있도록 하는 법률을 금년에 제정하는 데 이르렀다.

국내외적으로 현대사회의 정치, 교육, 경제, 과학, 사회, 문화, 학술, 종교 등의 제분야에 있어서 사상적 한계를 느낀 사람들은 한결같이 그들이 고뇌하고 있는 문제의 해답을 바로 유교의 진리에서 찾고자 하고 있다. 이런 현실은 유교의 진가를 만천하에 보여줄 수 있는 절호의 기회라 할 수 있으므로 유림은 이제 이들에게 분명한 해답을 주어야 할 때이다.

현대문명이 유교문화를 수입하여 대변혁을 성취해서 21세기 첨단과학시대가 고도로 발달한 인류문명을 창조하고 위대한 도덕세

계를 건설하는 구체적인 방안을 내놓아야 하는 처지에 있다. 이
것이 바로 우리 유림이 새 시대에 완수해야 할 역할이고 사명이
다.

2. 인간성회복과 도덕부흥의 역할

현대문명의 위기는 근본적으로 인간성 상실과 도덕의 타락에
있다. 인간성을 상실함으로써 백 가지 폐단이 겹쳐 일어나고 도
덕이 무너진 까닭에 모든 악이 날로 극성 하는 혼란세상이 된 것
이다. 그렇다면 유교가 이와 같이 혼란한 시대를 구원하고 불행
한 인류를 구제해서 천하문명을 건설하는 역사적 대전제는 무엇
인가? 현대문명의 위기를 극복할 수 있는 가장 확실하고 완벽한
해결의 명제는 무엇인가? 그것은 공자의 인(仁)사상과 효(孝)윤리
이다.

인(仁)은 인간성을 회복하는 수신(修身)의 명제이고, 효(孝)는 윤
리도덕을 일으키는 제가(齊家)의 명제이다. 오늘날 과학의 발달과
민주정치의 발전에도 불구하고 나라가 어지럽고 세계가 불안한
까닭은 궁극적으로 인간성을 상실하고 가정을 파괴하여 사회를
구성하는 기본틀이 무너졌기 때문이다.

수신(修身)과 제가(齊家)는 문명사회를 건설하는 사회조직의 기
본조건이고, 치국(治國)과 평천하(平天下)는 인민의 행복을 보장하
는 정치사업의 성과목표이다. 따라서 기본토대가 무너진 상태에
서 성과목적을 달성할 수는 없는 것이므로 바야흐로 불인(不仁)한
인간, 불효(不孝)한 가정으로는 결단코 문명세계를 건설할 수 없
는 것이며, 반드시 인애(仁愛)하고 효도(孝道)하는 윤리도덕을 크
게 일으켜야만 앞으로 위대한 과학시대의 보람 있는 민주사회를
창조할 수 있다는 역사적 사실을 우리 유림(儒林)은 온 세계에 분
명히 선언해야 한다.

유교의 천하를 경영하는 원리는 정덕(正德), 이용(利用), 후생(厚

生)이다. 이것은 도덕을 바로잡아야만 과학을 바르게 이용하고 사람답게 사는 민주복지사회를 건설할 수 있다는 사상이다. 그러므로 공자는 인(仁)과 효(孝)로 일관하는 도덕을 설파하였으니, 인은 인격을 수양하는 근본이며 효는 윤리사회를 건설하는 기본이라고 하였다.

이에 우리 유림은 공자의 인(仁)사상과 효(孝)윤리를 명확히 규명해서 그 위대한 가치를 널리 선양할 책임이 있다.

공자의 인(仁)사상은 효(孝)윤리의 근본이념이고 유교의 우주론과 인생론 및 수양론이 모두 이로부터 출발한다. 인(仁)은 하늘땅 사람을 하나로 통일해서 대화합을 이룩하는 사람의 마음이다. 천도(天道)는 원형리정(元亨利貞)인데 원(元)의 대공리(大公理)가 형(亨)과 리(利)와 정(貞)을 통일하므로 춘하추동의 4계절이 변화하여 봄의 생기(生氣)가 여름과 가을과 겨울을 관통한다. 그러므로 원(元)의 공리(公理)는 봄의 생기(生氣)로 대우주의 천지만물을 하나로 통일해서 생성변화하는 대화합의 장엄세계를 펼치는 중심체(中心體)로서 이것이 곧 하늘땅의 마음이다.

사람이 태어남에 이 하늘땅의 마음을 얻어서 사람의 마음이 되나니 인성(人性)은 인의예지(仁義禮智)인데 인(仁)의 지선(至善)한 덕(德)이 의(義)와 예(禮)와 지(智)를 통일하므로 효제충신(孝悌忠信)의 지각(知覺)이 밝혀져서 부자(父子)의 친애심(親愛心)으로 나타나서 인간관계를 원만하게 하여 종적(縱的)으로는 위로 조상과 아래로 자손을 통일하고 횡적(橫的)으로는 가까운 친척과 이웃으로부터 멀리 천하국가를 하나로 통일해서 다같이 번영발전하는 화평세계를 건설하는 중심체인바 곧 사람의 마음이다.

원(元)은 천지만물을 통일하여 무궁한 발전을 보증하는 하늘땅의 마음이고, 인(仁)은 천지인물을 통일하여 무한한 번영을 약속하는 사람의 마음이지만 이것은 곧 하나의 마음이다. 그 본질은 공(公)과 선(善)과 생(生)과 애(愛)의 실체로서 포괄적인 내용을 함축하고 있는 까닭에 매우 깊고 넓은 개념을 가지고 있으나 대개 공덕심(公德心)이고 공동선(共同善)이며 생명의 원기(元氣)이고 친애(親愛)의 주체이다.

그 구조는 정(情)으로 아직 발(發)하기 전에는 대공지선(大公至善)의 중심체이며 정(情)으로 발(發)한 이후에는 호생친애(好生親愛)의 지각(知覺)이다. 그것을 함양(涵養)한 방법은 성실하고 경건하게 인간양심의 순수한 본체를 간직하여 그 지각의 기능이 원활하도록 하는 것이다. 그러한 작용의 효과는 화합의 기상(氣象)이 충만하여 두루 통해서 조금도 막힘이나 걸림이 없는 열린 세상이 되는 것이다.

따라서 인(仁)은 인격을 수양하는 근본도덕이며 윤리사회를 건설하는 최고의 이념이다.

공자의 효(孝)윤리는 인(仁)사상을 실현하는 기본 준거틀이고 평화세계를 건설하는 인간친화력의 기초단위를 구성하는 기강(紀綱)으로서 본래 요순(堯舜)의 도(道)이다. 역사적으로 효도(孝道)가 일어나면 천하가 화합하고, 불효(不孝)하면 골육(骨肉)도 다투어 분열, 대립, 투쟁하는 어지러운 시대가 되었기 때문에 공자는 난신적자(亂臣賊子)가 횡행하는 춘추(春秋)의 난세에 인(仁)사상을 밝히고 효(孝)윤리를 고취해서 혼란의 뿌리를 뽑고 도덕세계를 건설하려고 노력하여 철환천하(轍環天下)했다.

인(仁)은 공변되고 착한 사랑의 삶을 주장하고, 사람의 공변되고 착한 사랑의 삶은 효(孝)보다 위대한 것이 없다. 그러므로 유교는 효도를 인간최고의 덕목으로 삼는바, 그 실천방법도 대단히 합리적이고 현실적인 인간적 규범으로 일관한다.

효도의 실천방법을 요약하면 대략 네 가지로 정리할 수 있으니, 첫째는 부자(父子)는 천륜(天倫)이요 골육(骨肉)의 친(親)이니 부자유친(父子有親)하는 것이고, 둘째는 부자는 혈통과 정신문화를 전하여 계승하는 관계이므로 아버지는 자식의 모범인즉 부위자강(父爲子綱)의 책임을 다하는 것이며, 셋째는 자녀를 낳아서 길이 혈통을 보존함과 동시에 어버이를 장수(長壽)하도록 섬기는 것이요, 넷째는 어버이에게 근심걱정이 없게 해서 즐거운 인생의 말년을 보장하는 것이다. 이것은 곧 친(親)과 순(順)과 낙(樂)이니

인생이 이 세상에 나서 이러한 행복을 보장받는다면 일단 인생의
기본조건은 충족되기 때문에 어둡고 괴로운 인생에서 벗어나 밝
고 안락한 세계로 진취할 수 있는 것이다.

인생에 있어서 국가나 남이 보장한 행복보다는 자식이나 자기
가 스스로 보장한 행복이 훨씬 보람이 있는 것이라면 공자의 인
(仁)사상과 효(孝)윤리가 천하문명을 건설하는 가장 훌륭한 이념
임을 널리 선양하는 일에 유림이 총궐기해야 할 것이다.

3. 동도부흥(東道復興)의 사명

오늘날 세계적으로 정통유교문화를 숭상하면서 성인(聖人)의
도통(道統)을 수호하고 있는 나라는 우리 한국의 유림밖에 없다.
중국은 청나라가 지배한 이후로 도통이 단절되었고 신해혁명 이
후에도 1919년의 5·4운동과 1965년부터 1977년까지 진행되었던
중국 프롤레타리아 문화대혁명으로 유교문화를 무자비하게 파괴
했기 때문에 현재 중국문화에서 성인의 도통을 기대하기 힘들고,
일본은 유교의 도통이 건너간 역사가 없기 때문에 유교문화의 원
형을 찾기 어렵다. 오직 우리 한국 땅에만 성인의 학문, 도덕, 예
악의 원형이 생활문화의 전반에 걸쳐 깊이 뿌리가 박혀 있는 것
이다. 이러한 장엄한 역사를 오늘에까지 전해 온 것은 조선왕조
시대의 유림이 사도(斯道)를 길이 보호해서 후세에 천하문명을 건
설하는 이정표로 남기고자 하는 성스러운 노력의 결과이다.

조선왕조의 송자(宋子)는 명나라가 망하고 청나라가 중원을 지
배하자 유교의 도통단절을 통탄하고 유림은 성인의 도(道)를 지킴
에 있어서 스스로 양심에 정직해야 함을 선언하고 멸청복명(滅淸
復明)를 설파하여 천하정의를 자임하여 진리는 영원하고 정의는
반드시 승리한다는 확신으로 사문(斯文)을 이 땅에서 수호하여 공
맹정주(孔孟程朱)의 도통을 동방으로 옮겨왔으니 유교의 도통이
처음으로 해외로 건너와서 우리나라가 천하유도(天下儒道)의 종

주국(宗主國)이 됨으로써 세계에 자랑하는 동방예의지국(東方禮義之國)이 되었던 것이다.

사문(斯文)이 한 번 동래(東來)하자 우리나라의 선비들은 천하유도(天下儒道)를 호위하기 위하여 산림(山林) 속에 숨어서 존왕천패(尊王賤覇), 내화외이(內華外夷), 포선폄악(褒善貶惡)의 의리(義理)를 강론하고 시비선악(是非善惡)을 명확히 분별하여 예의도덕을 끝까지 실천하면서 도학(道學)을 크게 진작하였으니 이것이 조선왕조 후기의 정통사상이 되었다. 그리하여 19세기 말에 양이(洋夷)의 습격과 20세기 초 왜적(倭賊)의 침략에 대항하여 척양(斥洋), 척왜(斥倭)의 척사위정(斥邪衛正)사상으로 이어져서 항일의병전쟁과 항일독립운동으로 승화발전했던 것이다.

이와 같은 한국유교의 오랜 역사적 문화유산은 이미 세계적으로 공인이 되어서 오늘날 세계의 학술사상계가 한국유도의 부흥을 주시하고 있는바, 우리 한국유림이 바야흐로 세계인류에게 대답해야 할 사명은 바로 동도부흥(東道復興)이라고 아니할 수 없는 것이다.

그 동안 제국주의가 파괴하고 사회주의가 왜곡하고 자본주의가 타락시키고 기독교세력이 배척했던 우리의 문화유산을 이제 우리 유림이 긍지와 자신감을 가지고 다시 찾아서 갈고 닦아 현대민주 산업사회의 윤리로 재창조해서 세계에 모범이 되는 자랑스러운 문화국을 건설하는 사명이 이 시대 한국유림에게 주어진 책무이다.

이 점을 명심하고 한국유림은 분연히 일어나 공자의 인(仁)사상과 효(孝)윤리를 밝혀서 유도(儒道)를 부흥하는 사업에 일로 매진해야만 21세기의 천하문명을 건설하여 인류의 행복을 영원히 보장할 수 있다고 단언하는 바이다.

한국청년유림의 역할과 사명

1. 유도부흥(儒道復興)의 신세대

한국유도는 바야흐로 청년유림에 의하여 새로운 변화를 창출하고 있다. 그것은 21세기를 목전에 두고 20세기의 불행한 역사를 청산하는 작업이며 2,000년대에 유교부흥의 계기를 마련하는 노력이다.

청나라 오랑캐가 중원에 침입하여 명나라를 멸망시켜 전통유학을 말살한 이후로 공(孔)·맹(孟)·정(程)·주(朱)의 도통(道統)은 송자(宋子 : 서기1607~1689)에 의하여 조선으로 건너왔으니 우리나라는 근세 300여 년 간 유교(儒敎)의 종주국이 되었다.

그리하여 멸청복명(滅淸復明)의 국시(國是)를 받들고 우리나라는 공자의 춘추사상(春秋思想)과 정주의 의리정신(義理傳神)을 뚜렷이 밝혀 천하정의를 장악한 결과 금세기 초의 제국주의 침략시에도 척양(斥洋)·척왜(斥倭)의 장렬한 투쟁을 전개하여 동방의 유교정신을 세계에 드날렸다.

이 시대에 있어서 한국유교는 중국유교의 지류(支流)가 아니고 천하유교(天下儒敎)의 본류(本流)이었는데 불행하게도 40년간의 적치하(敵治下)에서 일제식민지사관(日帝植民地史觀)에 의하여 비하(卑下)·날조·왜곡됨과 동시에 8·15광복 이후 조국이 분단되어 6·25 동족상잔과 장기군사독재로 말미암아 유교의 명맥이 극도로 쇠미하게 되고 말았다.

그러나 우리나라는 아직도 천하유교(天下儒教)의 정통적 자취가 가장 많이 남아 있어서 학술서적과 의례제도의 원형이 그대로 보존되어 있는 세계 유일의 예의국(禮義國)이다. 중국은 청나라 300년의 이민족통치(異民族統治)와 서기 1965에서 1977년까지 진행됐던 중국 프롤레탈리아 문화대혁명으로 인하여 유교가 멸절되었고, 일본은 유교의 도통이 건너간 역사가 없으므로 새 시대에 있어서 유도(儒道)를 부흥해야 할 사명과 능력은 오로지 우리나라 유림(儒林)에게 있다고 하겠다.

한국청년유림은 이와 같은 역사적 현실을 크게 깨닫고 근 20년 동안 분발 노력한 결과 오늘과 같은 변화의 기회를 창출하여 세계유교의 선도적 역할을 착실히 수행해 나가고 있는 것이다.

이러한 시점에 있어서 우리 청년유림들의 가장 중요한 역할과 사명은 동도부흥(東道復興)의 신세대로서 근세문화종주국(近世文化宗主國)의 의식을 되찾아 유림에 대한 사회적 통념을 불식하고 신선한 충격을 주는 것이다. 오늘날 문화제국주의에 함몰된 종속학자들이 안일하고 나태한 자세로 앵무새처럼 곡학아세(曲學阿世)하는 작태를 결연히 질타하고 동양문화의 정통주체성을 확보하여 인의예지(仁義禮智)의 정도(正道)로 천하국가를 지도하는 선봉에서야 한다.

그리고 전통농경사회가 해체되고 복합산업사회로 진입하는 과정에 있어서 새로운 시대변화를 주목하고 새 시대의 유교윤리를 창조적으로 정립해 나가는 혜안을 가지고 새로운 세계의 이상(理想)을 제시해야 한다.

유교의 도덕과 학문으로 새로운 사회에 무슨 역할을 할 것이며 새 시대에 어떤 사명을 완수할 것인가? 이러한 역사적 대전제를 망각하고 단지 어려운 문자나 쓰고 틀에 박힌 주석(註釋)에 매달려 고정관념에 빠져버린다면 문화중심국의 전통을 유지하지 못할 것이다.

인문주의적 지성을 통해 나타나는 번뜩이는 지혜의 빛을 소중히 담아내는 선각선지(先覺先知)를 존중하고 천하를 자임(自任)해서 분투 노력하는 활발한 유림의 기상이 가시적으로 조성될 때 성균관과 향교(鄉校)는 도덕문화의 원천으로 다시 조명될 것이다. 이러한 노력을 추진함에 있어서 성균관은 지난해부터 새로운 바람을 일으키기 시작했고 유도회에서도 상당한 계획이 의욕적으로 추진되고 있는 현실이다.

이제 성균관청년유도회에서도 회장의 정력적인 노력으로 도약적 발전을 모색하고 있는바, 연부역강(年富力強)한 청년유림의 선도적 역할에 커다란 기대를 걸고 있는 것이다.

청년유림의 현대적 이론을 통한 대중설득력이 지극히 필요하고 생기발랄한 활동력 그리고 국가사회를 위한 헌신봉사정신이 필요하다. 유림의 고령화로 인하여 잃어버렸던 활력과 활기를 청년유림이 적극 나서서 되찾아주지 않으면 희망이 없다. 젊은이가 앞에 나서서 지나치게 독주하는 것도 주의해야 되지만 또한 지나치게 무기력하여 추종만 하는 것도 유도부흥의 신세대로서 경계해야 된다.

2. 청년유림의 대중적 세력화

역사적으로 모든 사상과 종교, 학술은 분열하여 소멸하고 모여서 세력화하여 번창했다. 따라서 성인(聖人)은 도덕사회를 건설함에 반드시 천하의 인재를 발탁하여 대동화합의 분위기를 조성하는 데 주력하였던 것이다.

요(堯)임금이 순(舜)을 발탁하고 순임금이 우(禹)를 발탁하여 효도사상을 일으키고, 탕(湯)임금이 이윤(伊尹)을 등용하고 무왕(武王)이 태공망(太公望)을 등용하여 천하를 혁명해서 문명사회를 건설했으며, 공자(孔子)와 맹자(孟子)도 천하에 어진 임금을 찾아다녔고, 정자(程子)와 주자(朱子)는 군자당(君子黨)의 세력화를 간절히 호소했다. 이것은 모두 힘으로 지배하는 간사한 무리와 혹세무민하는 권모술수의 악세력을 징치하고 사랑과 정의가 충만하는 지선(至善)의 세계를 건설하기 위해서는 정치사회적으로 확고한 토대가 있어야 하기 때문이다.

우리 유림은 그 동안 학술의 분열과 당쟁의 여파로 심각한 타격을 입어서 사분오열(四分五裂)된 상태라고 하겠다. 그리하여 천하의 학문인 유학(儒學)이 가학(家學)으로 전락하여 자기 선조의 사업에만 열중하고 유교 자체의 거국적 사업에는 관심을 쏟지 못하고 있다.

한국의 청년유림은 이러한 문제를 깊이 반성해서 과거의 부정적인 고루한 타성에서 과감히 탈출해야 한다. 분열주의적인 배타성을 극복해야 된다. 그리고 편협한 아집에서 잉태한 반사회적, 반민중적 권위주의를 극복해야 된다.

공동체의식인 인애심(仁愛心)을 가지고 사회에 적극 참여하여 함께 발전하는 길을 찾고, 민중의 어려운 현실을 이해하고 동정하는 공덕심(公德心)을 발휘하여 여민동락(與民同樂)하는 대동정신(大同精神)을 고취해야 한다.

유교의 진리는 유림의 실천적 노력에 의하여 구현되는 것인즉, 유교의 합리주의(合理主義)가 장차 현대자연과학을 신비롭게 발전시킬 뿐만 아니라 인간의 성리(性理)에 철저한 인문과학적 합리주의를 밝히고 또한 사회윤리를 확립하는 사회과학적 합리주의를 뚜렷이 정립하는 사업은 모두 유림의 책무가 아닐 수 없다.

우리 유림이 먼저 중용사상(中庸思想)을 실천해서 모든 갈등과 모순을 포용하여 치우침이나 의지함이 없이 주체적으로 통일화합하여 사회통합의 역량을 발휘하고 고루 인간답게 잘사는 대동세계(大同世界)의 아름다운 노래를 불러야만 유교의 덕목이 21세기 세계인류를 지도하는 이념으로 선택될 수 있는 것이다.

도덕을 걱정하고 가난을 근심하지 않는다는 선비정신이 절실히 요청되는 시기이다. 21세기의 도덕을 위하여 적극적으로 대중을 교화하고 조직화해서 역사와 문화를 존중하는 양심세력으로 크게 성장해야만 21세기 유교부흥을 담보할 수 있다.

　봉건전제주의시대를 살았던 유림은 오로지 임금을 위하여 신하의 직분을 수행하는 일에 전념해도 되었다. 그러나 오늘날 민주사회에서는 대중의 지지를 받지 못하면 세력이 고단하여 사회개혁을 주도할 수 없는 것이다.

　그러나 청년유림의 대중적 세력화를 추진함에 대중에게 유교인의 지식과 품격을 보급하는 운동이어야지 유림이 대중과 동화하여 세속화한다는 뜻으로 비쳐져선 안 된다.

　이러한 종단(宗團)의 목표를 우리 시대에 실현하기 위해서 부단한 자체수양의 노력이 필요하다. 인격수양을 근본으로 하는 유림단체는 성인(聖人)의 학문과 도덕을 연마하는 수련회라고 할 수 있다. 따라서 학술단체나 종교집단 또는 정치모임보다도 더 아름답고 고매한 기풍이 일어나도록 서로 극기(克己)하고 예의염치(禮義廉恥)를 차려서 다른 사람들로부터 흠모와 사랑을 받는 집단으로 발전해야 한다.

　공자는 『주역(周易)』에서 군자(君子)의 사회적 기능의 우월성을 다음과 같이 교시하였다. "군자는 인(仁)을 주체하여 사람을 잘 지도하며, 회의(會議)를 아름답게 하여 예법을 잘 지키며, 만물을 이롭게 하여 정의(正義)를 잘 실현하며, 원리원칙을 확고하게 지켜서 사업을 성공적으로 주관한다."

　오늘날 한국청년유도회 회원 여러분들이 이와 같이 공자의 가르침을 높이 받들고 합심협력해서 분발 노력한다면 유도부흥의 신세대로서의 선도적 역할과 청년유림의 대중적 세력화의 역사적 사명을 훌륭히 수행하여 길이 유학사(儒學史)에 빛나는 자취를 남길 것이라고 확언한다. 청년유림의 지식과 인애(仁愛)와 용기로 강건(剛健) 중정(中正) 순수(純粹)한 정신을 길러 조직적이고 역동적인 운동을 즉각 전개하여 널리 봉사하면서도 겸양하여 숨기는 새 시대 유림상(儒林像)으로 진취해야 할 것이다. 그리하여 변화하는 사회를 위한 새로운 윤리집단으로 등장해야 한다.

유교의 혁명사상

　유교의 경전에 근거한 혁명이론은 대개 세 가지 모형으로 나누어 체계를 세울 수 있다.

　첫째는 주역의 변혁이론인데 혁괘(革卦)의 자연변혁의 체계이며, 둘째는 공자의 인혁이론(因革理論)인데 사회제도를 개혁하는 체계이며, 셋째는 맹자의 변치이론(變置理論)인데 국가나 정권을 갈아치우는 것이다.

1. 주역의 변혁설

　주역의 변혁설은 물질의 자연진화법칙이 모순의 극복을 통한 통일의 과정이라는 것이다. 현상 상대세계에 존재하는 만물은 마침내 적대적 모순을 극복하는 투쟁을 통하여 진화발전한다는 논리이다.

　자연의 무궁한 변화형태를 관찰할 때 어떠한 모순도 반드시 극복할 수 있는 변통술(變通術)이 있을 뿐만 아니라 그 변통은 새로운 발전을 기약하는 순리(順理)라는 것이다.

　『주역(周易)』에서 말하기를 "신농씨가 죽거늘 황제 요순씨가 일어나서 그 변혁을 통하여 민중으로 하여금 싫증나지 않게 하며,

신나게 변화하여 민중으로 하여금 즐겁게 하니, 주역은 궁하면 변하고, 변하면 통하고, 통하면 오래가니 이래서 하늘이 도와 길하여 이롭지 아니함이 없느니라.”(『주역』 계사하)고 하였다.

이 논리는 본래 우주의 본질인 기(氣)의 음양변화의 이론에 근거한 것으로 현상만물의 생성변화는 음과 양의 두 물질(二氣)이 변역(變易) 교역(交易) 착역(錯易) 종역(綜易)등의 변통방법에 의하여 변동하는 자연법칙이다.

이것은 『서경(書經)』에서 더욱 구체적 체계로 전개되었는바, 수화목금토(水火木金土)의 오행(五行)의 원질이 상생(相生) 상극(相剋)하는 관계를 밝혀 조화와 모순, 협조와 투쟁을 통한 물질변화의 순리(順理)와 역리(逆理)의 체계를 세웠다. 이와 같은 변증법적 발전논리를 그대로 혁명의 이론으로 수용한 것이다.

따라서 『주역(周易)』의 혁명론은 물질을 개발하여 시무(時務)를 완성하는 개물성무(開物成務)의 대의를 구현하기 위한 역사와 현실인식인 지식식세(知識識勢)로부터 출발한다. 현실적 모순을 파악하여 현명하게 극복하는 것을 이상으로 하는 까닭에 말하기를 “형이상을 물리(物理)라고 하고, 형이하를 물상(物象: 器)이라고 한다. 변화하여 극복하는 것을 변혁이라 하고, 추진하여 성공하는 것을 통달이라고 하며, 천하의 인민에게 그것을 인식하여 쓰게 하는 것을 사업이라고 한다.”(『주역』 계사상)라고 하였다.

이것은 자연의 과학적 진리를 응용하고 현상사물을 이용하여 인민의 자체적 모순극복능력을 함양하게 하는 일종의 혁물(革物) 운동으로 산업혁명적 성격을 가지고 있지만 물질의 진화에 따른 사회의 발달을 아울러 추구한 것으로 역사발전이론을 아울러 함축하고 있는 것이다.

따라서 혁괘(革卦)의 괘사(卦辭)에서 물질모순과 인간모순을 동시에 말하고 있다. “혁명은 물과 불이 서로 멸식(滅息)하며 두 여자가 함께 살되 서로 뜻이 안 맞으므로 혁명이라 하고 고쳐야 할 때에 혁명함은 혁명의 성공을 확신함이다. 물질문명을 촉진함으로써 민중이 기뻐하고, 대중이 형통함으로써 정의로우니, 혁명을 감당하여 후회가 없는 것이다. 하늘땅이 변혁하여 네 철을 이루고, 탕무(湯武)가 혁명하여 천리에 순응하고 인민에게 응답하니, 혁명의 시기가 중대한저!"(『주역』 혁괘, 단전)라고 하였다. 이것은 혁명의 동기와 시기와 대의명분과 주체와 방법과 결과를 요약하여 밝힌 것이다.

물과 불은 물질의 상극적 모순관계요, 두 여자가 동거함은 인간의 적대적 모순관계로서 이러한 현실의 모순인식이 혁명의 동기를 부여한다는 사실이다. 그러나 또한 모순의 대립정도에 따라 혁명성공의 확신도가 다른 까닭에 시기의 선택이 중대함을 말하였다. 문명생활과 복지사회건설은 혁명의 대의명분이요, 민중의 기뻐함과 정의의 구현은 혁명방법의 정당성이며, 후회가 없음은 목적을 완전히 달성한 결과이다. 이러한 혁명은 인류문명을 발달시키는 원동력이요, 사회정의를 실현하는 큰길인 까닭에 지식인의 혁명주도와 사회적 혁명의식고취를 역설하였다.

"연못 속에 불이 있음이 혁명이니 학자는 이를 본받아 역사를 연구하여 혁명의 시기를 밝히느니라."(『주역』 혁괘, 상전)

이상의 혁명이론을 통틀어 판단하면 혁명은 그 동기가 무르익은 시기선택이 가장 중요하고, 대의명분의 진보성이 그 다음이며, 추진방법의 정당성이 그 다음이며, 결과의 공정성이 또 그 다음이라고 하겠다.

2. 공자의 인혁설

공자의 인혁설(因革說)은 사회가 진보함에 따라 인습도덕과 새로운 가치관 사이에 필연적으로 모순이 생겨서 세대간의 갈등, 지역간의 대립, 계층간의 반목이 점점 첨예하게 대립하는 까닭에 이와 같은 구문화(舊文化)의 말폐를 혁파하고 새로운 사회제도를 확립하여 기강을 쇄신하는 것이다.

즉, 국가, 사회, 제도, 문화는 시대의 발전에 따라 항상 알맞게 개혁하여 민중으로 하여금 안락하고 실용적이며 공평하고 정의로운 삶을 누릴 수 있도록 만들어야 된다는 것이다.

국가의 제도문화는 민중의 삶과 밀착된 것으로 그것은 모두 언어로 표현되는 까닭에 공자는 먼저 언어의 개념규정을 엄밀히 하여 명실상부할 것과 언행일치할 것을 주장하였다. 공자는 말하기를 "말의 표현이 바르지 못하면 논리가 어긋나고, 논리가 어그러지면 일이 되지 않고, 일이 성공 못하면 제도가 무너지고, 제도가 무너지면 형벌이 맞지 않고, 형벌이 맞지 않으면 민중이 손발을 둘 곳이 없다."(『논어』, 자로)라고 하였다.

이것은 사회제도의 문란이 곧 인민을 억압하고 착취하는 수단으로 귀결한다는 사실로서 이러한 모순을 타개하는 방법으로, 한편으로는 정치도의를 강조하면서도 또 한편으로는 혁명을 통한 신질서 확립을 말하였던 것이다.

공자는 말하기를 "은(殷)나라는 하(夏)나라의 예법제도를 인습하였으니 덜고 보탠 것을 알 수 있고, 주(周)나라는 은나라의 예법제도를 인습하였으니 덜고 보탠 것을 알 수 있다. 그 누가 혹시 혁명을 하여 주나라의 뒤를 이으면 비록 백세라도 알 수 있는 것이다."(『논어』, 위정)라고 하여 혁명의 법통계승에 있어서 몇 가지 원칙이 있음을 밝히면서 눈앞에 혁명의 시기가 오고 있음을 암시하였다.

하·은·주 세 나라는 다 같이 오륜(五倫)의 사회도덕만을 인습하였으나, 제도와 가치관만은 새로 바꾸었던 것이다.

하나라는 인월(寅月)을 정월(正月)로 하면서 충직(忠直)을 주장하여 인간의 진실성을 가장 숭상하고 동기적 순수성에 으뜸 가치를 부여하였다. 은나라는 축월(丑月)을 정월로 하면서 실질을 주장하여 사물의 실용성을 가장 숭상하고 방법적 정당성에 으뜸 가치를 부여하였다. 주나라는 자월(子月 : 동짓달)을 정월로 하면서 아름다움을 주장하여 사회의 풍류를 가장 숭상하고 결과적 완전성에 으뜸가치를 부여하였다.

하나라는 인간의 심성의 동기적 진실성을 추구하여 인간통일을 기하였고, 은나라는 물질문명의 구조적 실용성을 추구하여 지역 통일을 기하였고, 주나라는 풍류문화의 전체적 완전성을 추구하여 시대의 통일을 기한 것이다.

그렇다면 춘추시대의 문화혁명과제는 무엇인가? 공자는 당시에 그 방법을 안연(顏淵)에게 밝혔다. 안연이 천하국가의 새로운 경영방안을 물었을 때 공자가 말하기를 "하나라의 역법(曆法)을 쓰고, 은나라의 수레를 타고, 주나라의 옷을 입으며, 음악은 순임금의 음악을 쓸 것이니, 정(鄭)나라의 음악을 추방하고, 아첨배를 멀리 쫓아내야 된다. 정나라의 노래는 음란하고, 아첨배는 혁명을 망친다."(『논어』, 위령공)라고 하였다.

결국 공자가 생각한 문화혁명의 대요는 하·은·주의 제도 가운데서 합리적인 사회제도, 실용적인 물질문명, 화려한 의복, 순박한 풍속, 공명한 정치의 구현으로 역사통일을 기한 것이다.

이것은 현실적으로 인습적 생활문화의 철저한 변혁이 불가능할 뿐만 아니라, 또한 문화혁명에 있어서 경험적 유산은 새로운 문화창조의 바탕이 되는 까닭이다. 만일 기존의 문화를 일시에 말살하고 미지의 새로운 문화를 강요한다면 과거에 대한 애착과 미래에 대한 불안이 겹쳐서 그 혁명의 성공을 기약할 수 없는 위험이 있는 것이다. 그러므로 공자는 안연의 역량으로 안전하게 수행할 수 있는 기본준칙을 말하여 주었다고 할 것이다.

3. 맹자의 개조설

맹자의 개조설(改造說)은 인민이 나라의 근본이므로 민중의 권익에 모순 상충하는 정부나 국가는 당연히 갈아치워야 된다는 정치혁명사상이다.

즉, 국운이 쇠미하고 민생이 초췌하면 국내외적인 각종 모순이 날카롭게 대립하여 도저히 풀리지 않는 상황에 봉착한다. 이와 같은 혼란의 극치에서 혁명은 필연적 순리라는 것이다.

맹자가 말하기를 "인민이 귀중하고, 국가가 그 다음이며, 임금은 가볍다. 이런 까닭으로 민중에게 지지를 얻어야 천자가 되고, 천자에게 신임을 얻어야 제후가 되고, 제후에게 신임을 얻어야 관리가 되니라. 제후가 국가를 위태롭게 하면 갈아치우고, 법률에 따라 정치를 하여도 재해가 생기면 나라를 바꾸어 세우니라."(『맹자』, 진심하)고 하였다.

맹자는 이익을 통일하는 혁명을 주장하여 인민의 욕구에 배치되는 전쟁도발이나 포악한 형벌, 가혹한 노동, 잔악한 세율, 곤궁한 생활 등등 민중의 일상과 직결되는 문제의 야기로부터 점점 민중이 이탈하여 마침내 불신임하게 되면 그 순간 불법정권으로 인정함과 동시에 민적(民賊)이 되어 정토(征討)의 대상임을 갈파하였다.

"인권을 해치는 것을 도적이라 하고, 사회정의를 해치는 것을 잔인이라 하나니, 잔적(殘賊)한 사람을 독재자라고 하는바 독재자를 죽였다는 말은 있고, 임금을 죽였다는 말은 없다."(『맹자』, 양혜양하)라고 하여 비인도적 불법을 자행하는 군주는 독재자로 규정하고 제거의 대상임을 밝혔다. 주자는 이 기준을 "민중이 반항하고 가까운 이가 외면〔衆叛親離〕"하는 정도라고 해석하였다.

유교의 혁명사상의 특징은 대단히 완벽주의를 추구함이다. 특히 탕무의 전쟁을 통한 혁명방법을 헌장으로 하였던 까닭에 무력의 기반이 없는 민중의 저항이나 봉기가 확신적 호응을 얻기 어려웠다.

사월혁명의 민족사적 의의

1. 민족사의 대전제

　민족사에 있어서 혁명은 계승과 단절이라는 2중적 과업을 성취하는 작업이다. 5천년의 유구한 역사를 이어온 우리에게 있어서는 더욱 그렇다. 따라서 사월혁명의 민족사적 의의를 밝히는 것은 바로 사월혁명에서 제기한 민족사적 좌표를 확인하는 작업이고 사월혁명의 진실체를 발굴하는 노력이다.

　오랜 역사를 이어온 민족은 홍망성쇠를 거듭하면서 발전하기 마련이다. 언제나 한번 크게 번성하면 한번 쇠퇴하고 한번 잘 다스려지면 한번 어지러운 세상이 온다. 그리하여 매 시기마다 창업기, 수성기, 경장기, 혁명기가 이어왔다. 그러므로 혼란의 극치에 역사가 굴절되는 데 이르면 반드시 혁명이 일어나서 낡은 시대의 혼란을 청산하고 옛날 위대한 민족사를 다시 계승하는 것이다.

　여기에서 청산해야 될 낡은 시대의 유물과 계승해야 할 옛날의 전통을 혼동하는 것은 대단히 위험한 일이다. 그것은 혁명의 성패를 떠나서 혁명의 성격을 크게 제한해 버리기 때문이다. 역사적 생명력이 없는 혁명이란 일시적인 문제해결의 수단에 지나지 않은 것이고 단발성의 작동에 그치는 것이기 때문에 연속적인 자체 추동력을 발휘하지 못한다.

'단절해야 될 낡은 시대의 유물'과 '계승해야 할 옛날부터 전해오는 민족문화'를 뚜렷이 분류하는 혁명과업의 중요성이 이와 같이 중대하기 때문에 예로부터 전통수호와 현실개혁의 두 날개폭으로써 혁명의 정통성과 당위성을 부여하는 척도로 삼았던 것이다.

동양의 전통적인 춘추사관(春秋史觀)에서는 역대혁명을 평가함에 있어서 물론 시대적 과업을 완수하는 공적을 크게 찬양하면서도 또한 반드시 역사의 대전제 앞에 임하여 영원한 길을 여는 좌표로서 혁명의 성격을 측정했다. 그것은 유구한 역사를 계승하여 영원한 발전을 보장하는 인류의 지표에 접근할수록 위대한 가치를 부여하는 문화의식의 표출이었다.

이러한 춘추정신으로 본다면 사월혁명은 단기간의 혁명과업에서 나타난 가시적인 업적으로만 평가해서는 안 되고 반드시 그 속에 응결되어 있는 민족소망의 진실체를 확인하여야 비로소 사월혁명의 영원불후한 생명력을 발양할 수 있는 것이다.

우리 민족의 건국이념은 단군의 홍익인간(弘益人間), 접화군생(接化群生), 이화세계(理化世界)로 요약된다. 홍익인간은 크게 유익한 인간이 되는 것이고, 접화군생은 직접 만나서 감화하여 함께 모여 사는 것이며, 이화세계는 이상적인 세계를 건설하는 것이다.

이것은 우리 민족의 고유한 정서에서 추출된 명제로서, 민족의 자주역량과 민주역량 그리고 문화역량을 숭상하는 지극히 합리적인 사상에서 발굴된 산물이었다. 그러므로 우리 민족은 이 명제를 5천년 동안 소중하게 받들면서 민족의 정화(精華)를 높이 드날렸으니, 고대 예맥(濊貊)과 고구려의 웅혼한 독립기상을 비롯해서 중세에 고려가 몽고와 항쟁하고 조선왕조가 청나라를 배척했던 끈질긴 저항정신, 조선말기의 갑오농민전쟁과 제국주의 침략기의 항일의병전쟁 그리고 3·1독립운동과 무장독립투쟁에서의 장렬한 투혼이 모두 민족사에 각인된 뚜렷한 자취들이었다.

역사적으로 우리 민족은 건국이념의 구현을 통하여 정상적인 삶을 경영하였기 때문에 그 존엄한 가치는 절대적이었다. 그리하여 나라를 잃고 건국이념이 퇴색된 상황에서는 아무도 정상적인 삶을 누릴 수 없는 것이었다.

자주, 민주, 통일로 집약된 사월혁명의 이념은 이와 같이 비정상적인 민족의 삶을 정상적인 삶으로 되돌리려는 역사적 명제를 안고 나옴으로써 민족중흥의 소명을 가지는 것이다.

사월혁명은 민족사의 대전제 앞에 임하여 미래의 밝은 길을 여는 개벽이었다. 반세기에 걸친 민족파멸의 위기에서 분연히 일어나 끊어졌던 민족사를 다시 이어 자주, 민주, 통일의 시대를 개척하려는 민족혼의 분출이었다.

그것은 사랑으로 가득한 실체이었고 정의로 빛나는 표상이었기에 이미 그 자체로서 영원불후한 생명력을 가지고 있어서 만세에 누구도 감히 훔치거나 가릴 수 없는 것이었다.

사월혁명은 비참하고 암담한 현실 속에서 지극히 파행적인 삶을 청산하는 작업이었다. 누가 무슨 생각을 하고 있는지를 서로 모를 뿐만 아니라 자기가 지금 어디로 가고 있는지도 몰랐고, 심지어 내일의 생명조차도 보장할 수 없는 심각한 정치현실을 단호히 거부하고 자유, 평등, 해방의 사회를 건설하려는 천하문명의 깃발이었다.

그것은 대동화합하여 널리 한 덩어리로 뭉친 믿음의 광장이었고 가장 슬기롭게 선택한 지혜의 결정이었기에 이미 그 자체로서 장엄한 광명이었으므로 누구도 감히 외면하거나 거역할 수 없는 것이었다.

이와 같이 사월혁명은 민족사의 좌표를 상실하고 표류하는 정치와 방황하는 사회를 일거에 정돈하여 민주공화국가의 지표를 뚜렷이 하였기 때문에 민족사의 대전제 앞에 가장 명쾌한 혁명의 성격을 가진다.

2. 사월혁명의 성격

일반적으로 혁명의 성격은 문명성과 정통성 그리고 주체성으로 파악한다. 문명성은 인류의 지혜로 개발한 합리적이고 도덕적인 과학문명을 근본으로 하는 것이며, 정통성은 역사에 있어서 과거와 현재와 미래를 통일적으로 연결하는 고리이며, 주체성은 국가사회를 건설하는 자치역량이다.

그러므로 선진문명이 후진문명을 타도하고 문화로 야만을 대체하는 것은 혁명의 성격을 갖지만 이와 반대로 후진문명이 선진문명을 능멸하고 야만이 문화를 모독하는 것은 절대로 혁명일 수 없는 것이다. 그것은 단지 난리(亂離)에 지나지 않는 것이다. 따라서 난리에는 이미 정통성이나 주체성을 논할 가치도 없는 것으로 오로지 이 혼란을 제거하고 세상을 구하기 위한 정벌이 기다리고 있을 뿐이다.

또한 정통이 사이비를 제거하고 주인이 침략자를 몰아내는 것은 혁명의 성격을 갖지만 이와 반대로 사이비가 정통을 농락하고 침략자가 주인을 제압하는 것은 절대로 혁명일 수 없는 것이다. 그것은 참칭이요 이단일 뿐인즉 문명성이나 주체성을 논할 필요 없이 역사를 되찾고 나라를 구하기 위하여 즉각 토벌해야 하는 대상이다.

그리고 민중이 독재를 타도하고 유능이 무능을 청산하는 것은 혁명의 성격을 갖지만 이와 반대로 정변을 일으켜 권력을 훔치고 개인의 야욕충족에만 열중한 것은 절대로 혁명일 수 없는 것이다. 그것은 반란의 역적인즉 민중을 구제하고 사회를 바로잡기 위하여 즉시 성토해야 하는 것이다.

이러한 전통적 시각에서 볼 때에 사월혁명은 인류의 도덕적 양심으로 부도덕한 파렴치를 타도한 문명성을 근본으로 했고, 민족의 정기가 사이비세력을 축출하는 정통성을 획득하였으며, 민중이 무능한 독재를 제거하는 주체성을 발양했던 것이다.

따라서 사월혁명의 성격은 완벽한 혁명의 조건을 갖춘 것으로 역사에 비추어 보아도 그 유례가 없는 장엄한 성격을 띠고 있다.

고대중국이 자랑하는 탕(湯) 무(武)의 혁명은 포악한 걸(桀)과 주(紂)를 타도한 위대한 혁명이지만 강력한 제후들이 혁명의 주체였고 민중의 힘에 의한 것이 아니었다. 또한 중세에 중국이 자랑하는 명나라 주원장의 혁명은 거지집단이 침략자인 원나라를 축출한 장엄한 혁명이었지만 군주(君主)주의를 벗어나지 못했다.

기타 한나라의 유방(劉邦), 당나라의 이연(李淵)과 같은 사람들이 국가의 혼란을 틈타서 말 타고 정권을 획득한 것은 혁명으로 볼 수 없었기 때문에 춘추사가들은 외면했는데 오직 왕조사가들만 부분적 정통성을 부여했을 뿐이다.

원나라와 청나라의 중국지배는 침략국가로 단정하여 정벌의 대상이었기 때문에 왕조사가들조차 털끝만치도 정통성을 인정하지 않았던 것이다.

동양사에 있어서 혁명론이 이와 같이 엄격했으므로 혁명의 숭고한 가치는 거의 절대적인 것이었다. 그리하여 공자는 춘추에서 혁명사업을 방해한 반란의 역적은 누구든지 잡아죽여도 좋다고 하였고, 맹자는 문명세계를 여는 혁명사상을 고취하였으며, 주자는 외적의 침략에 대항하여 싸우지 않는 것은 나라를 개천에 버리는 행위라고 꾸짖었으며, 우리나라의 송자(우암 송시열)는 나라가 침략당하면 반드시 복수해야 한다고 설파하였다.

그것은 모두 인류의 문명을 고도로 발달시키고 역사의 완벽한 정통성을 계승하며 나라의 확고한 주체성을 지키는 문화사적 논리에 기초한 학문이요 사상이었기에 아무도 감히 이의를 달지 못했다.

왜 그런가? 천하는 천하사람의 것이요 한 사람이나 한 나라의 것이 아니기 때문이다. 한 사람이 국가를 독점하는 것은 포악이고 한 나라가 세계를 지배하는 것은 잔학이다. 그러므로 혁명은 포악을 제거하고 잔학을 축출하는 것으로 일관한다.

혁명의 제1차적 사명이 반야만, 반외세, 반독재에 있기 때문에 이러한 사명을 완수한 혁명은 바로 인류문명의 꽃이요 천지도덕의 빛이며 역사정신의 맥박이다.

민족의 자주, 민주, 통일을 추진하고 민중의 자유, 평등, 해방을 맛보았던 사월혁명은 이론적으로나 역사적으로나 그 누구도 감히 범접할 수 없는 숭고한 것이었다.

그것은 남한산성에서 청나라 오랑캐 추장에게 치욕을 당한 지 300여 년 만에 되찾은 빛이었고, 일제식민지 40년의 압제를 벗고 나온 꽃이었으며, 3년 동안의 비참한 동족상잔을 털고 나온 맥박이었다.

따라서 사월혁명의 진실체는 민족중흥의 원동력으로서 그리고 민족이 나아갈 뚜렷한 좌표로서 영원불멸의 지혜이며 사랑이며 용기라고 할 것이다.

3. 통시적 과제

조국의 광복과 민족의 해방을 완전히 성취하고 민주통일국가의 무궁한 발전을 기약했던 사월혁명은 이 시대 우리 민족에게 있어서 통시적인 과제이다. 왜냐하면 민족역사에 끊어졌던 전통을 바르게 계승하고 민족장래의 번영을 약속하는 올바른 좌표를 확립했던 사월혁명의 완성이 없이는 민족주체의 진실체를 구현할 수 없기 때문이다.

그 동안 사월혁명의 진실체는 30여 년의 군사독재에 의하여 심하게 훼손을 당함으로써 그 역사적 의의까지 매몰된 상태에 이르렀다. 그러나 또한 많은 의식이 있는 사람들에 의하여 꾸준히 군사독재에 항거하면서 끈질기게 혁명투쟁을 계속했다.

박정희 군사독재는 5·16쿠테타를 4·19혁명의 반열에다 올려놓고는 혁명을 가탁하여 권력을 참칭하였고, 전두환 군사독재는 감히 사월혁명에 정면으로 도전하여 의거로 평가절하해서 역사의 후면으로 암장했으며, 노태우 군사독재는 사월혁명의 진실체를 망각하고 출처불명의 민주화를 사칭하며 사회를 방황케 했다. 이에 사월혁명의 실종을 크게 우려한 양심세력은 저들의 반역사적, 반민족적, 반혁명적인 작태를 통렬히 성토하면서 60년대 반외세 자주화운동, 70년대 반독재 민주화운동, 80년대 광주항쟁을 기점으로 하는 변혁운동, 90년대 민중정부수립운동을 줄기차게 전개하였다.

이러한 운동은 모두 사월혁명의 맥을 이은 민족정기의 표상으로서 사월혁명을 현재화하는 데 크게 공헌한 위업이었다. 이제 백년의 민족비운을 청산해서 20세기의 마지막 민족과제를 해결해야 되는 엄숙한 시점에 도달했다. 물론 이 문제는 단절할 것은 깨끗이 단절하고 계승할 것은 확실히 계승하는 사월혁명의 완수를 통해서 실현될 것이다.

사월혁명의 역사적 의의를 되찾아 헌법전문에 뚜렷이 밝혀야 할 것이며, 명실상부한 문민정부를 수립해야 할 것이며, 제반악법을 개폐하여 자주, 민주, 통일의 과업을 국민전체의 힘으로 추진해야 될 것이다.

이러한 전제를 놓고 볼 때에 바야흐로 자칭 문민정부라고 하는 김영삼정권에 대하여 깊은 의구심을 떨칠 수 없다.

첫째, 신한국의 창조방향은 역사의 대전제 앞에 임하여 어디로 가는 길인가? 그 좌표를 아직 읽을 수 없으므로 그 많은 선거공약에도 불구하고 도저히 의혹을 떨칠 수 없는 것이다. 역사를 부정한 창조인지, 민족을 중흥하는 재창조인지를 뚜렷이 밝혀야 한다.

둘째, 위로부터의 개혁내용이 군부독재의 연장선상에 있는 것인지, 아니면 군부독재와의 단절을 뜻하는 것인지 전혀 알 수 없는 점이다. 개혁의 폭도, 개혁의 기간도 불분명한 현재의 상황으로는 몇 가지의 개혁조치가 다만 정권안정책인지, 아니면 정치개혁작업인지를 구분할 수 없다. 단절의 대상을 분명히 하고 정부의 성격을 뚜렷이 해야 한다.

셋째, 금세기 내에 통일을 실현한다는 방략이나 방안이 모호하다는 점이다. 통일에 이르는 방법은 무엇이며 통일국가의 정치체제는 어떤 것인가? 특히 출발부터 어지럽게 하는 것은 통일을 우선 순위에 둔다고 하면서 이인모 씨를 북한으로 보내주고, 또 안기부와 기무사의 기구를 축소하면서도 국가보안법을 폐지하지 않고, 팀스피리트 훈련을 재개하는 일련의 이율배반적인 행보이다.

김영삼정부에 있어서 이처럼 중대한 의혹이 상존하는 것은 바로 사월혁명을 계승하지 못한 필연적 결과이다. 어떠한 정부라도 민족사의 정통성을 상실하면 영속적인 생명력이 없는 것이다. 비록 일시적인 정당성을 확보했다고 해도 그것은 역사적 산물이 아니라 개인적 산물일 뿐이다.

정권이 출범하는 초기의 중대성에 비추어 현재까지 나타난 이러한 면은 우려할 만한 것이다. 그것은 김영삼정부 자체를 위해서도 그렇지만 민족번영을 위하여 눈앞에 21세기를 준비해야 하는 이 귀중한 시기를 또다시 허비해서는 안 되기 때문에 더욱 그렇다.

아마도 전체 공무원의 봉급인상을 1년 동안 동결하는 것은 민족혼에 불을 당기는 열정일진대 전국민이 고통을 분담하고 있는 이 중대한 시기에 개인권력향유로 낭비할 시간이 어디 있는가? 본래 공무원의 청렴, 정직은 당연한 본분이고, 사회의 부조리 척결은 행정의 당무이다. 이러한 행정의 일상적인 업무에 집착하여 새 정부가 출범하는 기본좌표를 도외시하는 것은 권위주의적 통치술을 벗어나지 못한 것이라고 볼 수밖에 없을 것이다.

국가를 민주적으로 경영하는 근본이 먼저 대강령을 확립하여 전국민이 떨치고 일어나게 하는 것이라면, 당연히 시대의 변천을 꿰뚫어 보고 창업기인지 수성기인지 경장기인지 혁명기인지를 결정하여 거기에 합당한 정책을 수립해서 국민의 합의를 얻어내야 할 것이다.

창업한 역사적 기초도 없는데 개혁을 한다는 것은 경장이 아니다. 경장은 창업과 수성을 통하여 내려온 아름다운 전통을 되살리기 위하여 다시 조율하고 다듬어 고친다는 뜻이다. 그렇다면 아름다운 전통도 없는데 개혁을 한다는 것은 무슨 말인가?

창업한 역사가 없는데 경장을 한다는 것은 착각일 터이고, 혁명도 안 했는데 창업을 한다는 것은 꿈일 것이다. 그러므로 정통성이 없는 정권을 승계하여 정통성을 찾으려면 반드시 혁명을 통해서만 가능하다고 할 것이다.

오늘날 문민정부는 군사독재를 단절하고 사월혁명을 계승하는 획기적인 변화가 있어야만 전체국민의 열화 같은 환호 속에 명실상부한 문민정부가 탄생할 것이고 국가의 문명성과 정통성 그리고 주체성을 확고하게 담보할 수 있는 것이다.

이러한 역사적 변화에서 사월혁명의 존엄성과 신성성은 민족과 더불어 길이 빛을 더하여 이 시대의 영광으로 현신하는 것이다. 그래서 사월혁명의 완수는 우리 민족에게 있어서 시간을 초월한 통시적 과제로서 불멸의 역사적 의의를 가지고 있는 것이다.

이와 같은 역사정신이 살아 있는 한 사월혁명의 전통성은 영원히 변색되지 않고 다만 시대의 흥망성쇠에 따라서 계승하여 나타났다가 단절되어 숨었다가 하는 부침만 있을 따름이라고 단언할 수 있겠다.

봉황이 춤추는 새 시대를

　새 시대를 대망하던 2천년의 새 아침이 밝았다. 오색찬란한 서광이 하늘땅에 가득하여 맑고 깨끗한 새 바람이 일어나고 착한 마음과 순수한 정신이 넘쳐 관대하고 넉넉한 새 사람들이 새 천년의 복지낙원을 건설해야 될 새 세상이 개벽하였다.

　이제 우리 앞에 봉황새만 이르러 오면 인류의 미래는 완전히 보장되는 것이다. 왜냐하면 인류의 역사에 태평성대를 기약할 때에는 반드시 봉황새가 이르러 와서 상서로운 조짐을 축복했던 사실이 있기 때문이다.

　태초에 인류가 야생적 유목생활을 청산하고 집단적 정착생활로 전환할 때 복희(伏羲)가 천지자연의 진리를 세상에 밝히니 용마(龍馬)의 하도(河圖)가 출현했고, 황제(黃帝)가 문자를 발명하고 요(堯)가 도덕정치를 일으키고 순(舜)이 교육문화를 진흥하여 선사시대를 마감하고 유사시대를 개척하니 모두 봉황이 마당에 와서 노래하고 춤을 추었으며, 우(禹)가 천하에 홍수를 다스려 자연의 재난을 극복하고 사람의 생활터전을 안정시킴에 신귀(神龜)의 낙서(洛書)가 출현했고, 주(周)나라 문왕(文王)이 단순한 사회구조를 복합적 사회구조로 바꾸고 무왕(武王)이 혁명을 하여 독재로부터 인민을 해방하며 주공(周公)이 예악(禮樂)을 제정하여 문명세계를 건설하니 성왕(成王)시대에 봉황새가 와서 춤을 추었던 것이다.

　이와 같이 인류역사가 대전환하여 획기적으로 발전할 때에는 반드시 상서로운 자연의 조짐이 있었으니, 이제 지난 천년의 전제군주에 의한 패권통치를 종식하고 민주자치에 의한 문화사회를 건설하려는 세계조류가 팽배한 이 때에 봉황새를 그리는 마음 또한 간절하다.

　대저 봉황새는 봉(鳳)이 수컷이요 황(凰)이 암컷으로 봉(鳳)의 모양새는 전면은 기러기처럼 생겼고 후면은 기린처럼 생겼는데 뱀의 머리, 물고기의 꼬리, 용의 무늬, 거북의 등, 닭의 부리, 제비의 턱 등의 모양을 하면서 머리에는 덕(德)을 이고, 목에는 의(義)를 매달고, 등에는 인(仁)을 지고, 마음에는 신(信)을 넣고, 날개는 예(禮)를 끼고, 발로는 문(文)을 밟고, 꼬리에는 무(武)를 매달았으니 작은 울음소리는 쇳소리 같고, 큰 울음소리는 북소리 같으며, 목을 빼고 날개를 펼치면 5색이 갖추어 나타나는데 오동나무에만 앉고 죽실(竹實)만 먹으며 예천(醴泉)의 물을 마시어 머무르면 편안하고 오면 기뻐하며, 노는 곳을 반드시 선택하고 비록 주리더라도 결단코 망녕되게 아무 곳이나 내려오지 않는다. 날짐승 가운데 가장 고귀하고 신령한 새로 인류역사가 크게 발전하여 태평성대가 되면 이 봉새가 이르러 오는데 뭍짐승들이 따라서 모이며 하늘과 땅, 사람과 만물이 모두 안락태평한 세상에만 나타나기 때문에 극락조(極樂鳥)라고도 부른다.

　일찍이 공자(孔子)도 이 봉새가 이르지 않고 황하에서 용마도가 출현하지 않은 것을 탄식하였으니, 춘추전국시대 이래로 지금까지 2천5백년 동안 한 번도 봉새가 세상에 나타나지 않은 것은 역사의 비극이 아닐 수 없다.

　세상에 봉황새가 나타나지 않으면 까마귀와 까치들만 요란하게 지저귀는 것이니 어찌 그 암·수를 구별하겠는가? 더욱 심한 것은 그 사이에 무서운 독수리가 횡행하여 함부로 덮치며 죽은 동물이나 시체, 작은 새, 쥐 등을 찾아 떼를 지어 다니므로 몰골이 사납고 악취가 진동한 어지러운 세상으로 전락하게 된다.

　그래도 새하얀 학(鶴)이 그 가운데 남아 있어서 하늘로 높이 올

라가 겨울에는 남쪽의 신선나라로 가서 신선과 짝하고, 여름에는
북쪽의 현명(玄冥)에 들어 소나무 위에 놀면서 비록 곤충이나 미
꾸라지를 먹고살지라도 죽거나 썩은 것은 먹지 않고, 비록 습지
나 들판에 머무를지라도 오염된 곳은 멀리 피하여 한번 날개를
폄에 천 리를 날아 깨끗한 품위를 지키고 풍상 속에 천 년을 살아
도 고결한 지조를 잃지 않으니, 짐승 가운데 가장 순결하여 지상
에 청풍고절(淸風高節)의 기운을 일으켜 길이길이 산천의 정기를
드날리는 표본이 되었다.

이제 독수리의 천지였던 암흑시대를 종식하고 봉황의 세계를
열기 위해서는 먼저 백학(白鶴)이 마음놓고 놀 수 있는 세상을 만
들어야 하고, 학이 춤추는 땅을 만들려면 또한 먼저 기러기와 꿩
이 한가롭게 노는 세상을 만들지 않으면 안 된다. 왜냐하면 인간
의 도덕심이 충만하고 자연환경을 정화하여 문명사회를 개척해야
만 맑고 깨끗한 학의 세상이 될 것이며, 맑고 깨끗한 학의 기풍이
지상에 가득 차야만 봉황이 이르러 축복을 하기 때문이다.

오늘날 인간의 지혜가 발달하고 문명이 크게 진보하였음에도
평화로운 세상을 건설하지 못하고 어지러운 역사의 부침만을 반
복하고 있는 까닭은 결국 봉황의 존재를 망각하고 학의 가치를
부정하였기 때문이다. 그것은 봉황이 출현을 자기의 마음속에서
찾지 않고 밖에서 찾은 결과이며, 학의 가치를 정신적 가치로 평
가하지 않고 물질적 가치로 평가한 소치였으니, 앞으로 새 천년
의 역사가 진정 지난 세기와 다른 차원으로 진입하기를 열망한다
면 전세계 인류는 반드시 이 순간에 봉황의 가치를 존중하는 결
연한 자세전환이 있어야 할 것이다.

세계 속의 한국유교

처음 찍은날 · 2003년 5월 3일
처음 펴낸날 · 2003년 5월 6일
지은이 · 서정기
펴낸이 · 송영현
펴낸곳 · 살림터
주소 · 121-820 서울시 마포구 망원1동 57-413 (1층)
전화 · 3141-6553 (대표)
전송 · 3141-6555
등록번호 · 제2-1008호 (1990년 5월15일)
인쇄 · 신화인쇄공사
제본 · 성용제책사

값 12,000원

ⓒ 서정기, 2003
▶ 잘못된 책은 바꾸어 드립니다.
ISBN 89-85321-79- x (03150)